内蒙古财经大学实训与案例教材系列丛书
丛书主编 金 桩 徐全忠

会计信息系统原理与实验

主 编 杨 婧 王春梅
副 主 编 武文超 丁惠萍 张术丹

中国财经出版传媒集团
经济科学出版社
Economic Science Press

图书在版编目（CIP）数据

会计信息系统原理与实验/杨婧，王春梅主编．—北京：经济科学出版社，2019.6
ISBN 978-7-5218-0568-0

Ⅰ.①会… Ⅱ.①杨…②王… Ⅲ.①会计信息-财务管理系统 Ⅳ.①F232

中国版本图书馆 CIP 数据核字（2019）第094144 号

责任编辑：李一心
责任校对：靳玉环
责任印制：李 鹏 范 艳

会计信息系统原理与实验

主 编 杨 婧 王春梅
副主编 武文超 丁惠萍 张术丹
经济科学出版社出版、发行 新华书店经销
社址：北京市海淀区阜成路甲 28 号 邮编：100142
总编部电话：010-88191217 发行部电话：010-88191522
网址：www.esp.com.cn
电子邮箱：esp@esp.com.cn
天猫网店：经济科学出版社旗舰店
网址：http://jjkxcbs.tmall.com
北京密兴印刷有限公司印装
787×1092 16 开 23 印张 500000 字
2020 年 10 月第 1 版 2020 年 10 月第 1 次印刷
ISBN 978-7-5218-0568-0 定价：50.00 元
(图书出现印装问题，本社负责调换。电话：010-88191510)
(版权所有 侵权必究 打击盗版 举报热线：010-88191661
QQ：2242791300 营销中心电话：010-88191537
电子邮箱：dbts@esp.com.cn）

前　言

随着当今世界信息技术的飞速发展和广泛应用，信息技术全面渗透到人类社会的各个方面，信息化成为世界经济和社会发展的大趋势。在这样的大背景下，以计算机网络技术和现代信息技术为基础的会计信息系统被引入会计工作，并不断深化和完善。为了适应信息化环境下会计行业的发展，满足众多高校开设"会计信息系统"课程以及相关会计人士学习会计信息系统原理与应用知识的需要，编者根据多年授课经验，编写了《会计信息系统原理与实验》教材，并在书中增加了实验教学模块，供高校根据自己所具备的实验条件选择开设所需的实验课程。

本书编写过程中，内蒙古财经大学的领导给予了大力支持，特别是教务处给予教改项目的资金支持。参加本书编写的人员都是从事"会计信息系统"教学工作多年的教师，本书是各位教师多年教学经验的总结。本书由杨婧、王春梅任主编；武文超、丁惠萍、张术丹任副主编。其中，杨婧编写第8、10、11章，王春梅编写第1、9章，武文超编写第2、3、4、5、6章，丁惠萍编写第12、13章，张术丹编写第7、8章。

编　者

目 录
CONTENTS

第 1 章　会计信息系统概述 …………………………………………………………… 1
1.1　现代信息技术对会计的影响 ……………………………………………………… 1
1.2　信息技术环境下会计人员的价值取向 …………………………………………… 3
1.3　交易循环与会计循环 ……………………………………………………………… 4
1.4　会计信息系统的基本概念 ………………………………………………………… 14
1.5　"大智移云"时代会计信息系统的发展趋势 …………………………………… 26

第 2 章　系统管理 ……………………………………………………………………… 32
2.1　系统管理概述 ……………………………………………………………………… 32
2.2　系统管理应用 ……………………………………………………………………… 35
实验一　系统管理 ……………………………………………………………………… 47
复习题 …………………………………………………………………………………… 54

第 3 章　企业应用平台与基础设置 …………………………………………………… 56
3.1　企业应用平台概述 ………………………………………………………………… 56
3.2　基础设置 …………………………………………………………………………… 56
3.3　业务工作 …………………………………………………………………………… 71
实验二　基础设置 ……………………………………………………………………… 72
复习题 …………………………………………………………………………………… 86

第 4 章　总账管理子系统 ……………………………………………………………… 88
4.1　总账管理子系统概述 ……………………………………………………………… 88
4.2　总账管理子系统初始设置 ………………………………………………………… 90
4.3　总账管理子系统日常业务处理 …………………………………………………… 101
4.4　总账管理子系统期末处理 ………………………………………………………… 114
实验三　总账管理子系统初始设置 …………………………………………………… 121
实验四　总账管理子系统日常业务处理 ……………………………………………… 125
实验五　总账管理子系统期末处理 …………………………………………………… 136
复习题 …………………………………………………………………………………… 148

第5章　UFO报表管理子系统 ……………………………………………………… 150
5.1　UFO报表管理子系统概述 …………………………………………………… 150
5.2　UFO报表管理子系统初始设置 ……………………………………………… 157
5.3　UFO报表管理子系统日常处理 ……………………………………………… 162
实验六　UFO报表管理子系统 ……………………………………………… 165
复习题 …………………………………………………………………………… 175

第6章　薪酬管理子系统 ……………………………………………………………… 177
6.1　薪酬管理子系统概述 ………………………………………………………… 177
6.2　薪酬管理子系统内部结构分析 ……………………………………………… 179
6.3　薪酬管理子系统的初始化设置 ……………………………………………… 182
6.4　薪酬管理子系统日常业务处理 ……………………………………………… 184
6.5　期末处理 ……………………………………………………………………… 189
实验七　薪资管理 …………………………………………………………… 191
复习题 …………………………………………………………………………… 202

第7章　固定资产管理子系统 ………………………………………………………… 204
7.1　固定资产管理子系统概述 …………………………………………………… 204
7.2　固定资产子系统内部功能结构分析 ………………………………………… 206
7.3　固定资产管理子系统初始设置 ……………………………………………… 207
7.4　固定资产管理子系统的日常业务处理 ……………………………………… 210
7.5　固定资产管理子系统的期末处理 …………………………………………… 212
实验八　固定资产管理 ……………………………………………………… 213
复习题 …………………………………………………………………………… 222

第8章　应收款管理子系统 …………………………………………………………… 224
8.1　应收款管理子系统概述 ……………………………………………………… 224
8.2　应收款管理子系统的初始化设置 …………………………………………… 227
8.3　应收款管理子系统日常业务处理 …………………………………………… 230
8.4　应收款账表查询与期末处理 ………………………………………………… 235
复习题 …………………………………………………………………………… 238

第9章　供应链管理系统初始化 ……………………………………………………… 241
9.1　供应链管理系统概述 ………………………………………………………… 241
9.2　供应链管理系统基础档案设置 ……………………………………………… 243
9.3　采购管理子系统初始设置 …………………………………………………… 245

9.4 销售管理子系统初始设置 ……………………………… 247
9.5 库存管理子系统初始设置 ……………………………… 250
9.6 存货核算子系统初始设置 ……………………………… 252
　实验九　供应链系统初始设置 …………………………… 255
　复习题 …………………………………………………………… 268

第10章　采购管理子系统 ……………………………………… 270
10.1 采购管理子系统概述 …………………………………… 270
10.2 采购管理子系统内部结构分析 ………………………… 273
10.3 采购管理子系统初始化 ………………………………… 275
10.4 采购管理子系统日常业务处理 ………………………… 279
10.5 采购账表查询 …………………………………………… 286
10.6 月末结账 ………………………………………………… 287
　实验十　采购管理 ………………………………………… 288
　复习题 …………………………………………………………… 299

第11章　销售管理子系统 ……………………………………… 302
11.1 销售管理子系统概述 …………………………………… 302
11.2 销售管理子系统内部结构分析 ………………………… 306
11.3 销售管理子系统初始化 ………………………………… 308
11.4 销售管理子系统日常业务处理 ………………………… 311
11.5 销售账表查询 …………………………………………… 318
11.6 月末结账 ………………………………………………… 319
　实验十一　销售管理 ……………………………………… 320
　复习题 …………………………………………………………… 328

第12章　库存管理子系统 ……………………………………… 330
12.1 库存管理子系统概述 …………………………………… 330
12.2 库存管理子系统初始化 ………………………………… 332
12.3 库存管理子系统日常业务处理 ………………………… 333
12.4 库存账表查询 …………………………………………… 336
12.5 月末结账 ………………………………………………… 337
　实验十二　库存管理 ……………………………………… 338
　复习题 …………………………………………………………… 345

第13章 存货核算子系统 ······ 346
- 13.1 存货核算子系统概述 ······ 346
- 13.2 存货核算子系统日常业务处理 ······ 350
- 13.3 存货核算子系统期末处理 ······ 352
- 13.4 存货核算子系统账表查询 ······ 352
- 实验十三 存货核算 ······ 353
- 复习题 ······ 357

第1章　会计信息系统概述

1.1　现代信息技术对会计的影响

自20世纪90年代以来，信息技术席卷全球，毕马威会计公司合伙人埃利奥特（Bob Elliort）曾借用"第三次浪潮"一词来形象地预言："IT引起的变革浪潮正在撞击着会计的海岸线，在20世纪70年代，它彻底冲击了工业界，20世纪80年代它又荡涤了服务业，而到了20世纪90年代，会计界接受它的洗礼。它改变了商业运营方式，也改变了经理们面临的问题。现在的经理们需要新的信息模式进行决策。因此，内部会计和对外报告会计都必须改革，高等教育可以只是简单地对这些变革做出响应，抑或扮演一个更为积极的角色，同时促进其他领域的适应性变化。对于从事学术研究的会计人员的挑战将是：创造第三次浪潮中的会计规范，并且培养出能够在处于第三次浪潮的企业中有效地行使职责的毕业生。而对从事非学术研究的会计人员的挑战将是：促进企业的变革以实施这一新的会计规范……"从这段话中，我们可以领悟出：现代信息技术环境正对传统会计理论、实务、教育和管理产生巨大的冲击。这种冲击将使传统会计发生以下变革。

1. 会计学向边缘学科发展

我国著名的会计学家杨纪琬先生曾经指出，在IT环境下，会计学作为一门独立的学科将逐步向边缘学科转化。会计学作为管理学的分支，其内容将不断地扩大、延伸，其独立性相对地缩小，而更体现出它与其他经济管理学科相互依赖、相互渗透、相互支持、相互影响、相互制约的关系。

2. 会计实务工作环境的变革

目前对信息技术在会计实务工作中的作用存在两种偏颇的观点。一种是工具论，认为信息技术只不过是取代算盘的工具，没有意识到信息技术会给会计工作带来各种变化；另一种则是万能论，认为信息技术无所不能，只要使用信息技术就可以对经济业务进行全过程的控制。实质上，信息技术给会计工作带来的是整个会计实务工作环境的变化，包括会计信息的采集、存储、处理、检索、反馈、统计分析、决策等环境的变革，而不是全部会计实务的改变。正是由于信息技术给会计实务工作的环境带来了质的变化，才使会计实务工作的处理效率、工作质量、信息反映能力和工作重点等与在手工环境下相比发生了巨大的变革。

3. 会计的管理职能得以实现

在信息技术环境下，由于会计信息采集、处理的实时性和自动化，使会计人员摆脱了繁杂的事务性工作，而能把工作重点更多地转向非事务性的管理工作。例如，他们将有更多的时间参与企业业务流程优化、组织结构变革、绩效评估及约束激励机制的建立。会计人员有更多的时间和精力分析组织的业务活动和用户的信息需求，据此制定有关的信息记录、存储、维护和报告的规则，建立在信息处理过程中要用到的相关模型等。会计信息系统（作为企业管理信息系统有机组成部分之一）按照预定的程序和规则对信息进行处理并将结果传递给相应的用户。根据用户的反馈，确立用户的信息需求，开始新一轮信息处理过程。因此，会计的管理职能得以真正的实现。

4. 会计管理工作重心的变革

由于信息技术给会计实务工作环境带来的变革，从而使会计管理工作的重心有可能发生改变。例如过去企业会计人员的主要工作是围绕凭证、账簿、报表处理的财务会计管理工作，而在信息技术处理环境下，上述工作中的大部分手工操作可由计算机自动完成，会计人员可有更多的时间去处理企业内部会计管理。因此，会计管理工作的重心由财务会计转向财务会计与管理会计并重的发展阶段。

5. 会计反映职能将得到强化

由于上述第3、第4的原因，会计的反映能力，特别是会计的对外和内部的报告在内容和报告方式上都有可能满足更广泛的信息需求，并能确保各种报告的及时性，会计的反映职能将有机会得到强化。

6. 会计"商业语言"的变革

会计作为一种"商业语言"，它可以反映并总结出企业中的关键性事务。在IT环境下传统的会计商业语言将发生变化。例如，会计商业语言中的一些核心词汇：记账凭证、账簿、报表等的作用将逐渐淡化。首先，由于企业信息化的实现，使会计信息源和信息表示结构由一元化走向多元化，即会计工作中记账凭证的信息将直接来源于各种业务过程。记账凭证作为手工环境下重要实体的作用将逐步淡化直至消亡。其次，由于网络和数据库技术的发展和应用，使各级管理者和投资者无须等待会计工作者们历尽艰辛所提供的滞后的、不全面的账表信息，他们可以随时、实时地通过企业网访问存储于会计信息系统中的共享信息。因此代替记账凭证、账簿、报表等的将是原始信息、加工信息、分析决策信息等。最后，代替制作凭证、记账、结账、报表等的将是信息的收集、存储、传递、处理、加工、打印等。

总之，迅猛发展的信息技术正在把会计推向一个新时代，变革意味着会计仍将是一个充满生机的行业。面对即将到来的种种机遇，我们不应只是被动地接受或继承旧的思维方式和规则，而应积极主动地做好迎接未来挑战的准备。

1.2 信息技术环境下会计人员的价值取向

与手工环境相比，在现代信息技术环境下从事会计工作的会计人员价值取向发生了很大的变化。为此我们将从以下几点来分别阐述。

1.2.1 会计人员角色和职能的变化

首先，现代信息技术的应用，彻底改变了会计工作者的处理工具和手段。由于大量的核算工作实现自动化，会计人员的工作重点将从事中记账算账、事后报账转向事先预测、规划，事中监督控制，事后分析、决策的管理模式。

其次，在现代信息技术环境下，会计人员不仅要承担企业内部管理员的职责，随着外部客户对会计信息需求的增长，会计人员应及时地向外传递会计信息，为社会、债权人、投资者、供应商和客户、政府部门等一切会计委托者、受托者披露会计信息，提供职业化的会计和财务咨询服务。

最后，在现代信息技术环境下，会计人员不再仅仅是客观地制造和反映会计信息，而且应使会计信息增值和创造更高的效能。特别是由于会计人员对企业业务流程有独到理解，并具有组织会计和财务信息的高超技艺，他们可以参与企业战略和计划的辅助决策，将注意力更多地集中到分析工作而不是提供会计和财务数据，使会计人员的作用更多地体现在通过财务控制分析，参与企业综合管理和提供专业决策上。未来的会计师们将是企业经理的最佳候选人之一。

1.2.2 会计人员和会计信息系统关系的变化

与手工环境相比，会计人员不仅是会计信息系统的信息提供者和使用者，同时还是各种信息系统所反映的业务活动规则、控制规则和信息规则的制定者和会计信息系统的维护者，会计人员职责将得到很大的提升，主要表现在以下几个方面。

第一，科学使用会计信息系统的会计信息。

在现代信息技术环境下，特别是在网络环境下，会计人员可以通过内联网（Intranet）、外联网（Extranet）和因特网（Internet）按事先制定的业务活动规则和权限来控制从采购、仓储、生产和销售等环节财会数据的实时采集。此时，客观上就要求会计人员能够准确地分析数据、提出科学的分析结论和决策方案，将工作重心转移到对会计数据管理监控、分析和财务决策上来。

第二，制定各种业务活动、会计控制和会计信息的规则。

为了使会计人员能科学使用会计信息，一个重要的前提是在会计信息系统实施中，会计人员应与业务人员协作共同完成业务流程的优化或重组，并根据会计管理的需求制定各种会计控制和会计信息规则。

第三，会计信息系统的维护。

随着管理理念和信息技术的不断发展，会计信息系统也应不断地在维护中实现它自身的动态变革。与信息技术人员不同，会计人员对会计信息系统的维护重点表现在以下几点：

（1）提出对会计控制规则和会计信息规则变革的新需求。

（2）协助信息技术人员正确理解、抽象和描述上述规则。

（3）在信息技术人员完成规则变革的信息设计后，会计人员对会计信息系统的新功能进行验收评测。

第四，制定会计信息系统的系统内部控制和审计制度。

1.3 交易循环与会计循环

1.3.1 手工会计循环

对手工会计循环的回顾有利于我们理解以部门级计算机会计信息系统为平台的会计业务流程。手工会计系统是由会计人员通过运用复式簿记等方法对经济业务进行处理，在此基础上编制财务报告来完成的。会计信息系统在数据的收集、加工、处理等过程中，要运用一系列的会计处理方法和程序。这种按一定的次序依次继起的账务处理方法，习惯上称为会计循环。一个完整的会计循环应当包括以下基本步骤，见图1-1。

步骤1：识别所需记录的会计事项

本步骤的目的是识别哪些业务事件是会计事项，并收集与会计事项有关的经济数据。会计事项是指那些导致企业的资产、负债或所有者权益变动的业务事件，包括：

（1）报告公司与外部当事人之间资产与债务的交易。交易可能是互惠的资产与债务转移，也可能不是。在互惠的资产与债务转移中，公司既转让也接收资产（例如销售商品）。在非互惠的资产与债务转移中，公司要么转让资产要么接收资产（例如，支付现金股利或接收捐赠），或者要么转让非资产要么接收非资产（例如，支付或接收股票股利）。通常要求在日记账中对这种交易做记录。

（2）与外部当事人无关，发生在公司内部且影响公司的资产或债务事件。折旧的计提，长期资产的摊销和将存货用于生产都是这方面的例子。通常也要求在日记账中对这类事件做记录。

（3）超越公司控制范围的经济或环境事件。资产或负债的市值变动和偶然损失都是这方面的例子。在日记账中只需要对这类事件中的某些事件做记录。

会计期中	步骤1 识别所需记录的会计事项 目标：收集信息。通常以交易或事件相关的原始凭证形式收集。 步骤2 根据会计事项数据编制会计分录，登记日记账 目标：识别，评估，序时记录交易对公司产生的经济影响。记录形式应有利于将其转到账户中去。 步骤3 过账 目标：将日记账中的信息转到分类账中。分类账中存储了各账户信息。 步骤4 编制调整前试算平衡表 目标：提供一个便捷的列表来检查借贷平衡。并以此作为编制日记账调整分录的起点。 步骤5 编制期末调整分录并过账 目标：记录应记的、递延到期的、估计的，以及其他通常未由原始凭证记录的事项。
会计期末	步骤6 编制调整后试算平衡表 目标：检查借贷平衡，并简化财务报表的编制。 步骤7 编制结账分录并过账 目标：结清临时性账户并将净收入额转入留存收益。 步骤8 编制结账后试算平衡表 目标：在结账后检查试算平衡。 步骤9 编制财务报表 目标：将汇总的财务信息提供给外部决策者。 步骤10 编制转回分录并过账 目标：简化随后特定的日记账分录，并降低账户成本。

图1-1 会计循环中各步骤及其目标

在会计循环中我们忽略其他非会计事项的业务事件。也就是说，我们没有在会计记录中记载这类事件的数据。那些难以从财务角度计量的会计事项没有从会计分录中反映，但在财务报表的附注中给予说明。

会计事项通常伴随着由非会计人员提供的原始凭证。在手工信息处理环境中，原始凭证通常是纸制的，用以记录会计事项的数据：当事人、日期、金额以及事项的其他方面。销售发票、运费单和现金收据都是原始凭证。人们对这些原始凭证顺序编号，以使各项会计事项具有唯一性。有些事件（例如，应计利息）不能仅由一个会计事项或原始凭证说明。记录这类事项需要参照那些说明资产交易的基础契约或其他原始凭证。原始凭证既用于交易的初次记录，也在法律程序和财务报表审计中用来追踪和核实交易。

步骤2：根据会计事项数据编制会计分录，登记日记账

本步骤的目的是计量会计事项的经济影响，并以一种与会计科目表相一致的方式把它记录下来。在这个步骤中，我们应用会计准则来指导会计计量、确认与分类。许多传统的会计教科书重点讲述经济事项的正确分类和复式记账。

会计事项以借贷记账法记入日记账。日记账分录以借贷记账法记录了会计事项的日期、账户号和账户名称、金额以及经济业务简单说明。日记账分录只是一个临时性记录，也就是说：记日记账并不改变账户余额，直到步骤3过账时才导致账户余额改变。

在会计系统中，通常存在两种类型的日记账：普通日记账和专用日记账。非经常发生的分录与涉及非常用账户的分录记录于普通日记账中。重复发生的分录记录在专用日记账中。使用专用日记账有助于企业把会计事项按类型分组。如果不使用专用日记账，那么所有会计事项都必须在普通日记账中记录。

步骤3：过账

将会计事项数据从日记账过入分类账的过程称之为过账。过账将日记账中序时记录的数据按账户分类，记入分类账。

会计系统中通常存在两种分类账：总分类账和明细分类账。总分类账中包含了许多账户，并将其按账户类型分组。明细分类账对总分类账中那些包含多个明细账户的账户做补充说明。明细分类用于为某些账户提供明细数据，而不局限于总分类账所能提供的汇总数据，应收账款明细分类账、应付账款明细分类账、雇员工资登记簿、存货明细分类账和固定资产明细分类账都是明细分类账。明细分类账按照某一相关标准对业务数据分类。例如，应收账款明细账将交易数据按赊销客户分组，应付账款明细账分类账将交易数据按供货商分组。例如，存在大量应收账款的公司通常会对每个赊销客户设立一个应收账款明细账户，以便区分各个赊销客户的应收账款余额。通常，明细分类账的更新（过账）频率比总分类账高。

每隔一个特定的时间段（一周或一个月），各个专用日记账的总额被过入相应的总分类账账户中。总分类账中包含一些总括性账户，我们称之为控制账户。例如，总分类账中的应收账款账户，它是一个控制账户，它的余额应等于各个客户的应收账款余额之和。在编制财务报表时，仅需考虑统制性账户。

因为日记账分录最终既要过入明细分类账，也要过入总分类账，我们有必要比较控制账户余额和对应的各明细分类账余额之和，以保证账户记录的正确性。如果二者不一致，我们有必要研究确定哪一个余额不正确，并作必要调整。我们把这个反映一个账户的金额与相关账户的金额发生差异的原因，并通过调整使二者一致的过程称之为对账。

步骤4：编制调整前试算平衡表

会计期末，在所有会计事项都已记入日记账并过入总分类账后，编制调整前试算平衡表。调整前试算平衡表是总分类账账户及其余额的列表。

调整前试算平衡表提供了一个便捷的手段来检查账户余额的借贷平衡。调整前试算平衡表是编制调整分录、结账分录和转回分录的起点。编制试算平衡表时，先对控制账户的余额和其下属各明细账户余额进行对账，然后将对账后的控制账户余额反映在调整前试算平衡表中。

如果借贷不平衡，就必须找出错误所在并纠正。然而，借贷平衡并不意味着账户就没有错误。例如，未过账的日记账分录、错误分类的账户和错误的日记账分录金额都不会破坏借贷平衡。

步骤5：编制期末调整分录并过账

公司在调整分录入账前无法编制财务报表。通常，当用于确认会计事项的原始凭证不存在或无法及时取得时，要求编制调整日记账分录。有些会计事项在整个会计期间连续发生（例如计提折旧和利息）。如果不采用在会计期末编制调整分录的方法，而是对这些事项作频繁的记录，那将是成本高昂且效率低下的。

调整日记账分录也用于纠正错误和当获取新信息时记录会计估计的变动。调整日记账分录通常记录资产或负债的变动；既涉及永久性账户，也涉及暂记账户。以前发生的会计事项的原始凭证是编制调整分录的主要依据。

其他一些年度末调整分录包括：
- 记录递延的收入与费用：发生在费用发生或收入确认前的现金流量。
- 记录应计的收入与费用：发生在费用发生或收入确认后的现金流量。
- 账户余额再分类。
- 确认存货损失。

权责发生制会计要求作这些调整以根据收入确认原则和配比原则来反映资产和负债的变动。调整日记账分录在会计期间的最后一天记录。它们被记入普通日记账并过入对应的分类账户。调整分录过账后，就可以编制调整后试算平衡表了。

步骤6：编制调整后试算平衡表

调整后试算平衡表将出现在财务报表上的所有账户及其余额（不包括留存收益，因为它不反映本年的净收益和股利）。编制调整后试算平衡表的目的是在综合考虑所有调整分录后验证借贷平衡。

步骤7：编制结账分录并过账

结账分录将暂记账户（例如收入、支出、股利）的余额结转为零。结账分录在会计期末记入普通日记账并过入对应的分类账账户。永久性账户期末余额成为下一个会计期资产、负债和所有者权益的期初余额。留存收益是结账过程中所涉及的唯一永久性账户。

步骤8：编制结账后试算平衡表

结账后试算平衡表中仅列出结账后永久性账户的余额（暂记账户的余额为零）。这个步骤是为了在结账后检查借贷平衡。由于随着账户数目和过账工作量的增加，出错的概率也上升，那些有着许多账户的公司发现这是一个有价值的检查纠错步骤。在该表中，留存收益账户是唯一余额与调整后试算平衡表中数值不同的账户。

步骤9：编制财务报表

财务会计的主要目标是为决策者提供有用的信息。财务报表是会计循环的本期结束标志。财务报表可基于任意长的一个时间段编制。不过，月报、季报和年报最常见。常见的财务报表有资产负债表、利润表、现金流量表等。

财务报表附注为财务报表读者提供了可能有用的附加信息。有些会计事项的数据来自主观估计，但这些数据又严重影响财务报表使用者对企业财务状况进行评估。附注可能为此提供一些信息。例如，财务报表使用者通常想知道与待决诉讼、天灾的估计损失、政治斗争对偏远地方经营活动的潜在影响有关的信息，以及其他对企业财务状况有潜在影响的事件的信息。

步骤 10：编制转回分录并过账

当调整分录和结账分录都编制完成并且已经过账后，就可以将这些账户用于记录下一个会计期间的会计事项。编制调整分录可能有助于减轻下一个会计期间某些会计分录的编制工作，但具体效果如何取决于公司的会计系统和会计政策的具体情况。

在下一个会计期间的期初，会计人员可能会编制一些转回分录并将其过账，以消除经济业务的实际发生时间与入账时间的差异。这种转回分录的金额与原始分录的金额相同，但借贷方向相反。转回分录将上一个会计期末的调整分录冲回，以便处理下一个会计期间的业务。

对会计循环可以从两个方面来理解。从会计期间的角度理解会计循环，是从交易或事项的确认开始，依次经过计量、记录，实现对交易或事项的会计处理，到最后编制财务报告，完成一个会计期间的会计循环，下一个会计期间依然按此顺序进行。从具体记录方法的角度理解会计循环，是从填制和审核凭证开始，依次经过登记账簿、成本计算、财产清查等加工程序，到最后编制财务报告，完成一次会计循环。

手工会计信息系统是建立在会计循环和会计恒等式的基础上的，其本质是一个以会计科目表为分类标准分类汇总系统。人们使用会计科目表把企业的资产、负债和所有者权益的财务度量结果分类汇总，使用财务报表将企业汇总的数据交给用户。主要的财务报表包括损益表和资产负债表。描述企业在特定期间的经营成果的数据汇总在损益表中；而描述企业在特定时间地点的财务状况的数据汇总在资产负债表中。因此，会计科目表是手工会计信息系统运行的基础，在会计信息系统中处于核心地位。

1.3.2 会计信息系统的循环

部门级计算机会计信息系统由于使用了计算机这种具有庞大存储容量、高速运算能力和代替人工进行会计核算的软件系统，极大地扩展了会计信息系统的数据处理和信息生成能力。相对于手工会计处理系统，计算机会计信息系统能够接收和存储更大容量和更多类别的业务资料，会计软件系统可以更为快速与可靠地执行既定的会计处理步骤，同时，更为快捷和灵活多样地输出会计信息。计算机会计信息系统可以把会计人员从烦琐的手工账务处理中解脱出来，使他们把更多的时间和精力用到对会计资料和信息的分析和利用上，重点放到经营决策上。以部门级计算机会计信息系统为会计数据处理平台的会计业务循环如图 1-2 所示。

步骤 1：建立账套

若使用计算机及会计软件系统进行会计业务处理，首先要创建一个会计核算环境，这就像手工会计核算工作时要有必要的纸制的证、账、表等一样，只不过，在计算机环境下所建立的会计账套是计算机数据库文件，以后的会计资料都将以数据文件的形式存储在计算机中，计算机账套的建立为下一步的会计核算准备了基础条件。

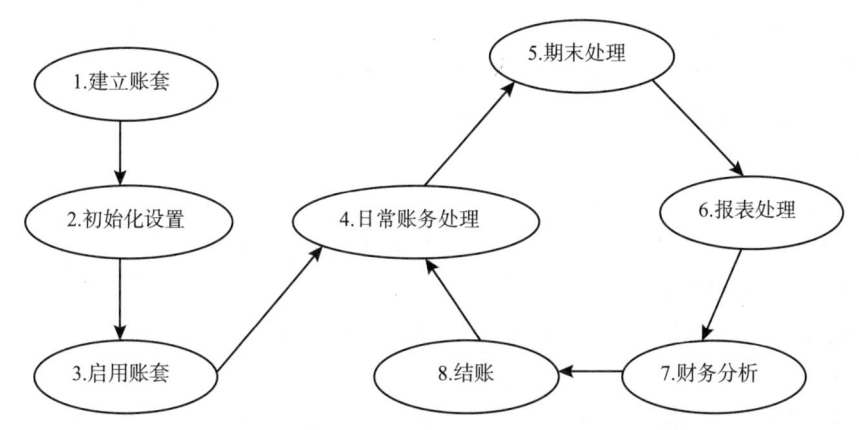

图 1-2　以部门级会计信息系统为处理平台的会计业务处理循环

步骤 2：初始化设置

步骤 1 已经为我们准备好了一套"空白"的账套，此步主要把手工会计核算资料录入计算机中，以保证会计核算能够在原有的基础上、在计算机环境下正确、连续、顺利地进行。需要录入的资料主要包括：核算单位的基本信息、会计科目代码、各账户的余额及累计发生额，以及一些主要的会计核算政策等。

步骤 3：启用账套

初始化设置完成后，经过必要的完整性、平衡性检查无误后，就可启用账套进入计算机环境下的会计核算工作，而且以后的工作会循环往复地进行下去。

步骤 4：日常账务处理

日常账务处理工作包括：录入或转入（其他系统转来）记账凭证、凭证修改、凭证审核、过账、查看账簿、查看科目余额表、试算平衡表等。

工资子系统主要完成工资项目的定义、工资计算机公式的定义、各类工资报表格式的设置及工资发放工作和相应记账凭证的生成（机制凭证），并传递到账务处理子系统中。

固定资产子系统主要核算固定资产的增加、减少、变动、折旧计提等工作，月底生成折旧费用记账凭证，并传递到账务处理子系统中。

往来管理信息系统，也被称作应收应付系统，主要用来处理企业与客户之间应收及预付的往来款项、企业与供应商之间应付及预收的往来款项。

不同的会计软件系统，可能还包含着一些不同的其他功能，如现金出纳管理、银行对账及其他辅助核算功能，在此不一一赘述，可参见使用的具体会计软件。

步骤 5：期末处理

期末处理主要包括以下三步：

（1）执行自动转账。通常情况下可利用自动转账功能做一些借款利息、固定资产大修理费用、摊销待摊费用、摊销无形资产等费用结转的业务处理。

（2）期末调汇。本功能主要用于对外币核算的账户在期末自动计算汇总损益、生成汇兑损益转账凭证及期末汇率调整。

（3）结转本期损益。此功能将所有损益类科目的本期发生额全部自动转入本年利润科目，自动生成结转损益的记账凭证。要求将所有的凭证都过账后再执行此功能，否则结转的损益数可能不正确。

步骤 6：报表处理

在记账凭证过账后，报表就可以按照事先定义好的取数公式自动生成。此功能提供报表自定义功能，可以按照用户的需要生成与会计业务有关的各类报表。

步骤 7：财务分析

一般的计算机会计软件系统还提供了最基本的比例分析、结构分析、趋势分析等功能，用户可以选用。

步骤 8：结账

在本期所有业务及记账凭证和调整凭证都已过账后，就可以执行结账功能了。结账功能主要是结出各个账户的本期发生额、累计发生额及余额等数据，并为下一会计循环工作做好准备，一旦结账，一切数据不能再修改。此功能执行完毕后，会计核算会进入下一期，重复步骤4开始新的一个会计循环期。

1.3.3 两种环境下的会计循环比较

通过对手工会计循环的回顾和以计算机会计信息系统（软件）为平台的会计循环简单的描述，我们将手工和部门级会计信息两种环境下的会计循环对比如表1-1所示。

表1-1　　　　手工会计循环与部门级会计信息系统工作循环比较

步骤	手工会计循环	部门级会计信息系统会计工作循环
1	分析经济业务	编制记账凭证
2	编制会计分录	手工编制凭证、机制凭证
3	登记日记账	登记日记账
4	登记分类账	登记明细账　　过账一次同时完成
5	编制调整前试算平衡表	登记总分类账
6	编制期末调整分录并登记分类账	处理其他子系统业务（工资、固定资产等）
7	编制调整后试算平衡表	期末处理
8	编制结账分录	报表处理、财务分析
9	编制结账后的试算平衡表	结账
10	编制正式的会计报表	打印出本月报表

手工会计循环一般经历的环节和步骤总结如下：

（1）会计人员首先要根据原始业务单据，经过职业判断，编制记账凭证。

（2）由审核人员对记账凭证进行审核。

（3）记账人员对经审核后的记账凭证进行登账处理（包括结账凭证）。

（4）编制试算平衡表检查账簿登记的正确性。

（5）结账并最后编制会计报表。

以部门级会计信息系统为平台的会计循环：

（1）编制记账凭证。部门级会计信息系统在编制记账凭证环节，除了手工编制记账凭证外，由于会计软件的使用，增加了机制凭证（即其他子系统生成的转账凭证，例如，固定资产、工资系统转来的计提折旧和工资费用分配凭证）类型，即编制记账凭证的环节没有发生变化。

（2）审核记账凭证。不管对于手工制作的凭证还是机制凭证，记账凭证的审核环节是不能少的，只有经过审核的凭证才能记账，否则会计信息系统将予以提示。

（3）登账（过账）。登账步骤照样存在，只是会计信息系统不像手工会计那样可能需要不同的人员来分别负责登记日记账、明细账及总账，会计信息系统的登账可以同时完成上述账簿的登记。

（4）编制试算平衡表。试算平衡表在部门级会计信息系统中现在一般还都保留，不过它的功能相比手工会计核算来说已大大减弱。因为进入计算机的凭证肯定是借贷平衡的，计算机登账时不会发生像手工抄写错误的情况，所以，试算平衡表肯定平衡（注：此处排除人为打开数据库文件修改或计算机病毒原因造成的数据文件不正常的情况）。

（5）期末处理、生成报表并结账。部门级会计信息系统的期末处理类似于手工会计的编制结账分录的工作，生成报表的步骤没有发生变化。部门级会计信息的结账功能主要是结出各个账户的本期发生额、累计发生额及余额等数据，并为下一会计循环工作做好准备，一旦结账，一切数据不能再修改。

经过上述对比分析可以看出，两种环境下的会计循环所经历的内容基本上是相同的，开始环节的编制会计分录（即编制记账凭证）和最终环节的编制会计报表，是完全相同的。中间环节主要是登记会计账簿到编制会计报表前的这一过程，在具体程序和方式上有所不同。因此，本质上，部门级会计信息系统所遵循的会计循环与手工会计循环是基本一致的。

1.3.4 部门级会计系统与手工会计核算的异同

面向财务部门独立应用的部门级会计信息系统主要代替了手工会计的记账、算账、报表生成等工作，它的会计数据的处理方式主要由计算机系统来完成。部门级会计信息系统的会计核算方法与手工会计核算方法在原理上是一致的。但是，由于部门级会计信息系统的会计数据处理工具和具体方式与手工会计核算有了一些区别，因此，也造成了部门级会计信息系统与手工会计核算在处理会计数据具体方式等方面的不同。

1. 会计信息系统与手工会计核算的相同之处

（1）目标一致。

无论是手工会计核算还是会计核算软件，其目标都是进行会计核算，提供与决策相关的会计信息，参与企业经营决策，提高企业经营效益。

（2）都遵守会计规范和会计准则。

会计法规是进行会计工作的法律依据，会计准则是指导会计工作的规范。法规性约束不能因为约束对象使用操作工具或者操作手段的改变而改变，手工会计核算和会计核算软件同样要遵守相关的会计法规和会计准则。

（3）都遵守基本会计理论和会计方法。

虽然会计核算软件是依据现代信息技术开发而成，现代信息技术极大地改变了会计数据处理的方式。但是，会计核算软件始终是处理会计业务数据的，不管技术如何变化，会计核算软件开发与手工会计核算所依据的会计理论和会计方法是一致的。因此，会计核算软件与手工核算仍然遵守共同的基本会计理论和会计方法。

（4）会计数据处理流程基本相同。

手工会计核算数据处理流程是：会计制证人员根据原始凭证制作记账凭证、审核人员审核记账凭证、记账人员把审核过的记账凭证登记到明细账和总账、结账前经过账账核对及账证核对等工作、月末结账并生成报表。部门级会计信息系统的数据处理流程与手工会计基本一致，只是有些步骤由于计算机处理的特点而被取消了。部门级会计信息系统的数据同样来自会计人员制作的记账凭证；审核同样要会计人员来做；记账动作照样存在，只是计算机替代了会计人员的抄写；结账及报表生成步骤照样存在，但此时是由计算机代替人工完成的。

从上面的描述来看，部门级会计信息系统的数据处理流程本质上是模仿手工会计核算过程的（实际设计时也是这么做的），因此，两者的会计数据处理流程基本相同。

2. 会计信息系统与手工会计核算的区别

（1）会计核算工具不同。

手工会计使用的会计工具是算盘、计算器、笔、纸张等。部门级会计信息系统是一个人机结合的系统，除了具备手工会计使用的一些工具外，它的一个最大特点就是使用计算机来处理会计数据。其特点是数据处理程序已经存储于计算机中，数据处理过程按照程序自动完成，尤其是记账及报表生成工作过程无须人工的干预。

（2）会计信息载体不同。

手工会计核算会计信息是以纸张为载体，而部门级会计信息系统处理的会计信息是以电子数据的形式存储在磁性介质、光盘存储介质等非纸张的存储材料上，其特点是信息存储量大、检索方便、快速。但是，磁性材料上存储的信息有修改、擦除不留痕迹的特点，因此会计档案的保存是个重要问题。

（3）记账规则不同。

手工会计核算采用平行登记法分别登记明细账和总账，以便检验登账的正确性。部门级会计信息系统登账（记账或过账）操作由软件完成，登账的正确性是由软件的正确性来保证的，只要记账凭证数据录入正确，部门级会计信息系统登账的过程实际上是软件按照会计科目自动进行分类，不存在手工抄写过程，因此，不存在像手工会计核算下抄错账的情况。而且，有的会计软件的记账过程只是在记账凭证上作一记账标记（数据库中的电子数据），总账和明细账是临时生成的（查询和打印临时生成），总账和明细账数据都来源于同一个记账凭证库。由于数出一源，此时，也就不需要总账与明细账间的核对，也不存在账证核对问题（但是，账实核对、记账凭证与原始单据的核对工作照样存在）。

(4) 账务处理程序不同。

在手工会计核算中，根据企业规模和会计业务的繁简程度不同，以登记总账的方式不同来划分出不同的账务处理程序，一般通常用的账务处理程序有五种，一个会计部门选定其中的一种来规范本企业的账务处理程序。部门级会计信息系统处理会计数据是由计算机完成的，计算机由于处理速度快、存储容量大，不会由于会计数据量大而影响记账，因此，也不用区分登记总账的方式，也就无所谓区分账务处理流程类型。

(5) 内部控制方式不同。

手工会计核算主要靠会计人员在工作中遵守各项规章制度，按照流程进行工作，加强不同岗位间的稽核工作来达到控制的目的。例如，手工会计采用账账核对、账证核对、账表核对的方法来保证会计数据的正确性。由于部门级会计信息系统利用了计算机处理数据的特点，在数据处理方法上与手工不同，造成了原手工会计下的部分控制方法部分地被融入部门级会计信息系统中。例如，只有审核过的记账凭证才能登账等规则的控制都被编制在软件中，因此，以部门级会计信息系统运用为主的会计工作中的内部控制部分地被部门级会计信息系统所取代。在这种情况下的内部控制特点主要表现为软件控制和人工控制相结合的特点，内部控制向综合控制方向发展。

(6) 会计报告生成的具体方式不同。

部门级会计信息系统在会计确认、计量等方面与手工基本一致；在会计记录、存储方面则是用电子数据的形式取代了手工会计的纸制凭证和账簿；而在会计报告数据的生成、传递、报表输出方式上则与手工不同。

手工会计由于在计算、汇总及抄写过程中可能发生错误，因此在报表生成、传递、输出和数据利用上可能会发生差错，存在报表数据与账簿数据不一致的情况，需要对报表和账簿数据进行核对。

会计信息系统的报表数据是根据在报表格式中定义的取数公式自动生成的，只要报表取数公式定义正确，计算机系统运行正常，则报表数据在计算机中的传递不会发生错误，因此，由此生成报表数据一定正确。与手工会计报表的人工抄写方式不同，会计报表的输出则是把计算机中的报表数据通过计算机屏幕显示或打印出来，这一过程也不会发生错误（极端情况除外），因此，此时报表与账簿的核对步骤不是必需的。在计算机会计信息系统方式下，人们一般更多的是通过计算机屏幕来浏览、对比和分析，而不用非要打印出纸质报表来翻看。而对会计报表数据的应用，我们可以利用会计信息系统本身所具有的分析功能，也可以利用工具软件从会计信息系统中提取数据，进行进一步的分析，这种方便性是手工会计无法比拟的。

1.4 会计信息系统的基本概念

根据企业会计信息化的定义和内容，会计信息化中的核心工作是利用现代信息技术，构建由计算机、网络、操作系统、数据库管理系统、会计软件、数据文件、会计和系统管理人员等组成的会计信息系统。本书以后的各章节将围绕着会计信息系统的基本理论和应用进行展开讲解。

1.4.1 管理信息系统概述

会计信息系统是企业管理信息系统的一个重要子系统，因此在学习会计信息系统前，有必要对管理信息系统先进行简单的学习和理解。任何企业的运营活动都会产生大量的数据和信息，它不仅反映特定交易活动的发生和处理结果，而且是运营管理决策的依据。从交易的原始信息转化为适用于管理决策的信息需要经过特定方式的处理，这一过程包含信息输入、信息处理和信息输出，从而构成特定的管理信息系统。

1. 数据和信息

数据和信息是管理信息系统的要素之一，它们是管理信息系统的处理对象。数据、信息等词汇由来已久，在过去很长一段时间里，人们并不明确区分数据、信息的概念。随着社会的发展，对其认识逐步深入，特别是在进入信息社会后，人们开始重新认识数据、信息的本质。

（1）数据。

数据是记录客观事物的性质、状态、数量特征的抽象符号。如文字、数字、图表、声音、动画等。数据表示的是客观事实，是一种真实存在，其本身无具体的含义，它必须和客观实体及属性联系在一起才对接收者有意义。例如，"42%""王五""￥"等都是数据，但这些数据除了符号的意义外，并不表示任何内容。

（2）信息。

在信息技术应用领域，一般认为：信息是经过加工、具有一定含义的、对管理控制和决策有价值的数据。由此看出，信息的表达是以数据为基础的。

【实例】"12%"是一项数据，但这一数据除了数字上的意义外，并不表示任何内容，而"A 企业本年的利润增长率为 12%"对接收者却是有意义的，接收者知道"12%"是表示客观实体 A 企业本年的利润增长率这一属性值。因此，"A 企业本年利润增长率为 12%"不仅仅有数据，更重要的是给数据以解释，从而使接收者得到了客观实体 A 企业本年的利润增长率为 12%的信息。若再加上一条信息"年增长率大于 10%即可视为先进企业"，则综合以上两条信息之后，得出一条抽象程度更高的信息"A 企业被评为先进企业"。

【分析】由此实例可见，数据和信息是密不可分的，而信息之间的联系又可以得到抽象层次更高的信息。从中可以看出，如果将数据看作原料，那么信息就是通过信息系统加工数据得到的产品，而且在信息系统的帮助下，还可利用信息技术对信息进行进一步的加工处理，从而得到不同抽象层次的信息来辅助完成不同层次的决策。同时，在信息系统中以数据的形式描述信息的各个属性，通过一些标准化的编码方式，大大方便了信息的交流。现代社会中，信息充斥在社会经济生活的各个方面，大至国家、社会，小至家庭、个人。人们随时随地、不可避免地接收、使用、提供各种各样的信息，信息可以说是无处不在、无时不有。

（3）信息的特征。

信息是企业管理活动的基本要素和依据，有管理和决策价值的信息应具有以下特征：

①信息的客观性。信息是事物变化和状态的反映，其表示的内容具有客观性，因为事物变化和状态是客观存在的，对它的反映也是客观的，但信息的客观性特征是由信息源的客观性决定的。那些不符合客观事实的信息不仅毫无使用价值，而且还有可能依此做出错误的决策。

②信息的无形性。信息的无形性主要表现在信息与物质、能量不同，信息没有具体的形态，它看不见、摸不着，必须借助物质和能量方可得到存储和传播。

③信息的可存储性。信息是可以存储的，信息可借助于各种载体（如纸、磁盘、光盘等）在一定条件下存储起来，也可依据需要压缩存储。

④信息的可传递性。信息是可以传递的。信息是物质存在方式的直接或间接显示，它依附于一定的媒体（声、光、磁、语言、表情、文字符号、数据、图像等）进行呈现、传递和扩散。信息是内容，信息的媒体是形式。而信息技术极大地扩展了信息的扩散范围，提高了信息的传递速度，使得信息可以很容易地跨越地理界限，摆脱厂房、机器等有形要素，在全球网络上以数字化的形式迅速传播。

⑤信息的可加工性。信息可以通过一定的手段进行加工，如压缩、分类、排序、统计、综合等，加工是有目的性的，它往往为了某种需要对信息进行加工，加工后的信息反映信息源和接收者之间相互联系、相互作用的更为重要和更加规律化的因素。

⑥信息的共享性。信息具有共享性。信息的交流者不会因为信息的交流而失去信息，反而会获得新的信息内容。信息可通过传递和扩散方式达到共享。由于信息的传播具有无限性，呈扩散状，所以这种共享性无疑会对人类社会的发展起到积极的推动作用。

2. 管理信息系统

（1）管理信息系统的定义。

管理信息系统（management information system，MIS）是20世纪中后期才逐渐形成的一门新学科，其概念至今尚无统一的定义。20世纪30年代，柏德曾强调了决策在组织管理中的作用；20世纪50年代，西蒙提出了管理依赖于信息和决策的论述。管理信息系统最早出现在1970年，由瓦尔特·肯尼万给它下了一个定义："以书面或口头的形式，在合适的时间向经理、职员和外界人士提供过去的、现在的、预测未来的有关企业内部及其环境的信息，以帮助他们进行决策。"此定义只强调了管理，而没有涉及计算机技术。直到1985年管理信息系统的创始人高登·戴维斯才给管理信息系统下了一个较为完整的定义："管理信息系统是一个利用计算机硬件和软件，手工作业，分析、计划、控制和决策模型，以及数据库的用户——机器系统。它能提供信息，支持企业或组织的运行、管理和决策功能。"

　　本书对管理信息系统的定义为：管理信息系统是以信息基础设施为基本运行环境，由人、信息技术设备、运行规程组成的，通过信息的采集、传输、存储、加工处理、更新、维护，以企业战略竞优、提高效率为目标，支持企业高层决策、中层控制、基层运作的集成化人机系统。

　　上述定义说明，管理信息系统不仅是一个利用信息技术的技术系统，也是一个由人积极参与的人机管理并对企业进行全面管理的综合系统。

　　上述定义指出，管理信息系统是由人、信息处理设备、运行规程三要素组成的。其中，人不仅是管理信息系统中的组成元素之一，而且是站在系统之外对管理信息系统进行管理，并利用管理信息系统提供的信息进行决策的信息系统使用者；信息处理设备按照一定的结构集成为人机系统后，提供了管理信息系统运行的物理环境；运行规程主要规定了管理信息系统本身的运作规则，并用来明确人与信息处理设备之间的关系，例如，对系统的控制和使用规则、安全性措施、对系统的访问权限等，特别是给予所有信息系统的使用者一些使用管理信息系统时应共同遵守的规则。

　　同时，上述定义规定，管理信息系统是以企业战略竞优、提高效率和支持辅助决策为主要目标。管理信息系统必须能够根据企业战略决策和管理的需要，及时提供有关信息，帮助决策者做出决策。

　　管理信息系统的基本功能就是进行信息处理。具体来说包括信息/数据的采集、信息/数据的转换和生成、信息/数据的传输和交换、信息/数据的加工和处理、信息/数据的更新和维护、信息/数据的检索和分析等功能。其中信息采集解决信息的识别、信息的收集及如何将收集到的信息表达为管理信息系统可以处理的方式等问题；信息转换和生成完成原始数据到可利用信息的转化，具体来说有分类、排序、计算、压缩、比较、汇总等基本处理活动；信息的传输和交换完成两个功能：一是如何准确、快速地传送信息，这涉及信息传输线路的传输速率和抗干扰能力；二是如何确切地表达信息的意义，这涉及信息的编码和译码问题。信息的存储是将信息保存起来以备将来使用，它强调存储的作用、存储方式、存储介质等问题，特别是信息的存储时间是管理中的重要问题；信息的加工处理是将采集到的信息按事先规定好的业务处理逻辑自动进行加工处理，它是管理信息系统的基础和核心功能；信息更新和维护是指保证信息处于可用状态，保证信息的及时更新、适当分布及信息的安全性、完整性和一致性；信息检索是指按照用户的需求查找信息，由于用户需求是多种多样的，还需要对信息进行进一步的加工处理和分析，为此在执行检索时，还需要利用一些模型和方法，如预测模型、决策模型、模拟模型、知识推理等，从而得到针对性较强的、满足各类用户需求的决策信息。

（2）计算机环境下的管理信息系统。

如前所述，管理信息系统是由人、信息处理设备和运行规程三元素组成，其中，在计算机环境下的信息处理设备包括：计算机硬软件平台、应用系统和数据。

①硬件平台。计算机硬件平台是管理信息系统开发、生存的运行基础和环境。

管理信息系统的计算机硬件平台包括：计算机、网络、数据输入和数据输出等设备按一定的应用体系结构组成的运行支持环境。和企业的管理水平一样，硬件平台的建设方案也决定了管理信息系统能否成功。它们在很大程度上决定着信息管理系统的发展空间和生命力。

一个好的硬件平台不仅应方便地支持现行管理信息系统的运行，而且也应具有安全、可靠、易维护、易升级和保护原有系统资源等良好的性能。

②软件平台。管理信息系统除了需要硬件和网络平台来支持其运行外，还需有软件平台的支持，包括：系统软件、工具软件。其中，系统软件主要用于对计算机资源管理，如各种操作系统。管理信息系统常用的操作系统有：Windows NT 和 UNIX 等；工具软件主要用于提供用户开发应用系统的软件，如各种编译器及相应的程序设计语言和数据库管理系统（DBMS）等；管理信息系统常用的前台开发工具有 Visual Basic、C++、Java 等；常用的 DBMS 有 Access、SQL Server、Sybase、Oracle、DB Ⅱ 等。

③应用系统。管理信息系统在安装了硬软件平台后，还需要选购或开发符合企业管理需求的应用系统，而应用系统的主体就是应用软件。目前在市场上有许多可供选购的应用软件，包括各种财务软件、ERP 软件等。

④数据文件。当所有的硬软件平台和应用系统安装完毕后，为了支持系统的日常运行，必须组织基础数据存放到计算机中。同时，当系统正常运行时，会采集和产生许多新数据和信息，也需要组织成数据文件存放到计算机中。在计算机信息系统中，数据文件常用文件、数据库和数据仓库的形式来组织和管理数据。

本书在以后章节中所述管理信息系统均是指在计算机环境下的系统。

（3）管理信息系统的特征。

根据信息管理系统的定义，可以看出管理信息系统具有如下特征：

①开放性。所谓开放性是指管理信息系统与外界环境之间有着信息、物质或能量的交换关系，对外部环境变化具有一定的适应能力。

②集成性。管理信息系统由许多子系统组成，每个子系统完成各自特定的功能，但是服从于信息使用者的总目标，因此管理信息系统是一个整体，具有系统集成性和信息集成性。系统集成性有五个层次：硬件集成、软件集成、数据和信息集成、功能集成、人和组织机构的集成。

③人—机协作性。管理信息系统是一个"人—机协作"系统，即管理信息系统中人与机器必须相互密切协作、相互适当配合才能发挥各自的作用，忽视了任何一方，管理信息系统的目标就不能很好地实现。这是管理信息系统的重要特点之一，也是管理信

息系统应用上的难点之一。

④现代管理方法和技术手段相结合。现代管理方法和技术手段相结合是指将管理方法与信息技术有机地结合。要想使管理信息系统充分发挥作用，不仅要采用先进的信息处理技术，同时也要引入先进的管理手段和方法。因为，如果只重视前者，充其量只是提高了工作效率和减轻了管理人员的劳动强度，其作用发挥得十分有限。管理信息系统要发挥其在管理中的作用，就必须使信息技术与先进的管理手段和方法结合起来。

1.4.2 会计信息系统概述

人的一生大部分时间都可能与会计信息系统有关。无论是孩提时代买糖果还是在大学时代买一本教科书，都已不由自主地进行了一次会计交易。如果从超市里收到了一张账单或者是从信用卡管理组织那里收到了每月的对账单，那就表明已经收到了会计信息。产生这些信息的系统就叫会计信息系统（accounting information system，AIS）。

我们可能仅仅作为接收者与会计信息系统（AIS）发生联系，也可能在更大程度上以一种更正规的方式使用该系统。例如，我们可以在信息系统中保持详细的交易记录和财务报告。所有的交易都可以记录在一个数据文件中（手工操作中将其称为会计账簿）。通过这些交易记录可以算出每月（或每季度，每年）报表：①比较该期间内的收入和支出情况；②反映出在期末时的资产和负债。

这些报表被称为损益表和资产负债表。如果我们对计划感兴趣，还可以做预算。为保持银行账户的精确性，在银行给我们每月邮寄银行对账单时，还要准备好银行往来对账表。

如果有机会在一家公司实习过会计工作，无论是用手工记账，还是用计算机系统自动记账，都会意识到实际上是在和会计信息系统打交道。本教材会重点讲述适合各种类型的组织，特别是中小企业使用的会计信息系统。

1. 会计数据和会计信息

（1）会计数据。

会计数据是收集、记录的会计业务中所有事物实体的属性和属性值。例如，会计凭证、会计账簿、会计报表等都是会计业务中的实体。它们的属性和属性值都是会计数据。

（2）会计信息。

会计信息是指在会计管理和会计决策分析工作中需要的各项会计数据，包括资产、负债信息、生产费用和成本信息以及有关利润实现和分配的信息等，它们都是对会计数据进一步加工处理后得到的对会计管理和决策分析有价值的信息。

本书在以后各章中，对会计数据和会计信息不加以区分，统称为会计信息。

（3）会计信息的特点。

会计信息除具有一般信息的特征外，还具有以下特点：

①数量大、种类多、来源广。会计工作需对生产经营过程进行连续、系统、综合

的反映和监督，而会计信息正是在上述反映和监督工作中所采集、加工、使用的价值数据，它几乎涉及企业的所有业务和管理活动，具有信息量大、种类多、来源广的特点。

②综合性。会计信息用货币的形式，综合反映了生产和经营工作中的经济活动，反映内容涉及供产销的每个环节、企业的每个部门和每个职工。因此会计信息常反映企业的综合运转状况。

③结构和处理逻辑的复杂性。由于会计信息具体地反映了资产、负债、所有者权益、成本和损益等方面的信息，这些信息互相之间有十分密切的关系，它们的增减呈网状结构相互影响，且需要始终保持平衡关系，这使会计信息结构和处理逻辑变得较为复杂。

④客观、真实、公允性。会计信息应客观真实地反映经济活动中的价值信息，绝对不允许弄虚作假以蒙骗会计用户和政府部门。

⑤全面完整和一致性。会计信息应全面、完整、准确地反映经济活动中的价值信息，不允许出现差错和误报，否则将失去它的重要作用。

⑥安全、可靠性。会计信息应用全面地反映企业财务状况和企业各方面财务关系的重要信息，因此会计信息不能受到破坏、泄露和丢失，有很强的安全、可靠性控制要求。

⑦处理的及时性。为了实现对经济活动的有效控制和监督，会计信息应及时反映经济活动的状况和存在的问题。例如，应及时将资金运动、成本耗费等会计信息反馈给管理部门。

2. 会计信息系统

（1）会计信息系统的定义。

与管理信息系统一样，会计信息系统也尚无明确统一的定义。本书将继承前面已给出的管理信息系统的定义，认为会计信息系统是一种基于会计管理活动，由人、信息处理设备和运行规程三元素组成的集成化人机交互系统，并具有以下特征：

①AIS以推动企业实现战略目标为立足点；

②AIS以符合会计管理工作和会计变革的需求为主要目标；

③AIS以解决企业会计核算和管理所面临的问题为主要功能，充分利用信息处理技术，维系日常的会计交易活动，采集、存储、处理、分析、传递和分析利用会计信息；支持会计管理的控制功能；为企业管理提供有用的分析和辅助决策信息。

（2）计算机环境下会计信息系统的运行平台。

①会计信息系统的运行平台。随着以计算机为代表的信息技术在会计工作中广泛和深入的应用，会计信息系统已不再是单纯的手工系统。计算机环境下的会计信息系统是一种基于会计管理活动，由人、计算机硬件（含程序和数据文件）和运行规程三元素组成的人机交互系统，其核心部分是功能完备的会计软件。计算机环境下的会计信息系统的运行平台包括：计算机、网络、系统软件、会计软件和数据文件等。

②会计软件。在上述会计信息系统的定义中，指出了会计信息系统运行平台的核心部件是功能完备的会计软件。所谓会计软件是指专门用于会计核算和管理工作的计算机应用软件，包括采用各种计算机语言编制的用于会计核算和管理工作的计算机程序、设计文档、使用说明书和相关的数据文件等，其中，程序一般存储在电子或光电介质上进行保管，但只有将它正确地安装到电子计算机中，使计算机硬件、网络和软件有机地集成并通过会计软件的运行才能使会计信息系统正常地工作。

③会计数据文件。由于会计信息系统是一种用于财务部门的管理信息系统，为了支持它的运行，在系统开通和使用前，需要组织和存储所有会计科目、客户和供应商等数据文件，当系统运行起来后，AIS尚需组织和存储记账凭证、明细账、总账、会计报表等数据文件，以便支持各种会计核算、管理和决策的需求。

本书以后章节中所述的会计信息系统均是指在计算机环境下的会计信息系统。

（3）会计信息系统的目标。

在上述会计信息系统的定义中，规定了会计信息系统以推动企业实现战略目标为立足点，以符合会计管理工作和会计变革的需求为主要目标。但它尚未说清会计信息系统自身的全部具体目标。由于会计信息系统是为企业服务的，是企业会计管理工作中必不可少的组成部分，因此，会计信息系统的目标应服从于企业、信息系统、会计管理三者的目标。企业的目标是通过提供客户满意的服务，获取更多的利润；信息系统的目标是向信息系统的使用者（用户）提供决策有用的信息；会计管理的目标是要提高企业的经济效益以获取更多的利润。由此，会计信息系统的具体目标可以确定为向企业内外部的会计信息的使用者和决策者提供需要的会计信息，使企业为客户提供满意的服务和提高企业经济效益，获取更多的利润。

（4）会计信息系统的基本功能。

在上述会计信息系统的定义中，规定了会计信息系统以解决企业会计核算和管理所面临的问题为主要功能，充分利用现代信息处理技术，维系日常的会计交易活动，自动（或半自动）采集、存储、处理、分析、传递和反馈会计信息。因此，从信息处理的角度看，会计信息系统的基本功能应是：

①输入功能：按照事先设定的各种会计规则和方法，记录日常运营交易活动中的会计信息，确认能够进入会计信息系统处理的相关信息。

②处理功能：加工来自企业各项业务活动中的会计数据，包括计量、分类、汇总、调整、结账等。

③输出和反映功能：输出、反映加工前、后的会计信息（含价值信息和非价值信息），包括根据既定的报表格式与时间要求，生成相应的财务会计的对外会计报表和管理会计需要的内部会计报告（例如，生成产品成本报告、作业成本报告、营业费用分析报告、客户信用度分析报告、销售变动趋势报告、生产率增长率报告等），传送给不同的使用者，以辅助人们利用会计信息进行决策和履行资产咨询和信息披露责任。

(5) 会计信息系统的特点。

由于会计管理工作的特点，会计信息系统不仅具有管理信息系统所共有的四大特性，即开放性、集成性、人机协作性和现代管理方法和技术手段相结合性。同时，会计信息系统与企业其他子系统相比又具有以下显著特点：

①系统的庞大复杂性。会计信息系统是企业管理信息系统的一个子系统，但它也是一个可以独立存在和运行的系统，由许多子系统组成，如账务处理子系统、工资核算子系统、固定资产核算子系统、材料核算子系统、成本核算子系统等，内部结构较为复杂，各子系统在运行过程中进行信息的收集、加工、传送、使用，联结成一个有机整体。

②与企业其他管理子系统有紧密的联系。由于会计信息系统全面地反映企业各个环节的价值信息，它跟其他管理子系统和企业外部的联系也十分复杂。会计信息系统从其他管理子系统和系统外界获取信息，也将是处理结果提供给有关系统，因此，会计信息系统的外部接口较复杂。

③确保会计信息的真实、公允、全面、完整和安全、可靠性等特点。会计信息系统应确保存放在系统中的会计信息的真实、公允、全面、完整和安全、可靠性等需求，为此系统应对会计信息的采集、存储、处理、加工等操作提供有关的控制和保护措施。

④内部控制严格。会计信息系统中的数据不仅在处理时要层层复核，保证其正确性，还要保证在任何条件下以各种方式进行核查核对，留有审计线索，防止犯罪破坏，为审计工作的开展提供必要的条件。

⑤会计核算程序规范性和科学性。由于会计学本身是一门体系完整、方法严谨的学科，对每类经济业务的处理都规定了严格的准则和方法。因此，会计信息系统对企业经营管理活动的会计核算程序一定要符合上述要求，具有很强的规范性和科学性。

(6) 会计信息系统的主要应用。

①生成外部报告。企业使用会计信息系统生成专门报告，满足投资者、债权人、税务人员、监管机构和其他部门和人员的信息需求。这些报告包括财务报表、所得税申报表，以及监管银行、公共事业等机构所需的报告。由于这些报告格式和所需的内容对于许多机构来说相对固定并相似，软件供应商能够根据相应的法规提供会计软件，自动处理这些报告。因此所需的信息一旦被记录下来，将比过去在手工处理的环境下更快、更方便地生成外部报告。

②支持日常事务处理。管理者需要会计信息系统处理企业运行中的日常事务，例如处理客户订单、提供商品和服务、给客户开发票以及收现金等。计算机系统善于处理重复性交易事项，目前有许多会计软件支持这些日常事务。其他技术，如扫描产品编码的扫描仪能够提高业务处理的效率。我们将在本书中讨论会计信息系统如何支持日常事务。

③非日常性的决策。各机构还需要信息系统帮助制定非日常性的决策。例如哪种产品销路好、获利高；哪一类顾客最常来购物及其信用度等。这个信息对于计划生产新产

品、确定产品存货量以及向顾客推销产品至关重要。非标准化的信息需求需要动态和随机地对数据库中的数据进行查询。

④计划与控制。信息系统还需要提供计划与控制功能。有关预算和标准成本的信息存储在信息系统中，生成报告自动将预算指标与实际数进行比较。例如，使用扫描仪记录买进和卖出的项目，不仅可以低廉的成本收集大量的信息，而且让使用者能够在更详尽的层面上进行操作。历史数据能够从数据库调出来，在数据表或其他程序中使用，以预测增长率和现金流量。计划制订人员能够使用数据挖掘技术（使用软件搜索数据库中海量的历史数据）揭示长期发展趋势和相互关系。

⑤实施内部会计控制。内部会计控制包括制定的政策、用于保护企业资产不丢失或不被盗用和维护财务数据准确性的会计控制。在计算机信息系统内设立控制规则以帮助实现以上控制目标是可能的。例如，信息系统能够使用口令，组织个人对没有授权的数据表格和报告的访问和非法输入。此外，数据登录表格在设计上能够自动检测错误并阻止可能违反已有规则的数据输入。

（7）会计信息系统的使用者。

会计信息系统所产生的会计信息有众多的使用者。这是由于企业具有很多的利益人士和集团，他们经常利用企业产生的会计信息进行分析，以做出各种判断和决策。一般来说，会计信息的使用者可分为内部使用者和外部使用者。

①会计信息的内部使用者。会计信息的内部使用者是指企业内部各级管理者，包括总经理、各部门和班组的领导等。会计信息是企业内部各级管理人员正确、有效制定运营决策和控制的重要依据。

②会计信息的外部使用者。会计信息的外部使用者是指与企业有着利益关系的外部人士和团体，主要包括：股东、债权人、审计师、客户、供应商、政府机构、其他社会公益组织等。其中，股东是企业的投资和所有者，但他们不参与企业日常的经营和管理，却十分关心企业经营成果的会计信息，用以分析和评估企业的获利能力，进而做出买卖企业股票的投资决策；债权人从企业的盈利和财务状况等会计信息，得出企业的偿债能力，从而做出对企业的贷款政策；外部审计师主要根据会计信息系统所提供的财务报告和记录的交易信息，为公众提供各种投资咨询服务；企业有纳税义务，政府税务部门以企业会计信息系统提供的财务报表和其他会计信息作为课税的依据等。

（8）会计信息系统在企业管理信息系统中的地位。

会计信息系统是企业管理信息系统中的一个重要的子系统。根据会计信息系统的定义，它是一个处理会计业务，并为企业管理者和决策者提供会计、财务、定向和决策信息的实体，它通过收集、存储、传输、加工、分析、反馈和利用会计信息，对经济活动进行跟踪、反映和控制。由于会计是以货币的价值形式反映和监督企业整个生产经营活动过程的，因此，会计信息系统反映的内容涉及供产销每个环节、企业的每个部门及员工。会计信息是企业生产、管理决策中使用最多、最广泛的信息，在现代企业决策中处于十分重要的地位。会计信息系统在企业管理信息系统中的重要地位，是由它本身的特点决定的。

1.4.3 会计信息系统的结构

会计信息系统的结构是指会计信息系统各组成部分的构成框架，会计信息系统的功能结构是指从会计信息使用者的角度看，由相互有信息关联的多个会计核算和管理功能部件组成的结构。本节以财务部门独立使用的部门级会计信息系统为例，说明它的处理流程、功能结构和各子系统间的数据联系。

1. 部门级会计信息系统的处理流程

企业会计信息系统利用计算机技术完成会计核算工作，并在此基础上向企业管理者提供会计和财务信息，进行辅助决策。部门级会计信息系统的一般处理流程如图1-3所示。

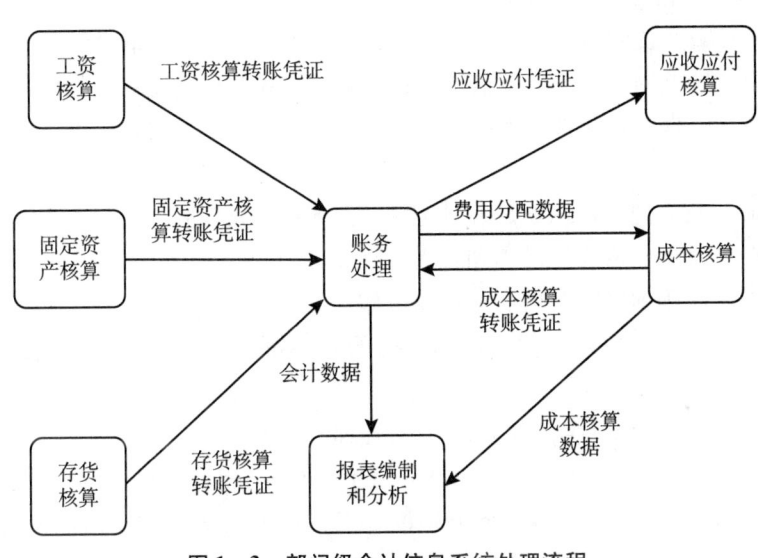

图1-3 部门级会计信息系统处理流程

与手工环境下的会计信息系统相比，计算机环境下的会计信息系统的处理流程具有以下特点：

(1) 会计工作的效率、会计信息的准确性和及时性得到极大的提高，实现了一定程度的数据共享：会计账簿和会计报表的信息基本上取自记账凭证，在各个子系统之间可以共享凭证数据；在凭证数据录入之后，后续的记账、结账、转账、编制报表等核算工作由计算机系统自动完成；在有些会计信息系统中，还可以按照用户的要求随时生成需要的账表，而不必等到会计期末。

(2) 在会计数据的采集、存储、加工和报告等方面发生了较大变化。首先，会计信息系统的数据可能是手工录入的，也可能是由其他计算机系统转入的；其次，系统采用到的会计数据以数据库的形式存放到磁介质上，数据结构也经过了重新组织；此外，数据处理方式可以采用批处理或联机处理，无论采用何种记账程序，各种凭证一经输入，计算机系统就可以自动和集中地完成记账、对账、转账、结账、输出账表等账务处理工作，证、账、表间的钩稽关系在数据处理过程中自动得到保证；最后，系统的输出可以采用多种输出方式，包括打印输出、屏幕浏览、磁盘或光盘存储等。

（3）会计信息系统的内部控制也发生了较大变化。原有的某些内部控制的重点发生了转移，并且由于信息处理环境的变化又产生了一些新的控制问题。比如，各个部门之间或工作人员之间的相互牵制关系需要按照计算机信息处理的特点重新设立；手工环境中的一些会计控制（如账账之间的钩稽关系）在信息技术环境中已经没有意义，取而代之的是会计信息系统的输入控制、处理控制和输出控制；计算机信息处理中的特有风险带来了新的控制问题，如计算机系统的操作控制、数据处理控制、数据处理设备的控制等。

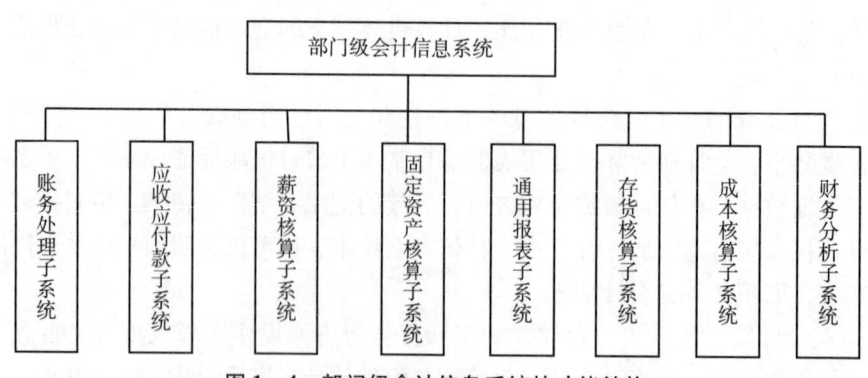

2. 部门级会计信息系统的功能结构

企业会计信息系统的目标是向企业内外部的决策者提供需要的会计信息及对会计信息的利用有重要影响的其他非会计信息。具体到部门级会计信息系统的应用，其总目标是完成会计核算、提供企业管理和决策所需的会计信息。这一总目标可以分解成如下子目标：

（1）正确、有效地完成明细账、日记账、总账的登记工作。

（2）及时、准确、可靠地采集和录入各种凭证。

（3）及时、正确地完成各项业务核算工作。

（4）及时、准确、完整地提供组织所需的会计信息，比如各种证、账、表的查询和输出。

（5）全面、有效地实现会计数据的及时传递和共享。

这些目标决定了部门级会计信息系统的主要功能是进行账务处理和完成各项业务核算。在实际应用中，一般对各项业务分别设置相应的功能来完成核算任务，由此，部门级会计信息系统的子系统划分如图1-4所示。

图1-4 部门级会计信息系统的功能结构

下面对各子系统的功能简单介绍如下，详情可见其他各有关的章节。

（1）账务处理子系统。

账务处理子系统完成全部记账凭证的记账、结账、对账和转账，生成日记账、总账以及除各子系统生成的明细账外的所有明细账。为编制和产生各类会计报表和财务分析报表等准备数据。

（2）应收款和应付款子系统。

完成应收账款和应付账款的记录、冲销、报告及分析预测等工作。由于应收账款的核算与销售业务有直接的关系，因此在企业级会计信息系统中，将销售核算与应收账款核算合并为一个单独的子系统；相应地，应付账款的核算与采购业务也有直接的关系，因此也将采购核算与应付账款核算合并为一个子系统。

（3）薪资核算子系统。

工资核算子系统完成工资的计算、工资费用的汇总和分配、计税等工作。

（4）固定资产核算子系统。

固定资产子系统完成固定资产卡片管理、固定资产增减变动核算、折旧的计提和分配等工作。

（5）通用报表子系统。

通用报表子系统可以定义常用的会计和财务分析报表，也可按用户的需求定义各种内部报表。该子系统与其他子系统相连，可以根据会计核算数据，如总账及明细账等数据完成各种会计报表的编制与汇总，生成其他各种内部报表、外部报表、汇总报表和分析报表，根据报表数据生成各种分析图等。目前，很多会计软件的报表子系统都做成了一个可以进行二次开发的电子表处理平台，成为人们进行报表事务处理工作的工具。

（6）存货核算子系统。

存货核算子系统完成存货购进的核算、货款的支付、存货的入库、存货收发结存的核算，并自动编制材料费用分配转账凭证、自动计算和分配材料成本差异等。在实际应用中，也有系统根据企业会计管理的需要将采购业务的核算与存货核算合并成一个系统。

（7）成本核算子系统。

完成各种费用的归集和分配，计算产品的单位成本和总成本，并为成本管理和利润核算提供相应的成本数据。成本核算与组织的生产过程密切相关，生产过程不同，成本核算方法也各不相同，相应建立的处理流程和功能也各具特色。

（8）财务分析子系统。

财务分析子系统根据上述各子系统提供的财务和会计信息，对企业财务活动进行事后分析，并对企业未来财务状况、经营成果进行预测，从而为企业财务决策提供辅助的依据。

3. 各子系统间的数据联系

各个子系统之间的数据流程主要是各类转账凭证：工资核算子系统、固定资产核算子系统、存货核算子系统向账务处理子系统传递与各自核算有关的转账凭证，然后由账务处理子系统进行记账、结账等数据处理，并将有关的成本数据提供给成本核算子系统。成本核算子系统在完成成本计算后，仍将费用归集与分配的结果以转账凭证的方式传递给账务处理子系统，由账务处理子系统完成最终的账簿输出和报表编制。各个子系统间的数据联系如表1-2所示。

表1-2　　　　　　　　　　　各子系统之间数据关系

输出数据的子系统	接收数据的子系统					
	财务处理子系统	应收、应付核算子系统	薪资核算子系统	固定资产核算子系统	报表子系统	存货核算子系统	成本核算子系统
账务处理子系统					各科目的余额、发生额、累计发生额、凭证		费用科目归集的费用发生额等
应收、应付核算子系统	应收、应付账款的发生和清偿凭证				赊销、赊销业务的余额、发生额		
工资核算子系统	工资费用分配结转凭证、职工福利费分配结转凭证						工资费用分配表
固定资产核算子系统	固定资产增减变动凭证、折旧费用计提分配凭证						折旧费用分配表
报表子系统							
存货核算子系统	材料费用分配凭证、差异分配凭证、燃料费用凭证等						材料费用汇总分配表、燃料费用分配表、材料差异汇总分配表
成本核算子系统	各种费用分配凭证、成品入库凭证				产成品的实际单位成本和总成本、定额成本、各成本项目的成本		

1.5 "大智移云"时代会计信息系统的发展趋势

1.5.1 "大智移云"对工作和会计信息系统的影响

1. "大智移云"的概念

"大智移云"最早于2013年8月中国互联网大会上提出，是指大数据、智能化、移动互联网和云计算时代。"大智移云"彼此是相互关联的,其中"智能化"包括物联网和大数据挖掘支撑的用户体验。移动互联网、物联网的结合,又使大数据的产生与收集成为可能。移动互联网和物联网的应用需要云计算支撑,大数据的深入分析和挖掘反过来助推移动互联网和物联网的发展,使软硬件更加智能化。云计算、大数据等信息技术交融渗透,不仅改变着人们的生活,也有望掀起新一轮产业变革。

2. 会计信息系统的概念

会计信息系统(accounting information system,AIS)是一个组织处理会计业务,并为企业管理者、投资人、债权人、政府部门提供财务信息、分析信息和决策信息的系统。该系统通过收集、存储、传输和加工各种会计信息,并将其反映给各有关部门,为经营和决策活动提供帮助。

3. "大智移云"对会计工作的影响

计算机技术影响会计是从手工进行会计业务处理到利用企业内部财务软件或 ERP 软件进行会计业务处理,实现了会计信息化。近年来,大智移云技术促使会计行业迎来又一次转变,从企业内财务软件转移到云端,但是这一转变并不只是形式上的变化,给会计行业带来的影响将是巨大的。

(1)云会计工作模式将成为会计主流。

运用云会计模式的企业可以大大减少公司的初始投资,因为云会计无须购买硬件或软件许可证。特别是对于无法负担昂贵的软件购买成本的小型公司而言,云会计允许他们使用其更强大的竞争对手所使用的相同 IT 系统来运行其内部流程和操作。另外,云会计下会计人员可以利用移动智能终端运用移动互联网随时随地加工处理会计数据,没有了会计工作时间和空间的限制,会计工作人员的工作更加灵活、效率更高。

(2)物联网改变会计信息处理的模式。

在物联网的技术支持下,企业得以在生产销售等多个环节与商品进行互动,极大地增加了数据的真实性,同时,企业业务活动的信息能够实时处理,这样能够增加会计信息处理的时效性。另外大量的信息使得从采购到销售各个方面的数据都可以被反映,这也让非财务化数据收集变得更加容易。因此,在物品管理方面应用物联网也将改变会计的工作方式。

4. "大智移云"对会计信息系统的影响

(1)改变会计信息传输方式,增强会计信息系统功能。

传统的会计信息系统是一个单向性的过程,即会计将信息提交给需求者进行审阅,而信息的需求者则不能向会计索取信息,这是一个较为麻烦的过程。如果改变传统会计信息系统的审阅模式,结合信息技术的帮助则能有效地改变现状。对于会计而言,可以利用信息技术的便利性更加高效化地对信息进行统计。对于信息的需求者而言,其也可以根据自己的需要,通过和会计的有效沟通来获取自己所需要的信息,促使传统单向的会计信息交流系统转变为双向发展。

（2）改变会计信息载体，实现信息安全共享。

利用信息技术储存会计信息能有效规避纸张处理会计信息时出现的问题。现如今利用纸张处理信息只会在一些重要的信息间进行，而对于其余大部分的信息则会以光电等介质作为储存载体。除此之外，信息技术能够突破纸质文件储存信息的局限性，利用信息技术可以储存更多的会计信息，为会计工作提供了有力的帮助。

1.5.2 会计信息系统未来的发展趋势

经过近20年的实践与探索，我国会计信息系统建设取得了很大进展，在加入了世界贸易组织后，我国真正融入了世界进程一体化的潮流。会计信息系统随着电子计算机技术的产生而产生，也必将随着其发展而逐步完善和发展。可以预见，会计信息系统将会出现以下的发展趋势。

1. 获得普遍推广与应用，大范围信息处理网络得以建立

一方面，以机代账单位逐渐增多。1989年至今，经过20年的发展，计算机代替手工记账已经成为一个自发的要求，各单位在开展了会计电算化工作后，一般在3个月后都能够实现计算机代替手工记账。另一方面，会计电算化信息处理具有广阔前景。随着经济及电子技术的发展，它必将获得普遍推广与运用。同时，网络技术的发展也使得大范围信息处理网络得以建立。

2. 网络财务将成为会计信息系统的终极目标

所谓"网络财务"，是基于互联网技术，以财务管理为核心，业务管理与财务管理一体化，支持电子商务，能够实现各种远程控制（如远程记账、远程报表、远程查账、远程审计、远程监控等）和事中动态会计核算与在线财务管理，能够处理电子单据和进行电子货币结算的一种全新的财务管理模式，是电子商务的重要组成部分。随着企业之间的竞争愈发激烈，以科学的理论和方法改善经营管理也变得愈发重要，因此网络财务将成为会计信息系统的终极目标。

3. 向"管理一体化"方向发展

从发展趋势上来看，会计信息系统将逐步与其他业务部门的电算化工作结合起来，由单纯的会计业务工作的电算化向财务、统计信息综合数据库、综合利用会计信息的方向发展，而非作为整个管理电算化的一个有机组成部分。

4. 单位会计信息系统与行业会计信息系统相互渗透、相互促进

单位会计信息系统是主管部门会计电算化的基础，反之主管部门的电算化将促进单位的会计电算化工作。在我国宏观管理向现代化进军的今天，主管部门与基层单位的会计电算化工作还将继续相互促进和渗透。经过多年努力，基层单位的会计电算化水平大大提高。但在软件应用品种、水平和范围等方面依旧参差不齐。现在，数据大集中、数据大统一已经是一个必然趋势，在大型企业集团更是如此。

5. 软件技术与管理组织措施日趋结合，软件的开发日益工程化

一套合适的组织措施可以将会计信息系统的效用发挥到最大化。随着会计电算化工作的深入，与计算机应用相适应的管理制度建设，将在实践中逐步完善起来。同时，准确透彻地了解用户是一个软件开发的首要工作，采用工程化的方法开发应用软件是当前的国际趋势。我国的会计软件开发也向科学化的工程方法转化。

6. 实现人机交互的"智能型"管理

实现会计电算化后，所有的原始凭证、记账凭账簿、报表都存储在计算机磁性介质上，整个账务处理都在计算机内部自动生成，这便使得审计的职能大大削弱。而为了正确处理好会计电算化与审计的关系，有必要完善以下会计电算化功能：一是"会计软件应提供关于凭证—总账—报表三者的双向查询功能"；二是"电算化会计系统应提供多种会计核算方法处理过程供用户和审计员选择"。

7. 与管理会计相结合，促进企业管理信息系统的建立和完善

现行会计体系把会计分为财务会计（含成本会计）和管理会计两个子系统。而现今会计信息处理的代码化、数据共享和自动化为两个子系统的结合提供了条件和可能。以发展的眼光看，将财务管理子系统与管理会计子系统的预测、决策、规划和分析有机地结合起来，能够使电算化会计从核算型向管理型发展，从而极大地推进整个企业管理信息系统的开发、建立与完善。

8. 会计信息系统的开发与管理将向规范化、标准化方向发展，与手工会计制度融合为一体的会计信息系统制度体系将全面建成

首先，标准的账表文件格式将逐步实现统一，以解决各种会计软件之间的接口问题、会计信息的相互传递问题，以及会计工作电算化后的审计问题，从而为更充分和更广泛地利用会计信息服务。其次，随着宏观管理工作的逐步开展和经验的积累，以会计软件的开发与验收规范、各有关管理部门的职权、电算化后的岗位责任制、人员管理制度、档案管理制度、各种标准账表文件为主体的会计信息系统管理制度体系将逐步形成与完善。

9. 为宏观管理服务的各级会计信息中心将逐步建立起来

会计信息系统从主要为微观经济服务开始转向同时为宏观经济服务，为了使会计信息系统在宏观管理中发挥更大作用，有必要并已经开始建立以微观会计信息为基础，以计算机为手段，搜集、处理和利用会计信息，从而更好地为市场经济服务。

综上所述，从会计信息系统的发展趋势来看，我国会计改革已迈出了稳健、有序的步伐，并取得了较大成就。在信息时代，为使我国的会计信息系统能够健康发展，我们还必须从理论上和实践上进行进一步探讨。总之，21世纪的会计是一种以信息技术为中心的崭新会计，我们应该抓住这一良机来促进传统会计的革新，推动我国会计信息系统管理工作的现代化、规范化和科学化。

1.5.3 财务共享概念及优势

1. 财务管理信息化中出现的新技术

随着科学技术的进步与移动互联网的发展，财务管理中必然也出现了一些新技术，近年来出现的云计算、大数据、移动互联网等新技术也将逐渐成为企业财务管理信息化建设不可缺少的技术基础。

（1）云计算（cloud computing）。

云计算是一种按使用量付费的模式，这种模式提供可用的、便捷的、按需的网络访问，进入可配置的计算资源共享池（资源包括网络、服务器、存储、应用软件、服务），这些资源能够被快速提供，只需投入很少的管理工作，或与服务供应商进行很少交互。云计算本质上是一种以虚拟化、超大规模、分布式计算为特征的在线网络应用，目前主要包括基础设施即服务（IaaS）、平台即服务（PaaS）、软件即服务（SaaS）三种服务方式。

（2）大数据（big data）。

大数据是需要新处理模式才能具有更强的决策力，洞察发现力和流程优化能力的海量，高增长率和多样化的信息资产，并非简单的数据量的海量存储。一般而言，大数据具备数据量巨大，数据类型繁多，处理速度快，合理利用数据可以带来高价值回报的四个特征，被简称为四个"V"——volume（大量）、variety（多样）、velocity（高速）、value（价值）。

（3）移动互联网（mobile internet）。

移动互联网并没有较为完整和规范的定义，一般而言，移动互联网实际上是指将移动终端、互联网、物联网等融合应用的技术和服务。

这些技术的出现和发展，为财务共享的出现提供了理论基础与有力支持，是财务共享出现的前提条件。

2. 财务共享的概念

财务共享服务（financial shared service，FSS）是依托信息技术以财务业务流程处理为基础，以优化组织结构、规范流程、提升流程效率、降低运营成本或创造价值为目的，以市场视角为内外部客户提供专业化生产服务的分布式管理模式。"财务共享服务"最初源于一个很简单的想法：将集团内各分公司的某些事务性的功能（如会计账务处理、员工工资福利处理等）集中处理，以达到规模效应，降低运作成本。

3. 财务共享的优势

与普通的企业财务管理模式不同，财务共享服务的优势在于其规模效应下的成本降低、财务管理水平及效率提高和企业核心竞争力上升。具体表现为：

（1）运作成本降低。这可进行量化计算与比较，如分析一个"共享服务中心"人员每月平均处理凭证数、单位凭证的处理费用等。这方面的效益主要通过减少人员数目和减少中间管理层级来实现。如果"共享服务中心"建立在一个新的地点，通常成本的降低效果更显著，原因是：通常选择的新地点，当地的薪资水平会较低；通过在"共享服务中心"建立新型的组织结构和制定合理的激励制度，能显著地提高员工的工作效率，并形成不断进取的文化。

（2）财务管理水平与效率提高。例如，对所有子公司采用相同的标准作业流程，废除冗余的步骤和流程；共享财务服务中心，拥有相关子公司的所有财务数据，数据汇总、分析不再费时费力，更容易做到跨地域、跨部门整合数据；某一方面的专业人员相对集中，公司较易提供相关培训，培训费用也大为节省，招聘资深专业人员也变得可以承受；"共享服务中心"人员的总体专业技能较高，提供的服务更专业。此外，"共享服务中心"的模式也使得IT系统（硬件和软件）的标准化和更新变得更迅速、更易用、更省钱。

（3）支持企业集团的发展战略。公司在新的地区建立子公司或收购其他公司，财务共享服务能马上为这些新建的子公司提供服务。同时，公司管理人员更集中精力在公司的核心业务，而将其他的辅助功能通过财务共享服务完成，从而使更多财务人员从会计核算中解脱出来，能够为公司业务部门的经营管理和高层领导的战略决策提供高质量的财务决策支持，促进核心业务发展。

（4）向外界提供商业化服务。有些公司开始利用"共享服务中心"（一般为独立的子公司）向其他公司提供有偿服务。例如，壳牌石油（Shell）建立的"壳牌石油国际服务公司"每年8%~9%的收入来自向外界提供服务。

第 2 章 系 统 管 理

会计信息系统作为企业管理信息系统中不可或缺的部分，本身也是由多个子系统组成。各个子系统服务于企业的不同层面，为不同的管理需要服务，子系统本身既具有相对独立的功能，彼此之间又具有紧密的联系，它们共用一个企业数据库，拥有公共基础信息、相同的账套和账套库，为实现企业财务、业务的一体化管理提供了基础条件。而用友 ERP–U8 管理系统设立了一个独立的系统管理模块，为各个子系统提供了一个统一的运行环境，便于企业管理人员进行方便的管理、及时的监控，随时掌握企业的信息系统状态。

2.1 系统管理概述

系统管理是通用管理软件中一个非常重要的组成部分，对管理软件的各个单元进行统一的操作管理和数据维护。

2.1.1 系统管理的功能概述

以用友 ERP–U8 管理软件为例，系统管理是用友 ERP–U8 管理软件中一个非常重要的组成部分。它的主要功能是对用友 ERP–U8 管理软件的各个产品进行统一的操作管理和数据维护，具体包括账套管理、账套库管理、操作员及其操作权限管理、系统数据及运行安全的管理等方面。

1. 账套管理

账套是指一组相互关联的数据。一般来说，可以为企业中每一个独立核算的单位建立一个账套。换句话说，在系统中，可以为多个企业（或企业内多个独立核算的部门）分别建账。用友 ERP–U8 管理软件最多可以建立 999 个账套。

账套管理是对账套的统一管理，其功能一般包括账套的建立、修改、删除、引入和输出等。

2. 账套库管理

为便于账套数据的管理，账套可以由一个或多个账套库组成。一个账套库可以含有一年或多年会计数据。一个账套对应一个经营实体或核算单位，账套中的某个账套库对应这个经营实体的某年度区间内的业务数据。

账套库管理包括账套库的建立、清空、引入、输出和账套库初始化等功能。

3. 操作员及其操作权限管理

为了保证系统及数据的安全、保密，以及进一步加强企业内部控制，系统管理提供了操作员及操作权限的集中管理功能。通过对系统操作分工和权限的管理，一方面可以避免与业务无关的人员进入系统；另一方面可以对网络财务软件中所含的各个子系统的操作进行协调，以保证各负其责、流程顺畅。

操作员及其操作权限的集中管理包括设定系统用户、定义角色以及设置用户和角色的权限等功能。

4. 系统数据及运行安全的管理

用户在使用财务软件系统时需要在一个安全、稳定的环境下进行操作，因此，为了保证系统运行安全、数据存储安全，系统应建立一个强有力的安全保障机制。在系统管理中，系统安全维护包括系统运行监控、设置数据自动备份计划、清除系统运行异常任务、记录上机日志和刷新等功能。

2.1.2 系统管理的使用者

鉴于系统管理模块在整个会计信息系统中的地位和重要性，对系统管理模块的使用，系统予以严格的控制。系统只允许以两种身份注册进入系统管理。一种是以系统管理员（admin）的身份；另一种是以账套主管的身份。

1. 系统管理员

系统管理员在软件开发时已经被设定好，负责整个系统的总体控制和数据维护工作，他可以管理该系统中的所有账套。以系统管理员的身份注册进入，可以进行账套的建立、引入和输出；设置用户、角色及其权限；指定账套主管；监控系统运行过程，清除异常任务等。

系统管理员是系统中权限最高的操作员，他要对系统数据安全和运行安全负责。通用会计信息系统中一般预置默认的系统管理员及口令，企业在正确安装应用系统后，应该及时更改系统管理员的密码，以保障系统的安全性。

2. 账套主管

账套主管负责所选账套的维护工作。主要包括对所管理账套参数进行修改、对账套库的管理（包括创建、清空、引入、输出和账套库初始化），以及该账套操作员权限的设置。

一个账套可以指定多个账套主管，账套主管自动拥有该账套的所有权限。所以，对所管辖的账套来说，账套主管是级别最高的，拥有所有模块的操作权限。

由于账套主管是由系统管理员指定的，因此第一次必须以系统管理员的身份注册系统管理，建立账套和指定相应的账套主管之后，才能以账套主管的身份注册系统管理。

系统管理员和账套主管的操作权限如表2-1所示。

表2-1　　　　　　　　　系统管理员和账套主管的操作权限对比

主要功能	详细功能1	详细功能2	系统管理员	账套主管
账套	建立		有	无
	修改		无	有
	删除		有	无
	引入		有	无
	输出		有	无
账套库	建立		无	有
	初始化		无	有
	清空账套库数据		无	有
	引入		无	有
	输出		无	有
权限	角色		有	无
	用户		有	无
	权限		有	有
其他	升级SQL Server数据		有	有
	设置备份计划	设置账套备份计划	有	无
		设置账套库备份计划	有	无
		设置账套库增量备份计划	有	无
	清除异常任务		有	无
	清除选定任务		有	无
	清除所有任务		有	无
	清退站点		有	无
	清除单据锁定		有	无
	上机日志		有	无
	视图	刷新	有	有

2.1.3 系统管理操作的基本流程

1. 系统启用当年操作流程

系统启用当年操作流程如图2-1所示。

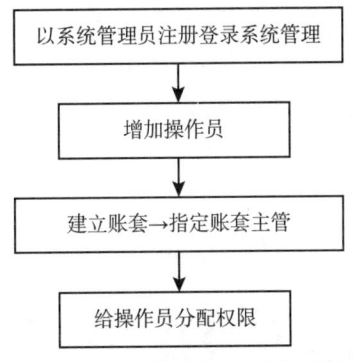

```
以系统管理员注册登录系统管理
           ↓
        增加操作员
           ↓
   建立账套→指定账套主管
           ↓
      给操作员分配权限
```

图 2-1 系统启用当年操作流程

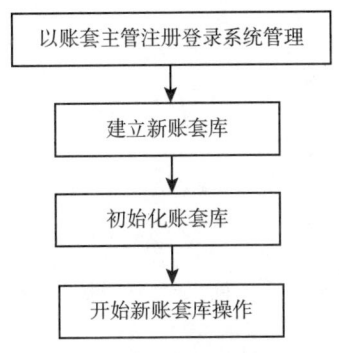

2. 更换账套库操作流程

更换账套库操作流程如图 2-2 所示。

```
以账套主管注册登录系统管理
           ↓
        建立新账套库
           ↓
        初始化账套库
           ↓
      开始新账套库操作
```

图 2-2 更换账套库操作流程

2.2 系统管理应用

2.2.1 账套管理

账套是指一组相互关联的数据。一般来说，可以为企业中每一个独立核算的单位建立一个账套。换句话说，在系统中，可以为多个企业（或企业内多个独立核算的部门）分别建账。用友 ERP-U8 管理软件最多可以建立 999 个账套。

账套管理是对账套的统一管理，其功能一般包括账套的建立、修改、删除、引入和输出等。

1. 建立账套

建立账套，就是在企业财务软件中为本企业或本核算单位建立一套符合核算要求的账簿文件。根据企业的具体情况进行账套参数设置，软件将按照这些基础参数自动建立一套"账",而将来进行系统的数据输入、处理、输出时,数据的内容和形式就会由账套的基础参数决定。

只有系统管理员才有权创建新账套。

系统的账套参数主要包括账套信息、单位信息、核算类型、基础信息、分类编码方案、数据精度等内容。

(1) 账套信息(如图2-3所示)。

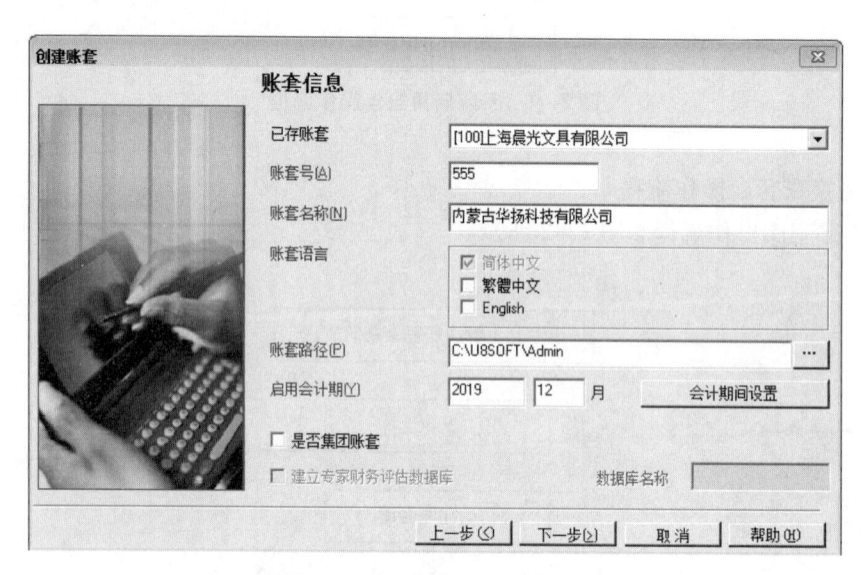

图2-3 建立账套——账套信息

账套信息用于输入新建账套的有关信息,主要包括已存账套、账套代码(或称账套号)账套名称、账套路径、启用会计期等内容。

"已存账套"是系统将系统内现有的账套以下拉列表框的形式在此显示出来,用户只能参照,而不能输入或修改。

"账套号"是系统用于区分不同核算账套的编号。账套号具有唯一性,即每个账套只能用一个账套代码表示,一般不能重复,它与核算单位名称是一一对应的关系,共同用于代表指定的核算账套。U8 软件中"账套号"的范围为001~999。

"账套名称"用于输入新建账套的名称,即核算单位的名称。其作用是标识新账套的信息,以便在显示和打印账簿、报表时使用。

"账套路径"是新建账套所存放在系统中的路径,通常系统核算数据都会储存在系统中某一指定目录下的数据库文件中。有的软件会指定某一路径为系统默认路径,用户不能更改,但大多数软件允许用户自行指定账套路径。

"启用会计期"用于输入新建账套将被启用的会计核算时间,一般为某一月份。启用日期应在新建账套时设定,而且一旦设定便不能更改。规定启用会计期主要是用于明确账务处理的起始点,以保证核算数据的完整性和连续性。设置启用会计期时,同时进行会计期间设置，确认当前会计年度以及会计月份的起始日期和结账日期。一般财务软件按照国家统一会计制度的规定划分会计期间。如果不选择启用会计期，系统则自动默认设置为系统当前的机器时间。

(2) 单位信息①（如图 2-4 所示）。

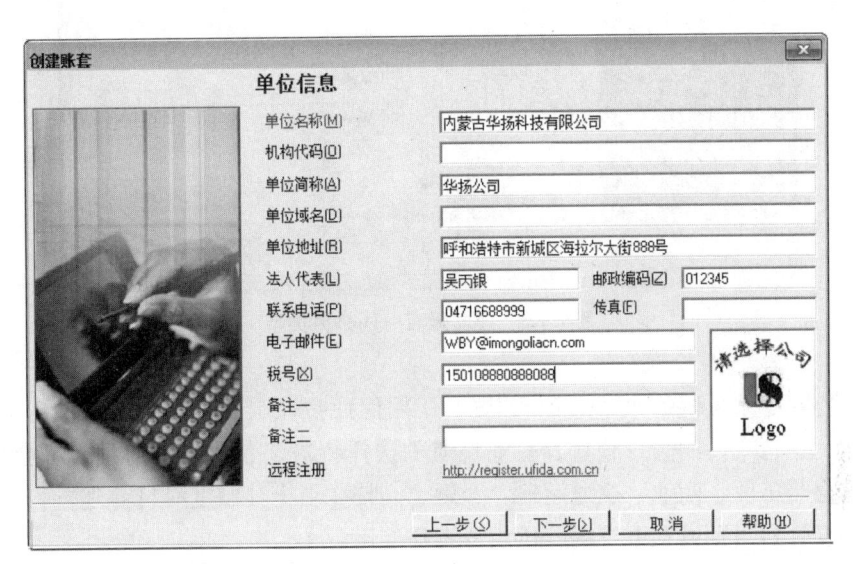

图 2-4　建立账套——单位信息

单位信息用于输入新建账套的基本信息，主要包括单位名称、单位简称、单位地址、法人代表、邮政编码、联系电话、传真、电子邮件、税号和备注等内容。其中单位名称是系统必要的信息，必须输入，将来在打印发票时使用；单位简称是核算单位的简称，最好输入。

(3) 核算类型（如图 2-5 所示）。

核算类型用于记录新建账套的基本核算信息，主要包括本位币代码、本位币名称、企业类型、行业性质、科目预置语言、账套主管、是否按行业性质预置科目等内容。

"记账本位币"是核算单位按照会计法规要求采用的记账本位币名称，通常系统默认的记账本位币是人民币。如果需要进行外币核算，可以在此进行设置，将来在账务处理子系统中还要设置外币币种和相应的外币汇率。本位币代码是用来输入新建账套所使用的本位币的代码，本位币名称则是用来输入新建账套所使用的本位币的名称。

"企业类型"是区分不同企业业务类型的必要信息，用于明确核算单位特定经济业务的类型。用户必须在此进行设置，一般系统提供工业和商业两种类型。如果选择工业模式，系统则不能处理受托代销业务；如果选择商业模式，委托代销和受托代销都能进行处理。

---

① 本书举例的所有信息均为作者虚拟，如有雷同，纯属巧合。

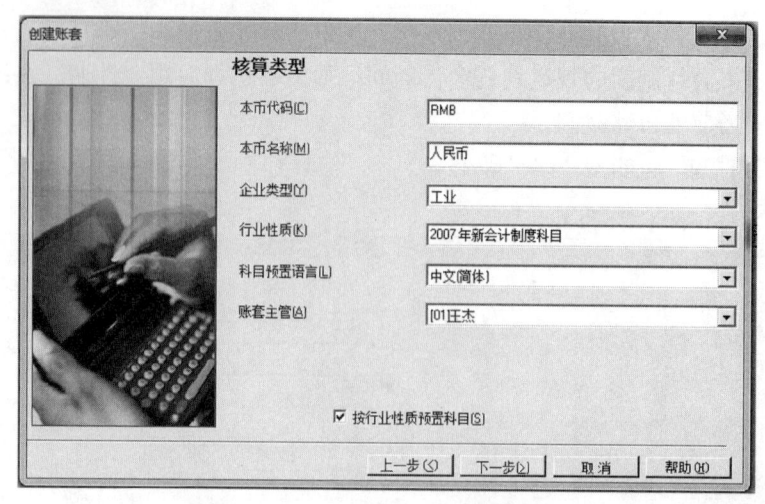

图 2-5 建立账套——核算类型

"行业性质"是系统用来明确新建账套采用何种会计制度的重要信息,选择不同的行业性质,执行不同的会计核算,行业性质的选择将决定企业用到何种一级会计科目。通常系统会将工业、商业、交通运输、金融、高校、新会计制度科目等现行行业会计制度规定的会计科目预设在系统内,供用户选择使用。

"账套主管"是系统指定的本账套的负责人,一般可以是会计主管。设置账套主管是为了便于对该账套的管理,明确会计核算人员的职责和权利。

"是否按行业性质预置科目"是为了方便用户预置所属行业的标准一级会计科目,用户可以自行选择该项。

(4) 基础信息(如图 2-6 所示)。

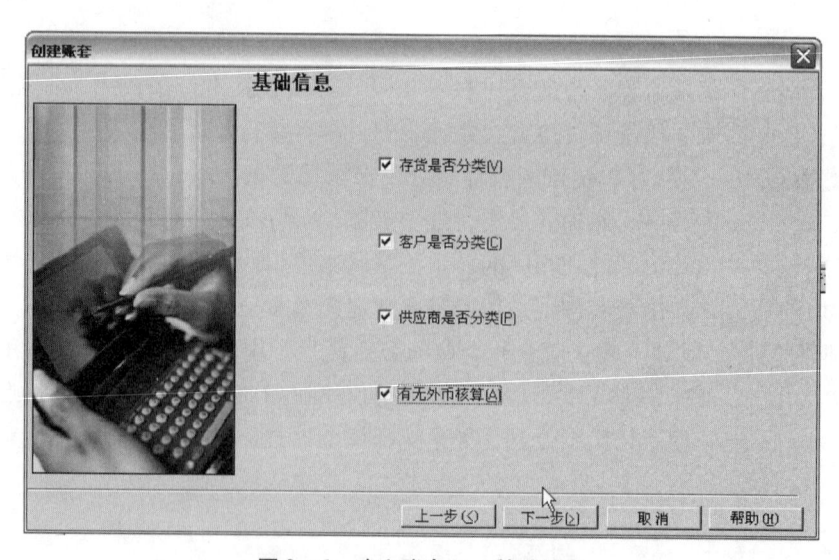

图 2-6 建立账套——基础信息

基础信息也是用于记录新建账套的基础核算信息的，主要包括存货、客户、供应商是否分类以及是否有外币核算等内容。

如果企业存货、客户、供应商相对较多，可以对其进行分类管理。如果选择对存货、客户、供应商进行分类，在进行基础信息设置时，必须先设置存货、客户、供应商分类，然后才能设置存货、客户、供应商的档案。如果没有选择对存货、客户、供应商进行分类，在进行基础信息设置时，可以直接设置存货、客户、供应商的档案。

（5）分类编码方案（如图2-7所示）。

项目	最大级数	最大长度	单级最大长度	第1级	第2级	第3级	第4级	第5级	第6级	第7级	第8级	第9级
科目编码级次	13	40	9	4	2	2	2	2				
客户分类编码级次	5	12	9	2	2	3						
供应商分类编码级次	5	12	9	2	2	3						
存货分类编码级次	8	12	9	2	2	2	2	3				
部门编码级次	9	12	9	1	2	2						
地区分类编码级次	5	12	9	2	2							
费用项目分类	5	12	9	1	2							
结算方式编码级次	2	3	3	1	2							
货位编码级次	8	20	9	2	3	4						
收发类别编码级次	3	5	5	1	1	1						
项目设备	8	30	9	2	2							
责任中心分类档案	5	30	9	2	2							
项目要素分类档案	6	30	9	2	2							
客户权限组级次	5	12	9	2	3	4						

图2-7 建立账套——编码方案

为了便于对经济业务数据进行分级核算、统计和管理，系统将对会计科目、企业部门、结算方式、客户分类、地区分类、存货分类、供应商分类等进行编码。

编码方案是指设置编码的级次方案，便于使用单位对经济业务数据进行分级核算、统计和管理。它通常采用群码方案，这是一种分段组合编码，每一段有固定的位数。编码方案由级次和级长两部分组成。级次表示编码共分几段。级长表示每级编码的数字位数。编码总长为每级编码级长之和。

（6）数据精度定义（如图2-8所示）。

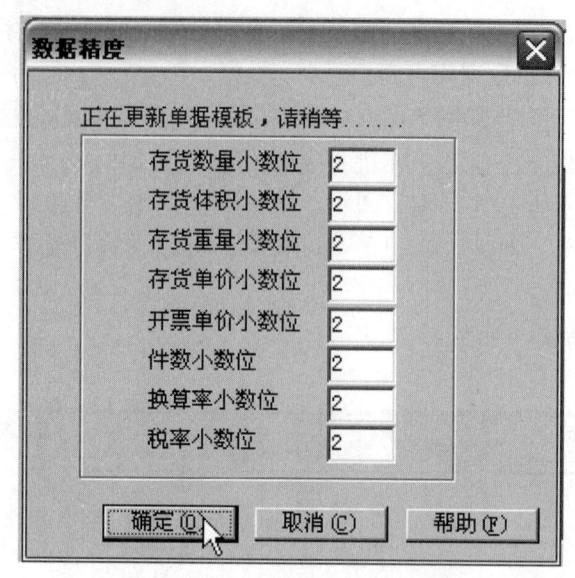

图 2-8　建立账套——数据精度

数据精度是指定义数据的小数位数。由于各用户对数量、单价的核算精度要求不一致，为了适应不同的需求，系统提供自定义数据精度的功能。进行数据精度定义，有助于系统在数据处理过程中对数据的小数位数进行取舍，从而保证数据处理的一贯性。数据精度定义主要包括存货数量小数位、存货体积小数位、存货重量小数位、存货单价小数位、开票单价小数位、件数小数位、换算率小数位和税率小数位的定义等内容。用户可以根据本核算单位的具体情况进行设置。

用户在进行上述内容的设置后，系统会根据这些信息自动建立一套符合用户要求的新的账套。

（7）系统启用（如图 2-9 所示）。

会计信息系统由若干子系统构成。企业会计核算涉及哪些子系统，即可对其启用。

总账管理子系统是会计信息系统中的核心子系统。一般情况下，需要启用此子系统。若暂不使用某子系统，可以之后再到企业应用平台中启用。

2. 账套的输出

账套的输出功能（即会计数据备份）是指将所选的账套数据进行备份输出。对于企业系统管理员来讲，应定期将企业数据备份出来存储到不同的介质上（如U盘、光盘、移动硬盘等），这对数据的安全性是非常重要的。如果企业由于不可预知的原因（如地震、火灾、计算机病毒、人为的误操作等），需要对数据进行恢复，此时就可以利用已备份的数据使系统恢复正常，保证企业业务正常进行，使企业的损失降到最小。当然，对于异地管公司，此种方法还可以解决审计和数据汇总的问题。

账套的输出功能除了可以进行数据备份以外，还可以完成删除账套的操作。如果系统内的账套已经不需要继续保留，则可以使用账套的输出功能进行删除。

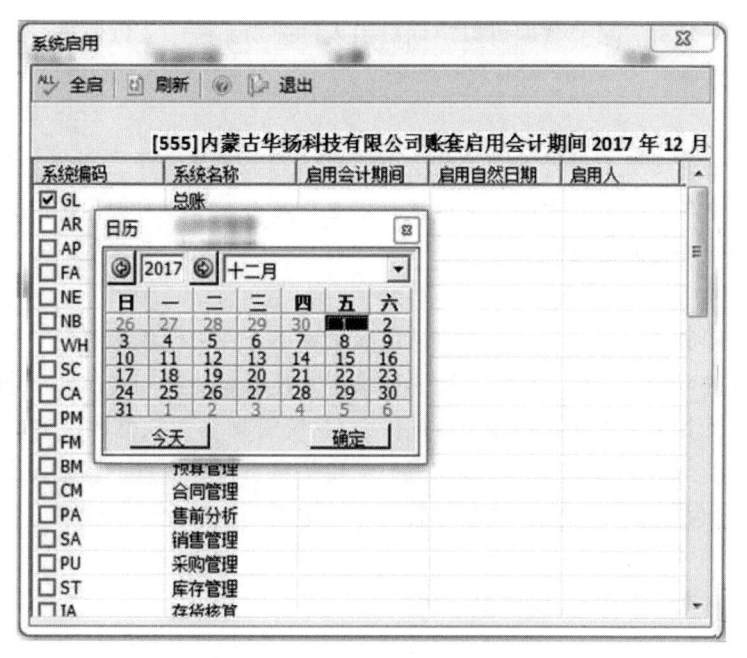

图 2-9　建立账套——系统启用

账套的输出和删除功能如图 2-10 所示。

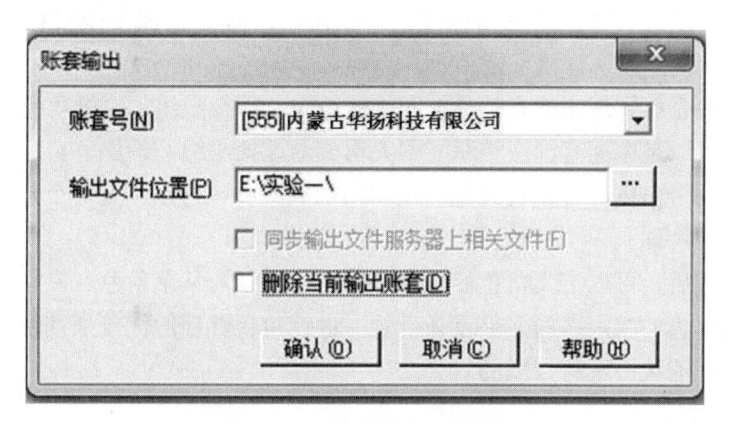

图 2-10　账套的输出和删除

提示：

● 账套输出时，输出两个文件，UfErpAct.Lst 为账套信息文件；UFDATA 是账套数据文件。

3. 账套的引入

账套的引入功能（即会计数据恢复）是指将系统外某账套的数据引入本系统中。该功能的增加有利于保证系统数据的安全，一旦系统出现故障或遭受病毒侵袭而使系统数据丢失时，就可以利用账套引入功能恢复系统数据。同时该功能的增加也有利于集团公司的操作，子公司的账套数据可以定期被引入母公司系统中，以便进行有关账套数据的分析和合并工作。

提示：

● 如果企业需要定期将子公司的账套数据引入母公司系统中，应预先在建立账套时就进行规划，使各子公司的账套号不一样，以避免在引入子公司数据时因为账套号相同而造成数据相互覆盖的后果。

4. 修改账套

当系统管理员建完账套、账套主管建完账套库后，在未使用相关信息的基础上，需要对某些信息进行调整，以便使信息更真实准确地反映企业的相关内容。通常，只有账套主管可以修改其具有权限的账套中的信息，系统管理员无权修改。在修改账套过程中，系统会自动列出所选账套的账套信息、单位信息、核算信息、基础设置信息、分类编码方案信息和数据精度信息，账套主管可以根据需要，对允许修改的内容进行修改。

2.2.2 操作员及其操作权限管理

为了保证系统及数据的安全与保密，系统一般提供操作员及其操作权限管理，具体包括角色管理、用户管理以及权限管理等功能。

1. 角色管理

在系统中为了继续加强企业内部控制中权限的管理，增加了按角色分工管理的理念，加大了控制的广度、深度和灵活性。

角色是指在企业管理中拥有某一类职能的组织，即权限组。这个角色组织可以是实际的部门，也可以是由拥有同一类职能的人构成的虚拟组织。例如，实际工作中最常见的会计和出纳两个角色（他们可以是一个部门的人员，也可以不是一个部门但工作职能是一样的角色的统称）。

在设置角色后，可以定义角色的权限。用户被设置为某个角色后，在系统内的所有账套都拥有该角色的权限，而无须重新设置。进行角色管理的优点是方便控制操作员权限，可以依据职能统一进行权限的划分。

2. 用户管理

用户是指有权登录系统，对应用的系统进行操作的人员，即通常意义上的"操作员"。每次注册登录系统，都要进行用户身份的合法性检查，只有设置了具体的用户之后，才能进行相关的操作。

只有系统管理员才有权设置用户。用户管理主要是完成对所核算账套的用户的增加、删除、修改等维护工作。

设置用户，如图 2-11 所示。

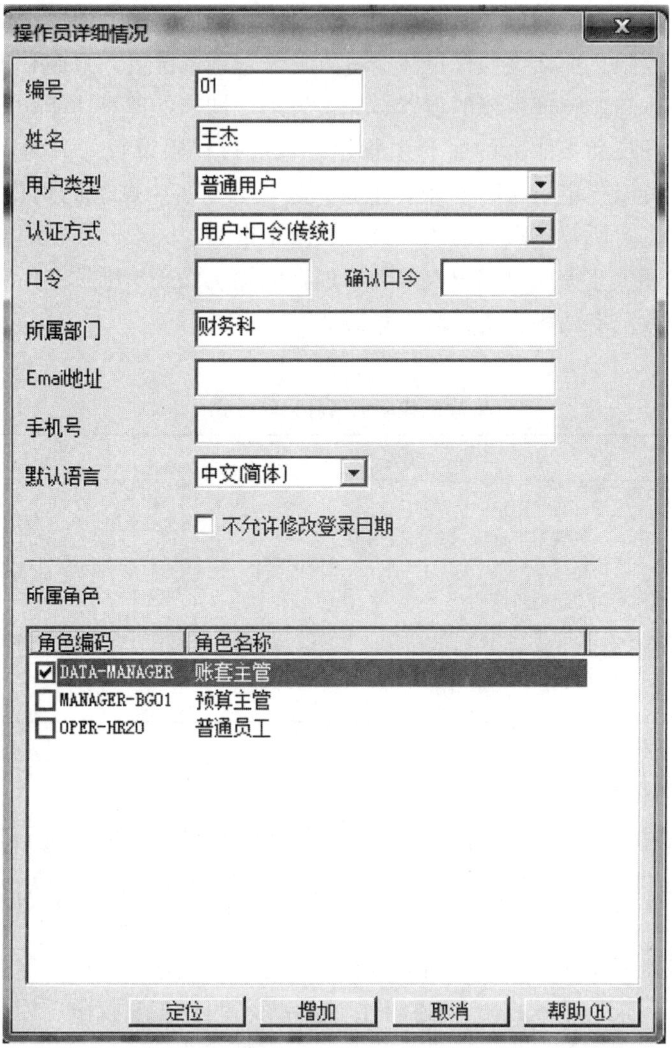

图 2-11 设置用户

用户和角色的设置可以不分先后顺序，但对于自动传递权限来说，应该首先设定角色，然后分配权限，最后进行用户设置。这样在设置用户的时候，选择其归属哪一个角色，则其自动具有该角色的权限包括功能权限和数据权限。一个角色可以拥有多个用户，一个用户也可以分属于多个不同的角色。

3. 权限管理

为了保证权责清晰和企业经营数据的安全与保密，企业需要对系统中所有的操作人员进行分工，设置各自相应的操作权限。用友 ERP－U8 管理软件提供了 3 种不同性质的权限管理：功能权限、数据权限和金额权限。

（1）功能权限。

在系统管理中可以实现一般的功能权限管理。功能权限设置即是设置某用户具有某个功能模块的操作权限。例如，对某个操作员设定功能权限时，为其设定了总账管理系统中出纳的全部权限，那么该操作员注册进入总账管理系统后，只拥有出纳管理的全部权限，而不能进行总账管理系统的设置、凭证管理、期末处理等功能。

只有系统管理员和该账套的账套主管才有权进行权限设置，但两者的权限又有区别。系统管理员可以指定某账套的账套主管，还可以对各个账套的用户进行权限设置；而账套主管只可以对所管辖账套的用户进行权限指定。

功能权限管理主要完成对用户权限的增加、删除、修改等维护工作。

设置功能级权限有两种方式，区别如表2-2所示。

表2-2　　　　　　　　　　功能权限的两种设置方式

方式	步骤	适用范围
直接分配权限	1. 新建用户 2. 给用户直接设置相应权限	适用于用户少、权限不同的情况
通过角色分配权限	1. 新建角色 2. 给角色设置相应权限 3. 新建用户 4. 给用户指定角色	适用于用户多、权限相同的情况

（2）数据权限。

在系统管理中定义角色或用户，并分配完成功能权限后才能进行数据权限分配。数据权限可以通过两个方面进行权限控制：一个是记录权限控制；另一个是字段权限控制。

记录权限控制是指对具体业务对象进行权限分配，通常根据所选定的用户或角色以及业务对象进行明细的数据权限分配工作，包括对科目、工资权限、用户、仓库的权限分配。例如，可以限制某制单人所能使用的凭证类型或会计科目。

字段权限控制是指对单据中包含的字段进行权限分配，是出于安全保密性考虑，对一些单据或者列表中有些栏目限制查看权限，这样可以提高系统的安全保密性。例如，限制仓库保管员看到出入库单据上的有关商品价格信息。

（3）金额权限。

金额权限主要用于完善内部金额控制，实现对具体金额数量划分级别，对不同岗位和职位的操作员进行金额级别控制，限制他们制单时可以使用的金额数量，不涉及内部系统控制的不在管理范围内。例如，设置用户在填制凭证时，对特定科目允许输入金额的范围；设置用户在填制凭证采购单时，允许输入的采购金额范围。

2.2.3　账套库管理

在系统管理中，用户不仅可以建多个账套，而且每一个账套中可以包含若干账套库。账套库管理主要包括建立账套库、引入和输出账套库、账套库初始化、清空账套库数据等。对账套库的管理只能由账套主管进行。

1. 建立账套库

企业是持续经营的，因此企业的日常工作是一个连续性的工作，U8 支持在一个账套库中保存连续多年数据，理论上一个账套可以在一个账套库中一直使用下去。但是由于某些原因，比如需要调整重要基础档案、调整组织机构、调整部分业务等，或者一个账套库中数据过多影响业务处理性能，需要使用新的账套库并重置一些数据，这样就需要新建账套库。

2. 引入和输出账套库

引入和输出账套库，基本含义与引入和输出账套是一致的，作用都是对数据的备份与恢复。所不同的是两者的数据范围不一样，引入和输出账套是针对整个账套的全部数据，而引入和输出账套库则是针对账套中某一特定账套库数据进行的。

3. 账套库初始化

新建账套库后，为了支持新旧账套库之间业务衔接，可以通过账套库初始化功能将上个账套库中相关模块的余额及其他信息结转到新账套库中。为了统计分析的规整性，每个账套库包含的数据都以年为单位，上一账套库的结束年 +1 就是新账套库的开始年。

4. 清空账套库数据

有时，用户会发现某账套库中错误太多，或不希望将上一账套库的余额或其他信息全部转到下一年度，这时候，便可使用清空账套库数据的功能。"清空"并不是指将账套库的数据全部清空，而还是要保留一些信息的，主要有基础信息、系统预置的科目报表等。保留这些信息主要是为了方便用户使用清空后的账套库重新做账。

2.2.4 系统数据及运行安全的管理

用户在使用财务软件系统时需要在一个安全、稳定的环境下进行操作，因此，为了保证系统运行安全、数据存储安全，系统应建立一个强有力的安全保障机制。在系统管理中，系统安全维护包括系统运行监控、设置数据自动备份计划、清除系统运行异常任务、记录上机日志和刷新等功能。

1. 系统运行监控

在系统管理中，可以对本会计信息系统中已经登录到系统管理的子系统、操作员、操作时间、系统状态等内容进行监控，以保证整个会计信息系统正常运行。

2. 设置数据自动备份计划

设置数据自动备份计划的作用是自动定时对设置的账套进行输出（备份）。这种方式的好处是不但可以实现对多个账套同时输出，而且可以进行定时设置，实现无人干预自动输出，减轻了系统管理员的工作量，保障了系统数据的安全，便于更好地对系统进行管理。

3. 清除系统运行异常任务

系统运行过程中，由于死机、网络阻断等原因有可能造成系统异常。针对系统异常，系统管理中通常会提供"清除单据锁定""清除异常任务"等功能。

清除单据锁定功能是在使用过程中，由于不可预见的原因可能会造成单据锁定，致使单据的正常操作将不能使用，此时使用"清除单据锁定"功能，将恢复正常功能的使用。

清除异常任务功能是指系统除了提供手动清除异常任务之外，还提供了自动处理异常任务的能力，即不用每次必须由系统管理员登录系统管理后手工清除。用户在使用过程中，可在服务管理器中设置服务端异常和服务端失效的时间，提高使用中的安全性和高效性。如果用户服务端超过异常限制时间未工作或由于不可预见的原因非法退出某系统，则视此为异常任务，在系统管理中会显示"运行状态异常"，系统在到达服务端失效时间时，自动清除异常任务。在等待时间内，用户也可选择"清除异常任务"命令来自行删除异常任务。

4. 上机日志

为了保证系统的安全运行，系统随时对各个子系统的每个操作员的上下机时间、操作的具体功能等情况进行登记，形成上机日志，以便使所有的操作都有所记录、有迹可循。

用户可以对上机日志的内容进行删除、排序、刷新。

5. 刷新

系统管理的一个很重要的用途就是对各个子系统的运行实施适时的监控。为此，系统将正在登录到系统管理的子系统及其正在执行的功能在界面上列示出来，以便于系统管理员或账套主管进行监控。如果需要看最新的系统内容，则需要启用刷新功能来适时刷新功能列表中的内容。

实验一　系统管理

【实验目的】
(1) 掌握用友 ERP－U8 管理软件中系统管理的相关内容。
(2) 理解系统管理在整个会计信息系统中的作用及重要性。

【实验内容】
(1) 增加用户。
(2) 建立单位账套。
(3) 给用户分配权限。
(4) 备份账套数据。
(5) 引入账套数据。
(6) 修改账套数据。

【实验准备】
(1) 已正确安装用友 ERP－U8 管理软件。
(2) 设置系统日期格式为"yyyy－mm—dd"的短日期格式。

【实验资料】
1. 账套相关资料
(1) 账套信息。
账套号：按学生学号的后三位做账套号；账套名称：内蒙古华扬科技有限公司；采用默认账套路径；启用会计期：2019 年 12 月 1 日。
(2) 单位信息。
单位名称：内蒙古华扬科技有限公司；单位简称：华扬公司；单位地址：内蒙古呼和浩特市新城区海拉尔大街 888 号；法人代表：吴丙银；邮政编码：012345；联系电话及传真：04716688999；电子邮件：WBY@nmghuayuang.com；税号：150108880888088。
(3) 核算类型。
该企业的记账本位币：人民币（RMB）；企业类型：工业；行业性质：2007 年新会计制度科目；科目预置语言：中文（简体）；账套主管：王杰；选中"按行业性质预置科目"复选框。
(4) 基础信息。
进行经济业务处理时，需要对存货、客户、供应商进行分类，且企业有外币核算业务。
(5) 分类编码方案。
本企业的分类方案是：

科目编码级次：42222；

客户分类编码级次：223；

供应商分类编码级次：223；

部门编码级次：122；

地区分类编码级次：12；

结算方式编码级次：12。

(6) 数据精度。

本企业对存货数量、单价小数位定为2。

(7) 系统启用。

启用总账管理子系统，启用日期为2019年12月1日。

2. 用户及权限资料

(1) 01　王杰（口令：1）。

岗位：账套主管。

职责：负责建立软件运行的环境，以及各项初始设置工作；负责软件的日常运行管理工作，监督并保证系统的有效、安全、正常运行；负责总账管理子系统的凭证审核、记账、账簿查询、月末结账工作；负责报表管理及其财务分析工作。

权限：具有系统所有模块的全部权限。

(2) 02　张丽。

岗位：出纳。

职责：负责现金、银行账管理工作。

权限：具有"总账—凭证—出纳签字""总账—凭证—查询凭证""总账—现金流量表—现金流量凭证查询""总账—账表—科目账—总账""总账—出纳"的操作权限。

(3) 03　李红。

岗位：总账会计、应收会计、应付会计。

职责：负责总账管理子系统的凭证管理工作以及客户往来和供应商往来管理工作。

权限：具有公共单据、公用目录设置、企业门户、总账管理、固定资产管理、薪资管理、应收款管理和应付款管理的全部操作权限。

(4) 04　刘梦。

岗位：采购主管、销售主管、仓库主管、存货核算员。

职责：主要负责采购业务和销售业务处理。

权限：具有公共单据、公用目录设置、总账管理、应收款管理、应付款管理、采购管理、销售管理、库存管理和存货核算的全部操作权限。

提示：

● 以上权限设置只是为了实验中的学习，与企业实际分工可能有所不同，企业相关操作员工比较多，分工比较细致。

【实验要求】

(1) 以系统管理员 admin 的身份,进行增加用户、建立账套、权限分配、备份账套的操作。

(2) 以账套主管"王杰"的身份,进行账套数据修改的操作,修改为账套名称为自己的姓名。

【操作指导】

1. 启动系统管理

(1) 执行"开始—程序—用友 ERP - U8—系统服务—系统管理"命令,启动系统管理。

(2) 执行"系统—注册"命令,打开"登录"系统管理对话框。

(3) 系统中预先设定了一个系统管理员 admin,第一次运行时,系统管理员密码为空,选择系统默认账套(default)。

(4) 单击"登录"按钮,以系统管理员身份进入系统管理。

提示:

● 为了保证系统的安全性,在"登录"系统管理对话框中,可以设置或更改系统管理员的密码。如设置系统管理员密码为 super 的操作步骤如下。

①选中"修改密码"复选框和系统默认账套,单击"确定"按钮。

②打开"设置操作员密码"对话框,在"新密码"和"确认新密码"输入栏中均输入 super。

③单击"确定"按钮,返回系统管理。

● 一定要牢记设置的系统管理员密码,否则无法以系统管理员的身份进入系统管理,也就不能执行账套数据的引入和输出。

● 考虑实际教学环境,建议不要设置系统管理员密码。

2. 增加用户

(1) 执行"权限—用户"命令,进入"用户管理"窗口,窗口中显示系统预设的几位用户:demo、SYSTEM 和 UFSOFT(此三位用户不能删除)。

(2) 单击工具栏中的"增加"按钮,打开"操作员详细情况"对话框,按表 2 - 3 所示资料增加操作员。

表 2 - 3   操作员信息

编号	姓名	所属部门
01	王杰	财务科
02	张丽	财务科
03	李红	财务科
04	刘梦	供应科

(3) 每增加一个操作员后，单击"取消"按钮结束，返回"用户管理"窗口，所有操作员以列表方式显示。单击工具栏中的"退出"按钮，返回"系统管理"窗口。

提示：

- 只有系统管理员才有权限设置角色和用户。
- 用户编号在系统中必须唯一，即使是不同的账套，用户编号也不能重复。
- 如果设置操作员口令，为保密起见，输入的口令字以"＊"号在屏幕上显示（本实验不需设置口令）。
- 所设置的操作员用户一旦被引用，便不能被修改和删除。
- 如果操作员调离企业，可以通过"修改"功能"注销当前用户"。
- 在"增加用户"对话框中，蓝色字体标注的项目为必输项，其余项目为可选项。这一规则适用于所有界面。

3. 建立账套

（1）执行"账套—建立"命令，打开"创建账套"对话框。选择建账方式，单击"下一步"按钮，进行账套信息设置。

（2）输入账套信息。

已存账套：系统中已存在的账套，系统将已存账套以下拉列表框的形式显示，用户只能查看，不能输入或修改。

账套号：必须输入。本实验输入学生学号后三位。

账套名称：必须输入。本实验输入"内蒙古华扬科技有限公司"。

账套路径：用来确定新建账套数据将要被放置的位置，可以人工更改，本实验按系统默认的路径，不需修改。

启用会计期：必须输入。本实验更改为"2019年12月"。

输入完成后，单击"下一步"按钮，进行单位信息设置。

（3）输入单位信息。

请参见【实验资料】1.（2）单位信息。

单位名称：用户单位的全称，必须输入。企业全称只在发票打印时使用，其余情况全部使用企业的简称。本实验输入"内蒙古华扬科技有限公司"。

单位简称：用户单位的简称，最好输入。本实验输入"华扬公司"。

其他栏目都属于任选项，参照实验资料输入即可。

输入完成后，单击"下一步"按钮，进行核算类型设置。

（4）输入核算类型。

本币代码：必须输入。本实验采用系统默认值"RMB"。

本币名称：必须输入。本实验采用系统默认值"人民币"。

企业类型：用户必须从下拉列表框中选择输入。系统提供了"工业""商业"等模式。如果选择工业模式，则系统不能处理受托代销业务；如果选择商业模式，委托代销和受托代销都能处理。本实验选择"工业"模式。

行业性质：用户必须从下拉列表框中选择输入，系统按照所选的行业性质预置科目。本实验选择"2007年新会计制度科目"。

科目预置语言：中文（简体）。

账套主管：用户必须从下拉列表框中选择输入，本实验选择"01 王杰"。

按行业性质预置科目：如果用户希望预置所属行业的标准一级会计科目，用户可以选择该项。本实验选择"按行业性质预置科目"复选框。

输入完成后，单击"下一步"按钮，进行基础信息设置。

(5) 确定基础信息。

选中"存货是否分类""客户是否分类""供应商是否分类""有无外币核算"四个复选框，单击"下一步"按钮，进入开始创建账套窗口；单击"完成"按钮，弹出系统提示"可以创建账套了么？"；单击"是"按钮，稍候，系统打开"编码方案"对话框。

提示：

- 此处创建账套时间较长，请耐心等待。

(6) 确定编码方案。

参见表【实验资料】1．(5) 分类编码方案。

设置完毕，单击"确定"后，再单击"取消"按钮，系统打开"数据精度"对话框。

提示：

- 科目编码级次中第1级科目编码长度根据建账时所选的行业性质自动确定，此处显示为灰色，不能修改，只能设定第2级以后的科目编码长度。

(7) 定义数据精度。

按系统默认值，单击"确定"按钮，创建账套成功。系统弹出"现在进行系统启用设置"提示对话框，单击"是"按钮。

(8) 系统启用。

选中"GL—总账"复选框，弹出"日历"对话框，选择"2019年12月1日"。单击"确定"按钮，根据提示，单击"是"按钮。

(9) 退出。

单击"退出"按钮，返回系统管理。

提示：

- 系统的启用可以在建账成功后由系统管理员启用，也可由账套主管在"企业应用平台—基础设置—基础信息"中启用。
- 系统启用、编码方案、数据精度可以由账套主管在"企业应用平台—基础设置—基础信息"中进行修改。

4. 给用户分配权限

(1) 执行"权限—权限"命令，进入"操作员权限"窗口。

(2) 选择账套号；2019年度。

（3）从窗口左侧操作员列表中选择"01 王杰",选中"账套主管"复选框,确定王杰具有账套主管权限。

提示：

● 由于在建立账套时已设定"王杰"为账套主管,此处无须再设置。如果在建立账套时未设定"王杰"为账套主管,可以在此处进行指定。

● 一个账套可以指定多个账套主管。

● 账套主管自动拥有该账套的所有权限。

（4）选择张丽,单击工具栏中的"修改"按钮。

①单击"总账"左侧的"+"图标,展开"总账",在展开的下拉菜单中选中"出纳"复选框。

②单击"凭证"左侧的"+"图标,在展开的下拉菜单中选中"出纳签字""查询凭证""现金流量凭证查询"复选框。

③选中"账表—科目账—总账"复选框。

设置完成,单击工具栏中的"保存"按钮。

（5）同理,为用户"李红"和"刘梦"分配权限。

（6）设置完成后,单击工具栏中的"退出"按钮,返回系统管理。

5. 备份账套数据

（1）以 admin 的身份注册进入系统管理。

（2）执行"账套—输出"命令,打开"账套输出"对话框,选择需要输出的账套,确定账套数据输出位置,单击"确认"按钮。

（3）系统开始进行备份,备份完成后,弹出系统提示"输出成功"信息提示对话框,单击"确定"按钮返回。

提示：

● 只有系统管理员（amdin）才能备份账套数据。在备份的文件夹内有两个文件,一个是"UFDATA. BAK",另一个是"UfErpAct. Lst"。

● 在备份账套数据时,需要一段时间,根据机器的快慢和数据量的大小,备份需要的时间也不确定,因此,在上机实验时,要耐心等待。

● 若要"删除"账套,在"账套输出"对话框中,选择"删除当前输出账套"选项。但正在使用的账套不能删除。

● 账套数据必须先备份输出到本地硬盘上（由于备份的账套数据较大,请留有足够的磁盘空间）,然后根据需要复制到 U 盘或移动硬盘上,以便妥善保存。

6. 引入账套数据

（1）执行"账套—引入"命令,打开"选择账套备份文件"对话框。

（2）打开相应的文件夹,选择账套文件"UfErpAct. Lst",单击"确定"按钮。

（3）系统提示"请选择账套引入的目录",单击"确定"按钮。根据实际情况选择账套要引入的目录,单击"确定"按钮。

（4）系统提示"正在引入账套，请等待……"，最后提示"账套引入成功！"，单击"确定"按钮。

提示：

● 只有系统管理员（admin）才能引入账套。

● 引入账套时，若系统中存在的账套号与引入的账套号相同，则系统提示"是否覆盖系统中的账套？"，单击"是"按钮。若恢复不成功，可先将原账套备份并删除，然后再恢复。

7. 修改账套数据

（1）在系统管理窗口中，执行"系统—注册"命令，打开"登录"系统管理对话框。

提示：

● 如果此前是以系统管理员的身份注册进入系统管理的，那么需要首先执行"系统—注销"命令，注销当前系统操作员，再以账套主管的身份登录。

（2）在"操作员"文本框中输入"01"或"王杰"，"密码"为空，选择"555 内蒙古华扬科技有限公司"的账套，操作日期为"2019-12-01"。

（3）单击"登录"按钮，进入"系统管理"窗口，菜单中显示为黑色字体的部分为账套主管可以操作的内容。

（4）执行"账套—修改"命令，打开"修改账套"对话框。可修改的账套信息以白色显示，不可修改的账套信息以灰色显示。

（5）修改单位名称为自己姓名后，单击"完成"按钮，系统提示"确认修改账套了吗？"信息；单击"是"按钮，确定"编码方案"和"数据精度"；单击"确认"按钮，系统提示"修改账套成功"信息。

（6）单击"确定"按钮，返回系统管理。

提示：

● 账套中的很多参数不能修改，如账套号，若这些参数错误，则只能删除此账套，再重新建立。因此，建立账套时，参数设置一定要小心。

复 习 题

一、单选题

1. （　　）有权在系统中建立企业账套。
   A. 企业老总　　　B. 系统管理员　　C. 账套主管　　　D. 销售总监
2. （　　）可以作为区分不同账套数据的唯一标识。
   A. 账套号　　　　B. 账套名称　　　C. 单位名称　　　D. 账套主管
3. （　　）自动拥有该账套的所有权限。
   A. admin　　　　B. 账套主管　　　C. 财务经理　　　D. 系统管理员
4. 一个账套可以指定（　　）个账套主管。
   A. 1　　　　　　B. 2　　　　　　C. 3　　　　　　D. 多
5. 科目编码方案为4-2-1-3，则三级科目的编目为（　　）位。
   A. 1　　　　　　B. 2　　　　　　C. 3　　　　　　D. 4
6. U8软件中账套删除操作是和（　　）操作同时进行的。
   A. 账套引入　　　B. 建立账套　　　C. 修改账套　　　D. 输出账套

二、多选题

1. 建立单位核算账套时，必须设置的基本信息包括（　　）。
   A. 启用会计期　　B. 账套名称　　　C. 账套号　　　　D. 账套路径
2. 账套建立完成之后，（　　）不能修改。
   A. 账套号　　　　B. 账套名称　　　C. 启用会计期　　D. 账套主管
3. 增加系统操作员时，需要确定的基本信息有（　　）。
   A. 操作员编号　　B. 操作员姓名　　C. 所属账套　　　D. 操作员密码
4. 对于设置操作员密码，以下说法正确的有（　　）。
   A. 不能为空　　　B. 必须输入两次　C. 可以输入数字　D. 不能修改
5. 系统管理功能基本包括（　　）。
   A. 账套管理　　　　　　　　　　　B. 操作员及其操作权限管理
   C. 账套库管理　　　　　　　　　　D. 报表管理
6. 用友ERP-U8软件中，权限管理包括哪几个层次？（　　）
   A. 数据级　　　　B. 金额级　　　　C. 功能级　　　　D. 操作级

三、判断题

1. 账套主管自动拥有所管辖账套所有模块的操作权限。（　　）
2. 单位名称是区分系统内不同账套的唯一标志。（　　）

3. 账套删除操作是在账套引入操作的同时进行的。（　　）
4. 所设置的操作员一旦被引用，仍可以被修改和删除。（　　）
5. 建立账套时，如果选择"是否按行业预置科目"，则系统会自动建立企业所需的所有会计科目。（　　）
6. 设置角色的目的是方便设置用户。（　　）

四、简答题

1. 系统管理的主要功能有哪些？
2. 为什么要输出和引入账套？
3. 账套库管理包括哪些内容？
4. 建立账套的简要步骤是什么？
5. 用友 ERP – U8 系统中权限设置分哪几种？各有什么特点？
6. 账套和账套库有什么区别？

第3章　企业应用平台与基础设置

3.1　企业应用平台概述

为了使用友 ERP－U8 管理软件能够成为连接企业员工、用户和合作伙伴的公共平台，使系统资源能够得到高效、合理的使用，在用友 ERP－U8 管理软件中设立了企业应用平台。通过企业应用平台，系统使用者能够从单一入口访问其所需要的个性化信息，定义自己的业务工作，并设计自己的工作流程。

企业应用平台包括基础设置和业务工作，同时还可以连接系统管理。

3.2　基础设置

基础设置是为系统的日程运行做好基础工作，主要包括基本信息设置、基础档案设置、单据设置等。

3.2.1　基本信息设置

在基本信息设置中，可以对建账过程确定的编码方案和数据精度进行修改，并进行系统启用设置。

用友 ERP－U8 管理系统由财务会计、管理会计、供应链、生产制造、人力资源、集团应用、决策支持和企业应用集成等产品组成，每个产品组中又包括了若干模块，它们中大多数既可以独立运行，又可以集成使用，但两种用法的流程是有差异的。一方面企业可以根据自身的管理特点选购不同的子系统；另一方面企业也可以采用循环渐进的策略有计划地先启用一些模块，一段时间之后再启用另外一些模块。系统启用为企业提供了选择的便利，它可以表明企业在任何时点启用了哪些子系统。只有设置了系统启用的模块才可以登录。

提示：

● 系统启用的设置有两种方法：一种是在企业建账成功后立即由系统管理员进行系统启用；另一种是在建账结束后由账套主管在企业应用平台的基本信息中进行系统启用。

● 编码方案、数据精度的修改有两种方法：一种是可以由账套主管在企业应用平台的基础设置中进行修改；另一种可以由账套主管在系统管理的账套修改中进行修改。

3.2.2 基础档案设置

基础档案是系统日常业务处理必需的基础资料，是系统运行的基石。一个账套总是由若干个子系统构成，这些子系统共享公用基础档案信息。在启用新账套之前，应根据企业的实际情况，结合系统基础档案设置的要求，事先做好基础数据的准备工作。基础档案的设置一般数据量比较大，很多大型企业需要很长时间才能完成基础档案的设置。但这部分操作相对简单，一般遵循"增加—输入—保存"的三步操作思路。

设置基础档案之前应首先确定基础档案的分类编码方案，基础档案的设置必须要遵循分类编码方案中的级次和各级编码长度的设定。同时，基础档案的设置有一定的先后顺序，例如，如果在建立账套时，选择了需要对客户进行分类，那么就要先建立客户分类档案，然后再在客户分类的基础上增加客户档案。

基础档案设置主要包括机构人员设置、客商信息设置、财务信息设置、收付结算信息设置等内容。

3.2.2.1 机构人员设置

机构人员设置包括部门档案、人员类别和人员档案等内容的设置。

1. 部门档案

部门档案就是设置会计科目中要进行部门核算的部门名称，以及要进行个人往来核算的职员所属的部门。

部门档案需要按照已经定义好的部门编码级次原则输入部门编号及信息，其主要内容包括部门编码、部门名称、负责人、部门属性、电话、地址等信息。

在总账管理子系统中可以按部门核算收入、费用；在薪资管理子系统中按部门管理职工、发放工资、工资数据汇总等；在固定资产子系统中可以按部门管理资产、计提折旧等；在应收/应付款管理子系统中可以将客户、供应商往来数据记录到部门。

2. 人员类别

人员类别是指人员的性质，如管理人员、销售人员等。人员类别设置的内容包括类别编码、类别名称等内容。

人员类别与工资费用的分配、分摊有关，工资费用的分配及分摊是薪资管理系统的一项重要功能。人员类别设置的目的是为工资分摊生成凭证设置相应的入账科目做准备，可以按不同的人员类别需要设置不同的入账科目。

提示：
- 人员类别是人员档案中的必选项目，需要在人员档案建立之前设置。

3. 人员档案

人员档案主要用于记录本企业职员的个人信息资料。人员档案设置的内容包括职员名称、部门名称、职员属性等。

在总账管理子系统中人员档案与个人往来核算有关；在薪资管理子系统中人员档案用于核算职工工资数据；在应收/应付子系统中可以将往来数据记录到业务员。

提示：
- 在设置人员档案时，应先设置好部门档案。

3.2.2.2 客商信息设置

客商信息设置包括客户分类、客户档案、供应商分类、供应商档案和地区分类等内容的设置。

1. 客户分类

当往来客户较多时，可以先对客户进行分类，以便对客户进行分类统计和汇总，从而达到分类管理的目的。可以按行业、地区、客户信誉资质等对客户进行分类。客户分类设置主要包括类别编码和类别名称两项内容。建立起客户分类后，必须将客户档案设置在最末级的客户分类之下。只有当本账套设置了"需要对客户进行分类"，且已经设置好客户分类的编码方案时才可以进行客户分类档案的编辑。如果对客户没有进行分类管理的需求，可以直接建立客户的档案。

2. 客户档案

建立客户档案即设置客户的详细信息。客户档案将应用于总账管理、销售管理、库存管理、应收款管理等子系统，便于进行客户管理和业务数据的录入、统计、分析。

客户档案信息分别在"基本""联系""信用""其他"几个选项卡中存放。

"基本"选项卡中主要记录客户的基本信息，如客户编码、客户名称、客户简称、税号等。客户名称与客户简称的用法有所不同：客户名称要输入客户全称，用于销售发票的打印；客户简称主要用于录入业务单据时屏幕上的参照显示。如果企业为一般纳税人，别忘了输入税号，否则专用销售发票中的"税号"栏为空。

"联系"选项卡中几乎包括了企业的各种联系方式，还可以记录该客户默认的发货地址、发货方式和发货仓库。

"信用"选项卡中记录了有关客户信用的相关数据。有些数据是根据本企业的信用政策，结合该客户往年的销售量及信用情况评定计算的，如折扣率、信用等级等；有些数据与应收账款系统直接相连，如应收余额、最后交易日期、最后交易金额、最后收款日期、最后收款金额等。它们反映了该客户的当前信用情况。

"其他"选项卡中记录了客户的专管部门、专管业务员等信息。

提示：
- 客户档案必须建立在最末级客户分类之下。

3. 供应商分类

如果要对供应商进行分类管理，可以通过建立供应商分类体系来实现。建立供应商分类，有利于对供应商进行分类管理以及对相关业务数据进行统计与分析。可以按行业、地区等对供应商进行分类。供应商分类设置主要包括类别编码和类别名称两项内容。建立供应商分类后，必须将供应商档案设置在最末级的供应商分类之下。只有当本账套设置了需要对供应商进行分类，且已经设置好供应商分类的编码方案时才可以进行供应商分类档案的编辑。如果对供应商没有进行分类管理的需求，可以直接建立供应商的档案。

4. 供应商档案

建立供应商档案即设置供应商的详细信息。供应商档案将应用于总账管理、销售管理、库存管理、应付款管理等子系统，便于进行供应商管理和业务数据的录入、统计、分析。

供应商档案信息也分"基本""联系""信用""其他"几个选项卡存放。但在供应商档案的"其他"选项卡中，不同于客户档案管理的内容有以下两项。

（1）单价是否含税：是指所购货物的单价中是否含有税金，可以是含税价格也可以是不含税价格。

（2）对应条形码：用于存货进行条形码管理时。若存货条形码中有供应商信息，则需要在对应的供应商中输入对应的编码信息。

5. 地区分类

地区分类是指企业根据自身管理要求出发，对客户、供应商的所属地区进行相应分类，以便对业务数据进行统计与分析。地区分类设置主要包括类别编码和类别名称两项内容。

3.2.2.3 财务信息设置

财务信息设置主要包括，会计科目设置、凭证类别设置、外币设置、项目设置等内容。

1. 会计科目设置

会计科目是填制会计凭证、登记会计账簿、编制会计报表的基础。会计科目的设置是企业会计制度设计的核心内容，应该根据不同单位经济业务的特点，本着全面核算其经济业务的全过程及结果的目的来确定应该设置哪些会计科目，其设计是否科学，涉及会计核算的质量，并直接影响财务制度的执行效果，进而影响整个企业财务管理目标的实现。在会计信息系统中，会计科目的初始化设置尤为重要，因为会计信息系统的后续工作大部分都是根据所设定的会计科目来展开，一旦完成系统的初始化设置进行账务处理之后，就不能对系统的会计科目进行人为改动，如有不慎其后果将不堪设想，因此，必须建立一套科学的会计科目体系。

设置会计科目要符合经济管理的要求：一是要符合国家宏观经济管理的要求，根据宏观经济管理要求来划分经济业务的类别，设定分类的标识；二是要符合企业自身经济管理的要求，为企业的经营预测、决策及管理提供会计信息设置分类的项目；三是要符合包括投资者在内的有关各方面对企业生产经营情况的要求。软件预置了符合国家会计制度规定的一级科目，明细科目需要根据各企业实际情况自行确定。

一般来说，为了充分体现计算机管理的优势，在企业原有的会计科目基础上，应对以往的一些科目结构进行优化调整，充分发挥总账管理系统提供的辅助核算功能，深化、强化企业的核算和管理工作。

（1）会计科目设置的原则。

设置会计科目时，应该注意以下问题：

第一，会计科目的设置必须满足会计报表编制的要求，凡是报表所用数据，需从系统取数的，必须设立相应科目。

第二，稳定性。会计科目要保持相对稳定，会计年中不能删除。

第三，衔接性。设置会计科目要考虑子系统的衔接，在总账管理系统中，只有末级会计科目才允许有发生额，才能接收各个子系统转入的数据，因此，要将各个子系统中的核算科目设置为末级会计科目。

第四，协调性和体系完整性。增加会计科目必须由上级至下级逐级增加，即必须首先增加上级科目，只有上级科目存在才能增加下级科目，否则系统会提示上级科目不存在。既要设置总账科目，又要设置明细科目，以提供总括和详细的会计核算资料。

第五，一致性。会计科目的级别编码，完全按照在新建账套时所设各级会计科目编码长度来限制的，在进行科目编码时要按照所设定的各级长度来编制。

（2）会计科目编码方案。

在账务系统中，为了便于计算机识别和处理会计数据，需要对每一会计科目进行编码，以便节约计算机存储单元，提高运算速度。同时，对会计科目的编码还可以促进会计业务工作的标准化，便于反映会计科目间的逻辑关系，减少汉字输入的工作量。因此科目编码在会计信息系统中被广泛采用。

根据我国现行会计制度，为保证会计数据口径一致，财政部对一级会计科目的代码和名称做了统一规定，对其他各级会计科目的名称只做了原则规定和说明。在进行科目代码设置时，一级科目代码应该使用财政部统一规定的代码；其他各级科目码应按使用单位的实际情况，在满足核算和管理要求的基础上自行设置，但这种设置还应符合前面所设的会计科目编码规则由于账务处理子系统运行时计算机只以科目代码来识别账户，因此科目编码非常重要，除上面所说原则外，编码时还需要注意以下问题：

第一，科目代码应输入全码，即从一级科目至本级科目的各级代码组合而成的代码组。

第二，科目代码必须具有唯一性，即每一个会计科目有且只有一个代码来代表。

第三，科目代码要在满足核算和管理的前提下适合计算机识别和分类处理。

第四，科目代码应简单明了，便于操作人员记忆和使用。

第五，科目代码既要反映科目间的统属和逻辑关系，也要尽量减少位数，以免增加输入和运算的工作量，增加出错的可能性。

第六，考虑到单位业务的扩展和管理要求的不断提高，科目代码还应具有一定的扩展性，以便需要时能够灵活地对科目进行增删。

通常对会计科目进行编码采用分组的顺序码。图3-1所示的是科目代码的一种编制方案，即4-2-2编码方案。本科目编码共三级，第一级是4位编码，第二级是2位编码，第三级是2位编码。

图3-1 科目编码示意图

例如，"应交税费——应交增值税——进项税额"的全编码可以编为"22210101"，其中一级编码码"2221"为新会计准则规定，二级、三级科目编码根据企业需要自行设定。

（3）会计科目设置的内容。

会计科目设置的内容包括：科目编码、科目名称、科目类型、账页格式、助记码、科目性质（余额方向）、辅助核算、外币核算、数量核算和其他核算等内容，如图3-2所示。

图3-2 设置会计科目

①科目编码。科目编码应是科目全编码，即从一级科目至本级科目的各级科目编码组合。其中，各级科目编码必须唯一，且必须按其级次的先后次序建立，即先有上级科目然后才能建立下级明细科目。科目编码中的一级科目编码必须符合现行的会计制度。通常，通用商品化会计核算系统在建立账套时，会自动装入规范的一级会计科目。

②科目名称。科目名称是指本级科目名称，通常分为科目中文名称和科目英文名称。在中文版中，必须录入中文名称；若是英文版，则必须录入英文名称。科目中文名称和英文名称不能同时为空。科目名称定义时必须严格按照会计制度规定的科目名称输入，做到规范化、标准化。输入科目名称时尽量避免重名，以免影响科目运用的准确性。

③科目类型。科目类型是指会计制度中规定的科目类型，按照新准则会计制度规定，科目类型分为六大类，即资产类、负债类、共同类、所有者权益类、成本类、损益类。由于一级科目编码的首位数字与科目类型有直接的对应关系，即科目大类代码"1＝资产""2＝负债""3＝共同""4＝所有者权益""5＝成本""6＝损益"，因此，系统可以根据科目编码自动识别科目类型。

④账页格式。定义该科目在账簿打印时的默认打印格式。通常系统会提供金额式、外币金额式、数量金额式、数量外币式 4 种账页格式供选择。

⑤助记码。用于帮助记忆科目，提高录入和查询速度。通常科目助记码不必唯一，可以重复，允许长度为 8 个字符。例如，将"库存现金"科目的助记码输为"kcxj"，则在输入库存现金科目时输入"kcxj"，系统将会自动找到"库存现金"科目，以加快凭证处理速度。

⑥科目性质（余额方向）。增加记借方的科目，科目性质为借方；增加记贷方的科目，科目性质为贷方。一般情况下，只能为一级科目设置科目性质，下级科目的科目性质与其一级科目的相同。已有数据的科目不能再修改科目性质。

⑦辅助核算。也叫辅助账类，用于说明本科目是否有其他核算要求。系统除完成一般的总账、明细账核算外，还提供部门核算、个人往来核算、客户往来核算、供应商往来核算、项目核算 5 种专项核算功能供选用。

会计科目设置中的辅助核算功能，在对科目结构起到较好的优化作用并大量减少科目的数目的同时，辅助核算可以对各种账款、收入和费用起到较好的管理作用。一个会计科目设置了辅助核算后，它所发生的每一笔业务都将会登记在总账和辅助明细账上。

一般的，收入或费用类科目可设部门辅助核算，日常运营中当收入或费用发生时，系统要求实时确认收入或费用的部门归属，记账的同时登记总账、明细账和部门辅助账；其他应收款可设为个人往来核算，用于详细记录内部职工的借款情况；与客户的往来科目如应收账款、应收票据、预收账款可设成客户往来核算；应付账款、应付票据、预付账款可设成供应商往来核算；在建工程及收入成本类科目可设成项目核算，用于按项目归集收入或费用。

(i) 个人往来。个人往来是指企业与内部职工发生的往来业务,如个人出差贷款(其他应收款),个人往来经常发生,个人借款清理工作量很大,如果将个人借款清理纳入个人往来辅助核算功能中,则可大大减少清理工作量,特别利于企业加强个人往来的管理。

以"其他应收款"为例说明手工方式与计算机辅助核算方式的不同设置方法和原理:

手工处理方法:即在"其他应收款"科目下按"差旅费"设置二级科目,在二级科目下按往来的个人或单位设置三级明细科目,如下所示。

1221　　其他应收款

　　122102　　其他应收款——应收个人款

　　　　12210201　　其他应收款——应收个人款——卢勇

　　　　12210201　　其他应收款——应收个人款——钱芝

计算机处理方法:利用辅助核算功能,将具体职员从会计科目体系中剥离出来,在"其他应收款"科目下设置"差旅费"二级科目,并将"个人往来"复选框选中。这样,"差旅费"科目直接与职员档案建立关联,在填制涉及113301科目的凭证时,会弹出一个对话框,在此选择与该笔费用有关的个人。凭证记账后同时登记总账、明细账和个人往来辅助账,可以通过账簿查询每个职员的各种费用情况。以上两种科目设置方式,可以达到相同的核算和管理目的,但后者显然比前者简单得多。

(ii) 单位往来。单位往来包括客户往来、供应商往来,是指核算企业与外单位发生的各种债权债务业务,通常完成应收、应付、预收、预付账款核算,以及进行应收账款、应付账款的账龄分析等。如果启用了应收款和应付款管理子系统,应在应收款和应付款管理子系统中进行单位往来核算,而后将机制凭证转入总账管理子系统中。

以"应收账款"为例说明手工方式与计算机辅助核算方式的不同设置方法和原理:

手工处理方法:在"应收账款"科目下增设二级或三级明细科目,开设往来地区或往来单位明细账户,如下所示。

1122　　应收账款

　　112201　　应收账款——甲单位

　　112202　　应收账款——乙单位

此时填制分录形式为(未考虑税):

借:应收账款——甲单位　　　　　　　　　　　　　　　5000.00

　　贷:主营业务收入　　　　　　　　　　　　　　　　　　　　5000.00

计算机处理方法:利用辅助核算功能,将具体往来单位从会计科目体系中剥离出来,修改"应收账款"科目属性,选中"客户往来"复选框。这样,"应收账款"科目直接与客户档案建立关联,在填制涉及1122科目的凭证时,会弹出一个对话框,在此选择与该笔账款相关的单位,否则就会出现该笔应收账款不知向哪个单位收取的问题。凭证记账后同时登记总账和客户往来辅助账,可以通过账簿查询每个单位的各种账款情况。

（iii）部门核算。如果某单位实行了部门经费包干，有的单位实行了二级核算或三级核算等，为此单位财务部门希望财务能及时提供各部门的收支情况，各部门也希望随时掌握本部门的各项收支情况。

在手工处理方法：用户一般是按部门设置明细账，具体方法如下。

6602　　管理费用
　　660203　管理费用——办公费
　　　　66020301　管理费用——办公费——办公室
　　　　66020302　管理费用——办公费——财务科
　　　　……
　　660205　管理费用——招待费
　　　　66020501　管理费用——招待费——办公室
　　　　66020502　管理费用——招待费——财务科

在计算机处理方法：将具体部门从会计科目体系中剥离出来，增加"办公费""招待费"等二级科目时，选中"部门核算"筛选框。这样，"办公费"等二级科目直接与部门档案建立关联，在填制涉及660203科目的凭证时，会弹出一个对话框，在此选择与该笔费用相关的部门，否则就会出现该笔费用不知向哪个部门收取的问题。凭证记账后同时登记总账、明细账和部门辅助账，可以通过账簿查询每个部门的各种费用收支情况，有利于部门数据的统计分析。

（iv）项目核算。在实际业务中，经常需要核算某些项目（如在建工程、对外投资、技术改造、融资成本、在产品成本、课题、合同订单等）的成本、费用、往来情况以及收入等。

手工处理方法：用户一般可以按具体的项目开设明细账进行核算，具体方法如下。某企业成本核算科目体系如下：

生产成本
　　基本生产成本
　　　　车间
　　　　　　产品
　　　　　　　　直接材料
　　　　　　　　直接人工
　　　　　　　　……

这是个五级科目体系，这样，按具体的项目开设明细账对不同产品成本进行核算，必然增加了明细科目的级次，科目体系庞大，给会计核算和管理了困难。

计算机处理方法：使用项目辅助核算，在设置会计科目时，将需要按项目核算的科目的账类定义为"项目核算"，将具体项目从会计科目体系中剥离出来，单独定义项目目录，使科目体系更简洁。在填制凭证时，软件提示选择发生额所属的项目。以产品成本核算为例说明项目核算的设置原理：

第一步，定义项目大类，即定义项目核算的分类类别。如增加为"成本核算"项目大类，如图 3-3 所示。

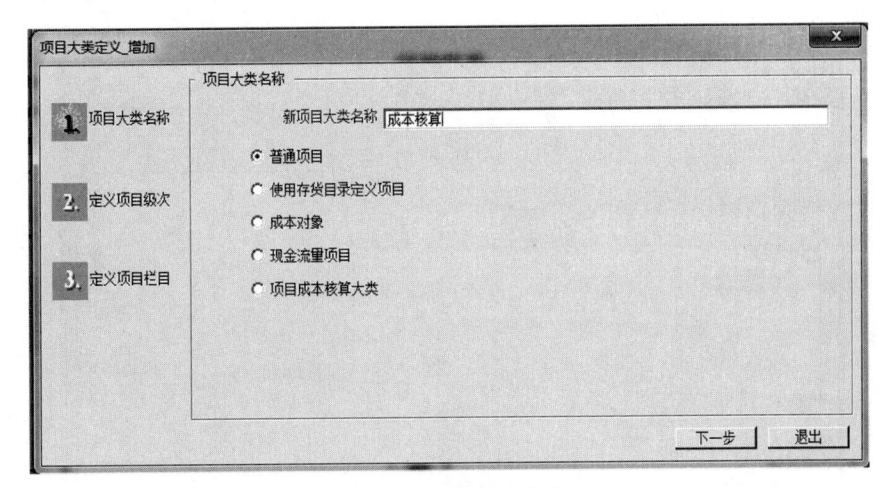

图 3-3 设置项目大类

第二步，指定核算的会计科目，即具体指定需要按此类项目核算的会计科目。一个项目大类可以指定多个会计科目，一个会计科目只能指定一个项目大类，如将"直接材料""直接人工"等会计科目指定为"成本核算"项目大类的核算科目，如图 3-4 所示。

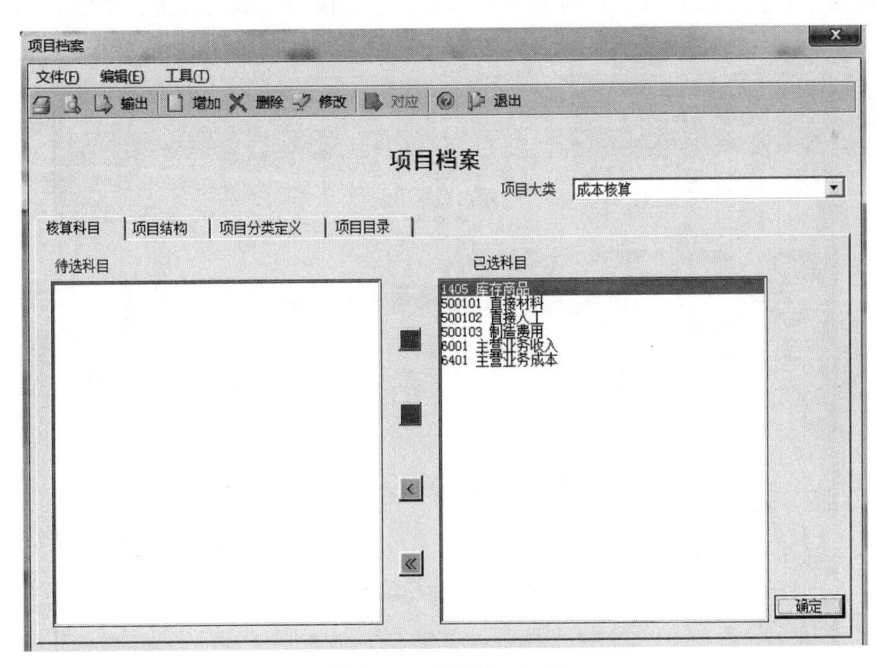

图 3-4 指定核算科目

第三步，定义项目分类，为了便于统计，可以将同一项目大类下的项目进一步划分。如将产品类项目大类进一步划分为自制产品和外购产品，如图3－5所示。

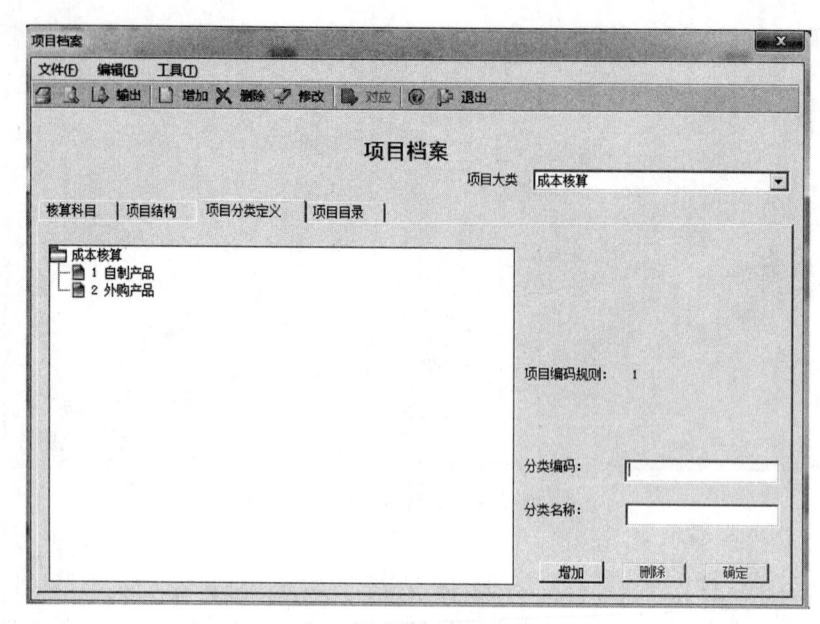

图3－5　定义项目分类

第四步，定义项目目录，指将各个项目大类的具体项目输入系统，如图3－6所示。

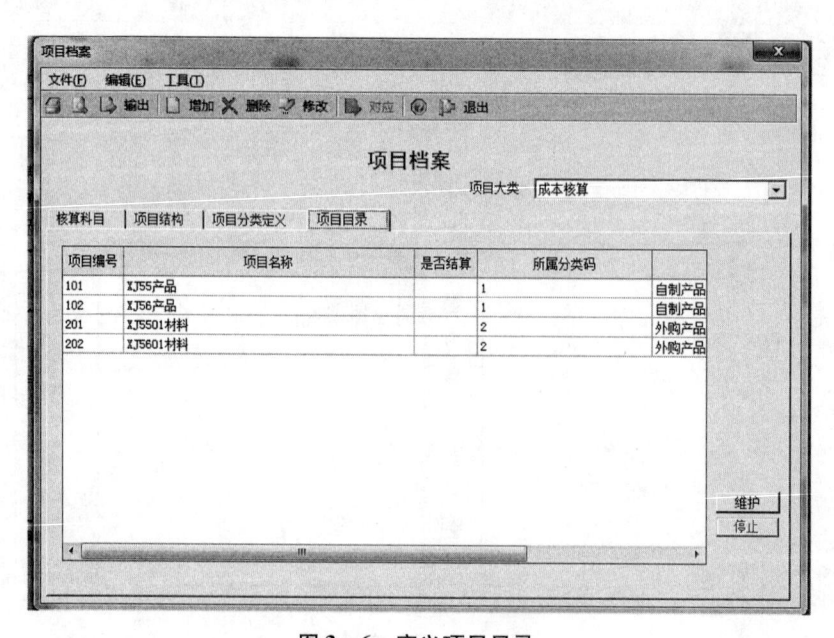

图3－6　定义项目目录

提示：

● 一个会计科目可同时设置两种专项核算，如：主营业务收入既想核算各部门的使用情况也想了解各项目的使用情况，那么，可以同时设置部门核算和项目核算。个人往来核算不能与其他专项一同设置，客户与供应商核算不能一同设置。

● 辅助核算必须设在末级科目上，但为了查询或出账方便，有些科目也可以在末级科目和上级科目中，同时设辅助账类。但若只在上级科目中设辅助账核算，系统将不承认。

⑧外币核算。用于设定该科目是否有外币核算，以及核算的外币名称。一个科目只能核算一种外币，只有有外币核算要求的科目才允许也必须设定外币币名。

例如，银行存款的明细科目（中行存款）涉及外币业务，则需在增加中行存款明细科目的同时，选中"外币核算"复选框（前提条件：建立账套时，选中"有无外币核算"复选框）。在填制凭证时，输完外币科目（中行存款），会自动转换为外币金额格式，输入外币金额后根据自动显示的外币汇率自动计算出本币金额。

⑨数量核算。用于设定该科目是否有数量核算，以及数量计量单位。计量单位可以是任何汉字或字符，如千克、件、吨等。

例如，原材料的明细科目涉及数量核算业务，则需在增加明细科目的同时，选中"数量核算"复选框。在填制凭证的过程中，输入完数量科目，弹出"辅助项"对话框，输入此科目的数量和单价。

⑩其他核算。用于说明本科目是否有其他要求，如银行账、日记账等。一般情况下，"库存现金"科目要设为日记账，"银行存款"科目要设为银行账和日记账。

（4）会计科目设置的功能。

会计科目设置的功能是将单位会计核算中使用的科目逐一地按要求描述给系统，并将科目设置的结果保存在科目文件中，实现对会计科目的管理。设置会计科目的内容包括增加、修改、删除会计科目、指定会计科目等。

①增加会计科目。该功能允许系统增加一个新的会计科目，增加时要进行合法性和正确性检查，即不能有相同的科目代码出现，保证科目代码的唯一性。新增会计科目时，需要输入的基本内容包括：会计科目编码、科目名称、科目类型、账页格式和辅助账标记等项目，同前设置会计科目所述。

②修改会计科目。如果需要对已建立会计科目的进行修改，可以通过"查找"命令找到要修改的科目。修改会计科目时，应遵循以下原则：

（i）自下而上。修改会计科目应遵循"自下而上"的原则，即先修改下一级科目，然后再修改本级科目。

（ii）有余额的科目不可直接修改。对于已经输入余额的科目，修改时必须先删除本级及其下级科目的期初余额（设为0），才能修改该科目。

（iii）已使用的科目不可直接修改。会计科目一经使用，如已输入凭证，则不允许修改该科目，不允许作科目升级处理，即只能增加同级科目，而不能在科目下增设下级科目。

③删除会计科目。对于不再使用的科目,可以将其从科目库中删掉,应遵循以下原则:

(i)自下而上。删除时应遵循"自下而上"的原则,即先删除下一级科目,然后再删除本级科目。

(ii)有余额的科目不可直接删除。删除已经输入余额的会计科目,必须先删除本级及其下级科目的期初余额(设为0),才能删除该科目。

(iii)已使用的科目不可直接删除。科目一经使用,如已输入凭证,则不允许删除该科目。

④指定会计科目。指定会计科目是指指定出纳的专管科目,一般指"库存现金"和"银行存款"科目。只有指定科目后,才能执行出纳签字,从而实现库存现金、银行管理的保密性,才能查看库存现金、银行存款日记账。

2. 凭证类别设置

许多企业为了便于管理或登账方便,一般对记账凭证进行分类编制,但各企业的分类方法不尽相同,可以按照本单位的需要对凭证进行分类。

通常,系统提供5种常用分类方式供选择,包括:

(1)记账凭证。

(2)收款凭证、付款凭证、转账凭证。

(3)现金凭证、银行凭证、转账凭证。

(4)现金收款凭证、现金付款凭证、银行收款凭证、银行付款凭证、转账凭证。

(5)自定义凭证类别。

某些类别的凭证在制单时对科目有一定限制,通常系统有5种限制类型供选择。

①借方必有:制单时,此类凭证借方至少有一个限制科目有发生额。

②贷方必有:制单时,此类凭证贷方至少有一个限制科目有发生额。

③凭证必有:制单时,此类凭证无论借方还是贷方至少有一个限制科目有发生额。

④凭证必无:制单时,此类凭证无论借方还是贷方不可有一个限制科目有发生额。

⑤无限制:制单时,此类凭证可使用所有合法的科目。

根据凭证各类的不同,具体设置方式如表3-1所示。

表3-1   凭证设置条件

凭证类别	限制类型	限制科目
记账凭证	无限制	
收款凭证	借方必有	1001,1002
付款凭证	贷方必有	1001,1002
转账凭证	凭证必无	1001,1002
现金凭证	凭证必有	1001

续表

凭证类别	限制类型	限制科目
银行凭证	凭证必有	1002
现金收款凭证	借方必有	1001
现金付款凭证	贷方必有	1001
银行收款凭证	借方必有	1002
银行付款凭证	贷方必有	1002

例如，在会计实务中，"收款凭证"的借方必须是库存现金或银行存款科目。在计算机方式下，可将"收款凭证"的限制类型设置为"借方必有"，限制科目为库存现金和银行存款科目。这样做的好处是，在填制一张收款凭证时，若借方出现的不是现金或银行存款科目，则凭证不能保存。

提示：

● 限制科目由用户输入，可是任意级次的科目，科目之间用逗号分隔，数量不限，也可参照输入，但不能重复录入。若限制科目为非末级科目，则在制单时，其所有下级科目都将受到同样的限制。

3. 外币设置

如果企业有外币核算业务，需要事先定义外币种类，并确定外币业务的核算方式。外币设置时需要定义以下项目。

（1）币符及币名：定义外币的表示符号及其中文名称。

（2）汇率小数位：定义外币汇率的小数位数。

（3）折算方式：分为直接汇率与间接汇率两种。直接汇率即"外币×汇率＝本位币"，间接汇率即"外币÷汇率＝本位币"。

（4）外币最大误差：在记账时，如果外币×（或÷）汇率－本位币＞外币最大误差，则系统给予提示，系统默认最大折算误差为0.0000，即不相等时就提示。

（5）固定汇率与浮动汇率：对于使用固定汇率（即使用月初或年初汇率）作为记账汇率的用户，在填制每月的凭证前，应预先在此录入该月的记账汇率（即期初汇率），否则在填制该月外币凭证时，将会出现汇率为零的错误，月末计算汇兑损益时录入调整汇率（即期末汇率）。对于使用变动汇率（即使用当日汇率）作为记账汇率的用户，在填制凭证的当天，应预先在此录入该天的记账汇率。

3.2.2.4 收付结算信息设置

1. 结算方式

企业在生产经营活动中，由于采购、销售等业务需要，经常会发生各种结算业务，为了便于管理和提高银行对账的效率，在基础信息设置中应进行银行结算方式的设置，用来建立和管理用户在经营活动中所涉及的结算方式。它与财务结算方式是一致的，可分为现金结算和非现金结算（如支票结算等）。

结算方式设置的主要项目包括结算方式编码、结算方式名称、是否进行票据管理等。

如果"银行存款"科目被设置为记"银行账"，则在使用该银行存款科目填制凭证时，系统会自动弹出窗口，要求输入"结算方式"及"结算号"，以便系统进行银行对账时，可以依据"结算方式"和"结算号"作为对账的关键字段。

2. 付款条件

付款条件也可称为现金折扣，是指企业为了鼓励客户偿还货款而允诺在一定期限内给予的规定折扣优待。付款条件设置的作用是为了便于企业对经营过程中与往来核算单位协议规定的收、付款折扣优惠方法进行有效的管理。

付款条件设置的主要项目包括付款条件编码、付款条件名称、信用天数、优惠天数、优惠率等。

3. 开户银行

开户银行设置是指企业在收付结算中对应的开户银行的有关信息设置，主要包括开户编码、开户银行名称、银行账号等。

3.2.2.5 其他基础信息设置

1. 存货信息设置

存货信息设置主要包括存货分类、存货档案和计量单位等内容。

（1）存货分类。

如果企业存货较多，可以对存货进行分类，以便于对业务数据的统计与分析。通常，可以按性质、用途、产地等原则进行分类。只有当本账套设置了需要对存货进行分类，且已经设置好存货分类的编码方案时才可以进行存货分类档案的编辑。设置存货分类主要包括存货分类编码、类别名称以及所属经济分类等内容。建立起存货分类以后，就可以将存货档案设置在最末级分类之下。

（2）存货档案。

存货档案主要用于设置企业在生产经营中使用到的各类存货信息，以便于对这些存货进行资料管理、实物管理和业务数据的统计与分析。只有在本账套设置了需要对存货进行分类，同时必须先设置好存货分类档案、计量单位信息的情况下，才能进行存货档案的编辑。只有在存货分类的最末级才能设置存货档案。存货档案设置主要包括存货编码、存货名称、规格型号、计量单位组、税率、ABC分类、存货属性等内容。

（3）计量单位。

计量单位主要用于设置对应存货的计量单位组和计量单位信息。在进行计量单位设置时，就先设置好计量单位组，然后再在级下增加具体的计量单位信息。计量单位组设置主要包括计量单位组编码、计量单位组名称和计量单位组类别。计量单位信息设置主要包括计量单位编码、计量单位名称、计量单位组编码、对应条形码和换算率等内容。

2. 供应链基础信息设置

供应链基础信息主要包括仓库档案、收发类别、采购类型、销售类型、产品结构、成套件、费用项目、发运方式、货位档案等内容。此部分初始设置将在第 9 章中详细介绍。

3.2.3 单据设置

不同企业各项业务处理中使用的单据可能存在细微的差别，用友 ERP－U8 管理软件中预置了常用的单据模板，而且允许用户对单据类型的多个显示模板和多个打印模板进行设置，以定义本企业需要的单据格式。

3.3 业务工作

企业应用平台的"业务工作"界面中，集成了登录操作员拥有操作权限的所有功能模块，因此，该界面是操作员进入用友 ERP－U8 管理软件的唯一入口，同时也是企业进行所有模块业务处理的界面。业务工作主要包括总账管理系统、固定资产管理系统、薪资管理系统、供应链管理系统等内容，这些内容将在后面的章节介绍。

实验二 基础设置

【实验目的】

(1) 理解用友 ERP-U8 管理软件中基础设置的作用及重要性。

(2) 掌握基础设置的内容，尤其是基础档案设置的内容。

(3) 熟练掌握基础档案中会计科目和凭证类别的设置。

(4) 理解会计科目设置辅助核算的优势。

【实验内容】

(1) 基础档案设置：部门档案、人员类别、人员档案、客户分类、客户档案、供应商分类、供应商档案、地区分类、会计科目、凭证类别、外币及汇率、项目目录、结算方式、付款条件、本单位开户银行。

(2) 明细权限设置。

【实验准备】

(1) 将计算机系统时间调整为 2019 年 12 月 31 日。

(2) 引入"实验一"账套数据。

【实验资料】

(1) 部门档案（见表 3-2）。

表 3-2　　　　　　　　　　部门档案

部门编码	部门名称	部门属性	部门编码	部门名称	部门属性
1	综合部	管理部门	202	二车间	基本生产
101	办公室	管理	203	三车间	辅助生产
102	财务科	财务	204	四车间	辅助生产
103	运输队	后勤	3	医务室	福利
104	库房	库房	4	销售部	销售
105	供应科	供应	401	销售一科	销售
2	生产部	生产	402	销售二科	销售
201	一车间	基本生产			

(2) 人员类别（见表3-3）。

表3-3　　　　　　　　　　　　　　人员类别

分类编码	分类名称
1011	管理人员
1012	生产人员
1013	福利人员
1014	销售人员

(3) 人员档案（见表3-4）。

表3-4　　　　　　　　　　　　　　人员档案

人员编号	人员姓名	性别	行政部门	雇佣状态	人员类别	人员属性	是否业务员	是否操作员	对应操作员编号
1101	黎明	男	办公室	在职	管理人员	总经理	是	否	
1102	王杰	男	财务科	在职	管理人员	会计主管	是	是	01
1103	张丽	女	财务科	在职	管理人员	出纳	是	是	02
1104	李红	女	财务科	在职	管理人员	会计	是	是	03
1105	刘梦	女	供应科	在职	管理人员	部门经理	是	是	04
2201	张仪	男	一车间	在职	生产人员	生产人员	是	否	
2202	王国庆	男	二车间	在职	生产人员	生产人员	是	否	
2203	刘海	男	三车间	在职	生产人员	生产人员	是	否	
2204	邢军	男	四车间	在职	生产人员	生产人员	是	否	
3301	沈宏	男	医务室	在职	福利人员	福利人员	是	否	
4401	赵飞	男	销售一科	在职	销售人员	部门经理	是	否	
4402	李婧婧	女	销售二科	在职	销售人员	经营人员	是	否	

(4) 地区分类（见表3-5）。

表3-5　　　　　　　　　　　　　　地区分类

分类编码	分类名称
1	区内
2	区外

(5) 客户分类（见表3-6）。

表3-6　　　　　　　　　　　　　　客户分类

分类编码	分类名称
01	工业企业
0101	重工业企业
0102	轻工业企业
02	商业企业
0201	零售商业企业
0202	整批商业企业
03	其他客户

(6) 供应商分类（见表3-7）。

表3-7　　　　　　　　　　　　　　供应商分类

分类编码	分类名称
01	工业企业
0101	重工业企业
0102	轻工业企业
02	商业企业
0201	零售商业企业
0202	整批商业企业
03	其他企业

(7) 客户档案（见表3-8）。

表3-8　　　　　　　　　　　　　　客户档案

客户编码	客户名称	客户简称	所属地区	所属分类	税号	开户银行（默认值：是）	银行账号
001	包头轴承厂	包轴	1	0101	700812943100782	工行青山支行	36000123
002	武汉钢窗厂	武钢	2	0102	710233511415054	工行江汉支行	30312345
003	蒙西水泥	蒙西	1	0102	510233511415054	工行乌海支行	80301241
004	深圳电器公司	深电	2	0202	378560076162781	中行深圳支行	36798100
005	北京宏福	宏福	2	03	110233511410054	工行朝阳支行	23012345
006	天津宝津公司	宝津	2	03	210233225689123	工行塘沽支行	02012345

（8）供应商档案（见表3-9）。

表3-9　　　　　　　　　　　　　供应商档案

供应商编码	供应商名称	供应商简称	所属地区	所属分类	税号	开户银行	银行账号
001	沈阳铝合金厂	沈铝	2	0101	11022553341504	工行京昌支行	86730123
002	包头百货商场	包百	1	0201	33625785532100	工行青山支行	77999000
003	洛阳轴承厂	洛轴	2	0102	70081294310078	工行洛阳支行	36000123
004	沈阳胜利厂	沈阳胜利	2	0102	01023351141505	中行四会支行	30112345
005	北京强劲木器厂	北京强劲	2	0102	10000022222333	工行劲松分理处	66778888
006	准格尔煤炭公司	准煤	1	0101	33465588866670	工行准格尔支行	36644575
007	北京市华丰电子器件厂	北京华丰	2	03	23569633235236	建行丰台支行	12336936
008	北京市劳动服务公司	北京劳服	2	03	33663362323222	工行宣武支行	32356321
009	北京海淀文化批发市场	海淀批发	2	0202	11000223334455	工行海淀支行	77999000
010	北京工具厂	北京工具	2	03	11000223335544	工行朝阳支行	33388877

（9）外币及汇率。

币符：USD；币名：美元；2019年12月固定记账汇率为7.375（此汇率仅供演示使用）。

（10）会计科目（见表3-10）。

表3-10　　　　　　　　　　　　　会计科目

科目编码	科目名称	辅助核算	账页格式	余额方向	操作
1001	库存现金	日记	三栏式	借	修改
1002	银行存款			借	无操作
100201	建行存款	银行、日记	三栏式	借	增加
100202	中行存款	银行、日记、外币核算（美元）	外币金额式	借	增加
1122	应收账款	客户往来		借	修改
1123	预付账款			借	无操作
112301	预付单位款	供应商往来		借	增加
112302	报刊费			借	增加
1221	其他应收款	个人往来		借	修改
1401	材料采购		数量金额式	借	无操作

续表

科目编码	科目名称	辅助核算	账页格式	余额方向	操作
140101	生产用材料采购	数量核算（吨）	数量金额式	借	增加
140102	其他材料采购	数量核算（吨）	数量金额式	借	增加
1403	原材料		数量金额式	借	无操作
140301	生产用原材料	数量核算（吨）	数量金额式	借	增加
140302	其他原材料	数量核算（吨）	数量金额式	借	增加
1405	库存商品	项目核算、数量核算（吨）	数量金额式	借	修改
1901	待处理资产损溢			借	无操作
190101	待处理流动资产损溢				
2202	应付账款	供应商往来		贷	修改
2203	预收账款	客户往来		贷	修改
2211	应付职工薪酬			贷	无操作
221101	工资			贷	增加
221102	福利费			贷	增加
221103	工会经费			贷	增加
221104	职工教育经费			贷	增加
2221	应交税费			贷	无操作
222101	应交增值税			贷	增加
22210101	进项税额			贷	增加
22210102	销项税额			贷	增加
22210103	转出未交增值税			贷	增加
222102	未交增值税			贷	增加
222103	应交所得税			贷	增加
4101	盈余公积			贷	无操作
410101	法定盈余公积			贷	增加
410102	任意盈余公积			贷	增加
4104	利润分配			贷	无操作
410401	未分配利润			贷	增加
410402	提取法定盈余公积			贷	增加
410403	提取任意盈余公积			贷	增加
5001	生产成本			借	无操作
500101	直接材料	项目核算		借	增加

续表

科目编码	科目名称	辅助核算	账页格式	余额方向	操作
500102	直接人工	项目核算		借	增加
500103	制造费用	项目核算		借	增加
5101	制造费用			借	无操作
510101	工资			借	增加
510102	折旧费			借	增加
6001	主营业务收入	项目核算、数量核算（吨）		贷	修改
6401	主营业务成本	项目核算、数量核算（吨）		借	修改
6602	管理费用			借	无操作
660201	工资	部门核算		借	增加
660202	福利费	部门核算		借	增加
660203	办公费	部门核算		借	增加
660204	差旅费	部门核算		借	增加
660205	招待费	部门核算		借	增加
660206	折旧费	部门核算		借	增加
660207	工会经费	部门核算		借	增加
660208	职工教育经费	部门核算		借	增加
660209	其他	部门核算		借	增加
6603	财务费用			借	无操作
660301	利息支出			借	增加
660302	汇兑损益			借	增加

（11）指定科目（见表3-11）。

表3-11　　　　　　　　　　　　　指定科目

指定科目	会计科目	功能
现金总账科目	库存现金	筛选有"库存现金"科目的凭证供出纳签字
银行总账科目	银行存款	筛选含"银行存款"科目的凭证供出纳签字
现金流量科目	库存现金 银行存款 其他货币资金	筛选含"库存现金""银行存款""其他货币资金"等现金流量科目的凭证，供现金流量表的归类和编制

(12) 凭证类别（见表3-12）。

表3-12　　　　　　　　　　　凭证类别

类别字	类别名称	限制类型	限制科目
收	收款凭证	借方必有	1001，1002
付	付款凭证	贷方必有	1001，1002
转	转账凭证	凭证必无	1001，1002

(13) 项目目录（见表3-13）。

表3-13　　　　　　　　　　　成本核算项目

项目设置步骤	设置内容
项目大类	成本核算
核算科目	直接材料（500101） 直接人工（500102） 制造费用（500103） 库存商品（1405） 主营业务收入（6001） 主营业务成本（6401）
项目分类	1. 自制产品　1 2. 外购产品　2
项目目录	101　XJ55产品（所属分类码：1） 102　XJ56产品（所属分类码：1） 103　长城天鹤（所属分类码：1） 104　长城显示器（所属分类码：1） 105　长城天禧（所属分类码：1） 201　XJ5501材料（所属分类码：2） 202　XJ5601材料（所属分类码：2） 203　财会之窗（所属分类码：2） 204　福星高照（所属分类码：2）

(14) 结算方式（见表3-14）。

表3-14　　　　　　　　　　　结算方式

结算方式编码	结算方式名称	是否票据管理
1	现金结算	否
2	支票结算	是
201	现金支票	是
202	转账支票	是
3	其他	否

注：本设置需先开启"应收款管理"或"应付款管理"模块。

(15) 数据明细权限。

操作员"刘梦"具有供应科和销售部的查询和录入权限；操作员"张丽"和"李红"具有所有部门的查询和录入权限。

(16) 付款条件（见表 3-15）。

表 3-15　　　　　　　　　　　付款条件

付款条件编码	信用天数	优惠天数 1	优惠率 1	优惠天数 2	优惠率 2	优惠天数 3	优惠率 3
01	30	5	2				
02	60	5	4	15	2	30	1
03	90	5	4	20	2	45	1

(17) 本单位开户银行。

编号：01；开户银行：中国建设银行内蒙古分行江山支行；银行账号：105191073080；币种：人民币；所属银行编码：中国建设银行。

【实验要求】

以账套主管"王杰"的身份登录企业应用平台，进行基础设置。

【操作指导】

1. 注册登录企业应用平台

(1) 执行"开始—程序—用友 ERP-U8—企业应用平台"命令，打开"登录"企业应用平台对话框。

(2) 输入操作员"01"（或者输入"王杰"）；在"账套"下拉列表框中选择"内蒙古华扬科技有限公司"；更改"操作日期"为"2019-12-01"；单击"登录"按钮，进入企业应用平台。

(3) 单击打开"基础设置"选项卡，在此可进行基本信息、基础档案、单据设置等。

2. 设置部门档案

(1) 执行"基础档案—机构人员—部门档案"命令，打开"部门档案"窗口。

(2) 在"部门档案"窗口中，单击"增加"按钮。

(3) 输入部门编码"1"，部门名称"综合部"，部门属性"管理部门"。

(4) 单击"保存"按钮。

(5) 根据实验资料，输入其他部门档案信息。

提示：

● 在未建立人员档案前，不能选择输入负责人信息。待人员档案建立完成后，通过"修改"功能补充输入负责人信息。

3. 设置人员类别

(1) 执行"基础档案—机构人员—人员类别"命令，打开"人员类别"窗口。

（2）单击选择"正式工"，单击"增加"按钮。

（3）在"增加档案项"窗口中，输入档案编码1011，档案名称"管理人员"。

（4）单击"确定"按钮。

（5）根据实验资料，继续输入其他人员类别信息。

4. 设置人员档案

（1）执行"基础档案—机构人员—人员档案"命令，打开"人员列表"窗口。

（2）单击"增加"按钮，在"人员档案"窗口中，输入如下数据。

人员编码：1101；人员姓名：黎明；性别：男；行政部门：办公室；雇佣状态：在职；人员类别：管理人员；人员属性：总经理；是否业务员：是；是否操作员：否。

（3）单击"保存"按钮。

（4）根据实验资料，继续输入其他人员档案信息。

提示：

● ▥ 表示参照，可以从已录入信息中进行参照选择，减少手工录入工作量。若所属部门档案参照不出来，应先在参照的"编辑"窗口中删除并修改原档案内容，再重新单击参照按钮。

● 若是否操作员选"是"，则需将自动生成对应操作员先删除，然后再通过参照按钮重新选择，系统弹出"人员信息已改，是否同步修改操作员的相关信息？"，单击"是"按钮。

5. 设置地区分类

（1）执行"基础档案—客商信息—地区分类"命令，打开"地区分类"窗口。

（2）根据实验资料，输入地区分类信息。

6. 设置客户分类

（1）执行"基础档案—客商信息—客户分类"命令，打开"客户分类"窗口。

（2）根据实验资料，输入客户分类信息。

7. 设置供应商分类

（1）执行"基础档案—客商信息—供应商分类"命令，打开"供应商分类"窗口。

（2）根据实验资料，输入供应商分类信息。

提示：

● 在建立账套时如果选择了"客户分类"和"供应商分类"，必须先进行客户分类和供应商分类，否则系统将不能输入客户档案和供应商档案。

8. 设置客户档案

（1）执行"基础档案—客商信息—客户档案"命令，打开"客户档案"窗口。

（2）单击"增加"按钮，打开"增加客户档案"对话框。

（3）分别单击"基本""联系""信用""其他"页签，输入如下数据。

客户编码：001；客户名称：包头轴承厂；客户简称：包轴；所属地区：1；所属分类：0101；税号：700812943100782。

（4）单击"保存"按钮。

（5）单击"银行"按钮，打开"客户银行档案"窗口，输入银行信息。开户银行：工行青山支行；银行账号：36000123；默认值：是。

（6）单击"保存"按钮。

（7）根据实验资料，继续增加其他客户档案信息。

提示：

● 在第（3）步结束，可以先不"保存"，继续增加银行信息，然后单击"保存并新增"按钮，根据实验资料，继续增加其他客户档案信息。

● 客户档案必须建立在最末级分类下。

9. 设置供应商档案

（1）执行"基础档案—客商信息—供应商档案"命令，打开"供应商档案"窗口。

（2）单击"增加"按钮，打开"增加供应商档案"对话框。

（3）在"基本"页签输入如下数据。

供应商编码：001；供应商名称：沈阳铝合金厂；供应商简称：沈铝；所属地区：2；所属分类：0101；税号：11022553341504；开户银行：工行京昌支行；银行账号：86730123。

（4）单击"保存"按钮。

（5）根据实验资料，继续增加其他供应商档案信息。

提示：

● 在第（3）步结束，也可以单击"保存并新增"按钮，根据实验资料，继续增加其他供应商档案信息。

● 供应商档案必须建立在最末级分类下。

10. 设置外币及汇率

（1）执行"基础档案—财务—外币设置"命令，打开"外币设置"对话框。

（2）单击"增加"按钮，输入币符"USD"、币名"美元"，单击"确认"按钮。

（3）输入"2019.12"月份的记账汇率7.375，单击"退出"按钮，系统弹出提示信息"是否退出？"，单击"是"按钮。

提示：

● 这里只能录入固定汇率与浮动汇率值，并不决定在制单时使用固定汇率还是浮动汇率。在总账"选项"对话框"其他"选项卡的"外币核算"中，可设置制单使用固定汇率还是浮动汇率。

● 如果使用固定汇率，则应在每月月初录入记账汇率（即期初汇率），月末计算汇兑损益时录入调整汇率（即期末汇率）；如果使用浮动汇率，则应每天在此录入当日汇率。

11. 设置会计科目

（1）新增会计科。

①执行"基础档案—财务—会计科目"命令，进入"会计科目"窗口，显示所有

按"2007年新会计制度科目"预置的科目。

②单击"增加"按钮，进入"新增会计科目"窗口。

③输入科目编码100201、科目名称"建行存款"，选择"日记账""银行账"，单击"确定"按钮。

④继续单击"增加"按钮，根据实验资料输入其他需要增加的会计科目。

⑤全部输入完成后，单击"关闭"按钮。

提示：

- 增加的会计科目编码必须符合科目编码方案的要求。
- 若两个会计科目的下级明细科目完全相同，可通过"编辑—成批复制"功能快速生成。
- 科目一经使用，就不能再增设下级科目，只能增加同级科目。

（2）修改会计科目。

①在"会计科目"窗口中，单击要修改的会计科目"1001"。

②单击"修改"按钮或双击该科目，进入"会计科目—修改"窗口。

③单击"修改"按，选中"日记账"复选框，单击"确定"按钮。

④按实验资料内容修改其他需修改科目的相关属性，修改完成后，单击"返回"按钮。

注意：

- 已有数据的科目不能修改科目性质。
- 被封存的科目在制单时不可以使用。
- 只有处于修改状态才能设置汇总打印和封存。

（3）删除会计科目。

①在"会计科目"窗口中，选择要删除的会计科目。

②单击"删除"按钮，弹出系统提示"记录删除后不能修复！真的删除此记录吗？"对话框。

③单击"确定"按钮，即可删除该科目。

注意：

- 如果科目已录入期初余额或已制单，则不能删除。
- 非末级会计科目不能删除。
- 被指定为"现金科目""银行科目"的会计科目不能删除；若想删除，必须先取消指定。

（4）指定会计科目。

①在"会计科目"窗口中，执行"编辑—指定科目"命令，进入"指定科目"窗口。

②选择"现金科目"单选按钮，将"库存现金（1001）"由待选科目选入已选科目。

③选择"银行科目"单选按钮，将"银行存款（1002）"由待选科目选入已选科目。

④选择"现金流量科目"单选按钮，将"库存现金（1001）""建行存款（100201）""中行存款（100202）"由待选科目选入已选科目。

⑤单击"确定"按钮。

提示：

● 指定会计科目就是指定出纳的专管科目。只有指定科目后，才能执行出纳签字，从而实现现金、银行管理的保密性，才能查看现金、银行存款日记账。

● 在指定"现金科目""银行科目"之前，应在建立"现金""银行存款"会计科目时选中"日记账"复选框。

● 现金流量表的编制有两种方法：一种是利用总账中的现金流量辅助核算；另一种是利用专门的现金流量表软件编制现金流量表。本例拟采用第一种方法，因此在此处明确与现金流量有关联的科目。

12. 设置凭证类别

（1）执行"基础档案—财务—凭证类别"命令，打开"凭证类别预置"对话框。

（2）选择"收款凭证、付款凭证、转账凭证"单选按钮。

（3）单击"确定"按钮，进入"凭证类别"窗口。

（4）单击工具栏上的"修改"按钮，双击收款凭证"限制类型"的下三角按钮，选择"借方必有"，在"限制科目"栏输入"1001，1002"。

（5）设置付款凭证的限制类型为"贷方必有"、限制科目为"1001，1002"；转账凭证的限制类型为"凭证必无"，限制科目为"1001，1002"。

（6）设置完成后，单击"退出"按钮。

13. 设置项目目录

（1）定义项目大类。

①执行"基础档案—财务—项目目录"命令，进入"项目档案"窗口。

②单击"增加"按钮，打开"项目大类定义_增加"对话框。

③输入新项目大类名称"成本核算"。

④单击"下一步"按钮，输入要定义的项目级次，本实验采用系统默认值。

⑤单击"下一步"按钮，输入要修改的项目栏目，本实验采用系统默认值。

⑥单击"完成"按钮，返回"项目档案"窗口。

提示：

● 项目大类的名称是该类项目的总称，而不是会计科目名称。例如，在建工程按具体工程项目核算，其项目大类名称应为"工程项目"而不是"在建工程"。

（2）指定核算科目。

①选择项目大类"成本核算"。

②在"项目档案"窗口中，在"成本核算"项目大类下，单击"核算科目"选项卡。

③单击"＞＞"按钮，将左侧所有科目选为参加核算的科目，单击"确定"按钮。

提示：

● 一个项目大类可指定多个科目，一个科目只能指定一个项目大类。

（3）定义项目分类。

①在"项目档案"窗口中，在"成本核算"项目大类下，单击"项目分类定义"选项卡。

②单击右下角的"增加"按钮，输入分类编码"1"，输入分类名称"自制产品"，单击"确定"按钮。

③同理，定义"2 外购产品"项目分类。

提示：

● 为了便于统计，可对同一项目大类下的项目进一步划分，即定义项目分类。

● 若无分类，也必须定义项目分类为"无分类"。

（4）定义项目目录。

①在"项目档案"窗口中，在"成本核算"项目大类下，单击"项目目录"选项卡。

②单击右下角的"维护"按钮，进入"项目目录维护"窗口。

③单击"增加"按钮，输入项目编号"101"，输入项目名称"XJ55 产品"，选择所属分类码"1"。

④根据实验资料，继续增加其他项目目录。全部设置完毕后，单击"退出"按钮。

提示：

● 标识结算后的项目将不能再使用。

14. 设置结算方式

（1）执行"基础档案—收付结算—结算方式"命令，进入"结算方式"窗口。

（2）根据实验资料输入结算方式信息。

提示：

● 支票管理是系统为辅助银行出纳对银行结算票据的管理而设的功能，类似于手工系统中的支票登记簿的管理方式。若需实施票据管理，则选中"是否票据管理"复选框。

15. 设置数据明细权限

（1）在企业应用平台的"系统服务"选项卡中，执行"权限—数据权限控制设置"命令，打开"数据权限控制设置"对话框。

（2）打开"记录级"选项卡，选中"部门"复选框，单击"确定"按钮返回。

（3）执行"权限—数据权限分配"命令，进入"权限浏览"窗口。

（4）从"业务对象"下拉列表中选择"部门"选项。

（5）从"用户及角色"列表框中选择"04 刘梦"。

（6）单击工具栏上的"授权"按钮，打开"记录权限设置"对话框。

（7）将"供应科""销售部""销售一科""销售二科"从"禁用"列表框中选入

到"可用"列表框中。

（8）单击"保存"按钮，系统提示"保存成功，重新登录门户，此配置才能生效！"信息，单击"确定"按钮，返回记录权限设置。

（9）从"用户及角色"列表框中分别选择"02 张丽"和"03 李红"，将所有部门从"禁用"列表框中选入"可用"列表框中。

（10）单击"保存"按钮，系统提示"保存成功，重新登录门户，此配置才能生效！"信息，单击"确定"按钮，返回记录权限设置。

16. 设置付款条件

（1）执行"基础档案—收付结算—付款条件"命令，进入"付款条件"窗口。

（2）根据实验资料输入付款条件信息。

17. 设置本单位开户银行

（1）在企业应用平台的"基础设置"中，执行"基础档案—收付结算—本单位开户银行"命令，进入"本单位开户银行"窗口。

（2）单击"增加"按钮，输入本单位开户银行信息。

编号：01；开户银行：中国建设银行内蒙古分行江山支行；银行账号：105191073080；币种：人民币；所属银行编码：中国建设银行。单击"保存"按钮。

（3）单击"退出"按钮返回。

提示：

● 付款条件、本单位开户银行的设置，需要先启用应收款管理子系统和应付款管理子系统，否则在"基础档案—收付结算"功能下找不到"收付结算"和"本单位开户银行"功能。

复 习 题

一、单选题

1. 下列企业基础信息的设置，顺序错误的是（　　）。
   A. 会计科目→凭证类别　　　　　　B. 部门档案→职员档案
   C. 客户分类→客户档案　　　　　　D. 会计科目→外币

2. 若会计科目的编码方案为3－2－2，则下列正确的编码为（　　）。
   A. 1010101　　B. 102002　　C. 101101　　D. 0202

3. "2007年新会计准则"中规定的一级科目编码的第一位表示"负债类"科目的编号是（　　）。
   A. 1　　　　　B. 2　　　　　C. 3　　　　　D. 4

4. "管理费用"科目通常设置的辅助核算是（　　）。
   A. 个人往来　　B. 部门核算　　C. 项目核算　　D. 客户往来

5. 对于收款凭证，通常选择（　　）限制类型。
   A. 借方必有　　B. 贷方必有　　C. 凭证必有　　D. 凭证必无

二、多选题

1. 在财务软件中，建立会计科目时，输入的基本内容包括（　　）。
   A. 科目编码　　B. 科目名称　　C. 科目类型　　D. 账页格式

2. 下列关于会计科目编码的描述，正确的有（　　）。
   A. 会计科目编码必须采用全编码
   B. 一级会计科目编码由财政部统一规定
   C. 设计会计科目编码应从明细科目开始
   D. 科目编码可以不用设定

3. 账页格式一般有（　　）。
   A. 金额式　　B. 外币金额式　　C. 数量金额式　　D. 数量外币式

4. 下列关于会计科目的描述中，错误的有（　　）。
   A. 要修改和删除某会计科目，应先选中该会计科目
   B. 科目一经使用，即已经输入凭证，不允许修改或删除该科目
   C. 有余额的会计科目可直接修改
   D. 删除会计科目应从一级科目开始

5. 系统提供的凭证限制类型包括（　　）。
   A. 借方必有　　B. 贷方必有　　C. 凭证必有　　D. 凭证必无

三、判断题

1. 职员档案主要用于记录本单位职员的个人信息资料，设置职员档案可以方便地进行个人往来核算和管理等操作。（　　）
2. 输入客户档案时，不用选择客户分类，可直接输入客户档案。（　　）
3. 科目一经使用，就不能再增设同级科目，只能增加下级科目。（　　）
4. 删除会计科目应先删除上一级科目，然后再删除本级科目。（　　）
5. 科目一经使用，即已经输入凭证，则不允许修改或删除该科目。（　　）

四、简答题

1. 用友 ERP-U8 管理软件中，需要设置的基础档案有哪些？
2. 为了加强对客户的管理，客户档案中一般需要设置哪些内容？
3. 设置会计科目通常需要确定哪些属性？
4. 指定会计科目的作用是什么？
5. 会计科目的辅助核算功能具有哪些优势？用友 ERP-U8 管理软件中五大辅助核算是指什么？通常哪些会计科目会设置这些辅助核算？
6. 简述建立项目档案的步骤。
7. 用友 ERP-U8 管理软件中通常可设置哪些凭证类别？"收、付、转"3 种凭证类别通常需设置的限制类型和限制科目是什么？

第 4 章　总账管理子系统

4.1　总账管理子系统概述

总账管理子系统又称账务处理子系统，是会计信息系统的核心子系统。账务处理是指从输入（生成）记账凭证开始，到出纳签字、审核凭证、记账、银行对账、查询打印账簿、期末处理和结账等一系列会计核算过程。

总账管理子系统既可以独立使用，也可以与其他子系统联合使用。如果总账管理子系统独立使用，则所有凭证（除了总账管理子系统自动生成的机制凭证）需要人工输入；如果与其他子系统联合使用，则总账管理子系统与其他子系统之间有着大量的数据传递关系，例如，应收账款、应付账款、固定资产、薪资管理、成本核算及购销存等子系统生成的机制转账凭证，可自动转入总账管理子系统中。除了输入过程是由人工完成的，处理和输出过程基本是由计算机自动完成。

总账管理子系统还是月末、年末生成会计报表的主要数据来源。

4.1.1　总账管理子系统的功能结构

总账管理子系统的主要功能包括总账管理子系统初始设置、凭证管理、出纳管理、辅助核算管理、账簿管理和期末处理等内容。

1. 初始设置

大多数企业购买的是通用性财务软件，为了满足各单位自身的行业特性和管理需求，系统提供了初始设置功能，利用此功能将通用的账务处理系统变为满足特定企业自身特点的专用系统。初始设置的主要包括系统选项设置和录入期初余额等内容。

2. 凭证管理

凭证是记录企业各项经济业务发生的载体，凭证管理是总账管理子系统的核心功能，主要包括填制凭证、修改凭证、作废凭证、删除凭证、出纳签字、审核凭证、记账、查询打印凭证等。凭证是总账管理子系统数据的唯一来源，为严把数据源的正确性，总账管理子系统设置了严密的制单控制，保证凭证填制的正确性。另外，还提供了资金赤字控制、支票控制、预算控制、外币折算误差控制、凭证类型控制、制单金额控制等功能，以加强对业务的及时管理和控制。

3. 出纳管理

资金收付的核算与管理是企业的重要日常工作，也是出纳的一项重要工作内容。总账管理子系统中的出纳管理为出纳人员提供了一个集成办公环境，主要包括现金日记账、银行存款日记账的查询和打印，随时给出最新资金日报表，支票登记簿的管理以及进行银行对账并生成银行存款余额调节表等内容。

4. 账簿管理

总账管理子系统提供了强大的账证查询功能，可以查询打印总账、明细账、日记账、发生额余额表、多栏账、序时账等。不仅可以查询到已记账凭证的数据，而且查询的账表中也可以包含未记账凭证的数据，可以轻松实现总账、明细账、日记账和凭证的联查。

账簿管理主要包括基本会计核算账簿管理和各种辅助账簿管理。基本会计核算账簿管理包括总账、余额表、明细账、序时账、多栏账的查询和输出；各种辅助账簿管理包括个人往来、客户往来、供应商往来、部门核算、项目核算账簿的总账、明细账查询和输出，以及部门收支分析和项目统计表的查询和输出。当供应商往来和客户往来采用总账管理子系统核算时，其核算账簿的管理在总账管理子系统中进行；否则，应在应收款管理系统和应付款管理系统中进行。

5. 期末处理

总账管理子系统期末处理主要包括转账定义、转账生成、对账、结账等内容。

4.1.2 总账管理子系统与其他子系统的关系

总账管理子系统属于会计信息系统的重要组成部分，它既可以独立使用，也可以同其他系统联合使用。总账管理子系统与其他子系统之间的数据关系如图 4-1 所示。

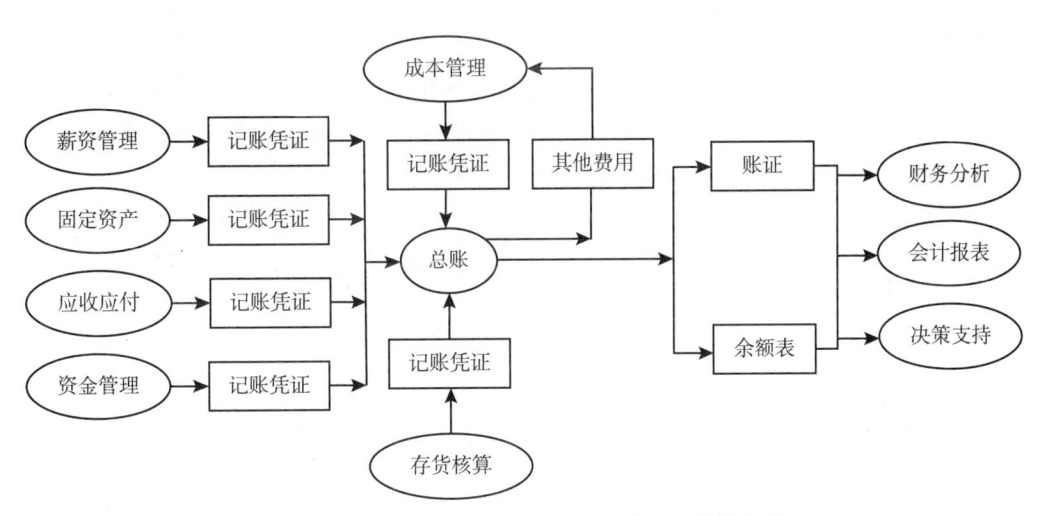

图 4-1 总账管理子系统与其他子系统之间的数据关系

- 总账管理子系统需要的基础数据在企业应用平台中统一设置。
- 在总账与应收款管理集成应用模式下，应收款管理系统向总账管理子系统传递销售过程中形成的应收款凭证及收款结算形成的收款凭证。
- 在总账与应付款管理集成应用模式下，应付款管理系统向总账管理子系统传递采购过程中形成的应付款凭证及付款结算形成的付款凭证。
- 薪资管理系统将由工资分摊及费用分配的结果形成的凭证传递给总账子系。
- 固定资产管理系统将固定资产增加、减少、计提折旧等业务处理产生的凭证传递给总账，通过对账使固定资产明细记录与总账记录保持平衡。
- 采购、销售、库存管理等业务处理环节生成的凭证统一通过存货核算系统传递给总账。
- 成本管理系统引用总账管理子系统提供的应计入生产成本的间接费用（制造费用）或其他费用数据，以便正确计算产品成本。成本管理系统将各种成本费用结转生成的凭证传递给总账。
- 总账管理子系统为 UFO 报表系统、现金流量表提供财务数据，生成财务报表。
- 总账管理子系统为数据分析、专家财务评估、管理驾驶舱等决策支持系统提供分析数据。
- 各子系统传递到总账中的凭证，需要在总账管理子系统中继续进行审核、记账处理。

4.1.3　总账管理子系统的应用流程

总账管理子系统的应用流程给出了正确使用总账管理子系统的操作顺序，有助于帮助企业实现快速应用。一般来讲，各业务系统的应用大都划分为 3 个阶段：系统初始化、日常业务处理和期末处理，总账管理子系统也遵循这一规律。总账管理系统的应用流程如图 4-2 所示。

对于图 4-2，需要说明的是：如果在总账选项中设置了出纳凭证必须由出纳签字、凭证需由主管签字，则在凭证处理流程中就必须经过出纳签字、主管签字环节。出纳签字、主管签字与凭证审核没有先后次序之分。

4.2　总账管理子系统初始设置

通过初始设置工作，将一个通用的总账管理子系统改造为适合本企业核算要求的"专用总账管理子系统"。总账管理子系统初始设置主要包括系统选项设置和期初数据录入等内容。

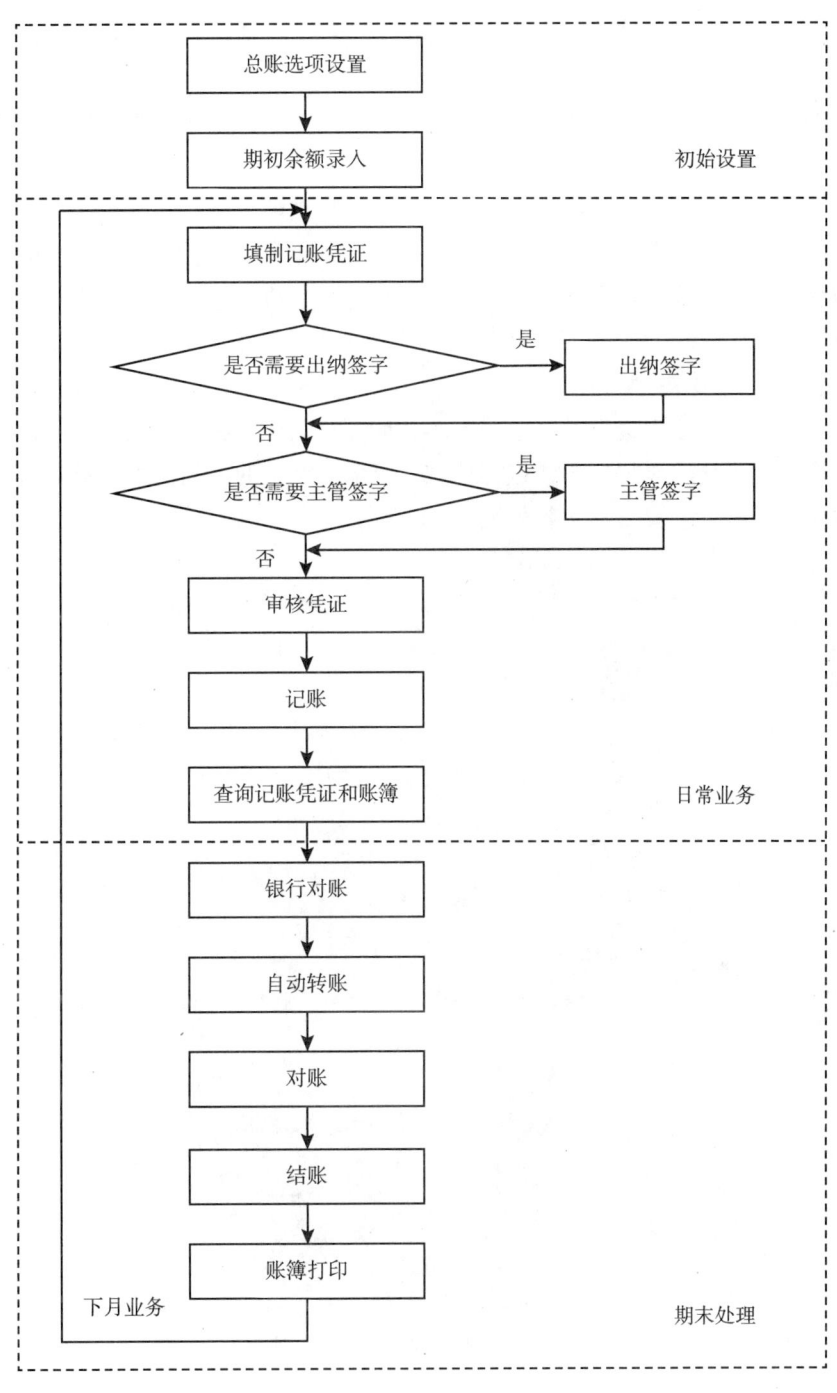

图 4-2 总账管理子系统的应用流程

4.2.1 总账管理子系统选项设置

总账管理子系统的选项设置实际上就是对系统的控制参数设置。会计信息系统初始化过程中，必须对各子系统提供的系统参数做出选择，以适应自身核算和控制管理的特点和要求。

为了最大范围地满足不同企业用户的信息化应用需求，总账作为通用商品化软件的核心子系统，是通过内置大量的选项参数提供面向不同企业应用的解决方案的。企业可以根据自身的实际情况进行选择，以确定符合个性特点的应用模式。

软件越通用，意味着系统内置的参数越多，系统参数的设置决定了企业的应用模式和应用流程。为了明确各项参数的适用对象，软件一般将参数分门别类进行管理。用友ERP-U8总账管理子系统将参数分为以下8个选项卡。其中，部分设置随时可以调整。

1. "凭证"选项卡

在凭证选项卡选项中提供了制单控制、凭证控制、凭证编号方式等功能，主要设置在填制凭证时，系统应对哪些操作进行控制，以保证制单的正确性，加强对所发生业务的及时管理和控制。主要设置内容如图4-3所示。

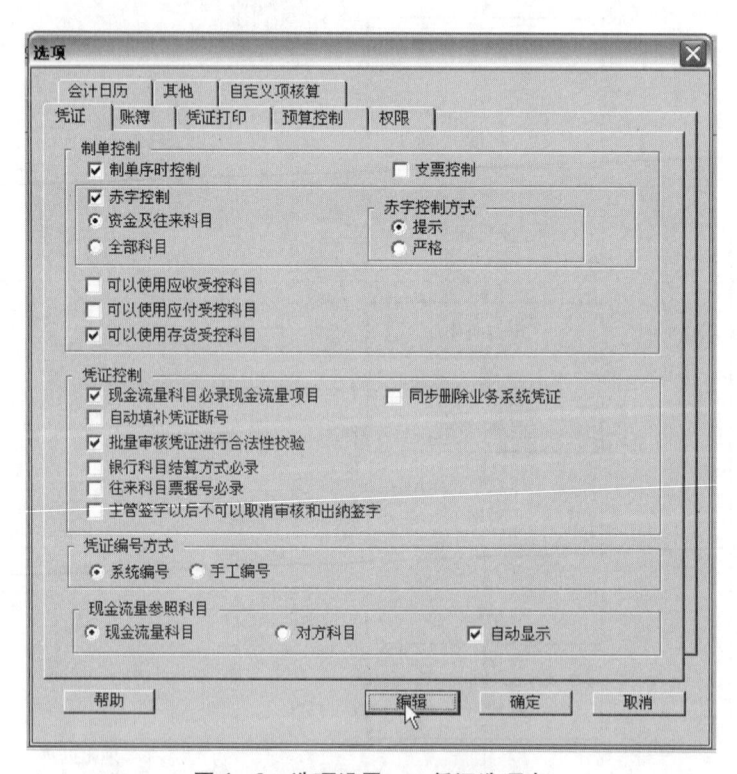

图4-3 选项设置——凭证选项卡

（1）制单控制：主要针对填制凭证过程的控制。

①制单序时控制：该项和"系统编号"选项联用。控制系统保存凭证的顺序，凭证编号从0001开始排序，选中此项，制单时某类凭证编号必须按日期顺序自小到大排列，凭证日期既不能小于该类别最后一张凭证日期，也不能大于系统日期。若不选此

项，凭证保存时制单日期可以随意。

②支票控制：若选择了此项，在制单时使用银行科目编制凭证时，系统针对已设置了票据管理的结算方式进行登记，要求输入相应的结算方式和支票号。如果录入的支票号在支票登记簿中已存在，系统提供登记支票报销的功能；否则，系统提供登记支票登记簿的功能。

③赤字控制：若选择了此项，在填制凭证时，如果相关科目的"资金及往来科目"或"全部科目"的最新余额出现负数，系统将予以提示。赤字控制既可以只针对资金类科目和往来科目，也可以针对所有科目。

④可以使用应收/应付/存货受控科目：若科目为应收/应付/存货的受控科目，为了防止重复制单，只允许应收款/应付款/存货管理系统使用此科目进行制单，总账管理子系统是不能使用此科目制单的。所以如果用户希望在总账管理子系统中也能使用这些科目填制凭证，则应选择此项。即：若选中此项，在填制凭证时既可以在应收/应付/存货系统中使用应收/应付/存货类科目时，也可在总账管理子系统中使用。当应收款/应付款/存货管理系统启用时，一般不选此选项。

提示：
- 总账和其他业务系统使用受控科目会引起其他业务系统与总账对账不平。

⑤现金流量参照科目：用来设置现金流量录入界面的参照内容和方式。选中"现金流量科目"选项时，系统只参照凭证中的现金流量科目；选中"对方科目"选项时，系统只显示凭证中的非现金流量科目；选中"自动显示"选项时，系统依据前两个选项将现金流量科目或对方科目自动显示在指定现金流量项目界面中，否则需要手工参照选择。

（2）凭证控制。

①现金流量科目必录现金流量项目：如果企业选择利用现金流量项目核算作为编制现金流量表的方法，就涉及该选项的选择。选择该项，在录入凭证时如果使用了现金流量科目，则必须输入现金流量项目及金额，以便生成现金流量表。

②自动填补凭证断号：如果选择凭证编号方式为系统编号，则在新增凭证时，系统按凭证类别自动查询本月的第一个断号作为本次新增凭证的凭证号。

③批量审核凭证进行合法性校验：批量审核凭证时针对凭证进行二次审核，合法性校验与保存凭证时的合法性校验相同。

④凭证录入时银行科目结算方式及往来科目票据号必录：在填制凭证时如果使用了银行科目，则必须录入结算方式及票据号。

（3）凭证编号方式。

系统提供系统编号和手工编号两种方式。如果选用系统编号，系统在填制凭证时按照设置的凭证类别按月自动编写凭证编号；如果选择手工编号，系统在填制凭证时允许手工输入凭证编号。

2. "账簿"选项卡

用来设置各种账簿的输出方式和打印要求等。

(1) 打印位数宽度：定义正式账簿打印时各栏目的宽度，包括摘要、金额、外币、数量、汇率、单价。

(2) 凭证、账簿套打：套打纸是用友公司专门为用友软件用户设计的、适用于各种打印机输出管理用表单与账簿。选择套打打印时，系统只将凭证、账簿的数据内容打印到相应的套打纸上，而不打印各种表格线。

(3) 明细账（日记账、多栏账）打印方式：打印正式明细账、日记账或多栏账时，按月排页或是按年排页。

"账簿"选项卡主要设置内容如图4-4所示。

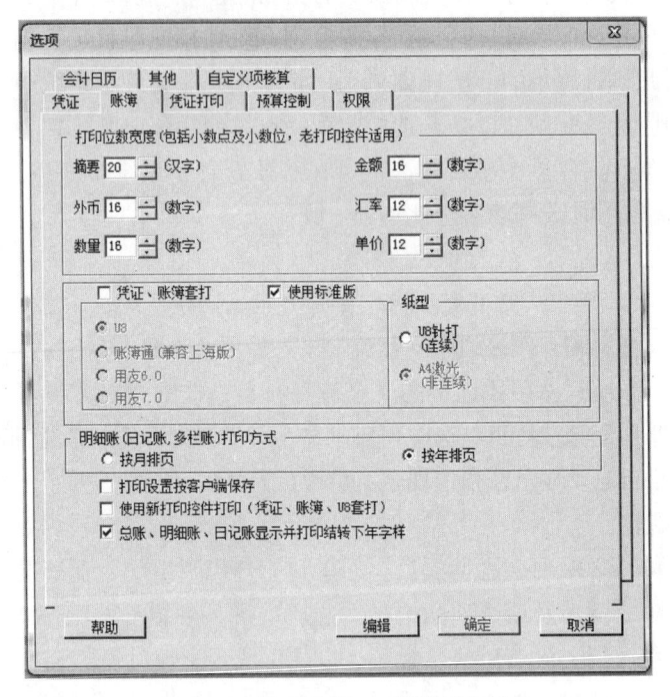

图4-4 选项设置——账簿选项卡

按月排页：即打印时从所选月份范围的起始月份开始将明细账顺序排页，再从第一页开始将其打印输出，打印起始页号为"1页"。这样，若所选月份范围不是第一个月，则打印结果的页号必然从"1页"开始排。

按年排页：即打印时从本会计年度的第一个会计月开始将明细账顺序排页，再将打印月份范围所在的页打印输出，打印起始页号为所打印月份在全年总排页中的页号。这样，若所选月份范围不是第一个月，则打印结果的页号有可能不是从"1页"开始排。

3. "凭证打印"选项卡

用来设置凭证的输出方式和打印要求等。主要包括以下几项内容。

(1) 合并凭证显示、打印。

若选择此项，则在填制凭证、查询凭证、出纳签字和凭证审核时，凭证按照"按科目、摘要相同方式合并"或"按科目相同方式合并"合并显示，并在明细账显示界面中提供是否"合并显示"的选项。

（2）打印凭证页脚姓名。

决定在打印凭证时，是否自动打印制单人、出纳、审核人、记账人的姓名。

（3）凭证、正式账每页打印行数。

可对凭证、正式账每页打印的行数进行设置。

"凭证打印"选项卡主要设置内容如图 4-5 所示。

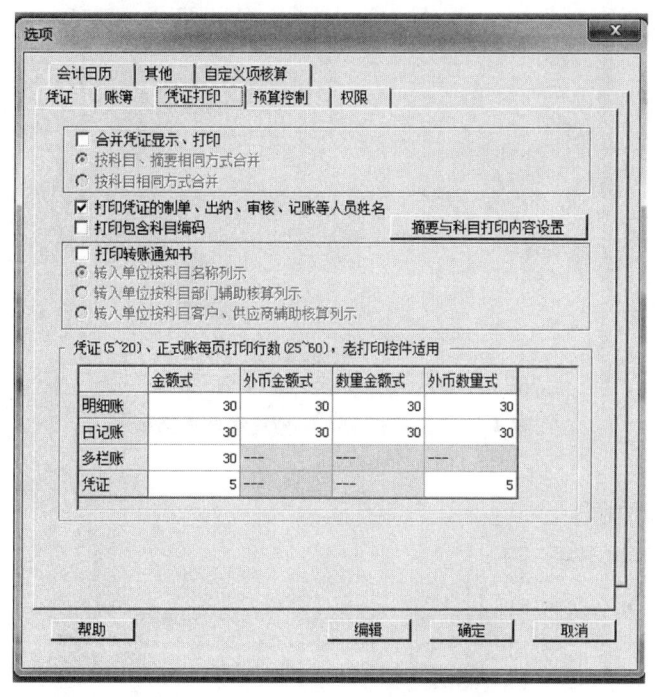

图 4-5 选项设置——凭证打印选项卡

4. "预算控制"选项卡

根据预算管理系统或财务分析系统设置的预算数对业务发生进行控制。主要作用是显示是否启用预算管理中对总账的预算控制和是否启用专家财务评估的科目预算控制。

（1）预算管理系统：由预算管理系统控制是否有效以及具体的控制方式，控制时点通过制单时控制和审核时控制选项设定。

①制单时控制：保存凭证时进行预算控制。同时选中"外部系统严格控制"外部系统生成凭证时执行预算控制，否则超出预算只能进行预算扣减；同时选中"作废（删除）时控制"在作废凭证、外部系统删除凭证时控制，否则只作预算扣减。

②审核时控制：审核凭证时进行预算控制。

（2）专家财务评估：专家财务评估系统的预算控制是否有效在此选择，但具体的控制方式，由专家财务评估系统设置。专家财务评估的预算控制点在凭证录入时，当某

会计信息系统原理与实验

一科目下的实际发生数导致多个科目及辅助项的发生数及余额总数超过预算数与报警数的差额，则报警。

"预算控制"选项卡主要设置内容如图 4-6 所示。

图 4-6　选项设置——预算控制选项卡

5. "权限"选项卡

主要设置内容如图 4-7 所示。

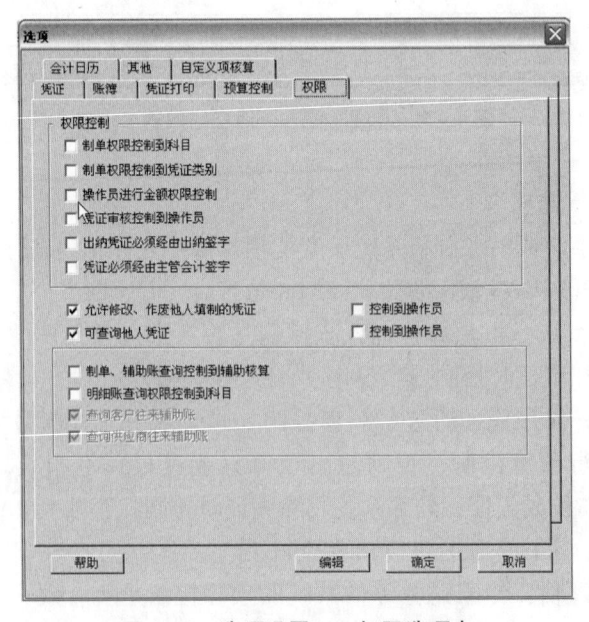

图 4-7　选项设置——权限选项卡

（1）制单权限控制到科目。

如果需要明确操作员只能使用具有相应制单权限的科目制单，则首先在数据权限控制设置中选择对"科目"进行控制，再选中该项，最后在数据权限中为操作员指定制单可以使用的科目。设置完成后，该操作员只能使用有权限的科目进行制单。

同样意义的选项还有"制单、辅助账查询控制到辅助核算""明细账查询控制到科目"。

（2）制单权限控制到凭证类别。

如果需要明确操作员只能填制特定类别的凭证，则首先在数据权限控制设置中选择对"凭证类别"进行控制，再选中该项，最后在数据权限中为操作员指定制单时可以使用哪些凭证类别。设置完成后，操作员制单时，凭证类别参照中只显示操作员有权限的凭证类别。

（3）操作员进行金额权限控制。

系统可以对不同级别的人员进行制单金额大小的控制，例如财务主管可以对 10 万元以上的经济业务制单，一般财务人员只能对 5 万元以下的经济业务制单，这样可以减少由于不必要的责任事故带来的经济损失。

以下情况不能进行金额权限控制：

①如为外部凭证或常用凭证调用生成，则不做金额权限控制。

②自定义结转凭证不受金额权限控制。

（4）凭证审核控制到操作员。

如果需要指定某个具有凭证审核权限的操作员只能审核某些制单人填制的凭证，则应选择该选项。

（5）出纳凭证必须经由出纳签字。

出纳凭证是指凭证上包含库存现金或银行科目的凭证。涉及现金收付的业务是企业需要重注的业务，如果选择该项，凭证处理流程为：填制凭证—出纳签字—审核凭证—记账。

提示：

● 出纳签字与审核凭证不分先后顺序。

● 如果选择了"凭证必须经由主管会计签字"，则在凭证处理流程的填制凭证和记账之间中还需要增加主管签字环节。

（6）凭证必须经由主管会计签字。

如果企业规定所有凭证都必须由主管会计签字才能作为记账依据，则应选中该项。

（7）允许修改、作废他人填制的凭证。

若选中此项，在制单时可以修改或作废其他人填制的凭证，修改后制单人变更为当前操作员的姓名；否则不能修改、作废他人填制的凭证，仅可以修改、作废自己填制的凭证。

"控制到操作员"属于数据权限控制内容，利用该项可以指定允许修改、作废哪些操作员填制的凭证。

（8）可查询他人凭证。

是否可以查询他人填制的凭证。利用"控制到操作员"可以指定允许查询哪些操作员填制的凭证。

（9）明细账查询权限控制到科目。

当希望对查询和打印权限做进一步细化时，可选中此项，然后再到系统菜单"设置"标签下的"明细权限"中去设置明细账科目查询权限。

（10）制单、辅助账查询控制到辅助核算。

若选中此项，制单时才能使用有辅助核算属性的科目输入分录，辅助账查询时只能查询有权限的辅助项内容。

6. "会计日历"选项卡

在会计日历页签中包括以下几项内容，如图4-8所示。

图4-8 选项设置——会计日历选项卡

（1）可查看各会计期间的起始日期与结束日期，以及启用会计年度和启用日期。

提示：

● 此处仅能查看会计日历的信息，如需修改请到系统管理中进行。

（2）可查看建立账套时的一些信息，如账套名称、单位名称、账套存放的路径、行业性质和定义的科目级长等。

(3) 可以修改数量小数位、单价小数位和本位币精度。

7. "其他"选项卡

在其他页签中可以设置以下内容，如图4-9所示。

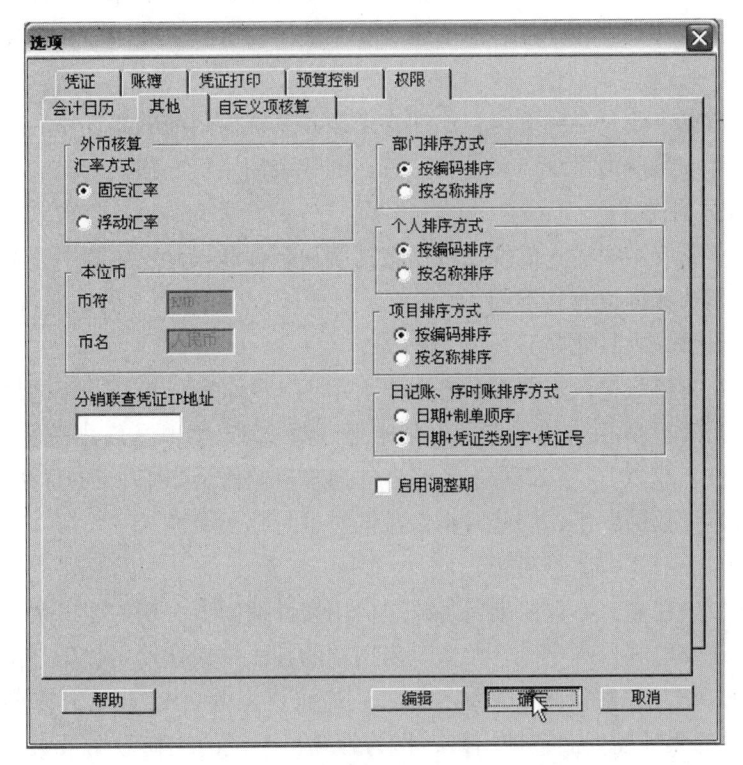

图4-9 选项设置——其他选项卡

(1) 外币核算方式。

有外币业务时，企业可以选择"固定汇率"或"浮动汇率"处理方式。

(2) 排序方式。

在查询部门账、个人账、项目账或参照部门、个人、项目目录时，是按照部门、个人、项目编码排序还是按其名称排序，可以根据需要在此设置。

(3) 启用调整期。

若希望在结账后仍旧可以填制凭证用来调整报表数据，可在总账选项中启用调整期。调整期启用后，加入关账操作，在结账之后至关账之前为调整期。在调整期内填制的凭证为调整期凭证。

8. "自定义项核算"选项卡

如果系统提供的个人、部门、项目、供应商、客户等辅助核算项不能满足使用时，可将某些自定义项设置为辅助核算。

4.2.2 总账管理子系统的期初余额录入

如果是从手工系统转为计算机会计信息系统处理业务,为了保证会计数据的连续完整性,并与手工账簿数据相衔接,总账管理子系统第一次投入使用前,需要将各种基础数据输入系统。

这些基础数据主要是各明细科目的期初余额和系统启用前的累计发生额。其上级科目的余额和累计发生额由系统自动进行汇总。红字余额用负号输入。

1. 期初数据的内容

总账管理子系统需要输入的期初数据包括期初余额和累计发生额。企业建账时间不同,所输入的期初数据也有所不同。

(1) 年初建账(1月建账)。

如果选择年初建账,只需要准备各账户上年年末的余额作为新一年的期初余额,且年初余额和月初余额是相同的。例如,某企业选择 2017 年 1 月启用总账管理子系统,则只需要整理该企业 2016 年 12 月末各账户的期末余额作为 2017 年 1 月初的期初余额,因为本年没有累计数据发生,因此月初余额同时也是年初余额。

(2) 年中建账(2~12月建账)。

如果选择年中建账,不仅要准备各账户启用会计期间上一期的期末余额作为启用期的期初余额,还要整理自本年度开始截至启用期的各账户累计发生数据。例如,某企业 2017 年 8 月开始启用总账管理子系统,那么,应将该企业 2017 年 7 月末各科目的期末余额及 1~7 月的累计发生额整理出来,作为计算机系统的期初数据录入到总账管理子系统中,系统将自动计算年初余额。

如果科目设置了某种辅助核算,那么还需要准备辅助项目的期初余额。如应收账款科目设置了客户往来辅助核算,除了要准备应收账款总账科目的期初数据外,还要详细记录这些应收账款是哪些客户的销售未收,因此要按客户整理详细的应收余额数据。

2. 期初数据的录入

期初数据的录入包括无辅助核算科目期初余额录入和有辅助核算科目期初余额录入。

(1) 无辅助核算科目期初余额录入。

无辅助核算科目的期初余额和累计发生额的录入要从最末级科目开始,上级科目的期初余额和累计发生数据由系统根据下级科目的期初余额和累计发生额自动计算。

如果某科目为数量、外币核算,应录入期初数量、外币余额,而且必须先录入本币期初余额,再录入数量、外币余额。若期初余额有外币、数量余额,则必须有本币余额。红字余额用负号输入。

(2) 有辅助核算科目期初余额录入。

在录入期初余额时,对于设置为辅助核算的科目,系统会自动为其开设辅助账页。设置了辅助核算的科目底色为浅黄色,其累计余额可以直接输入,而期初余额的录入要到相应的辅助账中进行，由辅助账的期初明细汇总而来的，即不能直接输入总账期初余额。期初余额的录入方法是：双击设置了辅助核算科目的末级科目的期初余额，进入相应的辅助账窗口，按照往来明细输入每笔业务金额，汇总后退出，合计数自动带到总账。

3. 科目期初余额对账

对账功能是对各个账簿的数据进行核对，以检查对应账簿是否相符。总账管理子系统期初对账的内容包括核对总账上下级、核对总账与辅助账、核对辅助账与明细账。若出现对账不符，则根据对账错误提示进行修改。

如果使用应收应付款子系统，那么需到应收应付款子系统中输入含客户、供应商账类科目的明细期初余额。在总账管理子系统中，只能输入这些科目的总余额，然后执行总账管理子系统与应收款子系统以及总账管理子系统与应付款子系统的余额对账功能。

4. 期初余额试算平衡

计算机账务系统试算平衡功能就是将系统中所有科目的数据依据"资产＋成本费用＝负债＋所有者权益＋收入"的原则，按照"借方余额＝贷方余额"进行平衡校验，并输出科目余额表以及是否平衡信息。

期初数据输入完毕后，为检验期初数据录入的正确与否，必须对"全部账户期初借方余额＝全部账户期初贷方余额"进行平衡校验。如果期初余额试算不平衡，可以填制、审核凭证，但不能进行记账处理。因为企业信息化时，初始设置工作量大、占用时间比较长，为了不影响日常业务的正常进行，故允许在初始化工作未完成的情况下进行凭证的填制。

提示：
- 凭证一经记账，则不能再录入、修改期初余额。
- 修改某科目的余额时，双击即可激活此单元格，输入正确数据，然后单击"刷新"按钮。

4.3　总账管理子系统日常业务处理

当初始设置完成后，就可以进行总账管理子系统的日常业务处理工作了，启用日期后的经济业务就可以在系统下进行处理了。总账管理子系统的日常业务处理主要包括凭证管理、出纳管理及账簿管理。

4.3.1　凭证管理

记账凭证按其编制来源可分为两大类：手工填制凭证和机制凭证。机制凭证包括利用总账管理子系统自动转账功能生成的凭证以及其他子系统生成的凭证。机制凭证直接由系统生成，有关内容将在相关章节中介绍。此处介绍手工填制凭证。

凭证管理的内容主要包括填制凭证、修改凭证、作废及删除凭证、凭证复核、凭证记账、冲销凭证、查询凭证以及凭证汇总等内容。

1. 填制凭证

记账凭证所产生的数据是总账管理子系统进行处理的唯一数据来源，而填制凭证则是制约总账管理子系统整体效率的瓶颈所在。在实际工作中，填制凭证的方式有两种：一是前台处理，即根据审核无误的原始凭证直接在总账管理子系统中填制记账凭证；二是后台处理，即先在手工方式下填制好记账凭证而后再集中输入总账管理子系统中。企业可以根据实际情况选择适合自己的凭证填制方式。

点击"填制凭证"功能，打开填制凭证窗口后点击增加按钮，即可进行凭证录入处理。在录入过程中，系统会自动对会计科目的合法性进行正确性检查，当凭证输入完成之后按"保存"按钮时，系统对借贷金额进行检查。如果通过检查，则将凭证保存在临时凭证文件中；否则，拒绝保存并返回操作界面，修改正确后可重新保存。

凭证填制的内容包括以下几方面，如图4-10所示。

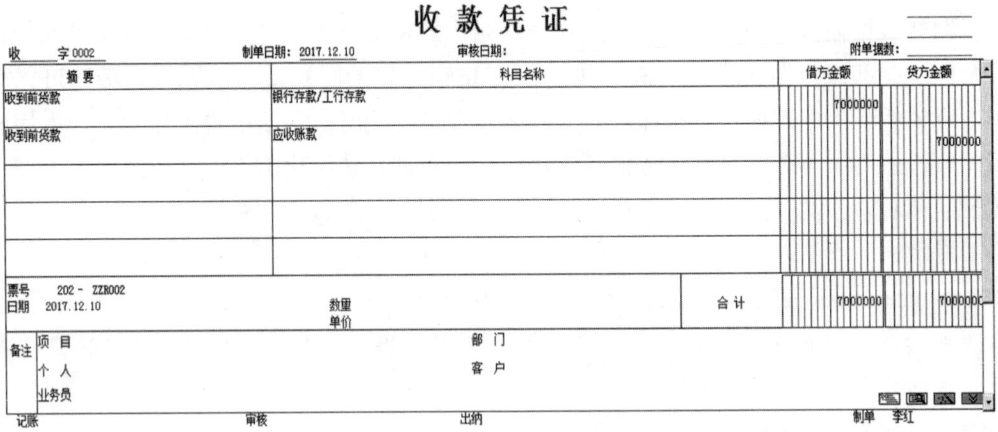

图4-10 填制凭证

（1）凭证类别。

由于初始化时已设置了凭证类别，所以填制凭证时可以直接选择所需的凭证类别。当然，没有设置凭证类别的话，就不能填制凭证。需要注意的是，如果在设置凭证类别时设置了限制类型的话，系统会自动检查会计分录与凭证类别的对应性。

若凭证类别为记账凭证，则不存在控制功能；若设为收款凭证、付款凭证和转账凭证三类或其他类别，则要参照限制条件进行控制，如收款凭证，其借方必有1001或1002类科目。

（2）凭证编号。

凭证一般是依照凭证类别按月编号，凭证可以由系统自动编号，也可以由用户手工编号。手工编号的话，在此可以输入凭证号，但应注意凭证号的连续性、唯一性。一般采用系统自动编号比较方便，填制一张新的记账凭证时，系统会自动给出一个凭证号。但应注意，如果是在网络环境下，多人同时填制凭证时，此凭证号只是一个参考凭证号，而不定就是最终的凭证号，最终的凭证号只能在保存凭证时确定。另外，当凭证科目过多时，系统会自动加上分单号，如转-0010号0002/0004。

（3）凭证日期。

填制凭证时，系统通常将系统登录的日期作为默认日期。操作员可以根据需要对日期进行修改，可手动填写，也可参照录入。同时为保证凭证日期的合理性和合法性，系统提供了日期控制功能：即制单日期不能大于系统日期、制单日期不能小于建账日期，如果选择"制单序时控制"参数设置，凭证日期应该随凭证号递增而递增。凭证日期为公历日期，用户可以根据需要修改日期，但不能修改到本月最后一次记账日期之前，输入日期不能为已结账月份的日期。这样做的目的是尽量保证会计业务的连续性和账簿的序时性。

（4）附单据数。

记账凭证打印出来后，应将相应的原始凭证黏附其后，这里的附单据数就是指将来该记账凭证所附的原始单据数，如果填的话，必须与实际张数相符。

（5）摘要。

摘要是对经济业务的概括说明，可以直接输入也可以先设置好一些常用摘要，通过摘要库进行参照选择录入，常用摘要的选入不会清除原来输入的内容。

其中，设置常用摘要是由于企业经济业务的重复性，在日常填制凭证的过程中，经常会反复用到许多相同的摘要，为了提高凭证的录入速度，可以将这些经常使用的摘要预先设置下来，这样在填制凭证时可以随时调用，从而提高我们处理业务的效率。

在录入摘要时，通常第一行分录的摘要输入后，第二行以及第三行分录的摘要就自动复制产生。系统提供了摘要控制功能：即每条分录的摘要不能为空。因为在计算机系统中，凭证录入的数据是系统数据处理的源泉，每个分录的数据都要传递到总账、明细账和日记账。

（6）会计科目。

填制凭证时，要求会计科目必须是末级科目。可以直接输入科目编码、科目名称、科目助记码，也可以通过选择输入。

输入会计科目时，如果输入的是现金流量会计科目，若在选项设置中选择了"现金流量科目必录现金流量项目"选项，则必须输入现金流量项目及金额；如果输入的会计科目是银行科目，一般系统会要求输入有关结算方式的信息，此时最好输入，以方便日后银行对账；如果输入的会计科目有外币核算，系统会自动带出在外币中已设置的相关汇率，如果不符还可以修改，输入外币金额后，系统会自动计算出本币金额；如果输入的会计科目有数量核算，应该输入数量和单价，系统会自动计算出本币金额；如果输入的会计科目有客户、供应商、个人、部门和项目等辅助核算，应该输入相关的辅助信息，以便系统生成辅助核算信息,在这里输入的辅助信息将在凭证下的"备注"中显示。

提示:

● 对于辅助核算信息的输入,系统将在相应位置开设窗口,提示输入相应内容。不同的辅助核算数据有不同的输入要求,有些辅助核算数据要求必须录入,否则系统不予接受,直至填上为止才允许保存。一般录入内容是事先设置好的,如果输入的是一个没有事先设置好的内容,系统将提示是一个非法内容,这时可通过帮助键参照录入。

同时,系统提供了会计科目控制功能,会计科目控制功能是指为了保证输入正确,系统会对输入的会计科目进行存在性检查、符合性检查和是否是最末级科目检查。

● 存在性检查是检查输入的会计科目或科目编码是否在科目数据库文件中存在,也就是输入的科目必须已经在初始设置时进行了定义,否则系统不予接受。

● 符合性检查是检查输入的会计科目与当前凭证类型是否相符,如付款凭证贷方科目是否是"银行存款"或"库存现金"科目,收款凭证中借方科目是否是"银行存款"或"库存现金"科目,如果必须相符,则接受。

● 末级科目检查是检查输入金额的科目是否是末级。在会计信息系统中,只有末级科目才能输入发生额,其他各级科目的发生额由系统自动汇总得到。

(7) 金额。

借方或贷方的金额可以是正数或负数(即红字),但不能为零。凭证金额应符合"有借必有贷,借贷必相等"原则,否则将不能保存。

提示:

● 如果方向不符,可按空格键调整金额方向。

● 最后一行分录的金额按"="键可自动算出。

填制凭证的注意事项如下:

①如果设置了常用凭证,可以在填制凭证时直接调用常用凭证,从而增加凭证录入速度。

设置常用凭证是由于企业发生的经济业务都有其规律性,有些业务在一个月内会重复发生若干次,因而在填制凭证的过程中,经常会有许多凭证完全相同或部分相同。可以将这些经常出现的凭证进行预先设置,以便将来填制凭证时随时调用,简化凭证的填制过程,这就是常用凭证。

②如果设置了填制凭证的相关明细权限,填制凭证时还应符合明细权限的设置。

例如,在选项设置中选择"制单权限控制到凭证类别"选项,首先要在"企业门户/基础信息/数据权限设置"中设置凭证类别权限,再选择此项,权限设置有效。若选择此项,则在填制凭证时,只显示此操作员有权限的凭证类别。同时在凭证类别参照中按人员的权限过滤出有权限的凭证类别。

又如,在选项设置中选择"制单权限控制到科目"选项,首先在"企业门户/基础信息/数据权限设置"中设置科目权限,选中有制单权限的科目。这样,在填制凭证时,操作员只能使用具有相应制单权限的科目制单。

再如，在选项设置中选择"操作员进行金额权限控制"选项，首先要在"企业门户/基础信息/数据权限设置"中设置金额权限，再选择此项，可以对不同级别的人员进行金额大小的控制，如财务主管可对 1 万元以上的经济业务制单，一般财务人员只能对 1 万元以下的经济业务制单。

③填制有关损益类科目的凭证时，如果发生额方向与正常余额方向相反，最好填写红字凭证，使得损益类科目发生额方向与其正常余额方向一致，以便生成利润表时可以很方便地取出其真实发生额。

例如，本期销货 1000000 元，销售退货 100000 元，如果退货时将主营业务收入金额填写在借方，则月末收入转到本年利润后，主营业务收入科目的借方、贷方发生额将都是 1000000 元，因而编制利润表时取主营业务收入贷方发生额会得到 1000000 元，而并非真实的 900000 元，结果导致利润虚增 100000 元；而如果销售退货时将主营业务收入以红字填写在贷方的话就不会发生以上错误了。

2. 修改凭证

在信息化方式下，凭证的修改分为有痕迹修改和无痕迹修改。

（1）无痕迹修改。

无痕迹修改是指系统内不保存任何修改线索和痕迹。对于尚未审核和签字的凭证，可以直接进行修改；对于已经审核或签字的凭证，应该先取消审核或签字，然后才能修改；对于已记账的凭证，应该先取消记账、再取消审核（或签字）后，才能修改。显然，无痕迹修改凭证没有保留任何审计线索。

修改凭证时，一般凭证类别及编号是不能修改的；修改凭证日期时，为了保持序时性，日期应介于前后两张凭证日期之间，同时日期月份不能修改；修改辅助核算信息时，有两种修改方法：一是先选中带有辅助核算的科目行，再将光标移动到"备注"中的辅助核算信息处，当光标指针变成铅笔状后双击修改；二是先选中带有辅助核算的科目行，然后双击右下角图标，弹出"辅助项"窗口后即可修改。

能否修改他人填制的凭证，将取决于系统选项的设置，若要修改他人填制的凭证，需在"凭证—设置—选项中"选中"允许修改、作废他人填制的凭证"选项，以新制单人注册登录系统后即可修改，保存修改后，制单人姓名也随同修改为新制单人。

提示：

● 其他子系统生成的凭证，只能在账务系统中进行查询、审核、记账，不能修改和作废，只能在生成该凭证的原子系统中进行修改和删除，以保证记账凭证和原子系统中的原始单据相一致。

（2）有痕迹修改。

有痕迹修改是指系统通过保存错误凭证和更正凭证的方式保留了修改痕迹，因而留下了审计线索。具体方法是采用红字更正法或补充更正法。前者适用于更正记账金额大于应记金额的错误或者会计科目的错误，后者适用于更正记账金额小于应记金额的错误。

3. 作废及删除凭证

（1）作废凭证。

对于尚未审核和签字的凭证，如果不需要，可以使用"作废/恢复"功能直接将其作废，作废凭证仍保留凭证内容及编号，仅显示"作废"字样。

提示：

- 作废凭证不能修改、不能审核，但应参与记账，否则月末无法结账。
- 记账时不对作废凭证进行数据处理，相当于一张空凭证。
- 账簿查询时，查不到作废凭证的数据。

与作废凭证相对应，系统也提供对作废凭证的恢复，可以使用"作废/恢复"功能取消作废标志，将已标识为作废的凭证恢复为正常凭证。

（2）整理凭证。

如果作废凭证没有保留的必要，可以通过"整理凭证"彻底将其删除，并对后面凭证进行重新编号。

4. 凭证复核

为了保证会计事项处理正确和记账凭证填制正确，需要对记账凭证进行复核。凭证复核是复核员按照财会制度对制单员填制的记账凭证进行检查核对，主要复核记账凭证是否与原始凭证相符，会计分录是否正确等，复核中发现错误或有异议的凭证，应标错后交给填制人员修改后再复核签章。如果认为凭证正确，就发出签字的指令，计算机自动将具有复核权限的操作员姓名签到凭证上。

凭证复核包括出纳签字、主管签字和审核凭证。

（1）出纳签字。

由于出纳凭证涉及企业资金的收支，所以应加强对出纳凭证的管理。出纳签字功能使得出纳可以对涉及库存现金、银行存款的凭证进行核对，以决定凭证是否有误。如果凭证正确无误，出纳便可签字，否则必须交由制单人进行修改后再重新核对。

出纳凭证是否必须由出纳签字取决于系统选项的设置，如果选择了"出纳凭证必须由出纳签字"选项，那么出纳凭证必须经过出纳签字才能够记账。

同时，为了实现出纳签字功能，以及查看现金、银行存款日记账，必须进行出纳的专管会计科目的指定。在指定"现金总账科目""银行总账科目"之前，应在建立"库存现金""银行存款"会计科目时选中"日记账"复选框。指定会计科目的操作步骤为：在"会计科目"窗口中，执行"编辑"—"指定科目"，进入"指定科目"窗口，将"库存现金"指定为现金总账科目、"银行存款"指定为银行总账科目、"库存现金""银行存款""货币资金"指定为现金流量科目。

（2）主管签字。

为了加强对会计人员制单的管理，有的企业所有凭证都需要由主管签字，为了满足这一应用需求，总账管理子系统提供了"主管签字"功能。但凭证是否需要主管签字才能记账，取决于系统选项的设置，如果选择了"凭证必须经由主管会计签字"选项，那么凭证必须经过主管会计签字才能够记账。

(3) 审核凭证。

一般情况下，审核凭证在凭证复核操作中是必须进行的。审核凭证是审核员按照相关规定，对制单员填制的记账凭证进行检查核对，如是否与原始凭证相符、会计分录是否正确等。凭证审核无误后，审核人便可签字，否则必须交由制单人进行修改后再重新审核。

凭证审核应注意的问题：

(1) 所有凭证必须审核后才能记账，主管签字和出纳签字是否是必需的流程，需要在总账管理子系统选项设置中进行设置。

(2) 审核人与制单人不能是同一人。

(3) 凭证一经审核或签字，就不能被修改、删除，只有被取消审核或签字后才可以进行修改、删除。

(4) 凭证既可以单张审核和签字，也可以成批审核和签字。

(5) 如果设置了凭证审核明细权限，则审核凭证还会受到明细权限的制约。如只允许某操作员审核其本部门指定操作员填制的凭证，则在选项设置中选择"凭证审核控制到操作员"选项，需要在"企业门户/基础信息/数据权限设置"中继续进行详细设置。

5. 凭证记账

在手工方式下，记账也称为登账，是将所审核无误后的凭证登记到相关账簿中的过程。

在会计信息系统中，记账就是将凭证文件存储的会计数据传递到不同的数据库文件中。未审核或已审核的凭证首先存放在一个临时凭证库中，记账后，系统自动将这个临时库中的凭证数据（已审核）转移到另外一个历史凭证库中，该数据库中的数据是不能进行修改和删除的。同时，为了方便地输出各种账簿、报表、辅助账等，在记账时还会自动运算形成其他一些稳定的数据库，如科目余额、发生额等文件。

计算机系统中，记账是由计算机自动进行的，一般采用向导方式，使记账过程更加明确。记账一般都遵循如下过程：

(1) 选择记账凭证。

开始记账时，系统首先要求用户选择要记账的凭证范围。凭证范围由月份、凭证类别、凭证编号决定，系统一般给出凭证编号的最大范围作为默认值。一般月份不能为空，类别如果为空，系统自动将各类已审核的记账凭证全部进行记账。

(2) 系统自动检验记账凭证。

虽然记账凭证在输入和审核时已经经过多次检验，但为了确保会计数据的正确，系统在登记机内账簿时仍将对记账凭证进行一次平衡校验和会计科目等有关内容的检验。如果发现不平衡凭证或错误凭证，系统会将不平衡凭证或错误凭证的类别和凭证号显示给用户同时停止记账。

(3) 数据保护。

记账工作涉及系统内多个数据库，记账过程一旦发生意外，会使记账涉及的数据库受到影响，为此系统设计了数据保护功能。记账前系统首先将有关数据库在硬盘上进行备份，一旦记账过程出现断电或其他原因等意外，系统将停止记账并自动利用备份文件恢复系统数据。

（4）正式记账 做完以上工作，系统自动将选定的记账凭证登记到机内账簿中（包括总账、明细账和各种辅助账簿等），并进行汇总工作，计算出各个科目最新的本月发生额、累计发生额和最新的当前余额，将其保存在系统中，完成记账工作并将已记账的凭证张数显示给用户。

记账工作可以在编制一张凭证后进行，也可以编制一天的凭证后记一次账，还可以多天记一次账。

提示：

- 在第一次记账时，若期初余额试算不平衡，系统将不允许记账。
- 未审核凭证，不允许记账。
- 上月未结账，则本月不允许记账。
- 制单人与记账人不能为同一人。
- 有错误凭证时，系统停止记账。
- 记账后不能整理段号。
- 已记账凭证不能在"填制凭证"功能中查询。
- 已经记过账，则不能再输入、修改期初余额，也不能结转上年余额。

如果记账后发现输入的记账凭证有错误需要进行修改，系统提供了取消记账功能，可人工调用"恢复记账状态"功能。执行"期末"—"对账"，按 Ctrl + H 键，系统弹出"恢复记账前状态功能已被激活"信息提示对话框，同时在"凭证"菜单下显示"恢复记账前状态"功能菜单项。执行"凭证"—"恢复记账前状态"命令，即可取消记账。但已结账月份的数据不能取消记账。

系统提供了三种恢复记账前状态方式：将系统恢复到最近一次记账前状态、将系统恢复到月初状态和人工选择凭证范围恢复记账。只有主管才能选择将数据"恢复到月初状态"。恢复记账前状态的三种恢复方式如图 4 – 11 所示。

6. 冲销凭证

冲销凭证是针对已记账凭证生成的一张红字冲销凭证。红字冲销凭证可以采用手工方式，也可以由系统自动进行。如果采用自动冲销，只要告知系统要被冲销凭证的月份、凭证类别和凭证号，系统便会自动生成一张与该凭证相同、只是金额为红字（负数）的凭证。

提示：

- 冲销凭证相当于填制了一张凭证，仍然需要审核、签字和记账。

红字冲销法的操作步骤是：确定凭证号后，点击"填制凭证"命令，再单击"冲销凭证"命令，输入要冲销凭证的月份、凭证类别和凭证号，会自动生成一张红字凭证。

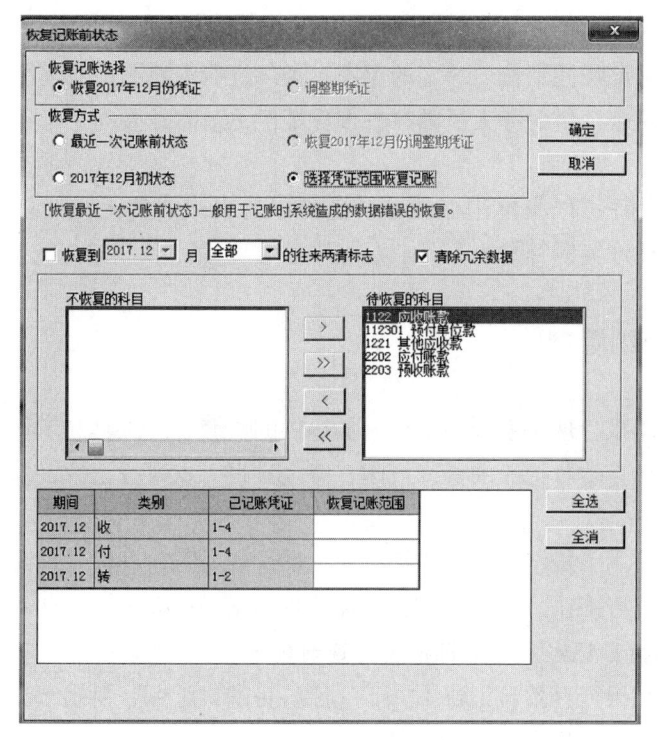

图4-11 恢复记账前状态

7. 查询凭证

总账管理子系统提供了强大的凭证查询功能。具体体现在以下几方面。

(1) 丰富灵活的查询条件。

既可设置凭证类别、制单日期等一般查询条件，也可设置摘要、科目等辅助查询条件各查询条件还可组合设置；既可以查询已记账凭证，也可以查询未记账凭证；既可以查询按制单人查询，也可以按审核人或出纳员查询。通过设置查询条件，可以按科目、摘要、作废凭证，也可以查询标错凭证；既可以按凭证号范围查询，也可以按日期查询；还可以金额、外币、数量、结算方式或各种辅助项查询，快捷方便。

(2) 联查明细账、辅助明细及原始单据。

当光标位于凭证某分录科目时，可以联查该科目的明细账。如该科目有辅助核算，可以联查该科目的辅助明细账。若当前凭证是由外部系统制单生成的，则可以联查生成这张凭证的原始单据。

查询凭证应注意的事项：

• 可查询他人凭证：如允许操作员查询他人填制的凭证，则选中该选项。

• 明细账查询权限控制到科目：当希望对查询和打印权限做进一步细化时，可选择此项，然后再到系统菜单"设置"下的"明细权限"中去设置明细账科目查询权限。

• 制单、辅助账查询控制到辅助核算：设置此项权限，制单时才能使用有辅助核算属性的科目输入分录，辅助账查询时只能查询有权限的辅助项内容。

8. 凭证汇总

凭证汇总是将记账凭证按照一定的范围、条件进行汇总，汇总其科目的借贷方发生额，生成凭证汇总表，供财务人员随时查询凭证汇总信息、及时了解企业的经营状况及其他财务信息。

进行汇总的凭证可以是已记账凭证，也可以是未记账凭证，汇总条件包括凭证日期、凭证类型、凭证范围等。

4.3.2 出纳管理

出纳管理是总账管理子系统为出纳人员提供的一套管理工具和工作平台，包括出纳签字、现金和银行存款日记账的查询打印、资金日报、支票登记簿以及银行对账。

1. 出纳签字

如果凭证上使用了指定为现金或银行存款属性的科目，即涉及现金收付业务，需要出纳对该类业务进行确认。出纳签字在凭证管理中已做过介绍，在此不再赘述。

2. 现金、银行日记账及资金日报表的查询打印

现金日记账和银行存款日记账不同于一般科目的日记账，是属于出纳管理的，因此将其查询与打印功能放置于出纳管理平台上。现金、银行日记账一般可按月或按日查询，查询时也可以包含未记账凭证在内。

资金日报表是反映现金、银行存款日发生额及余额情况的报表，在企业财务管理中占据重要位置。在手工方式下，资金日报表由出纳员逐日填写，反映当天营业终了时现金、银行存款的收支情况及余额。在计算机环境下，资金日报表主要用于查询、输出资金日报表，提供当日累计借/贷方金额和余额以及发生的业务量等信息。资金日报可由总账管理子系统根据记账凭证自动生成，既可以根据已记账凭证生成，也可以根据未记账凭证生成。

3. 支票登记簿

加强支票的管理对于企业来说非常重要，在手工处理方式下，出纳人员通常设有支票领用登记簿来登记支票领用和报销情况。在计算机会计信息系统中，"出纳管理"专门提供了"支票登记簿"功能，以供出纳员详细登记支票领用及报销情况，如领用日期、领用部门、领用人、支票号、用途、预计金额、报销日期、实际金额、备注等。

一般而言，使用支票登记簿时，应注意以下问题：

（1）要使用支票登记簿，必须在各银行存款会计科目中设置"银行账"辅助核算。

（2）必须为支票结算方式设置票据管理属性，即在结算方式设置中选中"是否票据管理"复选框。

（3）在总账管理子系统选项设置中选择"支票控制"复选框。

（4）领用支票时，出纳人员必须据实填写领用日期、领用部门、领用人、支票号、用途、预计金额、备注等信息（领用日期和支票号必填）。

当发生支票领用业务，有两种方式登记支票信息：一是在会计填制凭证时输入银行存款科目，系统将弹出"此支票尚未登记，是否登记？"提示框，如果点击"是"，即可将支票信息录入；二是出纳人员使用支票登记簿功能登记。

（5）支票支出后，经办人持原始单据（发票）报销，会计人员据此填制记账凭证，在录入银行存款科目时，系统要求录入该支票的结算方式和支票号，填制凭证完成后，系统提示"该支票尚未登记，是否登记？"，点击"是"，系统自动在支票登记簿中将该支票填上报销日期，表示该支票已报销，否则，出纳员需要自己填写报销日期（报销日期不能在领用日期之前）。

（6）已报销的支票不能进行修改，可以取消报销标志后修改。已报销支票可成批删除。

4. 银行对账

由于结算凭证在企业与银行之间的传递需要一定的时间，因而会产生未达账项。在同一月份内，企业银行存款的余额与银行对账单的余额往往是不相符的，因此，企业为了了解未达账项情况，通常都会定期与银行进行对账。在计算机总账管理子系统中，要求银行对账的科目是在科目设置时定义为"银行账"的科目，在进行银行对账之前必须将所有的凭证登记入账。

在信息化方式下，银行对账操作流程图如图 4-12 所示。

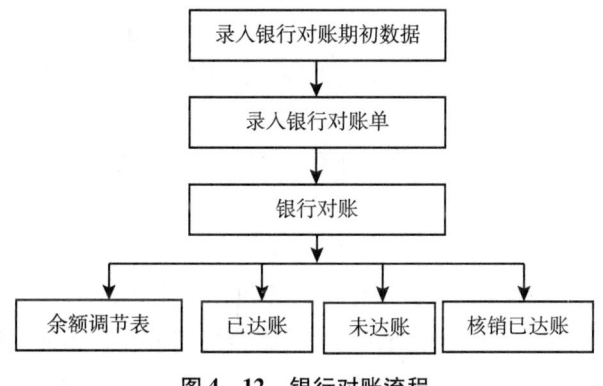

图 4-12 银行对账流程

（1）录入银行对账期初数据。

在第一次利用总账管理子系统进行银行对账前，应该录入银行启用日期时的银行对账期初数据。银行对账的启用日期是指使用银行对账功能前最后一次手工对账的截止日期，银行对账不一定和总账管理子系统同时启用，银行对账的启用日期可以晚于总账管理子系统的启用日期。银行对账期初数据包括银行对账启用日的企业方银行日记账与银行方银行对账单的调整前余额，以及启用日期之前的单位日记账和银行对账单的未达账项。录入期初数据后，应保证银行日记账的调整后余额等于银行对账单的调整后余额，否则会影响以后的银行对账。

一般情况下，只需要在开始使用银行存款对账功能之前执行"银行对账期初录入"功能一次，以后也可以再次进行初始化。

（2）录入银行对账单。

在开始对账前，必须将银行开出的银行对账单录入系统中，以便将其与企业银行日记账进行核对。系统提供两种录入银行对账单数据的方式，一种是直接通过录入窗口由用户根据银行送来的纸质对账单录入，另一种是利用外部的对账单数据文件直接导入本系统。

在录入银行对账单时所输入的结算方式同制单时所使用的结算方式可以相同也可以不相同，但输入的票号应同制单时输入的票号位长相同。

（3）银行对账。

企业必须定期将银行存款日记账与银行出具的对账单进行核对，并编制银行存款余额调节表。系统提供两种对账方式：自动对账和手工对账。一般情况，银行对账采用自动对账和手工对账相结合的方式，先进行自动对账，然后在此基础上再进行手工对账。

自动对账，即由计算机进行银行对账，是指计算机根据系统根据设定的对账依据，将银行日记账与银行对账单进行自动核对、勾销。对账依据可由用户自己设置，但"方向+金额"是必要条件，通常可设置为"结算方式+结算号+方向+金额"或"方向+金额"。对于已核对无误的银行业务，系统将自动在银行存款日记账和银行对账单双方打上两清标志，并视为已达账项，否则，视为未达账项。

手工对账是自动对账的补充。采用自动对账后，可能还有一些特殊的已达账项没有对上而被视为未达账项，为了保证对账的彻底性和正确性，在自动对账的基础上还要进行手工补对。例如，自动对账只能针对"一对一"的情况进行对账，而对于"一对多""多对一"或"多对多"的情况，只能由手工对账来实现。

（4）查询打印余额调节表。

在进行对账后，系统会自动整理汇总未达账和已达账，根据对账结果自动生成"银行存款余额调节表"，以供用户查询、打印或输出。该余额调节表为截止到对账截止日期的余额调节表，若无对账截止日期，则为最新余额调节表。如果余额调节表显示账面余额不平，应查"银行期初录入"中的相关项目是否平衡，"银行对账单"录入是否正确，"银行对账"中勾对是否正确、对账是否平衡，如不正确进行调整。

（5）核销银行账。

除了生成余额调节表，还可查询单位日记账和银行对账单的对账结果。可进一步了解对账后，对账单上勾对的明细情况（包括已达账和未达账项），从而进一步查询对账结果。检查无误后，可通过核销银行账来核销已达账。

核销银行账功能，用于将核对正确并确认无误的已达账删除。对于一般用户来说，在银行对账正确后，已达账项数据已无保留价值，为了避免文件过大，占用磁盘空间，如果想将已达账删除并只保留未达账时，可使用核销银行账功能，核销后系统只显示未达账项。

如果银行对账不平衡时，请不要使用本功能，否则将造成以后对账错误；对于企业银行日记账已达账项的删除不会影响企业银行日记账的查询和打印；按"Alt＋U"组合键可以进行反核销。

（6）长期未达账项审计。

有的软件还提供长期未达账项审计的功能。通过设置截止日期以及至截止日期未达天数，系统可以自动将至截止日期未达账项未达天数超过指定天数的所有未达账项显示出来，以便企业了解长期未达账项情况，从而采取措施对其追踪、加强监督、避免不必要的损失。

4.3.3 账簿管理

企业发生的经济业务，经过制单、复核、记账后，就会产生各种账簿，账簿管理模块可提供查询和打印各种账簿的功能。查询账簿是会计日常工作中另一个重要内容。

计算机系统的账簿查询具有以下鲜明特点：首先，在查询各种账簿时，可以包括未记账凭证；其次，与手工环境不同，在信息化方式下，各种账簿都可以针对各级科目进行查询；再者，可以进行账表联查，例如，查询总账时可以联查明细账，而查明细账时可以联查凭证等等。

以下分为基本会计账簿管理和辅助账簿管理分别进行介绍。

1. 基本会计账簿管理

基本会计账簿就是手工处理方式下的总账、余额表、明细账、序时账、日记账、多栏账等账簿的查询及打印。

（1）总账。

查询总账时，可单独显示某科目的年初余额、各月发生额合计、全年累计发生额和月末余额。在查询过程中，可灵活运用查询界面提供的工具进行明细、凭证、总账联查，快速切换各窗口。

（2）余额表。

余额表用于查询统计各级科目的本期发生额、累计发生额和余额等。传统的总账，是以总账科目分页设账，而余额表则可输出某月或某几个月的所有总账科目或明细科目的期初余额、本期发生额、累计发生额、期末余额，在实行计算机记账后，建议用户用余额表代替总账。

（3）明细账。

明细账查询用于平时查询各账户的明细发生情况，及按任意条件组合查询明细账，包括日期、凭证号、摘要、借方发生额、贷方发生额及余额。在查询过程中可以包含未记账凭证。

（4）序时账。

序时账根据记账凭证以流水账的形式反映各账户的信息，一般包括日期、凭证号、科目、摘要、方向、数量、外币及金额等信息。

(5) 日记账。

在信息化方式下,任何账户都可以查询日记账,只要将会计设置为日记账即可,而且可以随时设置,现金、银行存款日记账一般是在出纳功能中单独查询的。日记账一般包括日期、凭证号、摘要、对方科目、借方发生额、贷方发生额及余额。

(6) 多栏账。

在查询多栏账之前,必须先定义多栏账的格式。多栏账格式的设置有两种方式:自动编制栏目和手工编制栏目。

2. 辅助核算账簿管理

辅助账在手工处理方式下一般作为备查账存在。而在会计信息系统环境下,对于设置了辅助核算的会计科目可查询其相应的辅助账。辅助核算账簿管理包括个人往来账、部门辅助账、项目辅助账、客户往来辅助账和供应商往来辅助账等账簿的余额、明细账的查询及打印。

(1) 个人往来账。

个人往来账主要进行个人借款、还款管理工作,及时地控制个人借款,完成清欠工作。个人往来账可以提供个人往来明细账、催款单、余额表、账龄分析报告及自动清理核销已清账等功能。

(2) 部门辅助账。

部门辅助账主要是为了考核部门收支的发生情况,及时地反映控制部门费用的支出,对各部门的收支情况加以比较分析,便于部门考核。部门辅助账可以提供各级部门的总账、明细账,以及对各部门收入与费用进行部门收支分析等功能。

(3) 项目辅助账。

项目辅助账用于收入、成本、在建工程等业务的核算,以项目为中心为使用者提供各项目的成本、费用、收入、往来等汇总与明细信息,以及项目计划执行报告等。项目辅助账可以提供项目总账、明细账、成本、统计分析等功能。

(4) 客户往来辅助账和供应商往来辅助账。

客户往来辅助账和供应商往来辅助账主要进行客户和供应商往来款项的发生、清欠管理工作,及时掌握往来款项的最新情况。可以提供往来款的余额表、明细账、催款单、对账单、往来两清账、账龄分析报告等功能。

如果用户启用了应收款管理子系统和应付款管理子系统,则可以分别在这两个子系统中对客户往来款和供应商往来款进行更为详细的核算与管理。

4.4 总账管理子系统期末处理

期末处理即月末或年末会计业务处理,是指会计人员在每个会计期末完成的一些特定的会计处理工作。期末处理每月只能做一次，并且每个会计期末必须做一次。手工会计工作中，由于期末会计业务种类复杂、工作量大，会计人员的工作非常繁忙。但是，实现会计信息化后的期末会计业务处理，不仅可以减轻会计人员的工作量，而且可以加强会计核算的准确性和规范性。

总账管理子系统的期末处理主要包括自动转账、对账和结账。其中，自动转账是期末处理的关键。

4.4.1 自动转账

自动转账是指在总账管理子系统内部通过设置凭证模板而自动生成相应的记账凭证。

每个会计期间有许多期末业务多数是重复性的、程序化的，并且处理方法相对不变，具有较强的规律性，容易形成有规律的处理方法，例如费用的分配、费用的分摊、费用的计提、税金的计算、成本费用的结转、期间损益的结转等，这些业务的凭证分录是固定的，金额来源和计算方法也是固定的。因此，实现会计信息化后，可以利用转账定义功能将这些相对固定的经济业务的凭证模板（包括凭证框架和取数公式）定义下来，以后每个会计期末可由计算机根据定义好的凭证模板，利用转账生成功能，自动从定义的账户结转关系取数，生成相关记账凭证。转账定义和转账生成即为自动转账的内容。

在完成期末自动转账成的基础上，才能进行各项对账、结账业务操作。

1. 转账的分类

转账分为内部转账和外部转账。

外部转账是指将其他专项核算子系统自动生成的凭证转入总账管理子系统，如薪资管理子系统中有关工资费用分配的凭证、固定资产管理子系统中有关固定资产增减变动及计提折旧的凭证、应收款子系统中有关应收账款发生收回及坏账准备的凭证、应付款子系统中有关应付账款发生及偿还的凭证、存货核算子系统中有关存货出入库成本的凭证等。

内部转账就是本章所讲的自动转账，是指在总账管理子系统内部通过设置凭证模板而自动生成相应的记账凭证。

2. 自动转账的步骤

（1）转账定义。

转账定义即定义凭证模板。要想利用自动转账功能自动生成记账凭证，首先应该定义凭证模板。定义凭证模板时，应设置凭证类别、摘要、借贷会计科目及其金额。其中的关键是金额公式的设置。因为各月金额不可能总是相同的，所以不能直接输入金额数，而必须利用总账管理子系统提供的账务函数来提取账户数据，如期初余额函数、期末余额函数、发生额函数、累计发生额函数、净发生额函数等。

凭证模板只需定义一次即可，各月不必重复定义。

(2) 转账生成。

转账生成即生成记账凭证。凭证模板定义好以后，当每个月发生相关经济业务时，可不必再通过手工录入凭证，而可以直接调用已定义好的凭证模板来自动生成相关的记账凭证。

利用凭证模板生成记账凭证需要各月重复进行。结转月份为当前会计月，且每月只结转一次。在生成结转凭证时，要注意操作日期，一般在月末进行。

3. 使用自动转账功能应注意的问题

（1）生成自动转账凭证前，先将相关凭证记账。

由于转账是提取已有凭证的数据，所以利用自动转账生成凭证时，一定要将此前的所有为记账凭证全部记账，只有在凭证记账后，账务函数才能取出相关数据，这样才能保证取出数据并且是完整的。

例如，定义了一张根据本期利润计提所得税的凭证，那么要生成该张凭证，必须保证有关利润的凭证已经全部记账，否则，要么不能取出相应数据而导致金额为零不能生成凭证，要么取出的数据不完整而导致所得税计提错误。

（2）注意生成自动转账凭证的顺序。

期末的摊、提、结转业务具有严格的处理顺序，如果定义了多张凭证模板，并且这些凭证之间又具有一定的数据联系，那么一定要注意这些凭证的生成顺序。必须按顺序依次进行转账生成、审核、记账。结转顺序如果发生错误，即使所有的转账凭证模板设置都正确，转账凭证中的数据可能也是错误的。所以在定义转账模板时必须按以上顺序进行，生成时也自然以定义好的顺序生成，这样就可以避免错误的发生。

例如，定义了结转销售成本、计算汇兑损益、结转期间损益、计提所得税、结转所得税等5张自动转账凭证，因为销售成本、汇兑损益是期间损益的一部分，所以一定要先生成结转销售成本、计算汇兑损益的凭证并复核记账后，才能生成结转期间损益的凭证；因为要依据本期利润计提所得税，所以一定要先生成结转期间损益的凭证并复核记账后，才能生成计提所得税的凭证；因为有了所得税费用才能结转所得税至本年利润，所以一定要先生成计提所得税的凭证并复核记账后才能生成结转所得税的凭证。故此，这5张凭证的顺序是结转销售成本、计算汇兑损益、结转期间损益、计提所得税、结转所得税，并且前一张凭证必须复核记账后才能继续生成后一张凭证。

（3）生成的自动转账凭证仍需复核、记账。

利用自动转账生成的凭证属于机制凭证，也需要复核、记账。若审核出错误的凭证，不能直接修改，只能通过修改模板中的内容重新生成凭证来完成。

4. 自动转账的类型

总账管理子系统将自动转账功能进行了细化，主要包括自定义转账、对应结转、销售成本结转、汇兑损益结转、期间损益结转。

（1）自定义转账。

自定义转账指由用户自己利用自定义转账功能来定义凭证模板。此时，必须由用户自己来定义凭证模板的所有内容,包括科目、借贷方向和金额公式的定义。

自定义转账功能可以完成的转账业务主要有:"费用分配"的结转,如工资费用的分配;"费用分摊"的结转,如制造费用等;"税金计算"的结转,如增值税、所得税等;"提取各项费用"的结转,如工会经费、职工教育经费等;各种辅助核算的结转,如"部门核算"的结转、"项目核算"的结转、"个人核算"的结转、"客户核算"的结转、"供应商核算"的结转等。如果客户和供应商使用应收款、应付款子系统管理,那么,在总账管理子系统中,不能按客户、供应商辅助项进行结转,只能按科目总数进行结转。

(2)对应结转。

对应结转是指将某科目的余额按一定比例转入其他一个或多个科目中去。对应结转的科目可为上级科目,但其下级科目的科目结构必须一致(相同明细科目),如有辅助核算,则两个科目的辅助账类也必须一一对应。对应结转可用于费用结转、费用分摊、应交税费结转、年度利润结转等转账业务。例如,将"所得税费用"账户余额转入"本年利润"账户。

使用该功能时,只要告知转出科目、转入科目及结转系数即可,系统就会自动生成如下凭证模板。

①转出科目为借方余额时:
借:转入科目　　　　　　　　　　　　转出科目余额×结转系数
　贷:转出科目　　　　　　　　　　　　转出科目余额×结转比例
②转出科目为贷方余额时:
借:转出科目　　　　　　　　　　　　转出科目余额×结转比例
　贷:转入科目　　　　　　　　　　　　转出科目余额×结转比例

提示:

- 对应结转功能只结转期末余额,如想结转发生额,请到自定义结转中设置。
- 转账编号不是凭证号,转账凭证的凭证号在每月转账生成记账凭证时自动产生。

(3)销售成本结转。

如果企业同时启用了供应链管理系统,销售成本的计算和结转可以在存货核算子系统中完成,而且支持计划价法(售价法)、先进先出法、全月加权平均法、移动加权平均法和个别计价法。而本章销售成本结转主要用来辅助没有启用供应链管理系统的企业完成销售成本的计算和结转。一般只支持全月加权平均法和计划价法(售价法)。

销售成本结转设置是将月末库存商品销售数量乘以库存商品的平均单价计算各类库存商品的销售成本,并进行结转。在设置销售成本结转时,用户只要告知系统库存商品科目(必须有数量核算)、主营业务收入科目(必须有数量核算)和主营业务成本科目(必须有数量核算),而且这三个科目的下级科目结构必须相同。例如,采用全月加权平均法结转销售成本时,系统便会自动定义好该凭证模板。系统就会自动生成如下凭证模板。

借：主营业务成本　　　　　　　　　　（库存商品余额÷库存商品数量）×销量
　　贷：库存商品　　　　　　　　　　（库存商品余额÷库存商品数量）×销量

可见，如果带有辅助核算的话，主营业务收入、主营业务成本和库存商品的辅助核算必须一致。

（4）汇总损益结转。

汇兑损益用于期末自动计算外币账户的汇总损益，并在转账生成中自动生成汇总损益转账凭证，汇兑损益只处理外汇存款账户，外币现金账户，外币结算的各项债权、债务，不包括所有者权益类账户、成本类账户和损益类账户。汇兑损益入账科目不能是辅助账科目或有数量外币。

为了保证汇兑损益计算正确，填制某月的汇兑损益凭证时必须先将本月的所有未记账凭证先记账。

使用该功能时，只要告知系统汇兑损益入账科目，系统就会自动定义好该凭证模板。系统就会自动生成如下凭证模板。

① 汇率上升时：
借：外币资产科目　　　外币资产外币余额×月末汇率－外币资产本币余额
　　贷：汇兑损益科目　　外币资产外币余额×月末汇率－外币资产本币余额
借：汇兑损益科目　　　外币负债外币余额×月末汇率－外币资产本币余额
　　贷：外币负债科目　　外币负债外币余额×月末汇率－外币资产本币余额

② 汇率下降时：
借：汇兑损益科目　　　外币资产本币余额－外币资产外币余额×月末汇率
　　贷：外币资产科目　　外币资产本币余额－外币资产外币余额×月末汇率
借：外币负债科目　　　外币负债本币余额－外币负债外币余额×月末汇率
　　贷：汇兑损益科目　　外币负债本币余额－外币负债外币余额×月末汇率

提示：

● 如果损益类科目和本年利润科目都带有辅助核算的话，则辅助核算必须一致，否则无法结转。当然，可以只有一方带有辅助核算而对方无辅助核算。

（5）期间损益结转。

期间损益结转用于在一个会计期间终止时，将损益类科目的余额结转到本年利润科目中，从而及时反映企业利润的盈亏情况。期间损益结转主要是对于主营业务收入、主营业务成本、管理费用、销售费用、财务费用、营业外收支等损益类科目的结转。

使用该功能时，只要告知各损益类科目对应的本年利润科目，系统即可自动定义好如下凭证模板。

借：收入类科目　　　　　　　　　　　　收入类科目余额
　　本年利润　　　　　　　　　　　　（收入－费用）<0 的差额
　　贷：费用类科目　　　　　　　　　　费用类科目余额
　　　　本年利润　　　　　　　　　　（收入－费用）>0 的差额

4.4.2 对账

总账管理子系统期末对账功能提供了对账与试算平衡的功能。

对账功能是对各个账簿的数据进行核对,以检查对应账簿是否相符。总账管理子系统的期末对账的内容包括总账与明细账、总账与辅助账、辅助账与明细账的核对,以确定是否账账相符。

提示:

● 总账管理子系统期初对账和期末对账的区别:总账管理子系统期初对账是在期初余额录入功能中,主要内容包括核对总账上下级、核对总账与辅助账、核对辅助账与明细账;总账管理子系统期末对账是在期末处理功能中,主要内容包括总账与明细账、总账与辅助账、辅助账与明细账的核对。

前面总账管理子系统期初试算平衡中介绍过,计算机账务系统试算平衡功能就是将系统中所有科目的数据依据"资产+成本费用=负债+所有者权益+收入"的原则,按照"借方余额=贷方余额"进行平衡校验,并输出科目余额表以及是否平衡信息。那么,总账管理子系统期末试算平衡是对"全部账户期末借方余额=全部账户期末贷方余额"进行平衡校验。

提示:

● 总账管理子系统期初试算平衡是对"全部账户期初借方余额=全部账户期初贷方余额"进行平衡校验;总账管理子系统期末试算平衡是对"全部账户期末借方余额=全部账户期末贷方余额"进行平衡校验。

在手工条件下,会计数据要从记账凭证及汇总凭证转抄到总账、明细账、日记账等账簿中,在转抄中很难避免抄错从而造成账证不符、账账不符、账实不符以及试算不平衡,所以必须进行对账(账证核对、账账核对、账实核对)和试算平衡,才能保证账证相符、账账相符、账实相符,因此对账是手工条件下不可缺少的工作环节。但是在计算机财务系统环境下,所有账簿数据都来自同一数据源——记账凭证,记账工作也是由计算机对已经复核的记账凭证进行自动处理而完成的。一般来说,只要记账凭证录入正确,计算机自动记账后各种账簿都应是账账相符,全部账户期末余额也是平衡的,计算机账务系统不存在手工意义上的"对账"和"试算不平衡"问题,但是由于非法操作(如录入期初余额辅助账或填制凭证时操作错误)或计算机病毒或其他原因有时可能会造成某些数据被破坏,因而引起账账不符和试算不平衡,为了保证账证相符、账账相符以及全部账户期末余额平衡,同时也兼顾手工工作习惯和要求,用户应经常使用本功能进行对账,至少一个月一次,一般可在月末结账前进行。结账时,一般系统会自动进行对账和试算平衡。

4.4.3 结账

在本期所有的会计业务全部处理完毕后,就可以进行期末结账处理了。使用账务处理系统的结账功能可在会计期末,对指定月份进行操作,结账后本期账簿中各科目的发生额和期末余额转入下月月初,本月结账后不允许再进行填制凭证、修改凭证、作废凭证和记账等操作。结账处理一般采用向导方式,使结账过程更加明确,结账工作由计算机自动进行数据处理,不用人工干预。每月只能结账一次,结账前要进行数据备份。

本月结账时,系统会进行下列检查工作:

(1)检查本月凭证是否已全部记账,有未记账凭证时不能结账。

(2)检查上月是否已结账,上月未结账,则本月不能结账。实际上,上月未结账的话,本月也不能记账,只能填制、复核凭证。

(3)核对总账与明细账、总账与辅助账是否一致,账账不符不能结账。

(4)对科目余额进行试算平衡,试算结果不平衡将不能结账。

(5)损益类账户是否已结转至本年利润。

(6)若与其他子系统集成使用时,总账管理子系统必须在其他各子系统结账后才能最后结账。

若以上各项内容有不满足的,则本月不能结账。

如果结账以后发现结账错误,可以进行"反结账"。在用友软件中,在结账菜单中,选择要取消结账的月份,按取消结账的功能组合键(Ctrl + Shift + F6)即可取消结账标志,然后进行修正,再进行结账工作。

提示:

● "结账"功能只能由有结账权限的人进行。

● "反结账"操作只能由账套主管执行。

● 月末必须结账,而且只能结账一次。

从严格意义上讲,应该对各子系统的结账顺序进行控制,一般规则是"谁接收数据谁后结账"。各子系统的结账顺序如图4-13所示。其中,箭头代表两子系统之间的结账顺序,箭头所指向的子系统后结账,例如采购子系统必须先结账,而后应付款子系统才能结账;两子系统间没有箭头则代表这两个子系统之间的结账没有顺序要求,例如应付款子系统与薪资管理子系统之间就没有结账先后顺序要求。

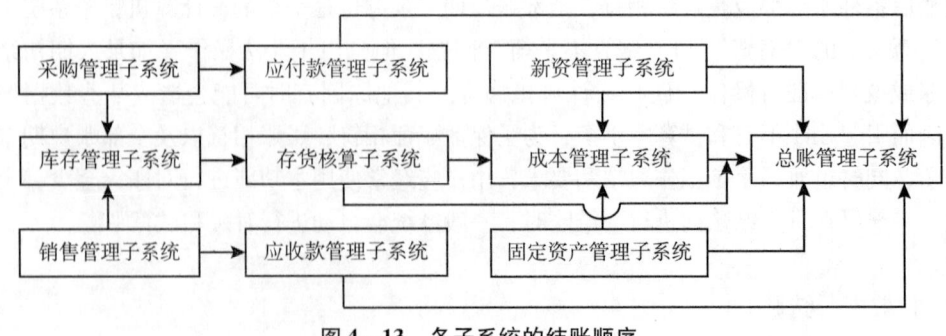

图4-13 各子系统的结账顺序

实验三　总账管理子系统初始设置

【实验目的】
(1) 掌握用友 ERP – U8 管理软件中总账管理子系统初始设置的相关内容和操作方法。
(2) 理解总账管理子系统初始设置的意义。

【实验内容】
(1) 总账管理子系统参数设置。
(2) 期初余额录入。

【实验准备】
(1) 将计算机系统时间调整为 2019 年 12 月 31 日。
(2) 引入"实验二"账套数据。

【实验资料】
1. 总账控制参数
总账控制参数见表 4 – 1。

表 4 – 1　　　　　　　　　　　总账控制参数

选项卡	参数设置
凭证	选择"支票控制""可以使用应收受控科目""可以使用应付受控科目",其他采用系统默认设置
权限	出纳凭证必须经由出纳签字,其他采用系统默认设置
会计日历	数量小数位和单价小数位设为 2 位,其他采用系统默认设置
其他	部门、个人、项目按编码排序,其他采用系统默认设置

2. 期初余额
(1) 2019 年 12 月会计科目及期初余额表见表 4 – 2。

表 4 – 2　　　　　　　　　　会计科目及期初余额表

资产	方向	期初余额	权益	方向	期初余额
库存现金(1001)	借	3400	短期借款(2001)	贷	200000
银行存款(1002)	借	200000	应付账款(2202)	贷	183700
建行存款(100201)	借	200000	应付职工薪酬(2211)	贷	8200

续表

资产	方向	期初余额	权益	方向	期初余额
应收账款（1122）	借	120000	福利费（221102）	贷	8200
预付账款（1123）	借	600	应交税费（2221）	贷	-16800
报刊费（112302）	借	600	应交增值税（222101）	贷	-16800
其他应收款（1221）	借	5000	进项税额（22210101）	贷	-33800
坏账准备（1231）	贷	800	销项税额（22210102）	贷	17000
材料采购（1401）	借	120000	其他应付款（2241）	贷	2100
生产用材料采购（140101）	借	100000	长期应付款（2701）	贷	200000
其他材料采购（140102）	借	20000	负债合计		577200
原材料（1403）	借	150000			
生产用原材料（140301）	借	150000	实收资本（4001）	贷	1239000
材料成本差异（1404）	借	5000	盈余公积（4101）	贷	17400
库存商品（1405）	借	100000	法定盈余公积（410101）	贷	17400
周转材料（1411）	借	1000	利润分配（4104）	贷	120000
生产成本（5001）	借	7900	未分配利润（410401）	贷	120000
直接材料（500101）	借	3000	所有者权益合计		1376400
直接人工（500102）	借	400			
制造费用（500103）	借	4500			
流动资产合计		712100			
固定资产（1601）	借	1300000			
累计折旧（1602）	贷	117000			
无形资产（1701）	借	58600			
非流动资产合计		1241500			
资产合计		1953600	权益合计		1953600

（2）辅助账期初余额表（见表4-3）。

表4-3　　　　　　　　　　　　辅助账期初余额表

会计科目：1122　应收账款　　　　　　　　　余额：借　120000元

日期	凭证号	客户	摘要	方向	金额	业务员	票号	票据日期
2019.11.20	转-102	武钢	销售产品	借	50000	赵飞	P029	2019.11.20
2019.11.26	转-014	深电	销售产品	借	70000	赵飞	J030	2019.11.26

续表

会计科目：1221　其他应收款　　　　　　　　　　余额：借　5000 元

日期	凭证号	部门	个人	摘要	方向	期初余额
2019.11.30	付-1	财务科	王杰	出差借款	借	5000

会计科目：1405　库存商品　　　　　　　　　　余额：借　100000 元（数量 700）

项目	方向	金额	数量
XJ55	借	36000	300
XJ56	借	64000	400

会计科目：2202　应付账款　　　　　　　　　　余额：贷　183700 元

日期	凭证号	客户	摘要	方向	金额	业务员	票号	票据日期
2019.11.19	转-8	包百	购买商品	贷	97200	刘梦	P025	2019.11.19
2019.11.25	转-5	沈阳胜利	购买商品	贷	86500	刘梦	J037	2019.11.25

会计科目：5001　生产成本　　　　　　　　　　余额：借 7900 元

科目名称	XJ55 产品	XJ56 产品	合计
直接材料（410101）	2000	1000	3000
直接人工（410102）	300	100	400
制造费用（410103）	2000	2500	4500
合计	4300	3600	7900

【实验要求】

以账套主管"王杰"的身份登录企业应用平台，进行总账管理子系统初始设置。

【操作指导】

1. 登录总账管理子系统

（1）执行"开始—程序—用友 ERP-U8—企业应用平台"命令，打开"登录"企业应用平台对话框。

（2）输入操作员"01"（或者输入"王杰"）；在"账套"下拉列表框中选择"内蒙古华扬科技有限公司"；更改"操作日期"为"2019-12-01"；单击"登录"按钮，进入企业应用平台。

（3）单击打开"业务工作"选项卡，单击"财务会计—总账"菜单，展开"总账"下级菜单。

2. 设置总账控制参数

（1）在总账管理子系统中，执行"设置—选项"命令，打开"选项"对话框。

（2）单击"编辑"按钮，进入选项编辑状态。

（3）分别打开"凭证""权限""会计日历""其他"选项卡，按照实验资料的要求进行相应的设置。

（4）设置完成后，单击"确定"按钮。

提示：

● 在选择"可以使用应收/应付受控科目"时，会弹出系统提示"受控科目被其他系统使用时，会造成应收/应付系统与总账对账不平！"，单击"确定"按钮即可。

3. 输入期初余额

（1）输入末级科目期初余额。

①执行"总账—设置—期初余额"命令，进入"期初余额录入"窗口。

②双击"库存现金"科目的期初余额栏，输入 3400，按"Enter"键确认。

③同理，输入实验资料中其他末级科目的期初余额。

提示：

● 直接输入末级科目（底色为白色）的期初余额，非末级科目（底色为灰色）的期初余额系统自动计算填列。

（2）输入辅助核算科目期初余额。

①执行"总账—设置—期初余额"命令，进入"期初余额录入"窗口。

②双击"应收账款"科目的期初余额栏，进入"辅助期初余额"窗口。

③单击工具栏"往来明细"按钮，进入"期初往来明细"窗口。

④单击"增行"按钮，输入实验资料中"应收账款"的明细核算信息，然后单击"汇总"按钮，弹出系统提示"完成了往来明细到辅助期初表的汇总！"，单击"确定"按钮。

⑤单击"退出"按钮，返回"辅助期初余额"窗口。

⑥单击"退出"按钮，返回进入"期初余额录入"窗口。

⑦同理，输入实验资料中其他辅助核算科目的期初余额。

提示：

● 辅助核算科目的底色显示为淡黄色，其累计发生额可直接输入，但期初余额的录入要到相应的辅助账中进行。

● 当不想输入某项内容而系统又提示必须输入时，可按 ESC 键取消输入。此操作在本软件很多地方都是适用的。

（3）期初余额试算平衡。

①输完所有科目余额后，在"期初余额录入"窗口的工具栏中，单击"试算"按钮，打开"期初试算平衡表"对话框。单击"确定"按钮。

②若期初余额不平衡，则需修改期初余额直到平衡为止；若期初余额试算平衡，单击"退出"按钮。

提示：

● 期初余额试算不平衡，将不能记账，但可以填制凭证。

● 已经记过账，则不能再输入、修改期初余额，也不能执行"结转上年余额"功能。

实验四　总账管理子系统日常业务处理

【实验目的】
（1）掌握用友 ERP–U8 管理软件中总账管理子系统日常业务处理的相关内容。
（2）熟悉总账管理子系统的日常业务处理的各种操作。
（3）掌握凭证管理、出纳管理和账簿管理的具体内容和操作方法。

【实验准备】
（1）将计算机系统时间调整为 2019 年 12 月 31 日。
（2）引入"实验三"账套数据。

【实验内容】
（1）凭证管理：填制凭证、出纳签字、审核凭证、查询凭证和凭证记账的操作方法。
（2）出纳管理：现金日记账、银行日记账、资金日报表的查询和登记支票登记簿的操作方法。
（3）账簿管理：总账、科目余额表、明细账、辅助账的查询方法。

【实验资料】

1. 凭证管理

12 月经济业务如下：

（1）2 日，销售一科赵飞购买了 300 元的办公用品，以现金支付（附增值税普通发票一张）。

　　借：销售费用（6601）　　　　　　　　　　　　　　　　　300
　　　　贷：库存现金（1001）　　　　　　　　　　　　　　　　　300

（2）3 日，财务科张丽从建行提取现金 5000 元，作为备用金，现金支票号 XJ001（附现金支票存根一张）。

　　借：库存现金（1001）　　　　　　　　　　　　　　　　　5000
　　　　贷：银行存款——建行存款（100201）　　　　　　　　　　5000

（3）5 日，收到美利集团投资资金 10000 美元，汇率 1∶7.375（附转账支票号 ZZW001）。

　　借：银行存款——中行存款（100202）　　　　　　　　　　73750
　　　　贷：实收资本（4001）　　　　　　　　　　　　　　　　73750

（4）8 日，供应科刘梦采购 XJ5501 材料 200 吨，每吨 50 元，增值税税率为 13%，材料直接入库，货款以银行存款支付（转账支票号 ZZR001）。

　　借：原材料——生产用原材料（140301）　　　　　　　　　10000

应交税费——应交增值税——进项税额（22210101） 1300
　　贷：银行存款——建行存款（100201） 11300

（5）10日，销售二科李婧婧收到深圳电器总公司转来一张转账支票，金额70000元，用以偿前欠货款，该支票已交付建行（转账支票号ZZR002）。
借：银行存款——建行存款（100201） 70000
　　贷：应收账款（1122） 70000

（6）15日，供应科刘梦从沈阳铝合金厂采购XJ5601材料150吨，每吨60元，增值税税率为13%，材料直接入库，货款和税款尚未支付。
借：原材料——生产用原材料（140301） 9000
　　应交税费——应交增值税——进项税额（22210101） 1170
　　贷：应付账款（2202） 10170

（7）17日，办公室支付业务招待费1500元（转账支票号ZZR003）。
借：管理费用——招待费（660205） 1500
　　贷：银行存款——建行存款（100201） 1500

（8）22日，财务科王杰出差归来，报销差旅费4800元，交回现金200元。
借：管理费用——差旅费（660204） 4800
　　贷：其他应收款（1221） 4800
借：库存现金（1001） 200
　　贷：其他应收款（1221） 200

（9）26日，生产部一车间领用XJ5501材料100吨，每吨50元，用于生产XJ55产品。
借：生产成本——直接材料（500101） 5000
　　贷：原材料——生产用原材料（140301） 5000

（10）28日，本地销售一科销售XJ55产品240吨，单价180元，增值税税率为13%，收到建行转账支票一张，金额为35100元（转账支票号ZZR004）。
借：银行存款——建行存款（100201） 48816
　　贷：主营业务收入（6001） 43200
　　　　应交税费——应交增值税——销项税额（22210102） 5616

2. 出纳管理（支票登记簿）
12月27日，销售一科赵飞借转账支票一张，票号1125，预计金额6000元。

【实验要求】
（1）以"李红"的身份进行填制凭证和查询凭证的操作。
（2）以"张丽"的身份进行出纳签字、现金日记账、银行存款日记账、资金日报表的查询，登记支票登记簿的操作。
（3）以"王杰"的身份进行审核凭证、记账、账簿查询的操作。

【操作指导】
以"03李红"的身份登录进入企业应用平台，单击"业务工作—财务会计—总账"

菜单。

提示：

● 操作日期输入"2019-12-31"。这样，只需登录一次企业应用平台，即可输入本月不同日期的凭证。

1. 填制凭证

（1）增加凭证（业务1：辅助核算——现金流量）。

①执行"凭证—填制凭证"命令，进入"填制凭证"窗口。

②单击"增加"按钮，增加一张空白凭证。

③选择凭证类型"付款凭证"，输入制单日期"2019.12.02"，输入附单据数"1"。

④输入摘要"销售一科赵飞购买办公用品"，输入科目名称"6601"，输入借方金额"300"；按Enter键，摘要自动带到下一行，输入科目名称"1001"，输入贷方金额"300"。

⑤单击"流量"按钮，选择输入"经营活动—现金流出—07支付的与其他经营活动有关的现金"选项，单击"项目名称"栏，其余内容系统自动生成，单击"确定"按钮。

⑥全部输入完毕后，单击"保存"按钮，系统弹出"凭证已成功保存！"信息提示框，单击"确定"按钮。

提示：

● 采用制单序时控制时，凭证日期应大于等于启用日期，不能超过业务日期。

● 凭证一旦保存，其凭证类别、凭证编号不能修改。

● 正文中不同行的摘要可以相同也可以不同，但不能为空。每行摘要将随相应的会计科目在明细账、日记账中出现。

● 科目编码必须是末级的科目编码。

● 金额不能为"零"，红字以"-"号表示。

● 可按"="键，取当前凭证借贷方金额的差额到当前光标位置；可按空格键，科目金额在借贷方进行转换。

● 每行分录输入完毕，必须按"Enter"键进入下一行。

（2）增加凭证（业务2：辅助核算——银行科目）。

①在填制凭证过程中，输完银行科目"100201"，弹出"辅助项"对话框。

②输入结算方式"201"，票号"XJ001"，发生日期"2019.12.03"，单击"确定"按钮。

③系统弹出"凭证"提示信息框："账号：建行存款（100201）；票号：XJ001；此支票尚未登记，是否登记？"，单击"是"按钮，系统弹出"票号登记"提示信息框，输入领用部门"财务科"，姓名"张丽"，用途"提取现金，作为备用金"，单击"确定"按钮。

④系统弹出"现金流量录入修改"提示信息框，单击"取消"按钮，本业务不需

录入现金流量项目。

⑤全部输入完毕后，单击"保存"按钮，系统弹出"凭证已成功保存！"信息提示框，单击"确定"按钮。

提示：

● 若选择支票控制，即该结算方式设为支票管理，银行账辅助信息不能为空，而且该方式的票号应在支票登记簿中有记录。

● 此业务借贷双方均出现现金流量科目，系统允许不录入现金流量项目。

(3) 增加凭证（业务3：辅助核算——外币科目）。

①在填制凭证过程中，输完外币科目"100202"，系统自动显示外币汇率7.375，输入外币金额"10000"，自动计算出并显示本币金额"73750"。

②同理，输入银行科目的现金流量项目为"筹资活动—现金流入—17吸收投资所受到的现金"。

③全部输入完成后，单击"保存"按钮，保存凭证。

提示：

● "汇率"栏中的内容是固定的，不能输入或修改。如使用浮动汇率，汇率栏中显示最近一次汇率，可以直接在"汇率"栏中修改。

(4) 增加凭证（业务4：辅助核算——数量核算）。

①在填制凭证过程中，输入完数量核算科目"140301"，弹出"辅助项"对话框。

②输入数量"200"，单价"50"，单击"确定"按钮，系统自动计算显示"140301"科目金额。

③同理，输入银行科目的现金流量项目为"经营活动—现金流出—04 购买商品、接受劳务支付的现金"。

④全部输入完成后，单击"保存"按钮，保存凭证。

提示：

● 系统根据"数量×单价"自动计算出金额，并将金额先放在借方；如果方向不符，可将光标移动到贷方后，按"Space"（空格）键即可调整金额方向。

(5) 增加凭证（业务5：辅助核算——客户往来）。

①在填制凭证过程中，输入完客户往来科目"1122"，弹出"辅助项"对话框。

②输入客户"深电"，发生日期"2019.12.10"，单击"确定"按钮。

③同理，输入银行科目的现金流量项目为"经营活动—现金流入—01 销售商品、提供劳务收到的现金"。

④全部输入完成后，单击"保存"按钮，保存凭证。

提示：

● 如果往来单位不属于已定义的往来单位，可以在参照里单击"编辑"按钮，进入"客户档案"窗口，正确输入新往来单位的辅助信息，系统会自动将其追加到往来单位目录中。

（6）增加凭证（业务6：辅助核算——供应商往来）。

①在填制凭证过程中，输入完供应商往来科目"2202"，弹出"辅助项"对话框。

②输入供应商"沈铝"，发生日期"2019.12.15"，单击"确定"按钮。

（7）增加凭证（业务7：辅助核算——部门核算）。

①在填制凭证过程中，输入完部门核算科目"660205"，弹出"辅助项"对话框。

②输入部门"办公室"，单击"确定"按钮。

③同理，输入银行科目的现金流量项目为"经营活动—现金流出—07 支付的与其他经营活动有关的现金"。

（8）增加凭证（业务8：辅助核算科目——个人往来）。

①在填制凭证过程中，输入完个人往来科目"1221"，弹出"辅助项"对话框。

②输入部门"财务科"，个人"王杰"，发生日期"2019.12.22"，单击"确定"按钮。

③同理，输入银行科目的现金流量项目为"经营活动—现金流入—03 收到的其他与经营活动有关的现金"。

提示：

● 在输入个人信息时，若不输入"部门"只输入"个人"，系统将根据所输入的个人名称自动输入其所属的部门。

（9）增加凭证（业务9：辅助核算科目——项目核算）。

①在填制凭证过程中，输入完项目核算科目"500101"，弹出"辅助项"对话框。

②输入项目名称"XJ55"，单击"确定"按钮。

提示：

● 数量核算科目"140301"的输入同业务4。

（10）增加凭证（业务10：辅助核算科目——数量核算和项目核算）。

①在填制凭证过程中，输入完数量核算和项目核算科目"6001"，弹出"辅助项"对话框。

②输入数量"240"，单价"180"，项目名称"XJ55"，单击"确定"按钮。

③同理，输入银行科目的现金流量项目为"经营活动—现金流入—01 销售商品、提供劳务收到的现金"。

（11）查询凭证。

①执行"凭证—查询凭证"命令，打开"凭证查询"对话框。

②输入查询条件，单击"辅助条件"按钮，可输入更多查询条件。

③单击"确定"按钮，进入"查询凭证列表"窗口。

④双击某一凭证行，则屏幕可显示出此张凭证。

（12）修改凭证（选做内容）。

①执行"凭证—填制凭证"命令，进入"填制凭证"窗口。

②单击"查询"按钮，输入查询条件，找到要修改的凭证。

③对于凭证的一般信息，将光标放在要修改的地方，直接修改；如果要修改凭证的辅助项信息，则首先选中辅助核算科目行，然后将光标置于备注栏辅助项，待鼠标图形变为"笔形"时双击，弹出"辅助项"对话框，在对话框中修改相关信息，修改后单击"确定"按钮。

④单击"保存"按钮，保存修改后的凭证。

提示：

- 未经审核的错误凭证可通过"填制凭证"功能直接修改；已审核的凭证应先取消审核后，再进行修改。
- 若已采用制单序时控制，则在修改制单日期时，不能在上一张凭证的制单日期之前。
- 若选择"不允许修改或作废他人填制的凭证"权限控制，则不能修改或作废他人填制的凭证。
- 如果涉及银行科目的分录已录入支票信息，并对该支票做过报销处理，修改操作将不影响"支票登记簿"中的内容。
- 外部系统传过来的凭证不能在总账管理子系统中进行修改，只能在生成该凭证的系统中进行修改。

（13）删除凭证（选做内容）。

第一步，作废凭证。

①在"填制凭证"窗口中，先查询到要作废的凭证。

②单击"作废/恢复"按钮。

③凭证的左上角显示"作废"字样，表示该凭证已作废。

提示：

- 作废凭证仍保留凭证内容及编号，只显示"作废"字样。
- 作废凭证不能修改，不能审核。
- 在记账时，已作废的凭证应参与记账，否则月末无法结账，但不对作废凭证作数据处理，相当于一张空凭证。
- 账簿查询时，查不到作废凭证的数据。
- 若当前凭证已作废，可执行"作废/恢复"命令，取消作废标志，并将当前凭证恢复为有效凭证。

第二步，整理凭证。

①在"填制凭证"窗口中，单击"整理凭证"按钮，打开"凭证期间选择"对话框。

②选择要整理的月份。

③单击"确定"按钮，打开"作废凭证表"对话框

④选择真正要删除的作废凭证，双击要删除的凭证，显示"Y"代表要删除的凭证。

⑤单击"确定"按钮，系统将这些凭证从数据库中删除。并对剩下的凭证进行重

排，可以选择"按凭证号重排"，或"按凭证日期重排"，或"按审核日期重排"。

⑥单击"是"按钮，凭证彻底将从系统中删除。

提示：

● 如果作废凭证不想保留，则可以通过"整理凭证"功能，将其彻底删除，并对未记账凭证重新编号。

● 只能对未记账凭证做凭证整理。

● 要对已记账凭证做凭证整理，应先恢复本月月初的记账前状态，再做凭证整理。

（14）冲销凭证（选做内容）。

①在"填制凭证"窗口，单击工具栏中的"冲销凭证"按钮，打开"冲销凭证"对话框。

②选择要冲销的已记账凭证。选择"月份""凭证类别"，输入"凭证号"。

③单击"确定"按钮，系统自动生成一张红字冲销凭证。

提示：

● 通过红字冲销法增加的凭证，应视同正常凭证进行保存和管理。

● 红字冲销凭证只能针对已记账凭证进行。

● 制作红字冲销凭证将错误凭证冲销后，需要再编制正确的蓝字凭证进行补充。

● 修改凭证、作废凭证和生成冲销凭证也可以在通过查询凭证进行修改凭证、作废凭证和生成冲销凭证，点击"查询凭证"窗口工具栏中的"修改""作废/恢复""冲销凭证"按钮即可。但是不可以整理凭证。

2. 出纳签字

（1）更换操作员。

①在企业应用平台窗口的左上角，执行"系统—重注册"命令，打开"登录"对话框。

②以"02 张丽"的身份注册进入企业应用平台，进入总账管理子系统。

提示：

● 凭证填制人和出纳签字人可以为不同的人，也可以为同一个人。

● 按照会计制度规定，凭证的填制与审核不能是同一个人。

● 在进行出纳签字和审核之前，通常需先更换操作员。

（2）进行出纳签字。

①执行"凭证""出纳签字"命令，打开"出纳签字"查询条件对话框。

②输入查询条件：选择"全部"单选按钮。

③单击"确定"按钮，进入"出纳签字"的凭证列表窗口。

④双击某一要签字的凭证，进入"出纳签字"的签字窗口。

⑤单击"签字"按钮，凭证底部的"出纳"位置被自动签上出纳人姓名。

⑥单击"下张凭证"按钮，对其他凭证签字，最后单击"关闭"按钮。

提示：

- 涉及指定为现金科目和银行科目的凭证才需出纳签字。
- 凭证一经签字，就不能被修改、删除，只有取消签字后才可以修改或删除，取消签字只能由出纳人自己进行，单击"取消"按钮即为取消出纳签字。
- 凭证签字并非审核凭证的必要步骤。若在设置总账参数时，不选择"出纳凭证必须经由出纳签字"，则可以不执行"出纳签字"功能。
- 可以执行"批处理—成批出纳签字"功能，对所有凭证进行出纳签字；同理，可以执行"批处理—成批取消签字"功能，对所有凭证取消出纳签字，取消签字后，弹出系统提示"是否重新刷新凭证列表数据"，单击"是"按钮，"出纳签字列表"的签字人栏签名消失。

3. 审核凭证

以"01王杰"的身份重新注册进入企业应用平台，进入总账管理子系统。

①执行"凭证—审核凭证"命令，打开"凭证审核"查询条件对话框。

②输入查询条件，单击"确定"按钮，进入"凭证审核"的凭证列表窗口。

③双击要审核的凭证，进入"凭证审核"的审核凭证窗口。

④检查要审核的凭证，无误后，单击"审核"按钮，凭证底部的"审核"处自动签上审核人姓名。

⑤单击"下张凭证"按钮，对其他凭证审核，最后单击"关闭"按钮。

提示：

- 审核人必须具有审核权。如果在"选项"中设置了"凭证审核控制到操作员"，则审核人还需要有对制单人所制凭证的审核权。
- 作废凭证不能被审核，也不能被标错。
- 审核人和制单人不能是同一个人。
- 凭证一经审核，不能被修改、删除，只有取消审核和取消出纳签字后才可修改或删除，单击"取消"按钮即为取消审核。
- 审核凭证和取消凭证审核也可以成批进行。可以执行"批处理—成批审核凭证"功能，对所有凭证进行审核；同理，可以执行"批处理—成批取消审核"功能，对所有凭证取消凭证的审核，取消审核后，弹出系统提示"是否重新刷新凭证列表数据"，单击"是"按钮，"凭证审核列表"的审核人栏签名消失。
- 已标记作废的凭证不能被审核，需先取消作废标记后才能审核。

4. 凭证记账

（1）记账。

①执行"凭证—记账"命令，进入"记账"窗口。

②第一步，选择要进行记账的凭证范围。例如，在付款凭证的"记账范围"栏中输入"1-4"，本例单击"全选"按钮，选择所有凭证。

③第二步，记账。单击"记账"按钮，打开"期初试算平衡表"对话框，单击

"确定"按钮，系统开始登录有关的总账、明细账、辅助账。登记完后，弹出"记账完毕"信息提示对话框。

④单击"确定"按钮，记账完毕。

提示：

- 第一次记账时，若期初余额试算不平衡，不能记账。
- 上月未记账，本月不能记账。
- 未审核凭证不能记账，记账范围应小于等于已审核范围。
- 作废凭证不需要审核可直接记账。
- 记账过程一旦由于断电或其他原因造成中断后，系统将自动调用"恢复记账前状态"功能恢复数据，然后再重新记账。
- 已记账凭证不能在"填制凭证"功能中查询。

（2）取消记账（选做内容）。

第一步，激活"恢复记账前状态"菜单。

①在总账管理子系统中，执行"期末—对账"命令，进入"对账"窗口。

②按"Ctrl+H"键，系统弹出"恢复记账前状态功能已被激活"信息提示对话框，同时在"凭证"菜单下显示"恢复记账前状态"功能菜单项。

③单击"确定"按钮，再单击工具栏上的"退出"按钮。

提示：

- 如果退出系统后又重新进入系统，或在"对账"中按"Ctrl+H"键，将重新隐藏"恢复记账前状态"功能。

第二步，取消记账。

①执行"凭证—恢复记账前状态"命令，打开"恢复记账前状态"对话框。

②选择恢复记账方式：可以选择"最近一次记账前状态"或"2019年12月初状态"单选按钮，抑或可以点击"选择凭证范围恢复记账"单选按钮，然后再具体输入要恢复记账的范围。

③选择好恢复记账方式后，单击"确定"按钮，系统弹出"请输入口令"信息提示对话框。

④本例的账套主管无密码，所以不需输入口令，单击"确定"按钮，系统弹出"恢复记账完毕！"信息提示对话框，单击"确定"按钮。

提示：

- 已结账月份的数据不能取消记账。
- 取消记账后，一定要重新记账。

5. 出纳管理

以"02 张丽"的身份重新注册进入企业应用平台，进入总账管理子系统。

（1）查看现金日记账。

①执行"出纳—现金日记账"命令，打开"现金日记账查询条件"对话框。

②选择科目"1001库存现金",默认月份"2019.12",单击"确定"按钮,进入"现金日记账"窗口。

③双击某行或将光标定在某行再单击"凭证"按钮,可以联查该笔业务的凭证。

④单击"总账"按钮,可查看此科目的三栏式总账,单击"关闭"按钮。

⑤查看现金日记账信息后,单击"关闭"按钮。

提示:

● 如果在选项中设置了"明细账查询权限控制到科目",那么账套主管应赋予出纳张丽"现金"和"银行存款"科目的查询权限。

(2) 查看银行存款日记账。

银行存款日记账查询与现金日记账查询操作基本相同,所不同的只是银行存款日记账设置了"结算号"栏,主要是对账时用。

(3) 查看资金日报表。

①执行"出纳—资金日报"命令,打开"资金日报表查询条件"对话框。

②输入查询日期"2019-12-03",选中"有余额无发生也显示"复选框。

③单击"确定"按钮,进入"资金日报表"窗口,单击"关闭"按钮。

(4) 登记支票登记簿。

①执行"出纳—支票登记簿"命令,打开"银行科目选择"对话框。

②选择科目"建行存款(100201)",单击"确定"按钮,进入"支票登记簿"窗口。

③单击"增加"按钮。

④输入领用日期"2019.12.27",领用部门"销售一科",领用人"赵飞",支票号"1125",预计金额"6000",单击"保存"按钮,单击"关闭"按钮。

提示:

● 只有在结算方式设置中选择"是否票据管理"功能才能在此选择登记。

● 领用日期和支票号必须输入,其他内容可输可不输。

● 报销日期不能在领用日期之前。

● 已报销的支票可成批删除。

6. 账簿管理

以"王杰"的身份重新注册进入企业应用平台,进入总账管理子系统。

(1) 查询基本会计账簿。

①执行"账表—科目账—总账"命令,可以查询总账。

②执行"账表—科目账—余额表"命令,可以查询发生额及余额表。

③执行"账表—科目账—明细账"命令,可以查询月份综合明细账。

(2) 查询辅助核算账簿(以部门账查询为例,其他账簿查询同理)。

①查询部门总账。

a. 执行"账表—部门辅助账—部门总账—部门三栏总账"命令,进入"部门三栏总账条件"窗口。

b. 输入查询条件：科目"660205 招待费"，部门"办公室"。

c. 单击"确定"按钮，显示查询结果。

d. 将光标置于总账的某笔业务上，单击"明细"按钮，可以联查部门明细账。

e. 将光标置于明细账的某笔业务上，单击"凭证"按钮，可以联查该笔业务的凭证。

②查询部门明细账。

a. 执行"账表—部门辅助账—部门明细账—部门多栏式明细账"命令，进入"部门多栏明细账条件"窗口。

b. 选择科目"6602 管理费用"，部门"办公室"，月份范围"2019.12～2019.12"，分析方式"金额分析"，单击"确定"按钮，显示查询结果。

c. 将光标置于多栏账的某笔业务上，单击"凭证"按钮，可以联查该笔业务的凭证。

③查询部门收支分析。

a. 执行"账表—部门辅助账—部门收支分析"命令，进入"部门收支分析条件"窗口。

b. 第一步，选择分析科目。选择所有的部门核算科目，单击"下一步"按钮。

c. 第二步，选择分析部门。选择所有的部门，单击"下一步"按钮。

d. 第三步，选择分析月份。选择起始月份"2019.12"，终止月份"2019.12"，单击"完成"按钮，显示查询结果。

实验五　总账管理子系统期末处理

【实验目的】
(1) 掌握用友 ERP-U8 管理软件中总账管理子系统期末处理的相关内容。
(2) 熟悉总账管理子系统期末处理业务的各种操作。
(3) 掌握银行对账、自动转账设置与生成、对账和月末结账的操作方法。

【实验内容】
(1) 银行对账。
(2) 自动转账。
(3) 对账。
(4) 结账。

【实验准备】
(1) 将计算机系统时间调整为 2019 年 12 月 31 日。
(2) 引入"实验四"账套数据。

【实验资料】

1. 银行对账
(1) 银行对账期初数据。

该公司银行账的启用日期为 2019-12-01，建行人民币账户企业日记账调整前余额为 200000 元，银行对账单调整前余额为 240000 元，未达账项一笔，是银行已收企业未收款 40000 元。

(2) 银行对账单（见表 4-4）。

表 4-4　　　　　　　　　　12 月份银行对账单

日期	结算方式	票号	借方金额	贷方金额
2019.12.03	201	XJ001	—	5000
2019.12.08	202	ZZR001	—	11300
2019.12.10	202	ZZR002	70000	—
2019.12.28	202	ZZR004	48816	—

2. 自动转账
(1) 转账定义。

①计提本月短期借款利息，短期借款月利率 0.4%（采用自定义转账结转方式，转

账序号0001）。

借：财务费用——利息支出（660301）　　公式：QC（2001，月）×0.004

　　　　　　［短期借款期初余额×月利率200000×0.4%＝800］

　　贷：应付利息（2231）　　公式：JG（）［取对方科目计算结果］

②月末，结转已售产品XJ55的销售成本，数量200吨，成本价120元/吨（采用销售成本结转方式）。

借：主营业务成本（6401）［库存商品120×主营业务收入200＝240000］

　　贷：库存商品（1405）

③计算期末汇兑损益，2019年12月31日，当日美元对人民币汇率为7.2（采用汇兑损益结转方式）。

借：财务费用——汇兑损益（660302）　　1750［（7.375－7.2）×10000］

　　贷：银行存款——中行存款（100202）　　　　　　　　　　1750

④将所有损益类科目结转到本年利润（4103）科目中（采用期间损益结转方式）。

⑤计提所得税费用，所得税税率25%（采用自定义转账结转方式，转账序号0002）。

借：所得税费用（6801）

　　　公式：JE（4103，月）*0.25［本年利润账户本月净发生额×25%］

　　贷：应交税费——应交所得税（222103）

　　　　　　　　　　　　　公式：JG（）［取对方科目计算结果］

⑥结转所得税费用（采用对应结转方式，转账序号0003；或者采用期间损益结转方式）。

借：本年利润（4103）

　　贷：所得税费用（6801）

⑦结转本年利润（采用自定义转账结转方式，转账序号0004）。

借：本年利润（4103）

　　　　　公式：QM（4103，月）［本年利润账户本月期末余额］

　　贷：利润分配——未分配利润（410401）

　　　　　　　　　　　公式：JG（）［取对方科目计算结果］

⑧提取盈余公积：按10%提取法定盈余公积，按5%提取任意盈余公积（采用自定义转账结转方式，转账序号0005）。

借：利润分配——提取法定盈余公积（410402）　　公式：JG（410101）

　　　　　　　　　　　　　　　　［取贷方第一个科目的计算结果］

　　　　——提取任意盈余公积（410403）　　公式：JG（410102）

　　　　　　　　　　　　　　　　［取贷方第二个科目的计算结果］

　　贷：盈余公积——法定盈余公积（410101）

　　　　　　　　　　　　　公式：FS（410401，月，贷）*0.1

　　　　　　　　　　　［未分配利润账户本月贷方发生额×10%］

——任意盈余公积（410102）

　　　　　　　　　　　公式：FS（410401，月，贷）*0.05

　　　　　　　　　　　［未分配利润账户本月贷方发生额×5％］

⑨结转利润分配各明细科目（采用自定义转账结转方式，转账序号0006）。

借：利润分配——未分配利润（410401）

　　　　　　　　　　　公式：JG（）［取对方科目计算结果］

贷：利润分配——提取法定盈余公积（410402）

　　　　　　　　　　　公式：FS（410402，月，借）［取本账户本月借方发生额］

利润分配——提取任意盈余公积（410403）

　　　　　　　　　　　公式：FS（410403，月，借）［取本账户本月借方发生额］

（2）转账生成。

由"李红"根据上述转账定义的方式分别生成转账凭证，由账套主管"王杰"审核凭证并记账。

提示：

● ①~③业务可以一次性生成转账凭证，一起审核、记账；④~⑨业务由于存在前者业务为后者业务提供数据信息，因此必须按先后顺序分别生成转账凭证、审核、记账。

3. 期末对账、试算

执行期末对账功能，完成总账与明细账、总账与辅助账、辅助账与明细账的核对。

执行期末试算功能，检查账户试算是否平衡。

4. 期末结账与取消结账

略。

【实验要求】

（1）以"张丽"的身份进行银行对账的操作。

（2）以"李红"的身份进行自动转账的操作。

（3）以"王杰"的身份进行审核凭证、记账、对账、结账的操作。

【操作指导】

以"张丽"的身份注册进入企业应用平台，进入总账管理子系统。

提示：

● 操作日期输入"2019-12-31"。

1. 银行对账

（1）输入银行对账期初数据。

①在总账管理子系统中，执行"出纳—银行对账—银行对账期初录入"命令，打开"银行科目选择"对话框。

②选择科目"建行存款（100201）"，单击"确定"按钮，进入"银行对账期初"窗口。

③确定启用日期为"2019.12.01"。

④输入单位日记账的调整前余额"200000";输入银行对账单的调整前余额"240000"。

⑤单击"对账单期初未达项"按钮,进入"银行方期初"窗口。

⑥单击"增加"按钮,输入日期"2019.11.30",借方金额"40000"。

⑦单击"保存"按钮,再在工具栏上单击"退出"按钮。

提示:

● 第一次使用银行对账功能前,系统要求录入日记账及对账单未达账项,在开始使用银行对账之后不再使用。

● 在录入完单位日记账、银行对账单期初未达账项后,请不要随意调整启用日期,尤其是向前调,这样可能会造成启用日期后的期初数不能再参与对账。

(2) 录入银行对账单。

①执行"出纳—银行对账—银行对账单"命令,打开"银行科目选择"对话框。

②选择科目"建行存款(100201)",月份"2019.1~2019.12",单击"确定"按钮,进入"银行对账单"窗口。

③单击"增加"按钮,输入银行对账单数据,单击"保存"按钮。

(3) 银行对账。

①自动对账

a. 执行"出纳—银行对账—银行对账"命令,打开"银行科目选择"对话框。

b. 选择科目"建行存款(100201)",月份"2019.1~2019.12",单击"确定"按钮,进入"银行对账"窗口。

c. 单击"对账"按钮,打开"自动对账"条件对话框。

d. 选择截止日期"2019.12.31",默认系统提供的其他对账条件。

e. 单击"确定"按钮,显示自动对账结果。

提示:

● 对账条件中的方向、金额相同是必选条件,对账截止日期可以不输入。

● 对于已达账项,系统自动在银行存款日记账和银行对账单双方的"两清"栏中打上圆圈标志。

②手工对账

a. 在银行对账窗口中,对于一些应钩对而未钩对上的账项,可分别双击"两清"栏,直接进行手工调整。手工对账的标志为"√",以区别于自动对账标志。

b. 对账完毕,单击"检查"按钮,检查结果平衡,单击"确认"按钮。

提示:

● 在自动对账不能完全对上的情况下,可采用手工对账。

(4) 输出余额调节表。

①执行"出纳—银行对账—余额调节表查询"命令,进入"银行存款余额调节表"窗口。

②选择科目"建行存款（100201）"。

③单击"查看"按钮或双击该行，即显示该银行账户的银行存款余额调节表。

④单击"打印"按钮，打印银行存款余额调节表。

⑤单击"输出"按钮，可以.xls、.rep等格式输出银行存款余额调节表。

（5）核销银行账。

①执行"出纳—银行对账—核销银行账"命令，打开"核销银行账"对话框。

②选中核销的银行科目"建行存款（100201）"，单击"确定"按钮。

③弹出系统提示"您是否确实要进行银行账核销？"对话框，单击"是"按钮，弹出系统提示"银行账核销完毕！"对话框。

④单击"确定"按钮后退出。

（6）银行账的反核销。

①执行"出纳—银行对账—核销银行账"命令，打开"核销银行账"对话框。

②选择要取消的"建行存款（100201）"。

③按"Alt+U"组合键，系统弹出提示"您是否确实要进行反核销？"对话框。

④单击"是"按钮，系统弹出提示"是否反核销此银行科目？"对话框，单击"是"按钮。

⑤返回"银行对账"菜单，查看单位日记账和银行对账单。

提示：

● 对账平衡后，可将这些已达账项删除，即进行核销。

● 核销已达账将删除已两清的单位日记账和银行对账单，在进行核销之前必须做好数据的备份工作，防止因误清理而带来的工作不便。

2. 自动转账

（1）转账定义。

以"李红"的身份注册进入企业应用平台，进入总账管理子系统进行转账定义。

①自定义转账设置（计提本月短期借款利息）。

a. 执行"期末—转账定义—自定义转账"命令，进入"自定义转账设置"窗口。

b. 单击"增加"按钮，打开"转账目录"设置对话框。

c. 输入转账序号"0001"；转账说明"计提本月短期借款利息"；选择凭证类别"转账凭证"。单击"确定"按钮，继续定义转账凭证分录信息。

d. 单击"增行"，选择科目编码"660301"，方向"借"，双击金额公式栏，选择参照按钮，打开"公式向导"对话框。

e. 选择"期末余额"函数，单击"下一步"按钮，继续公式定义。

f. 输入科目"2001"，其他采取系统默认，单击"完成"按钮，金额公式带回"自定义转账设置"窗口。将光标移至金额公式末尾，输入"*0.004"，按"Enter"键确认。

g. 单击"增行"，确定分录的贷方信息。选择科目编码"2231"，选择方向"贷"，输入金额公式 JG（ ）。

　　h. 单击"保存"按钮。

提示：

● 工具栏中的"增加"按钮是增加转账凭证模板，"增行"按钮是增加转账凭证模板中的分录的。

● 转账科目可以为非末级科目，部门可为空，表示所有部门。

● 如果使用应收款管理子系统、应付款管理子系统，则在总账管理子系统中，不能按客户、供应商辅助项进行结转，只能按科目总数进行结转。

● 输入转账计算公式有两种方法：一是直接输入计算公式；二是用引导方式录入公式。

● 公式中的"（）"","等标点符号必须在英文状态下输入。

②销售成本结转设置（结转已售产品的销售成本）。

　　a. 执行"期末—转账定义—销售成本结转"命令，进入"销售成本结转设置"窗口。

　　b. 选择凭证类别"转账凭证"，库存商品科目"1405"，商品销售收入科目"6001"，商品销售成本科目"6401"。

　　c. 单击"确定"按钮。

③汇兑损益结转设置（计算期末汇兑损益）。

　　a. 执行"期末—转账定义—汇兑损益"命令，进入"汇兑损益结转设置"窗口。

　　b. 选择凭证类别"付款凭证"，汇兑损益入账科目"660302"。

　　c. 自动显示"外币科目编码"为"100202"，"外币科目名称"为"中行存款"，"币种"为"美元"，双击"是否计算汇兑损益"单元格将出现"Y"。

　　d. 单击"确定"按钮。

④期间损益结转设置（结转损益类账户）。

　　a. 执行"期末—转账定义—期间损益"命令，进入"期间损益结转设置"窗口。

　　b. 选择凭证类别"转账凭证"，输入本年利润科目"4103"，单击"确定"按钮，设置完成。

提示：

● 如果损益科目与本年利润科目都有辅助核算，则辅助账类必须相同。

● 本年利润科目必须为末级科目，且为本年利润入账科目的下级科目。

⑤自定义转账设置（计提所得税费用）。

　　a. 执行"期末—转账定义—自定义转账"命令，进入"自定义转账设置"窗口。

　　b. 单击"增加"按钮，打开"转账目录"设置对话框。

　　c. 输入转账序号"0002"；转账说明"计提所得税费用"；选择凭证类别"转账凭证"。单击"确定"按钮，继续定义转账凭证分录信息。

　　d. 单击"增行"，选择科目编码"6801"，方向"借"，双击金额公式栏，选择参照按钮，打开"公式向导"对话框。

e. 选择"净发生额"函数，单击"下一步"按钮，继续公式定义。

f. 输入科目"4103"，其他采取系统默认，单击"完成"按钮，金额公式带回"自定义转账设置"窗口。将光标移至金额公式末尾，输入"＊0.25"，按"Enter"键确认。

g. 单击"增行"，确定分录的贷方信息。选择科目编码"222103"，选择方向"贷"，输入金额公式 JG（）。

h. 单击"保存"按钮。

⑥对应结转设置（结转所得税费用）。

a. 执行"期末—转账定义—对应结转"命令，进入"对应结转设置"窗口。

b. 单击"增加"按钮，输入编号"0003"，选择凭证类别"转账凭证"，摘要"结转所得税费用"，转出科目"6801"。

c. 单击"增行"按钮，输入转入科目编码"4103"。

d. 输入结转系数"1"，即转入科目取数 = 转出科目取数 × 结转系数，如果不输入结转系数，系统默认为1。

e. 单击"保存"按钮，可新增下一条对应结转定义。单击"退出"按钮返回。

⑦自定义转账设置（结转本年利润）。

a. 执行"期末—转账定义—自定义转账"命令，进入"自定义转账设置"窗口。

b. 单击"增加"按钮，打开"转账目录"设置对话框。

c. 输入转账序号"0004"；转账说明"结转本年利润"；选择凭证类别"转账凭证"。单击"确定"按钮，继续定义转账凭证分录信息。

d. 单击"增行"，选择科目编码"4103"，方向"借"，双击金额公式栏，选择参照按钮，打开"公式向导"对话框。

e. 选择"期末余额"函数，单击"下一步"按钮，继续公式定义。

f. 输入科目"4103"，其他采取系统默认，单击"完成"按钮，金额公式带回"自定义转账设置"窗口。按"Enter"键确认。

g. 单击"增行"，确定分录的贷方信息。选择科目编码"410401"，选择方向"贷"，输入金额公式 JG（）。

h. 单击"保存"按钮。

⑧自定义转账设置（提取盈余公积）。

a. 执行"期末—转账定义—自定义转账"命令，进入"自定义转账设置"窗口。单击"增加"按钮，打开"转账目录"设置对话框。

b. 输入转账序号"0005"；转账说明"提取盈余公积"；选择凭证类别"转账凭证"。单击"确定"按钮，继续定义转账凭证分录信息。

c. 单击"增行"，选择科目编码"410402"，方向"借"，双击金额公式栏，选择参照按钮，打开"公式向导"对话框。

d. 选择"取对方科目计算结果"函数，单击"下一步"按钮，继续公式定义，选择科目"410101"，其他采取系统默认，单击"完成"按钮，金额公式带回"自定义转账设置"窗口，按"Enter"键确认。

e. 单击"增行"，选择科目编码"410403"，方向"借"，双击金额公式栏，选择参照按钮，打开"公式向导"对话框。

f. 选择"取对方科目计算结果"函数，单击"下一步"按钮，继续公式定义，选择科目"410102"，其他采取系统默认，单击"完成"按钮，金额公式带回"自定义转账设置"窗口，按"Enter"键确认。

g. 单击"增行"，选择科目编码"410101"，方向"贷"，双击金额公式栏，选择参照按钮，打开"公式向导"对话框。

h. 选择"贷方发生额"函数，单击"下一步"按钮，继续公式定义，选择科目"410401"，其他采取系统默认，单击"完成"按钮，金额公式带回"自定义转账设置"窗口，将光标移至金额公式末尾，输入"*0.1"，按"Enter"键确认。

i. 单击"增行"，选择科目编码"410102"，方向"贷"，双击金额公式栏，选择参照按钮，打开"公式向导"对话框。

j. 选择"贷方发生额"函数，单击"下一步"按钮，继续公式定义，选择科目"410401"，其他采取系统默认，单击"完成"按钮，金额公式带回"自定义转账设置"窗口，将光标移至金额公式末尾，输入"*0.05"，按"Enter"键确认，单击"保存"按钮。

⑨自定义转账设置（结转利润分配各明细科目）。

a. 执行"期末—转账定义—自定义转账"命令，进入"自定义转账设置"窗口。

b. 单击"增加"按钮，打开"转账目录"设置对话框。

c. 输入转账序号"0006"；转账说明"结转利润分配各明细科目"；选择凭证类别"转账凭证"。单击"确定"按钮，继续定义转账凭证分录信息。

d. 单击"增行"，选择科目编码"410401"，方向"借"，双击金额公式栏，选择参照按钮，打开"公式向导"对话框。

e. 选择"取对方科目计算结果"函数，单击"下一步"按钮，单击"完成"按钮，金额公式带回"自定义转账设置"窗口。按"Enter"键确认。

f. 单击"增行"，选择科目编码"410402"，方向"贷"，双击金额公式栏，选择参照按钮，打开"公式向导"对话框。

g. 选择"借方发生额"函数，单击"下一步"按钮，选择科目"410402"，其他采取系统默认，单击"完成"按钮，金额公式带回"自定义转账设置"窗口。按"Enter"键确认。

h. 单击"增行"，选择科目编码"410403"，方向"贷"，双击金额公式栏，选择参照按钮，打开"公式向导"对话框。

i. 选择"借方发生额"函数，单击"下一步"按钮，选择科目"410403"，其他采取系统默认，单击"完成"按钮，金额公式带回"自定义转账设置"窗口。按"Enter"键确认。

j. 单击"保存"按钮。

（2）转账生成。

①自定义转账生成（生成计提本月短期借款利息的凭证）。

以"李红"的身份注册进入企业应用平台，进入总账管理子系统。

a. 执行"期末—转账生成"命令，进入"转账生成"窗口。

b. 单击"自定义转账"单选按钮，选择月份"2019.12"，双击编号"0001"行中"是否结转"栏，显示"Y"标识。

c. 单击"确定"按钮，生成转账凭证。

d. 单击"保存"按钮，凭证左上角显示"已生成"字样，系统自动将当前凭证追加到未记账凭证中。

e. 以"王杰"的身份对该凭证进行审核、记账。

提示：

● 若凭证类别、制单日期和附单据数与实际情况有出入，可直接在当前凭证上进行修改，然后再保存。

● 转账生成之前，注意转账月份为当前会计月份。

● 进行转账生成之前，先将相关经济业务的记账凭证登记入账。否则，必须在录入查询条件时选择"包含未记账凭证"才能查询到完整的数据资料。

● 转账凭证每月只生成一次。

● 必须按业务发生的先后顺序生成凭证，否则，系统计算金额时就会发生差错。

● 若使用应收款、应付款管理子系统，则总账管理子系统中，不能按客户、供应商进行结转。

● 生成的转账凭证，仍需先审核才能记账。

②销售成本结转生成（生成结转已售产品成本的凭证）。

以"李红"的身份注册进入企业应用平台，进入总账管理子系统。

a. 执行"期末—转账生成"命令，进入"转账生成"窗口。

b. 选择"销售成本结转"单选按钮，选择开始月份"2019.12"和结束月份"2019.12"，单击"确定"按钮，显示"销售成本结转一览表"，单击"确定"按钮，系统生成转账凭证。

c. 单击"保存"按钮，凭证左上角显示"已生成"字样，系统自动将当前凭证追加到未记账凭证中。

d. 以"王杰"的身份对该凭证进行审核、记账。

③汇兑损益结转生成（生成期末汇兑损益结转的凭证）。

以"李红"的身份注册进入企业应用平台，进入总账管理子系统。

a. 在基础设置中，设置美元外币2019年12月的调整汇率为8.2。执行"基础设置—基础档案—财务—外币设置",输入2019年12月的调整汇率为"8.2"。

b. 执行"业务工作—财务会计—总账—期末—转账生成"命令,进入"转账生成"窗口。

c. 选择"汇兑损益结转"单选按钮,结转月份"2019.12",外币币种"美元USD",双击科目编号"100201"行中"是否结转"栏,显示"Y"标识(或者可以单击"全选"按钮)。

d. 单击"确定"按钮,显示"汇兑损益试算表"。

e. 单击"确定"按钮,生成转账凭证,再单击"保存"按钮,系统弹出"现金流量录入修改"窗口,选择项目编码"23 汇率变动对现金的影响"。

f. 单击"确定"按钮,再单击"保存"按钮,凭证左上角显示"已生成"字样,系统自动将当前凭证追加到未记账凭证中。

g. 以"张丽"的身份对该凭证进行出纳签字,以"王杰"的身份对该凭证进行审核、记账。

④期间损益结转生成(生成结转损益类账户的凭证)。

以"李红"的身份注册进入企业应用平台,进入总账管理子系统。

提示:

以"张丽"身份进行汇兑损益结转凭证出纳签字,以"陈明"身份将之前生成的所有自动转账凭证审核、记账。上述操作若不进行,下面的期间损益结转凭证的数据将会出错。

a. 执行"期末—转账生成"命令,进入"转账生成"窗口。

b. 选择"期间损益结转"单选按钮,选择结转月份"2019.12",选择类型"全部"。

c. 单击"全选"按钮,再单击"确定"按钮,生成转账凭证。单击"保存"按钮,凭证左上角显示"已生成"字样,系统自动将当前凭证追加到未记账凭证中。

d. 以"王杰"的身份对该凭证进行审核、记账。

⑤自定义转账生成(生成计提所得税费用的凭证)。

以"李红"的身份注册进入企业应用平台,进入总账管理子系统。

a. 执行"期末—转账生成"命令,进入"转账生成"窗口。

b. 单击"自定义转账"单选按钮,选择月份"2019.12",双击编号"0002"行中"是否结转"栏,显示"Y"标识。

c. 单击"确定"按钮,生成转账凭证。

d. 单击"保存"按钮,凭证左上角显示"已生成"字样,系统自动将当前凭证追加到未记账凭证中。

e. 以"王杰"的身份对该凭证进行审核、记账。

⑥对应结转生成(生成结转所得税费用的凭证)。

以"李红"的身份注册进入企业应用平台,进入总账管理子系统。

a. 执行"期末—转账生成"命令，进入"转账生成"窗口。

　　b. 单击"对应结转"单选按钮，选择月份"2019.12"，双击编号"0003"行中"是否结转"栏（或者可以单击"全选"按钮），显示"Y"标识。

　　c. 单击"确定"按钮，生成转账凭证。

　　d. 单击"保存"按钮，凭证左上角显示"已生成"字样，系统自动将当前凭证追加到未记账凭证中。

　　e. 以"王杰"的身份对该凭证进行审核、记账。

　　⑦自定义转账生成（生成结转本年利润的凭证）。

　　以"李红"的身份注册进入企业应用平台，进入总账管理子系统。

　　a. 执行"期末—转账生成"命令，进入"转账生成"窗口。

　　b. 单击"自定义转账"单选按钮，选择月份"2019.12"，双击编号"0004"行中"是否结转"栏，显示"Y"标识。

　　c. 单击"确定"按钮，生成转账凭证。

　　d. 单击"保存"按钮，凭证左上角显示"已生成"字样，系统自动将当前凭证追加到未记账凭证中。

　　e. 以"王杰"的身份对该凭证进行审核、记账。

　　⑧自定义转账生成（生成提取盈余公积的凭证）。

　　以"李红"的身份注册进入企业应用平台，进入总账管理子系统。

　　a. 执行"期末—转账生成"命令，进入"转账生成"窗口。

　　b. 单击"自定义转账"单选按钮，选择月份"2019.12"，双击编号"0005"行中"是否结转"栏，显示"Y"标识。

　　c. 单击"确定"按钮，生成转账凭证。

　　d. 单击"保存"按钮，凭证左上角显示"已生成"字样，系统自动将当前凭证追加到未记账凭证中。

　　e. 以"王杰"的身份对该凭证进行审核、记账。

　　⑨自定义转账生成（生成结转利润分配各明细科目的凭证）。

　　以"李红"的身份注册进入企业应用平台，进入总账管理子系统。

　　a. 执行"期末—转账生成"命令，进入"转账生成"窗口。

　　b. 单击"自定义转账"单选按钮，选择月份"2019.12"，双击编号"0006"行中"是否结转"栏，显示"Y"标识。

　　c. 单击"确定"按钮，生成转账凭证。

　　d. 单击"保存"按钮，凭证左上角显示"已生成"字样，系统自动将当前凭证追加到未记账凭证中。

　　e. 以"王杰"的身份对该凭证进行审核、记账。

　　3. 对账

　　以"王杰"的身份注册进入企业应用平台，进入总账管理子系统。

①执行"期末—对账"命令,进入"对账"窗口。
②将光标置于要进行对账的月份"2019.12",单击"选择"按钮。
③单击"对账"按钮,开始自动对账,并显示对账结果。
④单击"试算"按钮,可以对各科目类别余额进行试算平衡。
⑤单击"确定"按钮。

4. 结账

(1) 进行结账。

①执行"期末—结账"命令,进入"结账"窗口。
②单击选择要结账月份"2019.12",单击"下一步"按钮。
③单击"对账"按钮,系统对要结账的月份进行账账核对。
④单击"下一步"按钮,系统显示"2019年12月工作报告"。
⑤查看工作报告后,单击"下一步"按钮,再单击"结账"按钮,若符合结账要求,系统将进行结账,否则不予结账。

提示:

- 结账只能由有结账权限的人进行。
- 本月还有未记账凭证时,则本月不能结账。
- 结账必须按月连续进行,上月未结账,则本月不能结账,但可以填制凭证、审核凭证。
- 若总账与明细账对账不符,则不能结账。
- 如果与其他系统联合使用,其他子系统未全部结账,则本月不能结账。
- 结账前,要进行数据备份。

(2) 取消结账(选做内容)。

①执行"期末—结账"命令,进入"结账"窗口。
②选择要取消结账的月份"2019.12"。
③按"Ctrl+Shift+F6"键,激活"取消结账"功能。
④本例的账套主管无密码,所以不需输入口令,单击"确定"按钮,取消结账标志。

提示:

- "取消结账"操作只能由账套主管执行。
- 在结完账后,由于非法操作或计算机病毒或其他原因可能会造成数据被破坏,这时可以在此使用"取消结账"功能。
- 取消结账后必须重新结账。

复 习 题

一、单选题

1. 期初余额录入是将手工会计资料录入计算机的过程之一，余额和累计发生额的录入要从（　　）科目开始。

   A. 一级　　　　　　B. 二级　　　　　　C. 三级　　　　　　D. 最末级

2. 凭证一旦保存，其（　　）不能修改。

   A. 制单日期　　　　B. 摘要　　　　　　C. 凭证编号　　　　D. 金额

3. 可按"（　　）"键取当前凭证借贷方金额的差额到当前光标位置。

   A. =　　　　　　　B. +　　　　　　　C. 空格　　　　　　D. Enter

4. 下列关于彻底删除一张未审核的凭证，正确的操作是（　　）。

   A. 可直接删除　　　　　　　　　　　B. 可将其作废

   C. 先作废，再整理凭证断号　　　　　D. 先整理凭证断号，再作废

5. 下列关于审核操作，错误的说法是（　　）。

   A. 审核人必须具有审核权

   B. 作废凭证不能被审核，也不能被标错

   C. 审核人和制单人可以是同一个人

   D. 凭证一经审核，不能被直接修改、删除

6. 记账操作每月可进行（　　）次。

   A. 一次　　　　　　B. 二次　　　　　　C. 三次　　　　　　D. 多次

7. 下列关于结账操作，说法错误的是（　　）。

   A. 结账只能由有结账权限的人进行

   B. 结账后，不能输入凭证

   C. 本月还有未记账凭证时，则本月不能结账

   D. 结账必须按月连续进行，上月未结账，则本月不能结账

二、多选题

1. 下列关于期初余额的描述中，正确的有（　　）。

   A. 所有科目都必须输入期初余额

   B. 红字余额应输入负号

   C. 期初余额试算不平衡，不能记账，但可以填制凭证

   D. 如果已经记过账，则还可修改期初余额

2. 下列可以采用"无痕迹修改"方法修改的凭证有（　　）。

   A. 未保存　　　　　B. 已保存　　　　　C. 已审核　　　　　D. 已记账

3. 下列关于凭证审核和记账操作，说法错误的有（　　）。

A. 凭证审核需先重新注册更换操作员，由具有审核权限的操作员来进行

B. 凭证只能逐张审核，不能成批审核

C. 记账操作每月可多次进行

D. 上月未记账，本月同样可以记账

4. 基本会计核算账簿管理包括（　　）的查询和输出。

A. 总账　　　　B. 余额表　　　　C. 明细账　　　　D. 客户往来账

5. 日常业务处理的任务主要包括（　　）。

A. 填制凭证　　　B. 审核凭证　　　C. 记账　　　　D. 结账

6. 结账前要进行的检查包括（　　）。

A. 检查本月业务是否全部记账，有未记账凭证不能结账

B. 月末结转必须全部生成并已记账，否则本月不能结账

C. 检查上月是否已结账，如果上月未结账，则本月不能结账

D. 核对总账与明细账、总账与辅助账、总账管理子系统与其他子系统的数据是否已经一致，如果不一致，则不能结账

三、判断题

1. 填制凭证时，金额不能为"零"，红字以"-"号表示。（　　）

2. 会计制度规定，审核与制单不能为同一人。（　　）

3. 被审核的记账凭证，发现错误后可直接修改。（　　）

4. 只有审核后的凭证才能执行记账操作。（　　）

5. 记账工作由计算机自动进行数据处理，每月可多次进行。（　　）

6. 在 ERP－U8 管理软件中，银行对账的科目在科目设置时应定义为"银行账"辅助账类的科目性质。（　　）

四、简答题

1. 总账管理子系统主要包括哪些功能？

2. 简述总账管理子系统的应用流程。

3. 简述总账管理子系统和其他子系统的关系。

4. 请举例说明 5 种总账管理子系统的控制参数。

5. 总账管理子系统的期初数据包括哪些？分别在什么情况下输入？输入时应注意哪些问题？

6. 填制凭证时，应包括哪些内容？应注意哪些问题？

7. 修改凭证有哪些方式？

8. 凭证审核与凭证记账应注意什么问题？

9. 进行银行对账的步骤是什么？

10. 什么是自动转账？自动转账包括哪些类型？使用自动转账应该注意哪些问题？

11. 结账前系统需要做哪些检查？

第5章 UFO 报表管理子系统

会计报表是综合反映企业某一特定日期财务状况和某一会计期间经营成果、现金流量的书面文件，是财会部门提供会计信息资料的一种重要手段。通过日常会计核算，虽然可以提供反映会计主体经营活动和财务收支情况的会计信息，但是这些资料分散在会计凭证和会计账簿中，难以满足会计信息使用者的需要，也难以满足企业内部加强经营管理的需要。因此，有必要在日常会计核算的基础上，根据会计信息使用者的需要，定期对日常会计核算资料进行加工处理和分类。通过编制会计报表，可以总结、综合、清晰地反映会计主体的财务状况和经营成果以及收支情况。因此，UFO 报表管理子系统在整个会计信息系统中占有非常重要的地位。

5.1 UFO 报表管理子系统概述

用友 U8 软件中 UFO 报表管理子系统是进行报表处理的工具，它与用友账务管理软件等各个系统都有着完善的接口，具有方便的自定义报表功能、数据处理功能，企业可以根据自身需要进行报表设置和处理。同时，系统内置有多个行业的多张常用会计报表，便于企业调用和使用。该系统可以与各系统同时使用，也可以独立运行，用于处理日常办公事务。

5.1.1 UFO 报表管理子系统的功能结构

报表子系统主要是完成报表格式设置、报表公式设置和报表数据处理，从账务子系统或其他业务系统中取得有关会计核算信息生成会计报表，进行报表汇总，生成各种分析图，并按预定格式输出各种会计报表。UFO 报表管理子系统是用友 ERP – U8 管理系统的重要组成部分，主要功能如图 5 – 1 所示。

```
                    ┌─────────────────┐
                    │ UFO报表管理子系统 │
                    └─────────────────┘
        ┌──────────┬──────┴─────┬──────────┬──────────┐
    ┌───┴──┐  ┌────┴─────┐  ┌───┴──┐   ┌───┴──┐   ┌───┴──┐
    │文件管理│  │格式、公式设置│  │数据处理│   │图表处理│   │报表模板│
    └──────┘  └──────────┘  └──────┘   └──────┘   └──────┘
```

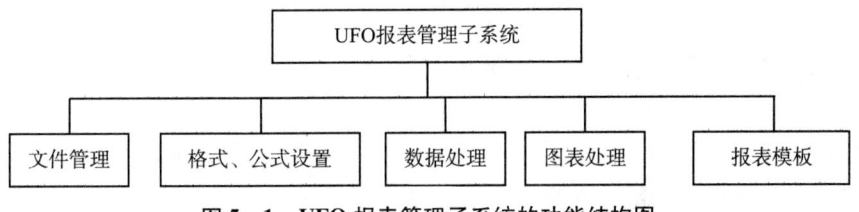

图 5-1 UFO 报表管理子系统的功能结构图

1. 文件管理功能

文件管理除包括文件的新建、打开和保存等功能外，还能够进行不同文件格式的转换，包括文本文件、*.MDB 文件、Excel 文件等，通过 UFO 提供的"导入""导出"功能实现与其他财务软件之间的数据交换。

2. 报表格式、公式设置

如果我们把一张报表拆分为相对固定的内容和相对变动的内容两部分，那么相对固定的内容包括报表的标题、表格部分、表中的项目、表中数据的来源等，相对变动的内容主要是报表中的数据。

报表格式设置是指在计算机系统中建立一张报表中相对固定的部分，相当于在计算机中建立一个报表模板，供以后编制此类报表时调用。UFO 报表管理子系统提供了丰富的格式设置功能，包括设置报表尺寸、设置报表行列数、定义组合单元、画表格线、调整行高列宽、设置字体和颜色、设置显示比例、定义报表关键字等。

报表公式设置用于生成报表中变动的数据，包括定义单元公式、审核公式和舍位平衡公式。

3. 报表数据处理

报表数据处理是根据预先设置的报表格式和报表公式进行数据采集、计算、汇总等，生成会计报表。数据处理功能包括管理大量数据不同的表页，并在每张表页之间建立有机联系。主要包括生成报表数据、审核报表数据和舍位平衡操作等工作，此外，还提供了表页的插入、追加、删除、排序、查询、汇总功能。

4. 图表处理功能

图表具有比数据报表更直观的优势，方便对数据的对比、趋势和结构分析。UFO 报表管理子系统的图表处理功能能够方便地对报表数据进行图形组织和分析，制作包括直方图、立体图、圆饼图、折线图等多种分析图表，并能编辑图表的位置、大小、标题、字体、颜色等，打印输出各种图表。

5. 报表模板

UFO 报表管理子系统中按照会计制度提供了不同行业的标准财务报表模板，包含了资产负债表利润表、现金流量表等常用标准报表，这些模板大大简化了用户的报表格式和报表公式设置工作。如果标准行业报表仍不能满足需要，系统还提供了自定义模板的功能。此外，UFO 报表管理子系统还提供了强大的二次开发功能，方便用户进行各种定制。

5.1.2　UFO 报表管理子系统与其他子系统的关系

UFO 报表管理子系统主要是从其他子系统中提取编制报表所需的数据。总账、薪资、固定资产、应收、应付、采购、库存、存货核算和销售子系统均可向 UFO 报表管理子系统传递数据，以生成财务部门所需的各种会计报表。

5.1.3　UFO 报表管理子系统的应用流程

使用报表子系统编制会计报表，并没有从根本上改变会计报表的编制目的、基本结构、数据来源、钩稽关系和最终结果。但是，报表的整个编制过程和实现方法与手工会计有了很大的区别，它摒弃了手工查询数据、汇总账务数据，并将数据填于报表表格中的方式，而是通过模板设置，将报表格式、项目、数据来源（单元公式）进行定义，月底由软件自动生成报表数据。下一个月份，只需复制追加一份同样的表面，录入当时的年月日等关键字，系统即自动从账簿中取数，生成下一个月的报表。因此，使用 UFO 报表管理子系统编制会计报表的应用流程如图 5-2 所示。

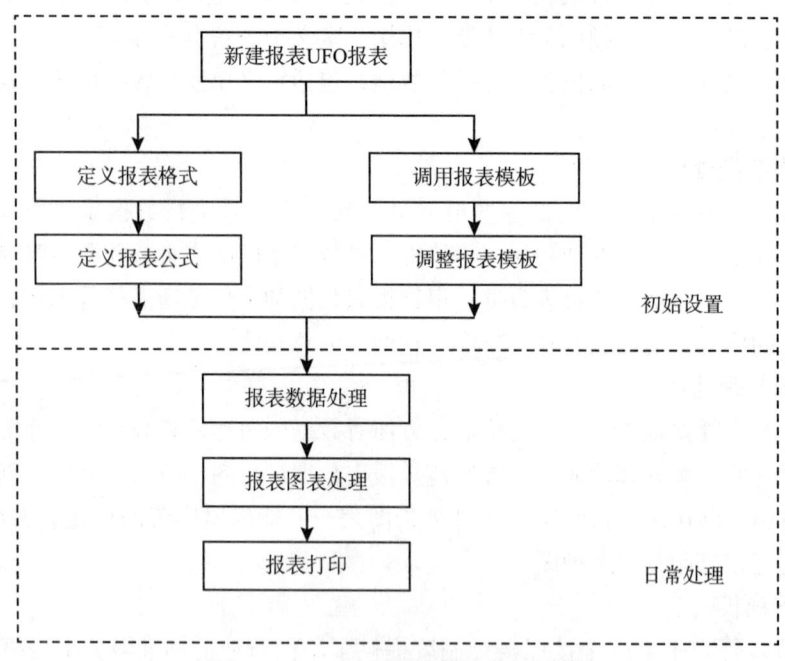

图 5-2　UFO 报表管理子系统应用流程

5.1.4 UFO 报表管理子系统的相关概念

1. 格式状态和数据状态

UFO 将报表制作分为两大部分来处理，即报表格式、公式设置工作与报表数据处理工作。这两部分工作是在不同的状态下进行的。UFO 报表管理子系统有格式和数据两种不同的状态，在报表工作区的左下角有一个"格式/数据"按钮，单击该按钮可以在格式状态和数据状态之间切换。

在打开报表的左下角显示 格式 时，表明报表在格式状态下。在报表格式状态下进行有关报表格式与公式设置的操作。报表格式设置包括表尺寸、行高列宽、单元属性、单元风格、组合单元、关键字等；报表公式设置包括定义报表的单元公式、审核公式及舍位平衡公式。在格式状态下时，所看到的是报表的格式，报表的数据全部隐藏。在格式状态下所做的操作对本报表所有的表页都发生作用，在格式状态下不能进行数据的录入、计算等操作。

在打开报表的左下角显示 数据 时，表明报表在数据状态下。在报表的数据状态下管理报表的数据，如生成报表数据、输入个别数据、增加或删除表页、审核、舍位平衡、制作图形、汇总、合并报表等。在数据状态下不能修改报表的格式，看到的是报表的全部内容，包括格式和数据。

2. 单元

单元是组成报表的最小单位，单元名称由所在行、列标识。行号用数字 1～9999 表示，列标用字母 A～IU 表示。例如，D3 表示第 4 列第 3 行的那个单元。单元类型有数值单元、字符单元和表样单元 3 种。

数值单元用于存放报表的数值型数据。可在数据状态下输入或由单元中存放的单元公式运算生成。建立一个新表时，所有单元的类型默认为数值型，最多可输入 15 位有效数字。

字符单元用于存放报表的字符型数据。其内容可以是汉字、字母、数字及各种键盘可输入的符号组成的一串字符。可在格式状态下将所选单元的属性设为"字符"型，即可在数据状态下输入文本或由单元公式生成，一个单元中最多可输入 63 个字符或 31 个汉字。

表样单元存储报表的格式，是定义一个没有数据的空表所需的所有文字、符号或数字。一旦单元被定义为表样，那么在其中输入的内容对所有表页都有效。表样单元只能在格式状态边下输入和修改，在数据状态下不允许修改。一个单元中最多可输入 63 个字符或 31 个汉字。

3. 组合单元

由于一个单元只能输入有限个字符，而在实际工作中有的单元有超长输入的情况，这时，可以采用系统提供的组合单元。组合单元由相邻的两个或更多的单元组成，这些单元必须是同一种单元类型（表样、数值、字符）。报表子系统在处理报表时将组合单元视为一个单元。可以组合同一行相邻的几个单元，也可以组合同一列相邻的几个单元，还可以把个多行多列的平面区域设为一个组合单元。组合单元的名称可以用区域的名称或区域中的任何一个单元的名称来表示。例如，把 C3 到 F6 定义为一个组合单元，这个组合单元可以用"C3""F6"或"C3：F6"表示。

4. 区域

区域由一张表页上的相邻单元组成，自起点单元至终点单元是一个完整的长方形矩阵。在报表中，区域是二维的，最大的区域是整个表页，最小的区域是一个单元。例如，B2 到 E5 的长方形区域表示为"B2：E5"，起点单元与终点用"："连接。

5. 表页

每一张表页是由许多单元组成的。一个 UFO 报表最多可容纳 99999 张表页，一个报表中的所有表页具有相同的格式，但由于关键字的不同，其中的数据不同。比如一张利润表，有 3 张表页，每张表页都具用相同的利润表格式，但每张表页的数据是不一样的，第 1 页生成的是 1 月份的利润表数据，第 2 页生成的是 2 月份的利润表数据。报表中表页的序号在表页的下方以标签的形式出现，称为"页标"。页标用"第 1 页"~"第 99999 页"表示，表页的表达方式为@页号，例如，当前表的第 2 页，可以表示为@2。

6. 二维表和三维表

确定某一数据位置的要素称为"维"。在一张有方格的纸上填写一个数字，这个数字的位置可通过行和列（二维）来描述。如果将一张有方格的纸称为表，那么这个表就是二维表，通过行（横轴）和列（纵轴）可以找到这个二维表中的任何位置的数据。

如果将多个相同的二维表叠在一起，要从多个二维表中找到某一个数据，则需要增加一个要素，即表页号（Z 轴），这一叠表称为一个三维表。

如果将多个不同的三维表放在一起，要从这样多个三维表中找到某一个数据，又需要增加一个要素，即表名。三维表中的表间操作即称为"四维运算"。

因此，在 UFO 报表管理子系统中要确定一个数据的所有要素为：＜表名＞、＜列＞、＜行＞、＜表页＞，如资产负债表第 2 页的 C6 单元，表示为"资产负债表"→C6@2。

7. 固定区和可变区

固定区是指组成一个区域的行数和列数的数量是固定的数目。一旦设定好以后，在固定区域内其单元总数是不变的。

可变区是指屏幕显示一个区域的行数或列数是不固定的数字，可变区的最大行数或最大列数是在格式状态中设定的。在一个报表中只能设置一个可变区，或是行可变区或是列可变区。行可变区是指可变区中的行数是可变的；列可变区是指可变区中的列数是可变的。设置可变区后，屏幕只显示可变区的第一行或第一列，其他可变行、列隐藏在表体内。在以后的数据操作中，可变行、列数随着需要而增减。

有可变区的报表称为可变表；没有可变区的报表称为固定表。

8. 关键字

在 UFO 报表中，关键字是连接一张空表和有数据报表的纽带，也可以通过关键字来唯一标识一个表页,用于在大量表页中快速选择表页。通常可以将那些引起报表数据发生变化的项目定义为关键字。比如:一张报表中,可以将年、月、日定义为关键字。通常关键字可以有以下几种。

(1) 单位名称:该报表表页编制单位的名称。

(2) 单位编号:该报表表页编制单位的编号。

(3) 年:该报表表页反映的年度。

(4) 季:该报表表页反映的季度。

(5) 月:该报表表页反映的月份。

(6) 日:该报表表页反映的日期。

除了以上常见的关键字之外,系统通常还会提供一个自定义关键字功能,方便用户灵活定义并运用这些关键字。

关键字的显示位置在格式状态下设置,关键字的值则在数据状态下录入,每张报表可以定义多个关键字。

9. 函数

报表子系统中,函数的作用是从各种地方取数,是自动生成报表数据的关键,因此,函数是单元公式中的重要构成要素。按照函数的用途不同,函数可分为账务函数、其他业务系统取数函数、统计函数、数学函数、日期时间函数、本表其他表页取数函数等。下面举例说明几种常用函数的用法和取数形式。

(1) 自总账取数的函数(账务函数)。

账务函数通常用来采集总账中的数据,因此使用得较为频繁。账务函数的基本格式为:

函数名(科目编码,会计期间,[方向],[账套号],[会计年度],[编码1],[编码2])

- 科目编码:也可以是科目名称,可用双引号括起来,也可不加。
- 会计期间:可以是"年""季""月"等变量,也可以是具体表示年、季、月的数字。
- 方向:即"借"或"贷",可以省略。
- 账套号:为数字,缺省时默认为当前账套。
- 会计年度:即数据取数的年度,可以省略。
- 编码1、编码2:与科目编码的核算账类有关,可以取科目的辅助账,如职员编码、项目编码等,如无辅助核算则省略。

主要账务函数如表5-1所示。

表5-1 账务函数表

总账函数	金额式	数量式	外币式
期初额函数	QC()	sQC()	wQC()
期末额函数	QM()	sQM()	wQM()

续表

总账函数	金额式	数量式	外币式
发生额函数	FS( )	sFS( )	wFS( )
累计发生额函数	LFS( )	sLFS( )	wLFS( )
条件发生额函数	TFS( )	sTFS( )	wTFS( )
对方科目发生额函数	DFS( )	sDFS( )	wDFS( )
净额函数	JE( )	sJE( )	wJE( )
汇率函数	HL( )		

（2）统计函数。

统计函数一般用来完成报表数据的统计工作，如报表中的"合计"项等。常用统计函数如表5-2所示。

表5-2　　　　　　　　　　　　统计函数表

项目	函数	项目	函数
求和	PTOTAL( )	最大值	PMAX( )
平均值	PAVG( )	最小值	PMIN( )
计数	PCOUNT( )	方差	PVAR( )
		偏方差	PSTD( )

（3）自本表其他表页取数函数。

自本表其他表页取数函数用于从同一报表文件的其他表页中采集数据。很多报表数据是从以前的历史记录中取得的，如本表其他表页。当然，这类数据可以通过查询历史资料而取得，但是查询既不方便，又会由于抄写错误而引起数据失真。而如果在单元公式中进行取数设定，则既能减少工作量，又能节约时间，同时数据的准确性也得到了保障。要达到以上要求，就需要用到表页与表页间的单元公式。

①取确定页号表页的数据。当所取数据所在的表页页号已知时，用以下格式可以方便地取得本表其他表页的数据：

<目标区域> = <数据源区域>@<页号>

例如：B2 = C5@1，表示令各页B2单元均取当前表第一页C5单元的值。

C1 = C2@2，表示令各页C1单元均取当前表第二页C2单元的值。

②按一定关键字取数。对于取自本表其他表页的数据可以利用某个关键字作为表页定位的依据，或者直接以页标号作为定位依据，指定取某个表页的数据。SELECT( )函数常用于从本表他页取数。

例如：C1 = SELECT（C2，月@ = 月 + 1），表示 C1 单元取自上个月的 C2 单元的数据。

（4）自其他报表取数函数。

自其他报表取数函数即报表之间取数函数，用于从另一报表某期间某页中某个或某些单元中采集数据。

报表间的取数函数与同一报表内各表页间的取数函数很相近，主要区别就是把本表表名换为他表表名。报表与报表间的取数函数分为取他表确定页号表页的数据和用关联条件从他表取数两种。

①取他表确定页号表页的数据。具体格式如下：

<目标区域> = "<他表表名>"→<数据源区域>[@<页号>]，当<页号>缺省时为本表各页分别取他表各页数据。如：D5 = "syb"→D5@4，表示取"syb"表的第四表页的 D5 单元的值。

②用关联条件从他表取数。当从他表取数时，已知条件并不是页号，而是希望按照年、月、日等关键字的对应关系来取他表数据，就必须用到关联条件。

表页关联条件的意义是建立本表与他表之间以关键字或某个单元为联系的默契关系。

从他表取数的关联条件的格式为：

RELATION <单元｜关键字｜变量｜常量> WITH "<他表表名>"→<单元｜关键字｜变量｜常量>

5.2 UFO 报表管理子系统初始设置

5.2.1 报表格式设置

报表格式就是一张报表的框架。报表的格式在格式状态下设置，对整个报表都有效，所以，整个报表文件的所有表页格式都相同。报表格式设置主要包括报表尺寸定义、单元属性定义、组合单元定义和关键字设置等内容。报表格式设置工作虽然烦琐，但属于一次性工作，一旦设置完成以后可以重复使用，可谓"一劳永逸"。

1. 报表格式的内容

报表格式一般包括标题、表头、表体、表尾四部分内容。进行报表格式设置之前，需要事先准备好手工表样。报表的四部分如图 5 - 3 所示。

货币资金变动表 }标题

单位名称：蒙华公司		年　　月		单位：元
项目	期初余额	本月借方发生额	本月贷方发生额	期末余额
库存现金				
银行存款				
其他货币资金				
合计				

制表人：　　　　　　 }表尾

表头、表体标注于右侧

图 5-3　报表的四部分

（1）标题。

报表的标题为报表的实际名称，应与会计准则与会计制度的要求一致。

（2）表头。

表头主要用来描述报表的编制单位名称、编制日期、计量单位等内容，其中编制日期随时间改变，其他内容则每期固定不变。

（3）表体。

表体是一张报表的核心，它是报表数据的主要表现区域，是报表的主体。表体由报表栏目名称、报表项目名称和报表数据单元组成。其中，报表的栏目名称定义了报表的列，报表项目名称定义了报表的行。

（4）表尾。

表尾是表体以下进行辅助说明的部分，它还包括编制人、审核人等内容。

2. 固定表格式设置

固定表是指报表的行和列相对固定的报表。一般包括以下内容的设置。

（1）设置表尺寸。

设置表尺寸就是定义报表的大小，即设定报表的最大行数和列数。报表的行数包括标题、表头、表体和表尾几个部分。

（2）定义组合单元。

定义组合单元就是把几个单元作为一个单元使用，即合并单元的意思。组合单元可以按行或列组合，也可以整体组合。

（3）区域画线。

报表的尺寸设置完成后，在数据状态下，该报表是没有任何表格线的，为了满足查看和打印的需要，还需要在表格中表体部分画上表格线。画线类型有网线、横线、竖线、框线、正斜线和反斜线。

（4）输入报表项目。

报表项目包括标题、表头（关键字值除外）、表体和表尾。报表项目是在格式状态下输入的，其所在单元自动默认为表样单元，定义为表样单元的内容在数据状态下不允许修改和删除。

（5）定义行高和列宽。

如果报表中某些单元的行高和列宽要求比较特殊，可以根据需要调整报表的行高和列宽，行高和列宽的单位为毫米。

（6）设置单元属性。

单元属性是指单元的单元类型、字体图案、对齐方式和边框设置。

单元类型：数值、字符和表样三种单元类型。

字体图案：字型、字体、字号、颜色、图案等。

对齐方式：水平方向和垂直方向的对齐方式，以及折行显示。

边框设置：与区域画线功能相同，也是在表格中表体部分画上表格线。

（7）设置关键字。

确定关键字在表页上的位置，需要将关键字放在什么位置，则需要在相应的单元中设置关键字。

在 UFO 报表中，关键字通常是那些可以引起报表数据发生变化的项目。通过关键字可以生成报表数据。通常关键字可以有以下几种：

①单位名称：该报表表页编制单位的名称。

②单位编号：该报表表页编制单位的编号。

③年：该报表表页反映的年度。

④季：该报表表页反映的季度。

⑤月：该报表表页反映的月份。

⑥日：该报表表页反映的日期。

（8）调整关键字位置。

关键字的位置不合适，可以通过关键字的"偏移"功能进行调整。在调整时，可以通过输入正的或负的数值来进行调整，正数值表示向右移动，负数值表示向左移动。关键字偏移量单位为像素。

3. 可变表格式设计

可变表是指那些行数或列数不固定，需随实际需要变动的表。

如 A 公司 1 月份销售的产品有 3 种：甲产品、乙产品、丙产品。为考核各种产品的获利能力，设计了产品销售毛利明细表，如表 5-3 所示，在表中产品的品种是可以变化的，假定在 2017 年度 A 公司预计最多可以销售 10 种产品（包括甲、乙、丙 3 种产品），这就用到了可变表制作。

表 5-3　　　　　　　　A 公司 1 月份产品销售毛利明细表　　　　　　　　单位：元

产品品种	销售收入	销售成本	销售毛利
甲	70000	40000	
乙	50000	30000	

续表

产品品种	销售收入	销售成本	销售毛利
丙	30000	10000	
合计	150000	80000	

制作可变表的步骤基本与固定表相同，所不同的是增加了可变区的设计。一个报表只能定义一个可变区。本表属于列固定、行可变。

5.2.2 报表公式设置

由于各种报表之间存在着密切的数据间的逻辑关系，所以，报表中各种数据的采集、运算和钩稽关系的检测就用到了不同的公式。前面介绍了报表公式的设置在格式状态下进行，主要有单元公式、审核公式和舍位平衡公式。

1. 单元公式

由于单元公式可以直接定义在报表单元中，所以称为"单元公式"。单元公式决定报表数据的来源，并且定义报表数据之间的运算关系，可以实现报表系统从其他子系统或报表系统本身取数，是实现计算机自动生成报表数据的关键。其工作过程是从软件系统的账簿、凭证等地方采集数据，直接填入表中相应的单元或经过简单计算填入相应的单元。因此，通常报表子系统会内置一整套从各种数据文件中调取数据的函数。不同的报表软件，函数的具体表示方法不同，但这些函数所提供的功能和使用方法一般是相同的。通过单元公式来组织报表数据，既经济又省事，把大量重复、复杂的劳动简单化。合理地设计单元公式能大大节约劳动时间，提高工作效率。

单元公式的输入方式包括引导输入和直接输入两种方式。

（1）引导输入公式。

引导输入公式是在对单元公式不熟练的情况下，可通过系统提示，逐步引导输入单元公式。

（2）直接输入公式。

如果已经掌握了各种函数的用法和规律，在对公式输入比较熟练的情况下，可直接输入单元公式。

2. 审核公式

审核公式用于审核和验证报表内或报表之间数据钩稽关系是否正确。财务报表中的数据往往存在一定的钩稽关系，如资产负债表中的资产合计应等于负债及所有者权益合计。在实际工作中，为了确保报表数据的准确性，可以利用这种报表内或报表之间的钩稽关系对报表的编制进行数据正确性检查，用于该种用途的公式称为审核公式。

3. 舍位平衡公式

用于报表数据进行进位或小数取整时调整数据。例如，对于资产金额较大的企业，对报表进行汇总时，得到的汇总数据可能位数很多，如果报表数据以"元"为单位报送，报表使用者阅读起来就很困难。这种情况下，就需要把以"元"为单位的报表转换为以"千元""万元"为单位的报表。在转换过程中，原报表的平衡关系可能被破坏，因此需要进行调整，使之仍然符合原有的平衡关系。报表经舍位之后，用于重新调整平衡关系的公式称为舍位平衡公式。

提示：

● 报表的单元公式在一般情况下必须设置，审核公式和舍位平衡公式是根据需要设置的。

5.2.3 报表模板

会计报表包括外部报表和内部报表，资产负债表、利润表和现金流量表是主要的三张对外财务报表，而这些报表的格式是国家会计制度统一规定的。UFO报表管理子系统为了简化用户的报表格式设计工作，一般会预先设置一系列的各行业的各种标准财务报表模板供用户选择使用。用户可以利用报表模板迅速建立一张符合本企业需要的财务报表。

灵活运用报表模板无疑可以加快报表处理的效率。如果系统预先设置的报表模板与本企业的实际需要存在差异，用户也可以充分利用报表格式和公式设置的功能，对原来的报表模板进行修改，生成新的报表模板。

此外，对于本企业常用报表模板中没有提供的一些报表，在设置了这些报表的格式和公式以后，可以将其定义为报表模板，以便今后需要时直接调用。

1. 利用报表模板生成资产负债表和利润表

利用UFO报表管理子系统的报表模板生成资产负债表和利润表操作步骤如下。

（1）在格式状态下，调用报表模板。

（2）在格式状态下，调整报表模板。

（3）在数据状态下，输入关键字，生成报表数据。

2. 利用报表模板生成现金流量表

系统提供了两种生成现金流量表的方法：一是利用现金流量表模块；二是利用总账的项目管理功能和UFO报表管理子系统。第一种方法比较麻烦，本教材主要介绍第二种方法。

利用第二种方法生成现金流量表的步骤如下。

（1）总账管理子系统中操作流程。

①在设置会计科目界面指定"库存现金""银行存款"科目为现金流量科目。

②系统在项目目录里已经建立了"现金流量项目"项目大类的各现金流量项目。

③在凭证中指定现金流量科目所对应的现金流量项目。

在填制凭证时，如果涉及现金流量科目，可以在填制凭证界面中单击"流量"按钮，指定发生的该笔现金流量的所属项目。

如果在填制凭证时未指定现金流量项目，也可以执行"现金流量表—现金流量凭证查询"命令，针对每一张现金流量凭证，单击"修改"按钮补充录入现金流量项目。

(2) UFO报表管理子系统中的操作流程。

①在格式状态下，调用现金流量表模板。

②在格式状态下，定义现金流量表模板关键字和补充现金流量表模板中的公式。

③在数据状态下，生成现金流量表主表数据。

5.3 UFO报表管理子系统日常处理

在格式设置工作完成以后，就可以进行报表数据处理了。报表数据处理主要包括报表数据生成、报表审核、报表舍位平衡处理、图表处理、报表输出等内容。

5.3.1 报表编制

报表编制的主要任务是根据预先设定的公式完成报表数据的采集和计算，得到完整的数据表。利用报表子系统编制报表的一般步骤如下。

1. 打开报表文件

打开已设置好表样格式及公式的报表文件。一个报表文件可能包含多个表页，每个表页用来存放不同会计期间的数据。如果没有存放当期数据的表页，需要插入或追加表页。

2. 输入关键字

不同会计期间企业经营的数据有所不同，如何判定本表页数据取自哪个单位、哪个会计期呢？在系统中是通过设置关键字来识别的，因此在生成报表数据前的重要步骤就是录入关键字的值。

3. 输入基本数据

某些报表单元的个别数据每月不同，且无法从机内的账簿文件中获取，与其他数据之间也不存在关联关系，只能在编制报表时临时输入。

4. 生成报表

在完成基本数据输入和关键字录入后，系统将自动根据单元公式从账务子系统中或其他子系统中采集数据，进行计算，生成报表。在生成报表的过程中，系统将对公式的格式进行检查，如有语法或句法错误，系统将给予提示。

5. 报表审核

报表数据生成后，如果设置了审核公式，系统将根据审核公式中设定的逻辑关系进行检查。当报表数据不符合钩稽关系时，系统会给出预先设定的提示信息，用户应按照系统提示修改报表数据，并重新进行审核，直到审核通过。每次对报表数据进行修改后，都应该重新进行审核，以保证报表各项钩稽关系正确。

6. 舍位平衡处理

如果设置了舍位平衡公式，还可以进行舍位平衡处理，生成舍位表。

5.3.2 图表处理

图表处理可以实现以图表的方式对报表数据进行直观分析的功能，方便对数据进行对比、趋势和结构分析。报表子系统提供的图表格式一般包括直方图、圆饼图、折线图、面积图等，不同格式的图表的建立方法类似。

图表是利用报表文件中的数据生成的，图表与报表数据存在着密切联系。当报表中的数据源发生变化时，图表也随之变化；报表文件被删除后，由该报表生成的图表也被同时删除。

图表以图表窗口的形式存在。图表并不是独立的文件，它的存在依附于数据源所在的报表文件，只有打开报表文件，才能打开相应的图表。

对图表可以进行命名、修改、保存或删除等操作，也可以进行打印输出。

5.3.3 表页管理

表页管理包括插入、追加、交换、删除和查找表页，还可以对表页进行排序。表页排序是指报表子系统可以按照表页关键字的值或报表中任何一个单元的值重新排列表页，以方便用户进行查询和管理。

5.3.4 报表数据管理

报表数据管理主要包括对报表数据进行透视和汇总。

1. 报表透视

在报表子系统中，大量的数据是以表页的形式分布的，正常情况下每次只能看到一张表页。要想对各个表页的数据进行比较，可以利用数据透视功能，把多张表页的多个区域的数据显示在一个平面上。数据透视的结果可以保存在报表中。

2. 数据汇总

报表的数据汇总是报表数据不同形式的叠加。UFO 报表管理子系统提供了表页汇总和可变区汇总两种汇总方式。表页汇总是把整个报表的数据进行立体方向的叠加，汇总数据可以存放在本报表的最后一张表页或生成一个新的报表文件；可变区汇总是把指定表页中可变区数据进行平面方向的叠加，把汇总数据存在本表页可变区的最后一行或一列。

在实际工作中，主要用于同一报表不同时期的汇总，以便得到某一期间的汇总数据；或者同一单位不同部门，对同一张报表进行汇总，以得到整个单位的合计数字。进行数据汇总时，参与汇总的报表可以来自总公司下属的各个分公司，也可以是来自一个公司的不同时期。

报表汇总功能不能用于编制合并报表。合并报表是以母公司和子公司组成的企业集团为一会计主体，以母公司和子公司单独编制的个别会计报表为基础，由母公司编制的综合反映企业集团财务状况、经营成果及现金流量的会计报表。编制合并报表时需要将各子公司之间的内部往来、内部投资等数据予以抵消，而不是各子公司报表的简单叠加。编制合并报表需要使用合并报表功能，UFO报表管理子系统提供了单独的合并报表功能。

5.3.5 报表输出

报表的输出包括报表的屏幕输出和打印输出，输出时可以针对报表格式输出，也可以针对某一特定表页输出。输出报表格式须在格式状态下操作；而输出表页须在数据状态下操作，输出表页时，格式和报表数据一起输出。

屏幕输出时可以对报表的显示风格、显示比例加以设置；打印输出之前可以在预览窗口进行预览，打印时还可以进行页面设置和打印设置等操作。

实验六　UFO 报表管理子系统

【实验目的】
(1) 理解用友 ERP – U8 管理软件中报表编制的原理及流程。
(2) 掌握报表格式设置、公式设置操作方法，特别是单元公式的设置。
(3) 掌握报表数据处理、表页管理和图表处理功能等操作。
(4) 掌握报表生成的方法（自定义报表和利用报表模板生成报表）。

【实验内容】
(1) 自定义一张报表。
(2) 利用报表模板生成报表。

【实验准备】
(1) 将计算机系统时间调整为 2019 年 12 月 31 日。
(2) 引入"实验五"账套数据。

【实验资料】
(1) 货币资金变动表。

货币资金变动表如图 5 – 4 所示。

	A	B	C	D	E
1			货币资金变动表		
2	单位名称：蒙华公司		年　月		单位：元
3	项目	期初余额	本月借方发生额	本月贷方发生额	期末余额
4	库存现金	QC("1001",月)	FS("1001",月,"借")	FS("1001",月,"贷")	QM("1001",月)
5	银行存款	QC("1002",月)	FS("1002",月,"借")	FS("1002",月,"贷")	QM("1002",月)
6	其他货币资金	QC("1012",月)	FS("1012",月,"借")	FS("1012",月,"贷")	QM("1012",月)
7	合计	PTOTAL(B4:B6)	PTOTAL(C4:C6)	PTOTAL(D4:D6)	PTOTAL(E4:E6)
8					制表人：

图 5 – 4　货币资金变动表

① 报表格式设置，如图 5 – 4 所示。
② 报表公式设置。

a. 单元公式：如图 5 – 4 所示。
b. 舍位平衡公式：舍位表名"SW1"，舍位范围"B4：E7"，舍位位数"3"，平衡公式"B7 = B4 + B5 + B6，C7 = C4 + C5 + C6，D7 = D4 + D5 + D6，E7 = E4 + E5 + E6"。
c. 审核公式：B7 + C7 – D7 = E7，如果不等，系统将提示"数据不正确"信息。

③报表数据处理并生成图表。

（2）利用报表模板生成资产负债表、利润表和现金流量表。

【实验要求】

以账套主管"王杰"的身份进行 UFO 报表管理操作。

【操作指导】

1. 启用 UFO 报表管理子系统

（1）以"王杰"的身份进入企业应用平台（操作日期：2019 年 12 月 31 日）执行"财务会计—UFO 报表"命令，进入 UFO 报表管理子系统。

（2）执行"文件—新建"命令，建立一张空白报表，报表名默认为"report1"。

2. 货币资金变动表报表格式设置

提示：

• 查看空白报表底部左下角的"格式/数据"按钮并单击，使当前状态为"格式"状态。

（1）设置报表尺寸。

①执行"格式—表尺寸"命令，打开"表尺寸"对话框。

②输入行数"8"，列数"5"，单击"确认"按钮，出现 8 行 5 列的表格。

（2）定义组合单元。

①单击选中 A1 单元后拖动鼠标到 E1 单元，执行"格式—组合单元"命令，打开"组合单元"对话框。

②选择组合方式为"整体组合"或"按行组合"，该区域即合并成一个单元。

（3）画表格线。

①单击选中 A3 单元后拖动鼠标到 E7 单元，执行"格式—区域画线"命令，打开"区域画线"对话框。

②选择"网线"单选按钮，单击"确认"按钮，将所选区域画上表格线。

（4）输入报表项目。

①选中需要输入内容的单元或组合单元。

②在该单元或组合单元中输入相关文字内容，例如，在 A1 组合单元中输入"货币资金变动表"。根据实验资料，输入所有报表项目。

提示：

• 报表项目指报表的文字内容，主要包括表头内容、表体项目、表尾项目等。不包括关键字。

• 编制单位、日期一般不作为文字内容输入，而是需要设置为关键字。

（5）定义报表行高和列宽。

①单击选中 A1 单元，执行"格式—行高"命令，打开"行高"对话框，输入行高"8"，单击"确认"按钮。

②选中 A～E 列，执行"格式—行高"命令，打开"列宽"对话框，输入列宽

"35",单击"确认"按钮。

提示:
- 行高、列宽的单位为毫米。

(6)设置单元属性。

①单击选中标题所在组合单元"A1",执行"格式—单元属性"命令,打开"单元格属性"对话框。

②单击"字体图案"选项卡,设置字型"粗体",字号"14"。

③单击"对齐"选项卡,设齐方式的垂直方向和水平方向都为"居中",单击"确定"按钮。

④单击选中 E8 单元,执行"格式—单元属性"命令,打开"单元格属性"对话框,单击"单元类型"选项卡,选择单元类型"字符",单击"确定"按钮。

提示:
- 格式状态下输入内容的单元均默认为表样单元,未输入数据的单元均默认为数值单元,在数据状态下可输入数值。若希望在数据状态下输入字符,应将其定义为字符单元。
- 字符单元和数值单元输入后只对本表页有效,表样单元输入后对所有表页有效。

(7)设置关键字。

①单击选中需要输入关键字的单元"A2",执行"数据—关键字—设置"命令,打开"设置关键字"对话框。

②单击"单位名称"单选按钮,单击"确定"按钮。

③单击选中需要输入关键字的单元"C2",执行"数据—关键字—设置"命令,打开"设置关键字"对话框。

④单击"年"单选按钮,单击"确定"按钮。

⑤单击选中需要输入关键字的单元"C2",执行"数据—关键字—设置"命令,打开"设置关键字"对话框。

⑥单击"月"单选按钮,单击"确定"按钮。

⑦执行"数据—关键字—偏移"命令,打开"定义关键字偏移"对话框。

⑧在需要调整位置的关键字后面输入偏移量。单位名称"0",年"-50",月"0"。

⑨单击"确定"按钮。

提示:
- 每个报表可以同时定义多个关键字。
- 如果要取消关键字,须执行"数据—关键字—取消"命令,打开"取消关键字"对话框,选择要取消的关键字,单击"确定"按钮。
- 关键字的位置可以用偏移量来表示,负数值表示向左移,正数值表示向右移。在调整时,可以通过输入正或负的数值来调整。

- 关键字偏移量单位为像素。

3. 货币资金变动表报表公式设置

（1）定义单元公式—引导输入公式。

①单击需要定义公式的单元"B4"，即"库存现金"的期初余额。

②单击工具栏中的"fx"按钮或执行"数据—编辑公式—单元公式"命令，打开"定义公式"对话框。

③单击"函数向导"按钮，打开"函数向导"对话框，选择"用友账务函数—期初（QC）"，单击"下一步"按钮，打开"用友财务函数"对话框。

④单击"参照"按钮，打开"财务函数"对话框，输入科目"1001"，其他采用系统默认，单击"确定"按钮，返回"用友财务函数"对话框。

⑤可以将公式中"月"后的逗号全部去掉，单击"确定"按钮，返回"公式定义"对话框，再单击"确认"按钮。

提示：

- 单元公式中涉及的符号均为英文半角字符。
- 单击"fx"按钮或双击某公式单元或按"="键，都可打开"定义公式"对话框。
- 函数中的科目编码可带引号，也可不带引号。

（2）定义单元公式—直接输入公式。

①单击需要定义公式的单元"B5"，即"银行存款"的期初余额。

②单击工具栏中的"fx"按钮或执行"数据—编辑公式—单元公式"命令，打开"定义公式"对话框。

③在定义公式对话框内直接输入单元公式 QC（"1002"，月），单击"确认"按钮。

④根据实验资料，可以引导或直接输入其他单元的单元公式。

（3）定义审核公式。

①执行"数据—编辑公式—审核公式"命令，打开"审核公式"对话框。

②输入审核关系：B7 + C7 − D7 = E7　MESS"数据不正确"。

③单击"确定"按钮。

（4）定义舍位平衡公式。

①执行"数据—编辑公式—舍位公式"命令，打开"舍位平衡公式"对话框。

②输入如下信息：舍位表名"SW1"，舍位范围"B4：E7"，舍位位数"3"，平衡公式"B7 = B4 + B5 + B6，C7 = C4 + C5 + C6，D7 = D4 + D5 + D6，E7 = E4 + E5 + E6"。

③单击"完成"按钮。

提示：

- 舍位平衡公式是指用来重新调整报表数据进位后的小数位平衡关系的公式。
- 每个公式一行，各公式之间用逗号","（半角）隔开，最后一条公式不用写逗号，否则公式无法执行。
- 等号左边只能为一个单元（不带页号和表名）。

- 舍位公式中只能使用"＋""－"符号，不能使用其他运算符及函数。

(5) 保存报表。

①执行"文件—保存"命令。如果是第一次保存，则打开"另存为"对话框。

②选择保存文件夹的目录，输入报表文件名"货币资金变动表"，选择保存文件类型"报表文件＊.rep"，单击"保存"按钮。

提示：

- 报表格式设置完以后，切记要及时将这张报表格式保存下来，以便以后随时调用。
- 如果没有保存就退出，系统会出现提示："是否保存报表？"，以防止误操作。
- ".rep"为用友报表文件专用扩展名。

4. 报表数据处理

(1) 打开报表。

①启动 UFO 报表子系统，执行"文件—打开"命令。

②选择需要打开的报表文件"货币资金变动表.rep"，单击"打开"按钮。

③单击空白报表底部左下角的"格式/数据"按钮，使当前状态为"数据"状态。

提示：

- 报表数据处理必须在"数据"状态下进行。

(2) 增加表页。

①执行"编辑—追加—表页"命令，打开"追加表页"对话框。

②输入需要追加表页的数量"2"，单击"确认"按钮。

提示：

- 追加表页是在最后一张表页后追加 N 张空表页，插入表页是在当前表页前面插入一张空表页。
- 一张报表最多只能管理 99999 张表页，演示版软件系统最多只能管理 4 张表页。

(3) 输入关键字并生成报表数据。

①在第 1 表页中，执行"数据—关键字—录入"命令，打开"录入关键字"对话框。

②输入单位名称"华扬公司"，年"2019"，月"12"。

③单击"确认"按钮，系统弹出"是否重算第 1 页？"信息提示对话框。

④单击"是"按钮，系统会自动根据单元公式计算 2019 年 12 月的数据；单击"否"按钮，系统不计算 2019 年 12 月的数据，以后可利用"数据—表页重算"功能生成 2019 年 12 月的数据。

⑤再次保存报表数据。

提示：

- 每一张表页均对应不同的关键字，输出时随同单元一起显示。
- 日期关键字可以确认报表数据取数的时间范围，即确定数据生成的具体日期。

(4) 表页重算。

①执行"数据—表页重算"命令，系统弹出"是否重算第 1 页？"信息提示框。

②单击"是"按钮，系统会自动在初始的账套和会计年度范围内根据单元公式计算生成数据。

提示：

● 当账套数据发生变化或单元公式变化时，可以执行此功能重新生成报表数据。

(5) 报表审核。

①执行"数据—审核"命令。

②系统会自动根据前面定义的审核公式进行审核，报表底部左下角的状态栏提示"完全正确！"。

(6) 报表舍位操作。

①执行"数据—舍位平衡"命令。

②系统会自动根据前面定义的舍位公式进行舍位操作，并将舍位后的报表保存在 SW1.rep 文件中。

③查看后，可关闭 SW1.rep 文件。

5. 表页管理

(1) 表页排序。

①执行"数据—排序—表页"命令，打开"表页排序"对话框。

②选择如下信息：选择第一关键值"年"，排序方向"递增"，第二关键值"月"，排序方向"递增"。

③单击"确认"按钮，系统将自动把表页按年份递增顺序重新排列，如果年份相同则按月份递增顺序排序。

(2) 表页查找。

①执行"编辑—查找"命令，打开"查找"对话框。

②确定查找内容"表页"，确定查找条件"月=12"。

③单击"查找"按钮，查找到符合条件的表页作为当前表页。

6. 图表功能

(1) 追加图表显示区域。

①在格式状态下，执行"编辑—追加—行"命令，打开"追加行"对话框。

②输入追加行数"15"，单击"确认"按钮。

提示：

● 追加行或列须在格式状态下进行。

(2) 插入图表对象。

①在数据状态下，选取数据区域"A3：B6"。

②执行"工具—插入图表对象"命令，打开"区域作图"对话框。

③选择确定信息：数据组"行"，操作范围"当前表页"。

④输入图表名称"货币资金变动表"，图表标题"货币资金期初余额"，X 轴标题"货币资金项目"，Y 轴标题"金额"。

⑤选择图表格式"成组直方图",单击"确认"按钮。

⑥单击图表对象的任意位置,将图表中的对象调整到合适位置,保存并关闭报表。

提示:

● 插入的图表对象实际上也属于报表的数据,因此有关图表对象的操作必须在数据状态下进行。

● 选择图表对象显示区域时,区域不能少于2行×2列,否则会提示出现错误。

● 如果想对图表的标题(图表标题、X轴标题、Y轴标题)和图表的图形进行修改,可以双击图表对象的任意位置,选中图表,再执行"编辑"或"格式"命令,修改相应内容即可。

7. 调用报表模板生成资产负债表

(1) 调用资产负债表模板。

①执行"文件—新建"命令,建立一张空白报表,在格式状态下,执行"格式—报表模板"命令,打开"报表模板"对话框。

②选择您所在的行业"2007年新会计制度科目",财务报表"资产负债表"。

③单击"确认"按钮,系统弹出"模板格式将覆盖本表格式!是否继续?"信息提示框。

④单击"确定"按钮,即可打开"资产负债表"模板。

(2) 调整报表模板。

①单击"格式/数据"按钮,将"资产负债表"处于格式状态。

②根据本单位的实际情况,调整报表格式,修改报表公式,未分配利润项目公式修改为QM(410104)。

提示:

● 报表项目"存货"年初余额、期末余额中应包含在途、在库、在产的所有存货科目的年初余额、期末余额。具体有"生产成本"。

● 报表项目"未分配利润"期末余额,如在1~11月编制,具体由"利润分配——未分配利润"的年初余额和"本年利润"的年末余额组成;如在12月编制,由于增加利润分配环节,"本年利润"科目期末余额全部转给"利润分配——未分配利润",此时报表项目"未分配利润"期末余额,仅由"利润分配——未分配利润"的期末余额反映,此处需要补充修改。

● 因U8管理软件版本不同,对资产负债表项目公示的调整有所不同,报表项目及编制依据应根据《企业会计准则》的规定执行。

③设置资产负债表审核公式:执行"数据—编辑公式—审核公式"命令,打开"审核公式"对话框,输入审核关系:第一行输入,C38 = G38 MESS "资产期末余额不等于权益期末余额";第二行输入,D38 = H38 MESS "资产期初余额不等于权益期初余额",单击"确定"按钮。

④保存调整后的报表模板"资产负债表.rep"。

(3) 生成资产负债表数据。

①在数据状态下，执行"数据—关键字—录入"命令，打开"录入关键字"对话框。

②输入关键字：年"2019"，月"12"，日"31"。

③单击"确认"按钮，系统弹出"是否重算第1页？"信息提示框。

④单击"是"按钮，系统会自动根据单元公式计算2019年12月31日的数据；单击"否"按钮，系统不计算2019年12月31日的数据，以后可利用"数据—表页重算"功能生成2019年12月31日的数据。

⑤执行"数据—审核"命令，系统会自动根据前面定义的审核公式进行审核，报表底部左下角的状态栏提示"完全正确！"。

⑥单击工具栏上的"保存"按钮或者执行"文件—保存"命令，将生成的报表数据以当前"资产负债表.rep"的文件名保存。

8. 调用报表模板生成利润表

(1) 调用利润表模板。

①执行"文件—新建"命令，建立一张空白报表，在格式状态下，执行"格式—报表模板"命令，打开"报表模板"对话框。

②选择您所在的行业"2007年新会计制度科目"，财务报表"利润表"。

③单击"确认"按钮，系统弹出"模板格式将覆盖本表格式！是否继续？"信息提示框。

④单击"确定"按钮，即可打开"利润表"模板。

(2) 调整报表模板。

①单击"格式/数据"按钮，将"利润表"处于格式状态。

②根据本单位的实际情况，调整报表格式，修改报表公式。

③保存调整后的报表模板"利润表.rep"。

(3) 生成资产负债表数据。

①在数据状态下，执行"数据—关键字—录入"命令，打开"录入关键字"对话框。

②输入关键字：年"2019"，月"12"。

③单击"确认"按钮，系统弹出"是否重算第1页？"信息提示框。

④单击"是"按钮，系统会自动根据单元公式计算2019年12月的数据；单击"否"按钮，系统不计算2019年12月的数据，以后可利用"数据—表页重算"功能生成2019年12月的数据。

⑤单击工具栏上的"保存"按钮或者执行"文件—保存"命令，将生成的报表数据以当前"利润表.rep"的文件名保存。

9. 调用报表模板生成现金流量表

提示：

- 在设置会计科目界面指定现金流量科目（已设置完毕，可查看）。
- 系统在项目目录里已经建立了"现金流量项目"项目大类（系统预制，可查看）。

- 在填制凭证时如果涉及现金流量科目，可以在填制凭证界面中单击"流量"按钮，打开"现金流量表"对话框，指定发生的该笔现金流量的所属项目。
- 如果在填制凭证时未指定现金流量项目，也可以执行"总账—现金流量表—现金流量凭证查询"命令，进入"现金流量查询及修改"窗口，针对每一张现金流量凭证，单击"修改"按钮补充录入现金流量项目（已设置完毕，可查看）。

（1）调用现金流量表模板。

①执行"文件—新建"命令，建立一张空白报表，在格式状态下，执行"格式—报表模板"命令，打开"报表模板"对话框。

②选择您所在的行业"2007年新会计制度科目"，财务报表"现金流量表"。

③单击"确认"按钮，系统弹出"模板格式将覆盖本表格式！是否继续？"信息提示框。

④单击"确定"按钮，即可打开"现金流量表"模板。

（2）调整报表模板。

①单击"格式/数据"按钮，将"现金流量表"处于格式状态。

②根据本单位的实际情况，调整报表格式，修改报表公式。

a. 单击选择 C6 单元，单击"fx"按钮，打开"定义公式"对话框，单击"函数向导"按钮，打开"函数向导"对话框。

b. 在函数分类列表框中选择"用友账务函数"，在右边的函数名列表中选中"现金流量项目金额（XJLL）"，单击"下一步"按钮，打开"用友账务函数"对话框。

c. 单击"参照"按钮，打开"账务函数"对话框。

d. 单击"现金流量项目编码"右边的参照按钮，打开"现金流量项目"对话框。

提示：

- 如果为现金流入项目则方向选择"流入"，如果为现金流出项目则方向选择"流出"。

e. 双击选择与 C6 单元左边 A6 单元相对应的项目，单击"确定"按钮，返回"用友账务函数"对话框。

f. 单击"确定"按钮，返回"定义公式"对话框，单击"确认"按钮。

g. 重复步骤 a～f，输入其他单元公式。单击工具栏中的"保存"按钮，保存调整后的报表模板"现金流量表.rep"。

③生成现金流量表数据

a. 在数据状态下，执行"数据—关键字—录入"命令，打开"录入关键字"对话框。

b. 输入关键字：年"2019"，月"12"。

c. 单击"确认"按钮，系统弹出"是否重算第1页？"信息提示框。

d. 单击"是"按钮，系统会自动根据单元公式计算 2019 年 12 月的数据；单击"否"按钮，系统不计算 2019 年 12 月的数据，以后可利用"数据—表页重算"功能生成 2019 年 12 月的数据。

e. 单击工具栏上的"保存"按钮或者执行"文件—保存"命令，将生成的报表数据以当前"现金流量表.rep"的文件名保存。

提示：

● 汇率变动对现金及现金等价物的影响，其计算公式为：XJLL（,,"流入","23",,,,月,,,,,,）- XJLL（,,"流出","23",,,,月,,,,,,）。

复 习 题

一、单选题

1. 制作报表中,（　　）不是在格式状态下进行的。
   A. 设置表尺寸　　　　　　　　　B. 设置单元属性
   C. 设定组合单元　　　　　　　　D. 输入关键字的值
2. UFO 报表管理子系统中,取数操作通常是通过（　　）实现的。
   A. 函数　　　　B. 关键字　　　　C. 直接输入　　　　D. 单元交互
3. UFO 报表管理子系统中,QM（　　）函数的含义是取（　　）数据。
   A. 期初余额　　B. 期末余额　　　C. 借方发生额　　　D. 贷方发生额
4. UFO 报表管理子系统中,公式 QM（"1001",月）的含义是（　　）。
   A. 取 1001 科目的本月期初余额　　B. 取 1001 科目的本月期末余额
   C. 取 1001 账套的本月期初余额　　D. 取 1001 账套的本月期末余额
5. UFO 报表管理子系统中,保存报表的默认扩展名是（　　）。
   A. REP　　　　B. XLS　　　　　C. DOC　　　　　　D. TXT

二、多选题

1. UFO 报表管理子系统中,下列操作（　　）是在数据状态下进行的。
   A. 舍位平衡　　B. 插入表页　　　C. 输入关键字　　　D. 整表重算
2. UFO 报表管理子系统中,报表的单元类型包括（　　）。
   A. 数值单元　　B. 表样单元　　　C. 字符单元　　　　D. 日期单元
3. UFO 报表管理子系统中,下列（　　）是系统提供的默认关键字。
   A. 单位名称　　B. 年　　　　　　C. 月　　　　　　　D. 日
4. UFO 报表管理子系统中,属于账务取数函数的有（　　）。
   A. QM（）　　 B. QC（）　　　　C. PTOTAL（）　　　D. PMAX（）

三、判断题

1. UFO 报表管理子系统中,没有设置行业标准报表模板。（　　）
2. UFO 报表管理子系统中,增加表页是在数据状态下进行的。（　　）
3. UFO 报表管理子系统中,每张报表只能定义一个关键字。（　　）
4. UFO 报表管理子系统中,审核公式用于审核报表内或报表之间的钩稽关系是否正确,审核公式不是必须定义的。（　　）

四、简答题

1. UFO 报表管理子系统提供了哪些功能?

2. 关键字的含义是什么？报表子系统中提供了哪些关键字？
3. 自定义报表的基本流程是什么？
4. 格式状态与数据状态有何不同？
5. 报表子系统中提供了哪几类公式？各自的作用是什么？
6. 编制现金流量表需要经过哪些步骤？
7. UFO 报表管理子系统和其他子系统的关系是什么？

第6章 薪酬管理子系统

6.1 薪酬管理子系统概述

6.1.1 薪酬管理子系统的功能结构

1. 基本功能

企业职工薪酬关系到每一个职工的切身利益，是企业稳健运行的重要环节。薪酬核算是所有单位财务部门最基本的业务之一，是一项既重要又经常性的工作。在传统的手工方式下，为了完成薪酬核算，需要财务人员花费大量的时间和精力，并且在计算过程中非常容易出错。在电算化方式下，采用计算机处理保证了薪酬核算的准确性和及时性。

薪酬管理系统的基本功能就是为企业提供薪酬核算和管理的有关信息，附带提供有关职工个人档案的基本资料，一方面，通过各种资料和计算公式得到每名职工的薪酬数据；另一方面，通过薪酬分摊将薪酬分配到各种费用中去。

其主要功能见图6-1。

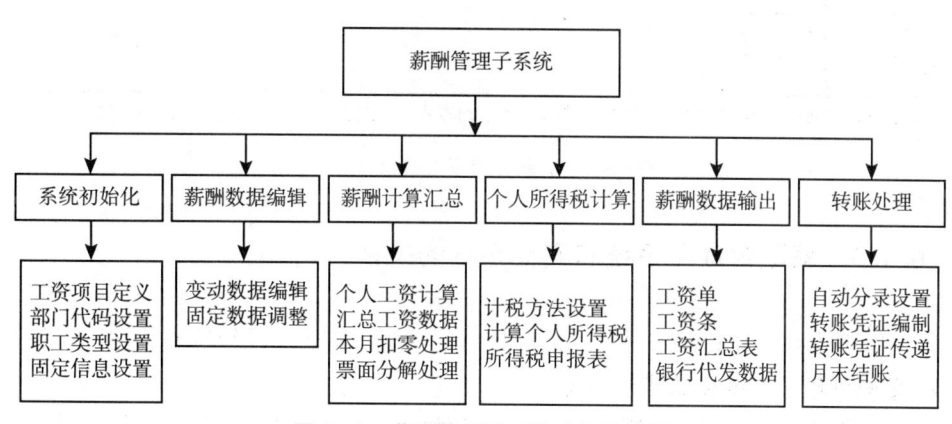

图6-1 薪酬管理子系统功能结构图

2. 基本功能说明

（1）系统初始化：它是整个薪酬核算的核心。其设置的好坏直接影响薪酬核算其他模块的正常使用，因此操作者应给予充分的重视。

（2）薪酬数据编辑：是指对人员的调入、调出及薪酬数据的变化而引起的薪酬数据增、减、修改的操作。

（3）薪酬计算汇总：是指对薪酬数据计算项目的计算、按部门级别进行薪酬汇总、费用的计提。

（4）个人所得税计算：我国规定单位职工的个人所得税由企业代扣代缴，因此，薪酬核算系统应具备计算并代扣个人所得税的功能。

（5）薪酬数据输出：主要包括薪酬结算表、薪酬结算汇总表、薪酬分配汇总表、转账凭证等的输出。

（6）转账处理：包括定义薪酬自动转账分录、机制薪酬转账凭证、结转当月凭证到账务处理系统和月末结账等。

6.1.2 薪酬核算系统的操作流程

薪酬系统的操作流程如图6-2所示。

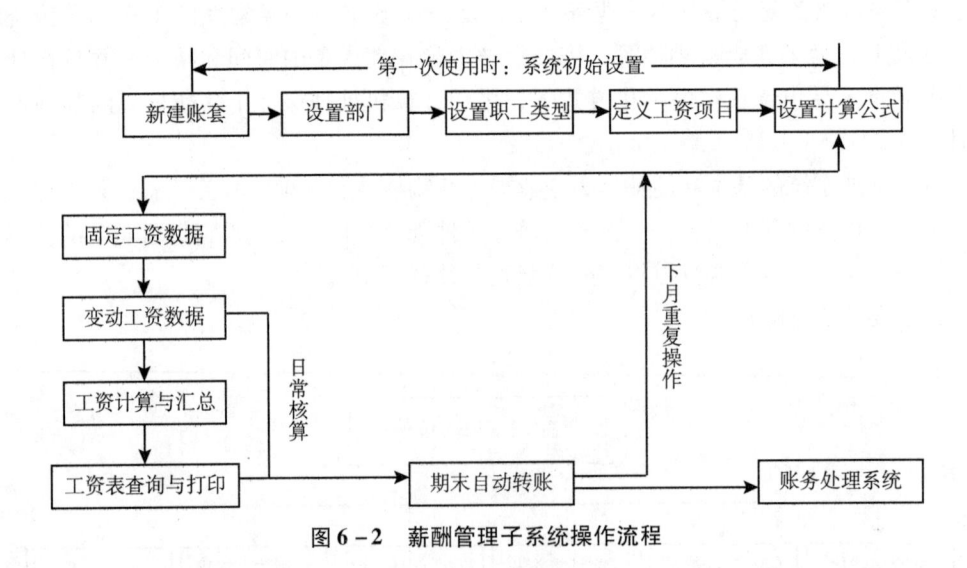

图6-2 薪酬管理子系统操作流程

6.1.3 薪酬管理子系统和其他系统的关系

薪酬管理子系统和总账子系统、成本核算子系统、报表子系统存在数据传递关系。

1. 薪酬管理子系统和总账子系统

薪酬管理子系统将薪酬费用的分配以及各种经费计提的结果自动生成转账凭证，这些凭证自动传输到总账系统。为了保证数据的一致性，在设置和生成自动转账凭证时，需要检查凭证涉及的会计科目在账务子系统中是否存在。

2. 薪酬管理子系统和成本核算子系统

薪酬管理子系统为成本核算系统提供薪酬费用的合计数据，供计算成本时使用。

3. 薪酬管理子系统和 UFO 报表系统

UFO 报表系统可以通过报表函数从薪酬管理系统取数。

6.2 薪酬管理子系统内部结构分析

6.2.1 薪酬管理子系统的特点

薪酬数据的核算和管理是所有单位财会部门最基本的业务之一。薪酬核算的实效性最强，在职工人数多的企业，薪酬业务的处理是一项繁重的工作。薪酬管理子系统的特点有：

1. 数据量大，重复性强

薪酬管理系统要管理每名职工的薪酬档案，大多数企业薪酬项目较多，人员数多，因此薪酬管理系统原始数据量大。其中，有关职工姓名、编码、标准薪酬等数据每月固定不变，需要在系统内长期跨年保存。还有一些项目每月都有所不同，需要重新计算，例如奖金、扣款之类的薪酬项目。这些变动项目和固定项目都需要在初始设置时定义好。

另外，薪酬是会计人员每月必做的项目，而薪酬的计算过程在每月都类似，公式也基本相同，每月都进行重复的薪酬统计工作。另外，每月每名职工的计算过程也很类似，同样产生了重复性的工作。

2. 业务处理的时限性、准确性要求高

薪酬的发放有确定的时间限制，薪酬问题与职工的个人利益密切相关。必须按照企业规定的薪酬发放日期完成薪酬业务的处理并保证数据处理的正确。

3. 核算方法简单

薪酬业务的核算方法比较简单。每月进行薪酬业务处理时只要将变动数据输入即可，固定数据会自动保留。

6.2.2 薪酬业务处理流程

薪酬业务处理的主要步骤为：

（1）对来源于企业各部门的考勤、加班和产量工时记录进行审核并计算病事假扣款、个人所得税和应发薪酬等，综合行政部门的代扣款计算职工实发薪酬等。

（2）根据以上原始数据和计算结果编制薪酬表。

（3）对薪酬表数据按照职工所属部门和薪酬性质进行汇总，编制薪酬汇总表及薪酬费用分配表、个人所得税申报表、职工福利费计提表等。

（4）根据各汇总报表编制记账凭证并进行记账处理。

薪酬业务的流程如图6-3所示。

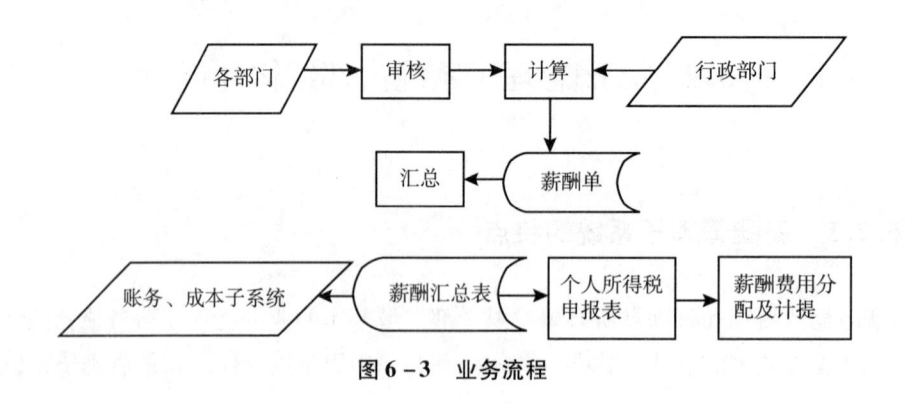

图6-3 业务流程

6.2.3 薪酬管理子系统的数据流程

薪酬管理子系统的内部数据流程可以分成以下几个工作过程：

1. 系统初始设置

薪酬系统首次投入运行时，需将企业现有职工的全部原始资料输入计算机，以形成系统的基础数据库。为了减少数据输入的工作量、规范部门名称、薪酬性质等内容并为薪酬数据分类汇总提供依据，在初始设置中应进行部门、职工工作性质以及学历、职称、职务等编码，并形成相应的数据词典文件，以备系统提示、检索、汇总使用。

除此之外，还需要设置应发薪酬、实发薪酬等需要计算的薪酬项目的计算公式和薪酬自动转账模板。

2. 编制薪酬结算单

根据系统内存储的数据薪酬固定数据和输入的当期变动数据，以及根据人事部门的通知输入职工调动和提职、晋级发生的薪酬变动数据编制薪酬结算单（薪酬计算文件）。

3. 汇总薪酬结算单数据

按指定条件汇总薪酬结算单数据以生成薪酬汇总表及薪酬费用分配表、个人所得税申报表、职工福利费用计提表、票面分解一览表等。

4. 编制薪酬记账凭证并向总账子系统传递凭证

薪酬系统的数据流程如图6-4所示。

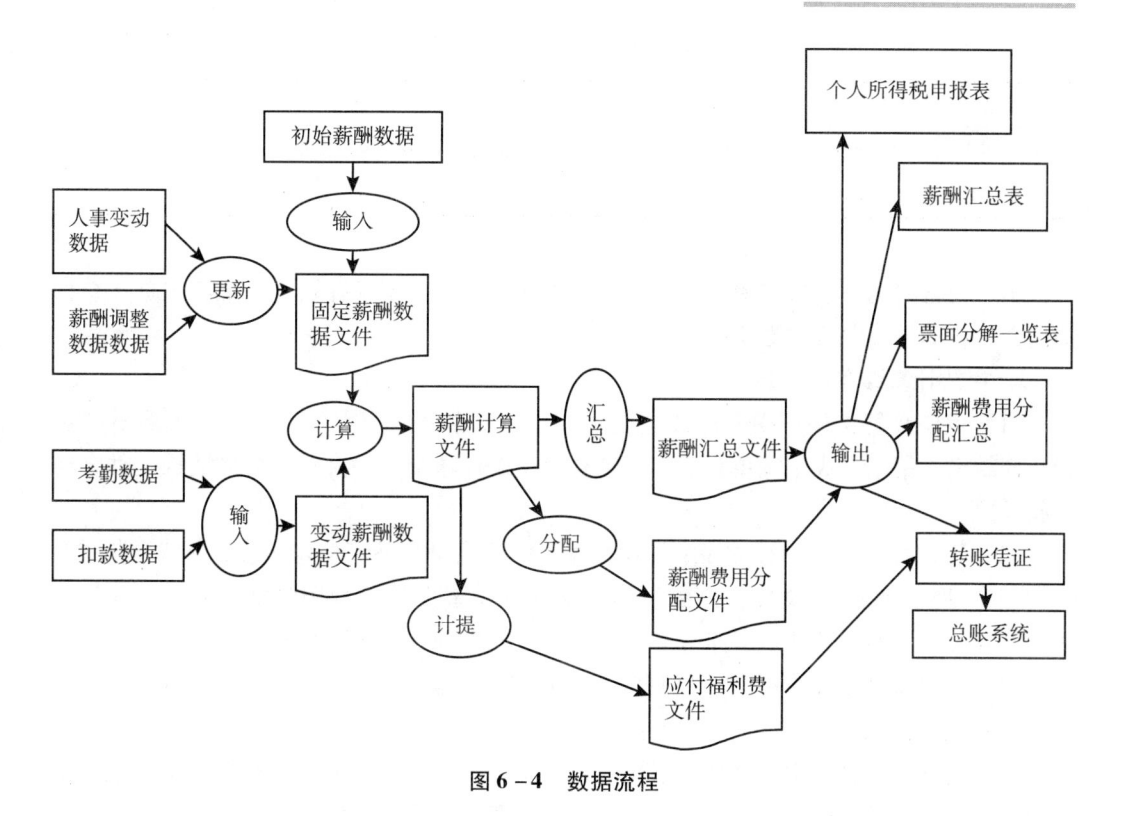

图 6-4 数据流程

6.2.4 薪酬系统的数据文件

薪酬子系统的数据文件主要有：

1. 职工薪酬数据文件

职工薪酬数据文件用来存放职工薪酬的基础数据。考虑到薪酬数据从处理频率来说可以分成固定数据和变动数据，固定数据即固定不变或者极少变动的数据，如姓名、职工编码、标准薪酬等，变动数据即每月都要变动的数据，如考勤、工时产量等。为了处理的方便，两类数据有时设置两个数据库分开存储和处理。薪酬数据库按存储的薪酬数据项目设置字段。

由于各单位的薪酬项目差别很大，为了使系统具有通用性，该数据库一般由用户在进行薪酬项目设置时设置其结构并根据结构描述文件生成职工数据文件。

职工薪酬数描述文件的结构如表 6-1 所示。

表 6-1　　　　　　　　　　职工薪酬数描述文件的结构

字段名	字段类型	字段宽度	说明
FIELD NAME	Character	10	存放设置的薪酬项目，在生成的薪酬数据文件中作为字段名
FIELD TYPE	Character	1	确定生成的薪酬数据文件每一字段的数据类型

续表

字段名	字段类型	字段宽度	说明
FIELD LEN	Numberic	3	确定生成的薪酬数据文件每一字段长度
FIELD DEC	Numberic	3	确定生成的薪酬数据文件每一字段的小数长度

用户设置的每一薪酬项目作为该结构描述文件的一个记录存放。系统将根据该结构描述文件自动生成薪酬数据文件。

2. 存放计算结果的文件

（1）薪酬计算文件：用来存放应发薪酬、实发薪酬、个人所得税等个人薪酬项目的计算结果，用以生成薪酬单和个人所得税申报表。这个文件有时和薪酬数据文件合在一起设置。

（2）汇总数据文件：存放薪酬汇总数据，以便输出薪酬汇总表和票面分解一览表。

（3）薪酬费用分配文件：薪酬费用分配文件用来存放按费用归集科目、分部门汇总的薪酬数据以便生成薪酬费用分配表、职工福利费计提表和转账平衡。

（4）应付福利费文件：用于处理职工福利费的转账凭证。

3. 基础代码文件

基础代码文件的作用与其他子系统并无区别。在薪酬系统中主要有部门码、职工工作性质代码以及反映职工构成类型特点的学历、职务、职称等代码的文件。

6.3 薪酬管理子系统的初始化设置

薪酬管理子系统的初始化设置包括建立薪酬账套和基础设置两部分。

6.3.1 建立薪酬账套

各个单位的薪酬核算存在一些差异，通过薪酬系统初始化设置，可以根据企业需要建立薪酬账套数据，设置薪酬系统运行所需要的各项基础信息，为日常处理建立应用环境。初始化设置的主要内容包括：薪酬账套参数设置、基础档案设置。

薪酬账套与系统管理中的账套含义是不同的，系统管理中的账套是针对整个核算系统而言的，而薪酬账套只针对薪酬子系统，也就是说，薪酬账套是企业核算账套的一个组成部分。要建立薪酬账套，首先要在系统管理中建立本单位的核算账套并且启用了薪酬核算子系统才能进行。

建立薪酬账套时可以根据建账向导分四步进行，即参数设置、扣税设置、扣零设置、人员编码设置。

1. 参数设置

(1) 选择薪酬系统所需处理的工资类别个数。

薪酬类别是指一套薪酬账套中，根据不同情况而设置的薪酬数据管理类别。系统提供给了单类别和多类别薪酬核算两种应用方案。单类别薪酬核算适用于企业所有员工的薪酬发放项目相同，薪酬计算方法也相同，能够对全部的员工进行统一的薪酬核算。当企业存在下列情况之一时，则需要选用多类别薪酬核算方案。

①企业存在不同类别人员，不同类别的人员薪酬发放项目不同，计算公式也不同，但需要进行统一的薪酬核算管理。如企业存在在职人员、退休人员，这两类人员薪酬项目不同，计算方法也不同，则可选用多类别对两类人员分别核算。

②企业每月进行多次薪酬发放，月末需要进行统一核算。如企业采用周薪制，或奖金和薪酬分次发放，则可将每周薪酬方法设置为一个薪酬类别。

③企业在不同地区设有分支结构，而薪酬核算由总部统一管理。

④薪酬发放时使用多种货币，如既有人民币，又有美元等，可将每种币种设置为一种薪酬类别。

(2) 选择是否核算计件薪酬。当选择"是否核算计件薪酬"复选框时，薪酬项目自动增加"计件薪酬"项目，并且，要在初始设置中设置"计件薪酬标准设置和计件薪酬方案设置"。

2. 扣税设置

扣税设置是选择在薪酬计算中是否进行扣税处理。如要从薪酬中代扣个人所得税，则选择进行扣税处理。那么，系统自动在薪酬项目中增加"代扣税"项目。

3. 扣零设置

扣零指在以现金发放薪酬时，每次发放薪酬时将零头扣下，积累取整，于下次发放时补上，系统在计算薪酬时将依据扣零类型进行扣零。系统提供了三种扣零方式：①扣零至元：即薪酬发放时不发 10 元以下的元、角、分；②扣零至角：即薪酬发放时不发 1 元以下的角、分；③扣零至分：即薪酬发放时不发 1 角以下的零分；用户一旦选择了"扣零处理"，系统就自动在薪酬项目中增加"本月扣零"和"上月扣零"两个项目。

4. 人员编码设置

设置单位人员编码长度。

提示：

- 建账完成后，部分建账参数可以在"设置—选项"中进行修改。

6.3.2 基础档案设置

系统提供部门档案设置、人员类别设置、人员附加信息设置、薪酬项目设置、银行名称设置等。它可以由企业自行设计薪酬项目及计算公式，并提供计件薪酬标准设置和计件薪酬方案设置。

建立薪酬账套以后，要对整个系统运行所需的一些基础信息进行设置，主要内容有部门设置、人员类别设置、人员附加信息设置、薪酬项目设置、银行名称设置。其中部门设置和薪酬项目设置应该在关闭薪酬类别的情况下进行，其他信息可以在关闭薪酬类别的情况下进行设置，也可以在打开的某个薪酬类别内设置，不管在哪里进行设置，设置的内容对薪酬系统都是有效的。

1. 部门设置

部门是系统基础信息之一，必须进行设置。部门信息是共享数据，在其他子系统进行设置后，薪酬系统也可直接使用。

2. 人员类别设置

设置人员类别的名称，以便于按人员类别进行薪酬汇总计算。已经使用的人员类别不允许删除。人员类别只剩下一个时将不允许删除。

3. 人员附加信息设置

人员附加信息设置可增加人员信息，丰富人员档案的内容，便于对人员进行更加有效的管理。例如增加设置人员的性别、职称等信息。

4. 薪酬项目设置

薪酬项目设置薪酬数据最终由各个薪酬项目进行体现。薪酬项目设置即定义薪酬项目的名称、类型、宽度、小数、增减项。系统中有一些固定项目是薪酬账中必不可少的，包括"应发合计""扣款合计""实发合计"等，这些项目系统自动增加，不能删除和重新命名。其他薪酬项目可根据实际情况定义或参照增加，如基本薪酬、奖励薪酬、请假天数等。在存在多个薪酬类别的情况下，需要在基础设置里增加所有薪酬类别都需要用到的薪酬项目，然后在具体的薪酬类别中再选择录入具体薪酬项目。

提示：

● 系统提供若干常用工资项目供参考，可选择输入。对于参照中未提供的工资项目，可以双击"工资项目名称"一栏直接输入，或先从"名称参照"中选择一个项目，然后单击"重命名"按钮修改为需要的项目。

5. 银行名称设置

即设置代发薪酬的银行信息。发放薪酬的银行可按需要设置多个，银行名称的设置是针对所有薪酬类别的。

6.4 薪酬管理子系统日常业务处理

薪酬系统是区分类别进行管理的。不同的工资类别执行不同的薪酬政策。所以，不同的薪酬类别不存在数据传递关系。薪酬类别的管理包括建立工资类别、打开工资类别、删除工资类别、关闭工资类别和汇总工资类别。

在进入具体的薪酬类别下，系统需要进行的设置工作包括设置人员档案、设置具体薪酬类别的薪酬项目和计算公式等工作。

6.4.1 建立或删除工资类别

薪酬类别是指一套薪酬账中，根据不同情况而设置的薪酬数据管理类别。如某企业存在正式职工和临时职工，并且两类职工薪酬项目构成不相同，可分别设置"正式职工"和"临时职工"两个薪酬类别。

1. 建立工资类别

在建立薪酬账套后，即可建立薪酬类别，输入工资类别的名称，选择该类别所包含的部门。在建立工资类别之前，必须设置好部门。设置的部门应包含所有工资类别涉及的部门，所有人员都要有所属的部门。

同一个部门，可以被多个薪酬类别选中，即同一工资类别中可以有不同部门的人员。已被使用的部门不能取消选择。在选择末级部门时，应选择其上级部门。只有选中末级部门，才能进行人员的数据录入。

工资类别设定后，则需要确定工资类别的启用日期，确定后无法再修改启用日期。

2. 删除工资类别

在薪酬管理子系统中可以删除薪酬类别，只有主管才有权删除工资类别，且工资类别被删除后数据不可再恢复。

6.4.2 设置人员档案

人员档案的设置用于登记薪酬发放人员的姓名、职工编号、所在部门、人员类别等信息，此外，员工的增减变动都必须在本功能中处理。人员档案的操作是针对某个薪酬类别的，即应先打开相应的薪酬类别。

1. 增加人员

设置人员编号、人员姓名，部门编码、选择人员类别、进入日期、计税及是否中方人员选项。

在没有做薪酬变动的情况下，也就是尚未录入人员的薪酬数据时，可删除光标所在行的人员档案。在年中有人员调出时，当年调出人员的档案不可删除，可标上"调出"标志，在进行年末处理后，在新的一年开始时，才可将此人的档案删除。

2. 人员调离与停发

当需要调离或停发时，可在人员档案上标识"调出"或"停发"标志。标志为"调出"或"停发"标志的人员，将不再参与薪酬的发放和汇总。

3. 修改人员档案

当职工档案需要修改时，可以直接进行修改。人员编号一经确定，不允许修改。

6.4.3 设置薪酬项目和计算公式

在基础设置中薪酬项目设置是指本单位各种薪酬类别所需要的全部薪酬项目。由于不同的薪酬类别，薪酬发放项目不尽相同，计算公式亦不同，在此应对某个指定薪酬类别所需要的薪酬项目进行设置，并为此薪酬类别的薪酬项目设置计算公式。所以先要进入某个薪酬类别，再进行薪酬项目设置。

1. 不同工资类别的工资项目设置

这里只能选择工资账套中已经设置好的工资项目，不能输入。工资项目的类型、长度、小数位数、增减项等都不可更改。若要变更，应关闭所有工资类别，在基础设置对应工资项目设置中进行修改。

工资项目不能重复选择，项目一旦选择，即可以进行公式定义。没有选择的工资项目不允许在计算公式中出现。不能删除已经输入数据的工资项目和已经设置计算公式的工资项目。

2. 计算公式设置

定义某些工资项目的计算公式及工资项目之间的运算关系。例如，缺勤扣款 = 基本工资/30 × 缺勤天数。运用公式可直观表达工资项目的实际运算过程，灵活地进行工资计算处理。定义公式可通过选择工资项目、运算符、关系符、函数等组合完成。

进行公式设置，固定的工资项目"应发合计""实发合计""扣款合计"等计算公式，系统根据工资项目设置的"增减项"自动生成计算公式，用户不需要再进行设置。用户可以增加、修改、删除其他工资项目的计算公式。

例如，奖金的计算公式设置：IFF（人员类别 = "销售人员"，3000，2000）表示如果人员类别是销售人员，当月奖金是3000元，其他人员是2000元。

例如，事假扣款的计算公式的设置：事假扣款 = 事假天数 ×（基本工资 + 岗位工资）/30

定义工资项目要注意先后顺序，先得到的数据应先设置公式。"应发合计""扣款合计""实发合计"三项应是公式定义框的最后三个公式，并且实发合计的公式要在应发合计和扣款合计公式之后。可以通过公式框的上下箭头调整计算公式顺序。定义公式时可使用函数公式向导参照输入。

6.4.4 工资数据管理

第一次使用工资管理子系统必须将所有人员的工资数据录入计算机，平时如每月发生工资数据的变动也要进行调整。

1. 筛选和定位

如果对部分人员的工资数据进行修改，最好采用数据过滤的方法，先将所要修改的人员过滤出来，然后进行工资数据修改。修改完毕后，进行重新计算和汇总，这样可大大提高计算速度。

2. 替换

将符合条件的人员的某个薪酬项目的数据，统一替换成某个数据。如管理人员的奖金上调 100 元。

3. 过滤器

如果只做工资项目中的某一个或者几个项目修改，可将要修改的项目过滤出来，便于修改。例如，只对事假天数、病假天数两个工资项目的数据进行修改，可以只过滤出事假天数、病假天数两个工资项目。

在进行工资数据管理时要注意：

（1）若进行数据替换的工资项目已设置了计算公式，则在重新计算时以计算公式为准。

（2）如未输入替换条件而进行替换，则系统默认的替换条件为本工资类别的全部人员。

（3）如果选择了在工资中代扣个人所得税，则在数据录入过程中，系统自动进行扣税计算。

（4）在修改了某些数据，重新设置了计算公式，进行了数据替换或在个人所得税中执行了自动扣税等操作，最好对个人工资数据重新计算，以保证数据正确。通常实发合计、应发合计、扣款合计在修改完数据后不能自动计算合计项，如要检查合计项是否正确，可先重算工资。

6.4.5 工资分钱清单

工资分钱清单是按单位计算的工资发放分钱票面额清单，会计人员根据此表从银行取款并发给各部门。系统提供了票面额设置的功能，用户可根据单位需要自由设置，系统根据实发工资项目分别自动计算出按部门、按人员、按企业各种面额的张数。

工资分钱清单分为部门分钱清单、人员分钱清单、工资发放取款单。部门分钱清单可以查看最上一级到明细级部门分钱的各种票额张数；人员分钱清单可按部门查看人员分钱的各种票面额的张数；工资发放取款单可以查看该工资类别的分钱总数，可按此面额取款，便于工资现金发放。

6.4.6 个人所得税的计算与申报

个人所得税是根据《中华人民共和国个人所得税法》对个人所得税征收的一种税。系统提供个人所得税自动计算功能，用户只需要自定义所得税的税率，系统自动计算个人所得税。

系统提供所得税申报表的标准栏目、所得项目、对应工资项目。"标准栏目"包括姓名、所得项目、所得期间、收入额合计、减费用额、应纳税所得额、税率、速算扣除数、扣缴所得税额。个人所得税申报表中"收入额合计"项对应的工资项目默认为"实发合计",可以进行调整。如果个人所得税的税率发生变动,可以进行修改。修改确认后系统自动重新计算。

6.4.7 银行代发

目前社会上许多单位发放工资时采用银行代发形式。银行代发业务处理,指企业为职工在代发工资的开户银行中设置工资储蓄账户,每月企业直接将职工工资划入开户银行的相应账户中。这样做既减轻了财务部门发放工资工作的繁重,又有效地避免了财务去银行提取大量现金所承担的风险,同时还提高了对员工个人工资的保密程度。

1. 设置银行代发的文件格式

银行代发文件格式设置是根据银行的要求,设置提供银行数据中所包含的项目,以及项目的数据类型、长度和取值范围等。

2. 设置银行代发文件的输出格式

银行代发文件输出格式设置时根据银行的要求,设置向银行提供的数据,确定文件存放的形式和文件中的数据项目。

文件输出格式有三种:txt 文件、dat 文件和 dbf 文件。

3. 数据文件输出

企业按预先设置好的格式和设定的文件名,将数据输出,报送代发银行。

6.4.8 工资分摊

将银行代发工资数据文件报送银行后,一个月的工资发放基本上做完了。但工资是费用中最主要的部分,还需要对工资费用进行工资总额的计算、分配及各种经费的计提,并编制转账凭证,供登账处理之用。

首次使用工资分摊功能,应先进行工资总额和计提基数的设置。

1. 工资总额和计提基数的设置

工资总额是在一定时期内支付给职工的工资总数。企业在月内发生的全部工资,不论是否在当月领取,都应当按照工资的用途进行分摊和计提。由于不同的企业进行分摊和计提对工资总额的计算方法不同,允许用户对工资总额进行设置。例如,某企业的应付工资总额等于工资项目"应发合计",应付福利费、工会经费、职工教育经费、大病统筹基金以此为计提基数。

工资管理子系统内置了工资总额、应付福利费、工会经费、职工教育经费计提项目,若有其他项目,可以增加。系统提供的这四个基本的计提项目不可以删除,已分摊计提的项目不可删除。其他月份进行工资分摊前，若需要对工资总额和计提基数进行调整，也在此进行。

2. 自动分摊、计提

第一次使用工资分摊功能，对工资总额以及计提基数设置后，以后其他各月到月末时可直接进行工资分摊。

系统显示已定义的工资总额及计提项目，分别指定费用分配及计提后借贷方的入账科目。

（1）工资费用分摊。每月月末分配工资费用时，根据工资分配汇总表贷记"应付职工薪酬"科目，借记有关科目。相应的借贷方科目确定后，可以制单，系统自动生成一张凭证，确认无误后，保存凭证，该张凭证自动转入总账子系统的未记账凭证，总账系统对该张凭证进行后续的审核记账等工作。此张凭证可以在工资系统内查询到，也可以在总账系统中查询，但是要对该张凭证进行修改或删除，必须在薪酬管理子系统内进行。

若薪酬子系统未与总账子系统连接，则"制单"功能无效。

（2）费用计提。各种费用的计提比例，系统按照国家有关规定默认初始设置计提比例。如福利费为14％，工会经费为2％，教育经费为1.5％，可以进行修改。

3. 凭证查询

薪酬管理子系统传输到总账子系统的凭证，只能在薪酬管理子系统中进行修改、删除和冲销等。

6.5 期末处理

期末处理包括月末处理和年末处理。

6.5.1 月末处理

薪酬系统中的月末处理相当于总账中的月末结账。月末处理是将当月数据经过处理后结转至下月。每月薪酬数据处理完毕后均可进行月末结转。由于在薪酬项目中，有的项目是变动的，即每月的数据均不相同，在每月薪酬处理时，均需将其数据清为"0"，而后输入当月的数据，此类项目即为清零项目。

月末结转只有在会计年度的1月至11月进行，且只有在当月薪酬数据处理完毕后才可进行。若为处理多个薪酬类别，则应打开薪酬类别，分别进行月末结转。若本月薪酬数据未汇总，系统将不允许进行月末结转。进行期末处理后，当月数据将不允许变动。月末处理功能只有主管人员才能进行。

6.5.2 年末结转

年末结转是将薪酬数据经过处理后结转至下年。进行年末结转后,新年度账将自动建立。只有处理完所有薪酬类别的薪酬数据,对多薪酬类别,应关闭所有薪酬类别,然后在系统管理中选择"年度账"菜单,进行上年数据结转。其他操作与月末处理类似。

年末结转只有在 12 月薪酬数据处理完毕后才能进行。若当月薪酬数据未汇总,系统将不允许进行年末结转。进行年末结转后,本年各月数据将不允许变动。若用户跨月进行年末结转,系统将给予提示。年末处理功能只有主管人员才能进行。

6.5.3 系统工具

1. 数据接口管理

使用数据接口管理工具可有效地将相关数据从外部系统中导入到薪酬管理子系统中,例如,在水电、房租系统、考勤系统、人事系统以及其他与薪酬管理有关的系统中,将水电费扣缴、房租扣缴、考勤时数等数据导入到薪酬管理子系统的对应薪酬项目。

2. 人员信息复制

人员信息复制功能用于管理两个或多个薪酬类别中人员结构相同的薪酬数据。当新建薪酬类别中的人员与已建薪酬类别中的人员信息相同时,则可通过此工具,将已建薪酬类别中的人员信息复制到新建薪酬类别中。

该功能只有在多薪酬类别且人员编号长度一致的情况下才能进行。重复人员编号不能复制。

3. 薪酬类别汇总

在多个薪酬类别中,以部门编号、人员编号、人员姓名为标准,将此三项内容相同人员的薪酬数据做合计。例如,统计所有薪酬类别本月发放薪酬的合计数,或某些薪酬类别中的人员薪酬都由一个银行代发,希望生成一套完整的薪酬数据传到银行,则可使用此项功能。汇总后的薪酬类别将作为一个新的薪酬类别,系统自动默认该类别名称为"(998)汇总薪酬类别",在执行薪酬类别汇总后,自动产生。但其中人员档案不能修改,也不能进行月末结算和年末结算。除此之外,使用方法与其他薪酬类别相同。

汇总薪酬类别中的币种、人员编号长度必须一致,否则不能汇总。所选薪酬类别中必须有汇总月份的薪酬数据。如果是第一次进行薪酬类别的汇总,需要在汇总薪酬类别中设置薪酬项目计算公式。若每次汇总的薪酬项目一致,则公式不需要重新设置。

实验七 薪资管理

【实验目的】

使学生了解用友软件中有关薪资管理的相关内容,掌握薪资系统初始化设置、日常业务处理、工资分摊及月末处理等操作。

【实验内容】

(1) 薪资系统初始设置。

(2) 薪资系统日常业务处理。

(3) 薪资分摊及月末处理。

(4) 薪资系统数据查询。

【实验准备】

引入实验三账套数据。

【实验资料】

1. 建立工资账套

工资类别个数:单个;核算币种:人民币 RMB;要求代扣个人所得税;不进行扣零处理,人员编码长度:3 位;启用日期:2019 年 12 月。

2. 基础信息设置

(1) 人员类别设置。

管理人员、生产人员、福利人员、销售人员。

(2) 工资项目设置(见表 6-2)。

表 6-2   工资项目

项目名称	类型	长度	小数位数	增减项
基本工资	数字	10	2	增项
岗位工资	数字	10	2	增项
奖金	数字	10	2	增项
交补	数字	8	2	增项
应发合计	数字	10	2	增项
病假扣款	数字	8	2	减项
事假扣款	数字	8	2	减项
养老保险金	数字	8	2	减项

续表

项目名称	类型	长度	小数位数	增减项
扣款合计	数字	8	2	减项
实发合计	数字	10	2	增项
代扣税	数字	10	2	减项
日工资	数字	8	2	其他
事假天数	数字	8	0	其他
病假天数	数字	8	0	其他

（3）银行名称。

工商银行呼和浩特市支行新城区分理处，账号定长为11。

（4）人员档案（见表6-3）。

表6-3　　　　　　　　　　　　　人员档案

人员编号	人员姓名	部门名称	人员类别	账号	中方人员	是否计税
1101	黎明	办公室	管理人员	20190100001	是	是
1102	王杰	财务科	管理人员	20190100002	是	是
1103	张丽	财务科	管理人员	20190100003	是	是
1104	李红	财务科	管理人员	20190100004	是	是
1105	刘梦	供应科	管理人员	20190100005	是	是
2201	张仪	一车间	生产人员	20190100006	是	是
2202	王国庆	二车间	生产人员	20190100007	是	是
2203	刘海	三车间	生产人员	20190100008	是	是
2204	邢军	四车间	生产人员	20190100009	是	是
3301	沈宏	医务室	福利人员	20190100010	是	是
4401	赵飞	销售一科	销售人员	20190100011	是	是
4402	李婧婧	销售二科	销售人员	20190100012	是	是

注：以上所有人员的代发银行均为工商银行新城区分理处。

（5）工资项目设置。

工资项目：基本工资、岗位工资、奖金、交补、应发合计、病假扣款、事假扣款、养老保险金、扣款合计、实发合计、日工资、事假天数、病假天数。计算公式（见表6-4）。

表6-4　　　　　　　　　　　　　工资项目公式

工资项目	定义公式
奖金	IFF（人员类别="管理人员" OR 人员类别="福利人员"，200，300）
交补	IFF（人员类别="销售人员"，200，150）
日工资	（基本工资+岗位工资+奖金）/21.17
病假扣款	日工资*病假天数*0.5
事假扣款	事假天数*日工资
养老保险金	（基本工资+岗位工资+奖金）*0.03

3. 工资数据

（1）12月初人员工资情况（见表6-5）。

表6-5　　　　　　　　　　　　　员工工资情况

姓名	基本工资	岗位工资
黎明	6500	3000
王杰	6000	2000
张丽	3000	2000
李红	3500	2000
刘梦	3500	1000
张仪	3000	1000
王国庆	3500	1000
刘海	4000	1000
邢军	3500	2000
沈宏	3500	1000
赵飞	5000	3000
李婧婧	4000	3000
李芳	3500	2000

（2）12月份工资变动情况。

①考勤情况：刘海请事假2天；张仪请病假1天。

②因需要，决定招聘李芳（编号4403）到销售一科，以补充销售力量，其基本工资为3500元，代发工资银行账号：20190090013。

③因上年销售部门推广产品业绩较好，销售部基本工资每人增加500元。

4. 代扣个人所得税

计税基数5000元。

5. 工资分摊

工会经费、职工教育经费、养老保险金都以应发合计作为计提基数。

工资费用分配的转账分录（见表6-6）。

表6-6　　　　　　　　　　　　工资分摊

部门		应付工资（100%）		工会经费（2%）		养老保险金（15%）	
		借方	贷方	借方	贷方	借方	贷方
办公室	管理人员	660201	221101	660207	221103	660209	2241
财务科	管理人员	660201	221101	660207	221103	660209	2241
运输队	管理人员	660201	221101	660207	221103	660209	2241
库房	管理人员	660201	221101	660207	221103	660209	2241
供应科	管理人员	660201	221101	660207	221103	660209	2241
一车间	生产人员	500102	221101	660207	221103	660209	2241
二车间	生产人员	500102	221101	660207	221103	660209	2241
三车间	生产人员	500102	221101	660207	221103	660209	2241
四车间	生产人员	500102	221101	660207	221103	660209	2241
医务室	福利人员	660202	221101	660207	221103	660209	2241
销售一科	销售人员	6601	221101	660207	221103	660209	2241
销售二科	销售人员	6601	221101	660207	221103	660209	2241

【操作指导】

1. 启动薪资管理系统

（1）以01王杰的身份登录企业应用平台，执行"基础设置—基本信息—系统启用—薪资管理"（见图6-5）。

提示：

● 系统企业日期为2019年12月1日。

（2）执行"业务—人力资源—薪资管理"命令。

2. 建立工资账套

（1）在建账第一步"参数设置"中，选择本账套所需处理的工资类别个数"单个"，默认币别名称为"人民币"，单击"下一步"按钮。

（2）在建账第二步"扣税设置"中，选中"是否从工资中代扣个人所得税"复选框，单击"下一步"按钮。

提示：

● 选择代扣个人所得税后，系统将自动生成工资项目"代扣税"，并自动进行代扣税金的计算。

图6-5 工资系统启用示意图

（3）在建账第三步"扣零设置"中，不做选择，直接单击"下一步"按钮。

提示：

● 扣零处理是指每次发放工资时零头扣下，积累取整，于下次工资发放时补上，系统在计算工资时将依据扣零类型（扣零至元、扣零至角、扣零至分）进行扣零计算，用户一旦选择了"扣零处理"，系统自动在固定工资项目中增加"本月扣零"和"上月扣零"两个项目，扣零的计算公式将由系统自动定义，无须设置。

（4）在建账第四步"人员编码"中，系统要求和公共平台中的人员编码保持一致。

（5）单击"完成"按钮。

提示：

● 建账完毕后，部分建账参数可以在"设置—选项"中进行修改。

3. 基础信息设置

（1）人员类别设置。

①执行"基础设置—基础档案—人员类别设置"命令。

②单击"增加"按钮，输入"管理人员"。

③其他人员类别，参见【实验资料】—基础信息设置—人员类别设置。

（2）工资项目设置。

①执行"设置—工资项目设置"命令，打开"工资项目设置"对话框。

②单击"增加"按钮，工资项目列表中增加一空行。

③单击名称参照下拉列表框，从下拉列表中选择"基本工资"选项。

④双击"类型"栏，单击下拉列表框，从下拉列表中选择"数字"选项。

⑤"长度"改为"10"。双击"小数"栏，单击增减器的上三角按钮，将小数设为"2"。

⑥双击"增减项"栏，单击下拉列表框，从下拉列表中选择"增项"选项。

⑦单击"增加"按钮，增加其他工资项目（参见表6-2）。

⑧所有项目增加完成后，利用"工资项目设置"界面上的"上移"和"下移"按钮按照实验资料所给顺序调整工资项目的排列位置。

⑨单击"确认"按钮。

提示：

- 系统提供若干常用工资项目供参考，可选择输入。对于参照中未提供的工资项目，可以双击"工资项目名称"一栏直接输入，或先从"名称参照"中选择一个项目，然后单击"重命名"按钮修改为需要的项目。

（3）银行名称设置。

①执行"基础设置—基础档案—收付结算—银行档案"命令，打开"银行档案"对话框。

②单击"增加"按钮，输入银行编号01001，在"银行名称"文本框中输入"建行呼市新城分理处"，账号长度为11，自动带出个人账号长度7。

③单击"保存"按钮，再单击"退出"按钮。

（4）设置人员档案。

①执行"设置—人员档案"命令，进入"人员档案"窗口。

②单击工具栏中的"批增"按钮，打开"人员批量增加"对话框。

③选中左侧所有部门，单击"查询"按钮，单击"确定"按钮返回。

④修改人员档案信息，补充输入银行账号信息，最后单击工具栏中的"退出"按钮。

（5）设置计算公式（见表6-4）。

奖金公式设置：设置公式"奖金=IFF（人员类别='管理人员'OR 人员类别='福利人员'，200，300）"。（向导输入公式）

①在"工资项目设置"对话框中单击"公式设置"选项卡。

②单击"增加"按钮，在工资项目列表中增加一空行，单击下拉列表框选择"奖金"选项。

③单击"公式定义"文本框，单击"函数公式向导输入"按钮，打开"函数向导—步骤之1"对话框。

④从"函数名"列表中选择"iff"，单击"下一步"按钮，打开"函数向导—步骤之2"对话框。

⑤单击"逻辑表达式"参照按钮，打开"参照"对话框，从"参照"下拉列表中选择"人员类别"选项，从下面的列表中选择"管理人员"，单击"确认"按钮。

⑥在逻辑表达式文本框中的公式后单击鼠标，输入"or"后，再次单击"逻辑表达式"参照按钮，出现"参照"对话框，从"参照"下拉列表中选择"人员类别"选项，从下面的列表中选择"福利人员"，单击"确认"按钮，返回"函数向导一步骤之2"。

提示：

- "or"前后应有空格。

⑦在"算术表达式1"后的文本框中输入"200"，在"算术表达式2"后的文本框中输入"300"，单击"完成"按钮，返回"公式设置"窗口，单击"公式确认"按钮。

⑧单击"确认"按钮，退出公式设置。

工资项目设置的公式设置如图6-6所示。

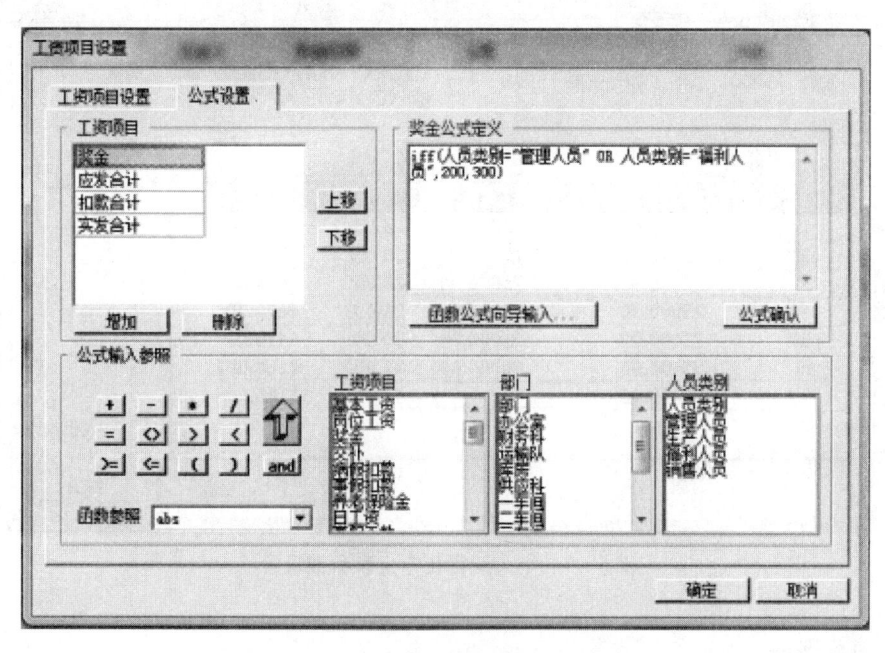

图6-6 工资项目设置的公式设置图

日工资公式：设置公式"日工资=(基本工资+岗位工资+奖金)/21.17"（直接输入公式）。

①单击"增加"按钮，在工资项目列表中增加一空行，单击下拉列表框选择"日工资"选项。

②单击"公式定义"文本框，在公式输入参照中单击"("符号，单击工资项目列表中的"基本工资"。

③单击运算符"+"，在"+"后单击，单击工资项目列表中的"岗位工资"。

④单击运算符"+"，在"+"后单击，单击工资项目列表中的"奖金"。

⑤单击")"符号，在其后单击运算符"/"，输入数字"21.17"，单击"公式确

认"按钮。参见表6-4设置的其他内容。

(6) 设置所得税相关信息。

①执行"设置"—"选项"命令,打开"选项"对话框,单击"编辑"按钮。

②打开"扣税设置"选项卡,收入额合计选择"应发合计",单击"税率设置"按钮,打开"个人所得税申报表——税率表"对话框。

③设置所得税纳税基数为5000,附加费用5000。

④系统默认最新税法7级超额累进税率表,可根据税法变化进行修改。

⑤单击"确定"按钮返回。

个人所得税申报参数设置如图6-7所示。

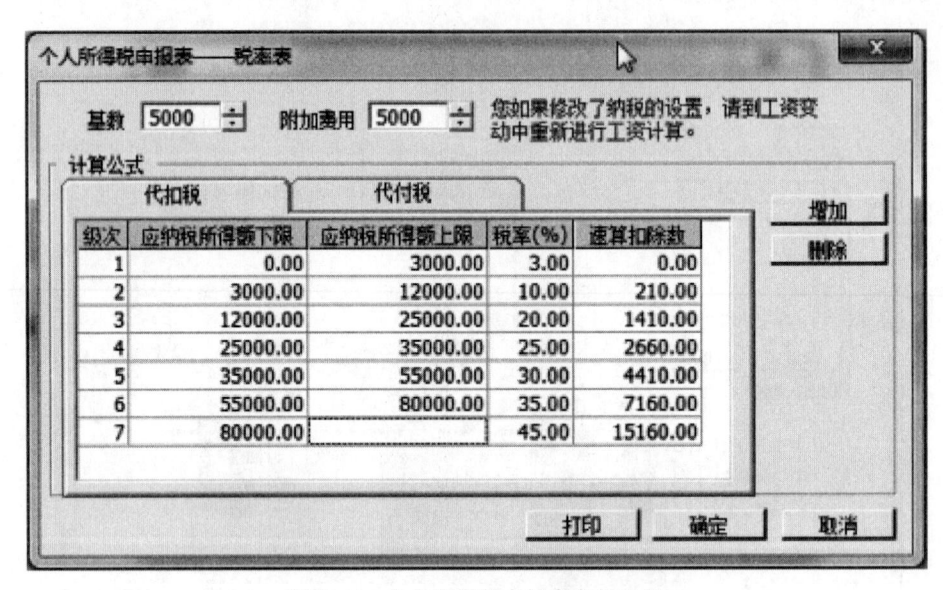

图6-7 个人所得税申报表参数设置

4. 日常业务

(1) 人员变动。

①执行"基础设置—基础档案—机构人员—人员档案"命令,进入"人员档案"窗口。

②单击"增加"按钮,输入新增人员李芳的详细档案资料。

③单击"确认"按钮,返回人员档案窗口,单击工具栏中的"退出"按钮。

④在薪资管理系统中,执行"设置—人员档案"命令,增加李芳的档案资料。

(2) 人员基本工资数据。

①单击"业务处理—工资变动"命令,进入"工资变动"窗口。

②单击"过滤器"下拉列表框,选择"过滤设置",打开"项目过滤"对话框。

③单击"工资项目"列表中的"基本工资""岗位工资",单击">"按钮,选入

"已选项目"列表中。

④单击"确认"按钮,返回"工资变动"窗口,此时每个人的工资项目只显示两项。

⑤输入工资数据。

提示:

● 这里只需输入没有进行公式设定的项目,如基本工资、病假天数和事假天数,其余各项由系统根据计算公式自动计算生成。

⑥单击"过滤器"下拉列表框,选择"所有项目"选项,屏幕上显示所有工资项目。

(3) 输入人员工资变动数据。

①输入考勤情况:刘海请事假2天,张仪请病假1天。

②单击"全选"按钮,人员前面的"选择"栏出现选中标记"Y"。

③单击工具栏中的"替换"按钮,单击"工资项目"下拉列表框,选择"基本工资"选项,在"替换成"文本框中,输入"基本工资+500"。

④在替换条件处分别选择:"部门"" = ""销售部",单击"确认"按钮,弹出系统提示:"数据替换后将不可恢复。是否继续?",单击"是"按钮,系统提示:"3 条记录被替换,是否重新计算?",单击"是"按钮,系统自动完成工资计算。

(4) 数据计算与汇总。

①在"工资变动"窗口中,单击工具栏中的"计算"按钮,计算工资数据。

②单击工具栏中的"汇总"按钮,汇总工资数据。

③单击工具栏中的"关闭"按钮,退出"工资变动"窗口。

(5) 查看个人所得税。

①执行"业务处理—扣缴所得税"命令,打开"个人所得税申报模板"对话框。

②单击"打开"按钮,打开"所得税申报"对话框,单击"确定"按钮,进入"个人所得税扣缴申报表"窗口。

5. 工资分摊

(1) 分摊类型设置

①执行"业务处理—工资分摊"命令,打开"工资分摊"对话框。

②点击"工资分摊设置",打开"分摊类型设置"对话框。

③点击"增加"按钮,计提类型名称:养老保险金;计提比例:15%,单击"下一步"按钮。

④在"分摊构成设置"窗口中,双击"部门名称"栏,选择录入所有部门;双击"人员类别"栏,分别在4行中选择"管理人员、生产人员、福利人员及销售人员";借方科目全部设置为"660209",贷方科目全部设置为"2241"。

工资分摊设置如图 6 - 8 所示。

199

图 6-8　工资分摊设置

提示：

- 先选择人员类别，再选择所有部门。

⑤单击"完成"按钮，点击"返回"按钮，返回"工资分摊"对话框。
⑥同理，设置"应付工资""工会经费"，参见表 6-5。
⑦选择核算部门：全选。
⑧计提会计月份：2019.12。
⑨计提分配方式：分配到部门（明细到工资项目）。

提示：

- 550102 科目的项目大类为"成本核算"，项目为"XJ55 产品"。

（2）生成凭证。

①执行"业务处理—工资分摊"命令，打开"工资分摊"对话框。
②选择需要分摊的计提费用类型"养老保险金"，确定分摊计提的月份"2019-12"；选择所有的核算部门；选择"明细到工资项目"复选框；单击"确定"按钮，打开"养老保险金一览表"窗口，选中"合并科目相同、辅助项相同的分录"复选框，单击工具栏中的"制单"按钮，即可生成记账凭证。
③单击凭证左上角的"字"处，选择"转账凭证"，日期：2019.12.31，单击"保存"，凭证左上角出现"已生成"标志，代表该凭证已传递到总账。
④单击工具栏中的"退出"按钮，返回。
⑤同理，生成"应付工资""工会经费"凭证。

6. 账表查询

查看工资分钱清单、个人所得税扣缴申报表、各种工资表。

7. 月末处理

（1）执行"业务处理—月末处理"命令，打开"月末处理"对话框。单击"确认"按钮，弹出系统提示："月末处理之后，本月工资将不许变动，继续月末处理吗?",单击"是"按钮。系统继续提示:"是否选择清零项?",单击"是"按钮,打开"选择清零项目"对话框。

(2)在"请选择清零项目"列表中,单击鼠标选择"病假天数""事假天数""病假扣款"和"事假扣款",单击">",将所选项目移动到右侧的列表框中。

复 习 题

一、单选题

1. 建立工资账套时可以根据建账向导分四步进行，下列选项正确的是（   ）。
   A. 人员编码—扣税设置—扣零设置—参数设置
   B. 扣零设置—扣税设置—参数设置—人员编码
   C. 参数设置—人员编码—扣零设置—扣税设置
   D. 参数设置—扣税设置—扣零设置—人员编码

2. 下列说法不正确的是（   ）。
   A. 从薪资管理系统中传递到总账的凭证如果有错误，需在薪资管理系统中进行修改
   B. 从薪资管理系统中传递到总账的凭证如果有错误，可在总账系统中直接进行修改
   C. 从薪资管理系统中传递到总账的凭证，需要进一步审核记账
   D. 在薪资系统删除的凭证，在总账系统中会自动加上"作废"的标记

3. 在银行代发工资的情况下，下列（   ）可以不用设置。
   A. 扣税设置   B. 扣零设置   C. 人员编码设置   D. 参数设置

4. 系统默认以（   ）作为扣税基数。
   A. 应发合计   B. 基本工资   C. 代扣税   D. 实发合计

5. 人员类别设置的主要目的是便于（   ）。
   A. 计算工资   B. 工资发放   C. 工资数据统计   D. 工资费用分配

二、多选题

1. 建立工资账套的主要内容包括（   ）。
   A. 参数设置   B. 扣税设置   C. 扣零设置   D. 人员编码设置

2. 工资管理系统中固定的工资项目有（   ）。
   A. 基本工资   B. 应发合计   C. 实发合计   D. 扣款合计

3. 以下操作中（   ）必须在打开工资类别的情况下才能进行。
   A. 设置工资项目   B. 增加人员档案（工资相关部分）
   C. 选择工资项目   D. 设置工资项目计算公式

4. 如果企业用银行代发工资的方式，需要设置的银行信息包括（   ）。
   A. 银行名称   B. 账号长度   C. 银行地址   D. 职工账号

三、判断题

1. 工资系统中工资分摊所生成的凭证将出现在总账系统中，但是应该在工资中进行审核。（   ）

2. 工资核算系统中,应先设置工资项目,再进行计算公式设置。（　　）
3. 工资类别的启用日期可以修改。（　　）
4. 系统提供的固定工资项目不能修改。（　　）
5. 已使用的工资项目可以删除。（　　）
6. 人员档案的设置前可不用打开工资类别。（　　）
7. 工资系统月末处理功能只有账套主管才能进行。（　　）

四、简答题

1. 简述薪资管理系统的主要功能。
2. 简述薪资管理系统与其他子系统的关系。
3. 工资项目设置过程中需要注意哪些问题？
4. 薪资管理系统日常业务处理包括哪些内容？
5. 在哪些情况下需要设置多个工资类别？

第 7 章　固定资产管理子系统

7.1　固定资产管理子系统概述

7.1.1　固定资产管理子系统的功能结构

固定资产使用年限长，单位价值高。在企业总资产中所占的比重很大，正确地核算和严格地管理固定资产对企业的生产经营具有重大的意义。固定资产系统主要用于企事业单位进行固定资产日常业务的核算和管理，生成固定资产卡片，按月反映固定资产的增减变动，为总账系统提供相关的凭证，保证固定资产的安全完整并充分发挥其效能，协助企业进行部分成本核算，同时还可以为设备管理部门提供固定资产的各项指标管理工作。

固定资产管理系统主要功能如下：

1. 系统初始设置

主要包括系统初始化、部门设置、类别设置、使用状况定义、增减方式定义、折旧方法定义、卡片项目定义、卡片样式定义等。

2. 日常业务处理

主要涉及固定资产增减、变动清理、报废和资产评估等。自动更新固定资产卡片，登记固定资产明细账，按月汇总出分部门、分类别、分增减变动种类的汇总数据，并可生成增减变动汇总表和增减变动明细表。自动计算固定资产折旧、固定资产净值、生成计提折旧分配表等，并逐级汇总得到相应的固定资产报表等。

3. 月末处理

按照在系统初始化中设置的自动转账的方式，利用汇总运算所得到的分类汇总数据，自动编制转账凭证，并转到总账系统的临时记账凭证文件中。

固定资产管理子系统的功能结构如图 7-1 所示。

第7章 固定资产管理子系统

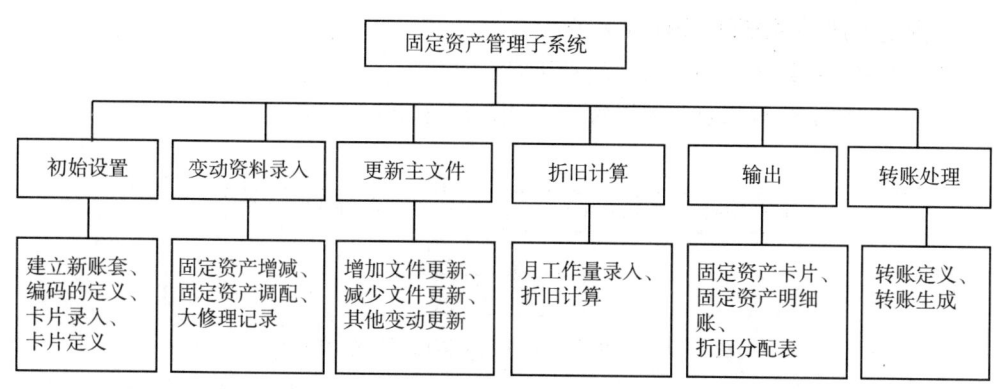

图 7-1 功能结构

7.1.2 操作流程

固定资产的操作流程如图 7-2 所示。

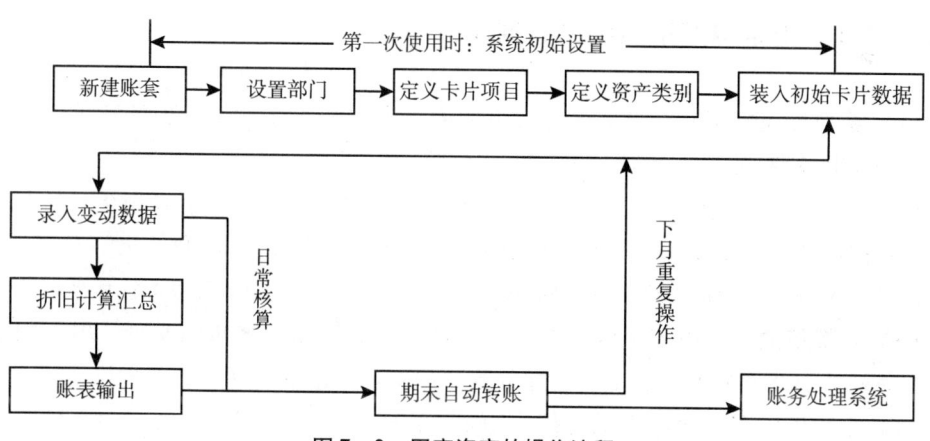

图 7-2 固定资产的操作流程

7.1.3 固定资产子系统与其他子系统的关系

固定资产管理子系统与总账子系统、UFO 报表子系统、成本核算子系统都存在数据传递关系。

1. 固定资产子系统和总账子系统

固定资产管理系统中的固定资产增加、减少以及原值和累计折旧的调整、折旧的计提等业务都要经过记账工作，这些数据以记账凭证的形式传输到总账系统。同时，通过对账保持固定资产的账目与总账的有关科目平衡。

2. 固定资产子系统和成本核算子系统

固定资产子系统为成本核算系统提供折旧费用数据，是成本核算的基础数据之一。

3. 固定资产子系统和 UFO 报表子系统

UFO 报表子系统可以通过报表函数从固定资产管理子系统取数编制相关的报表。固定资产总系统与其他子系统的关系如图 7-3 所示。

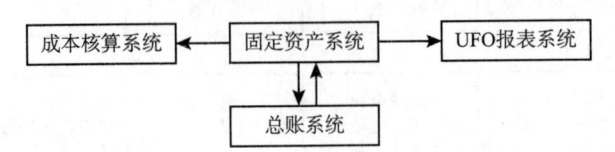

图 7-3 固定资产子系统与其他子系统的关系

7.2 固定资产子系统内部功能结构分析

本节包括固定资产子系统数据流程和数据文件。

7.2.1 固定资产子系统的数据流程

（1）系统投入使用时，将手工方式下的固定资产卡片全部录入到计算机中，形成固定资产卡片文件。

（2）月内发生固定资产增减变动后，将相应的增减变动的原始凭证输入计算机，存入固定资产增减变动文件。一方面，更新固定资产卡片文件和备份文件，另一方面，通过分类汇总，形成转账数据文件，通过转账处理，传递到总账系统（和成本核算系统）。

（3）计提折旧时，由固定资产卡片文件计算得到固定资产折旧文件，根据固定资产折旧文件，计提各项折旧，通过转账处理，传递到总账系统（和成本核算系统）。

（4）根据固定资产增减变动文件、固定资产卡片文件、固定资产折旧文件输出各种统计分析表。

固定资产系统流程如图 7-4 所示。

7.2.2 固定资产子系统的数据文件

在固定资产系统中数据文件通常分为：

（1）存放输入的原始数据的文件：如固定资产卡片文件、固定资产增加、减少、变动文件，以及存放已清理固定资产历史资料的备查文件。这些数据文件的结构基本相同，一般来说固定资产的每一个项目应该对应设置一个字段。固定资产卡片文件主要应包括以下字段：固定资产代码、资产名称、型号规格、建造单位、资产来源、验收日期、使用部门、使用类别、资产原值、使用年限、已使用年限工作量、预计净残值、折旧方法、已提折旧、附件名称、附件金额、存放地点、保管人等。

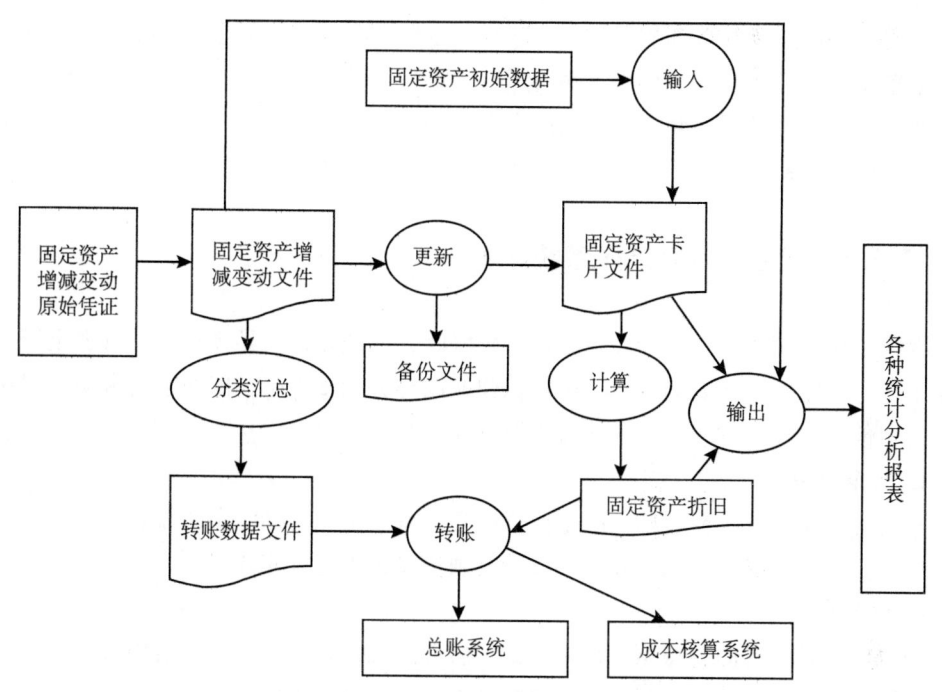

图 7-4　固定资产管理子系统数据流程

考虑到系统运行速度和提高数据处理的安全性、稳定性，在实际设计中往往将固定资产卡片中基本固定不变的数据和变动数据进行分割，组织在不同的数据文件中，另外在固定资产卡片文件中一般都留有一些供用户自定义的字段，以方便用户使用及提高系统的通用性。对固定资产增加、减少及内部变动文件则还应有反映相应变化的字段。如资产去向、清理费用、变价收入、调入部门、当前责任人等。

（2）存放计算处理结果的文件：如折旧计算、转账数据文件等。这些文件的基本作用是直接按固定资产卡片中记录的固定资产原值、使用年限及折旧方法计算当期应计提的折旧额，然后根据核算的需要，按部门等分别汇总以生成编制记账凭证所需要的折旧表。

（3）存放用户设置的代码等数据词典性文件。这些文件主要有部门代码、固定资产类别代码、固定资产使用情况代码、固定资产增减变动类型代码等文件。

（4）存放有关修理费等数据的其他有关数据的文件。这些文件主要用来存放各种计划、控制数据、在有关业务处理过程中提示用户数据超限需要特殊授权，从而加强对诸如修理费等支出的管理。

7.3　固定资产管理子系统初始设置

固定资产初始化是指在"系统管理"中建立企业账套的基础上，建立一个适合组织实际情况的固定资产账套的过程。要建立固定资产账套，前提是在系统管理中首先建立了本单位的核算账套并且启用了固定资产管理系统；未建立本单位的会计核算账套的，要先建立会计核算账套，再建立固定资产账套。

固定资产子系统初始设置包括建立账套和基础设置两项内容。

7.3.1 建立固定资产子系统账套

在第一次使用固定资产管理系统进行建账时，系统建账向导提示，进行固定资产初始化工作。固定资产账套的建立，可根据建账向导分六步进行，即约定与说明、启用月份、折旧信息、编码方式、账务接口以及补充参数。

1. 约定与说明

约定与说明部分主要包括：固定资产账套的基本信息、固定资产管理的原则、各种变动后的折旧计算和汇总原则。这些条款必须遵循，不允许修改。

2. 启用月份

固定资产系统要向总账系统传递凭证，所以，固定资产子系统的启用月份不得在总账子系统的启用月份之后。即先启用总账子系统，再启用固定资产子系统，或者同时启用。在启用日期确定后，在该日期前的所有固定资产都将作为固定资产期初数据，在启用月份开始由系统计提折旧。

3. 折旧信息

用于确定本账套是否计提折旧以及主要折旧方法等。

4. 编码方式设置

（1）资产类别编码方式。资产类别是单位根据管理和核算的需要给资产所做的分类。系统默认采用国家规定的4级16位（2112）方式。可以根据单位需要进行修改。

（2）固定资产编码方式。由用户根据需要对企业固定资产选择编码方式。系统提供手工输入和自动编码方式。自动编码又包括：类别编号＋序号、部门编号＋序号、类别编号＋部门编号＋序号、部门编号＋类别编号＋序号。选定了编码方式后，我们根据固定资产的编码，就很容易了解固定资产的相关信息了。

5. 账务接口设置

（1）与账务系统对账选项。选择该选项，则随时可以和账务系统即总账系统中的相关科目进行对账。除初始数据录入外，总账系统的有关固定资产的数据都是固定资产系统通过凭证传递到总账的。所以，总账系统的相关数据应和固定资产的相关数据相同。

（2）对账科目。在选择"与总账系统对账"前提下，设置固定资产和累计折旧的总账对账科目。固定资产系统提供要对账的数据是系统内资产的原值及累计折旧的合计数，所以选择的对账科目应与总账系统对应的一级科目相一致。

（3）对账不平情况下允许固定资产系统月末结账选项。此选项是对固定资产系统月末结账的一个控制,若选择此项,则对账不平衡情况下也可结账。由于总账系统有关固定资产的数据都是固定资产系统通过记账凭证形式传递到总账的,正常情况下应对账平衡,除非存在错误操作。所以,为了严格控制系统间的平衡,不应选择此项。

6. 补充参数

补充参数是对前面几项设置没有涉及的参数进行的补充设置。选择业务发生后立即制单选项,发生固定资产业务系统会立即生成凭证并传递到总账系统;选择月末结账前一定要完成制单登账业务选项,在月末结账之前必须将本月发生的所有固定资产业务登记入账;选择固定资产的入账科目为固定资产,累计折旧的入账科目为累计折旧,固定资产减值准备的入账科目为固定资产减值准备设置完成后,在生成凭证时,就可以自动出现固定资产、累计折旧和固定资产减值准备的凭证科目,不需要每张凭证都填制一遍。

7.3.2 基础设置

基础设置是使用固定资产子系统进行资产管理和核算的基础,包括固定资产类别、部门对应折旧科目、增减方式、使用状况、折旧方法、部门设置、卡片项目和卡片样式等。

1. 设置固定资产类别

固定资产的种类繁多,规格不一,要强化固定资产管理,及时准确做好固定资产核算,必须科学地搞好固定资产的分类,为核算和统计管理提供依据,企业可根据自身的特点和管理要求,确定一个较为合理的资产分类方法。设置好固定资产类别后,一方面,方便企业进行科学的管理固定资产;另一方面,也为系统自动处理相关信息做基础。例如,设置某类别的折旧方法和净残值率后,固定资产卡片的相关项目会自动出现。

2. 部门对应折旧科目的设置

部门对应折旧科目是指折旧费用的入账科目。固定资产计提折旧后必须把折旧归入成本或费用,根据不同企业的具体情况,有按部门归集的,也有按类别归集的。部门对应折旧科目的设置就是给每个部门选择一个折旧科目,这样在输入卡片时,该科目自动填入卡片中,不必一个一个输入。如果对某一上级部门设置了对应的折旧科目,下级部门应继承上级部门的设置。

3. 增减方式设置

增减方式设置主要是在固定资产有增减业务时使用。系统内置了6种增加方式和7种减少方式。增加方式主要有直接购买、投资者投入、捐赠、盘盈、在建工程转入、融资租入。减少方式主要有出售、盘亏、投资转出、捐赠转出、报废、毁损、融资租出。用友软件系统固定资产的增减方式可以设置两级,也可以根据需要自行增加。

4. 使用状况设置

系统内置的使用状况包括在用、季节性停用、经营性出租、大修理停用、未使用、不需用等。不同的使用状况对应不同的"是否计提折旧"标志，系统不允许修改（未使用和不需用可增加下级）。

5. 折旧方法设置

折旧方法设置是系统自动计算折旧的基础。系统提供了常用的几种折旧方法：不提折旧、平均年限法（一和二）、工作量法、年数总和法、双倍余额递减法，并列出了它们的折旧计算公式。这几种方法是系统缺省的折旧方法，只能选用，不能删除和修改。当这几种方法不能满足需要时，系统提供了折旧方法的自定义功能。

6. 部门设置

部门设置是指定义固定资产的使用单位编码和名称。在账务系统基础设置中已对部门档案作了具体设置，此处不再赘述。

7. 卡片项目

卡片项目是资产卡片上要显示的用来记录资产信息的栏目，如原值、资产名称、使用年限、折旧方法等，是卡片最基本的项目。系统提供了一些常用的必需项目，称为系统项目。用户可根据自身需要通过增加、修改、删除功能来设置本单位需要的卡片项目。

8. 卡片样式

卡片样式是指卡片的整个外观，包括其格式（是否有表格线，对齐形式、字体大小、字型等）、所包含的项目和项目的位置。不同的企业或不同的资产类别，由于管理的内容和侧重点不同，固定资产卡片项目也可能不同，所以系统提供卡片样式定义功能，增加灵活性。

9. 原始卡片录入

录入固定资产原始卡片，即将建账日期以前的数据录入到系统中，卡片是固定资产管理系统处理的起点，卡片操作是本系统操作的主要内容。卡片操作主要包括卡片录入（分为原始卡片录入和新卡片录入）、卡片修改、卡片删除、资产减少、卡片打印、卡片管理几个部分。

7.4 固定资产管理子系统的日常业务处理

7.4.1 固定资产增加与减少

1. 固定资产增加

通常的固定资产增加业务通过增加固定资产卡片来实现，与原始卡片录入相对应。资产通过"原始卡片录入"还是通过"资产增加"录入，取决于资产的开始使用日期。只有当开始使用月份等于录入的月份时，才能通过"资产增加"录入。

当月新增的固定资产当月不计提折旧，折旧额为零或空。原值录入必须是卡片录入月月初的价值，否则将会出现错误。

2. 固定资产减少

资产在使用过程中，由于各种原因，如毁损、出售、盘亏等，退出企业，此时要进行资产减少处理。资产减少功能只能在当月已经正确计提完毕折旧后才能执行。

7.4.2 固定资产变动处理

固定资产在使用过程中，可能会调整卡片上的一些项目，这些变动称为"固定资产变动"，这些变动包括原值变动、部门转移、使用状况变动、使用年限变动、折旧方法调整、净残值（率）调整、工作总量调整、累计折旧调整、资产类别调整、变动单管理等。这些业务要求保留原始凭证，填制"变动单"，并根据业务类型生成相应记账凭证。其他项目的修改，如名称、编号、自定义项目等的变动可直接在卡片上修改。

1. 原值变动

固定资产在使用过程中，其原值增减有五种情况：根据国家规定对固定资产重新估价、增加补充设备或改良设备、将固定资产的一部分拆除、根据实际价值调整原来的暂估价值、发现原记录固定资产价值有误的。原值变动分为原值增加和原值减少两种情况。

2. 部门转移

固定资产在使用过程中，对因内部调配而发生的部门变动，通过部门转移功能实现。这类业务不生成凭证，但部门转移后将影响部门的折旧计算。

3. 固定资产使用状况的调整

固定资产的使用状况分为在用、未使用、不需用、停用、封存五种。固定资产在使用过程中，可能会因为某种原因，使固定资产使用状况发生变化，通过变动单—使用状况调整来实现。这种变化影响到折旧的计算。

4. 固定资产使用年限的调整

资产在使用过程中，资产的使用年限可能会由于资产的重估、大修等原因调整资产的使用年限。进行使用年限调整的资产在调整的当月应按调整后的使用年限计提折旧。

5. 资产折旧方法的调整

一般来说资产折旧方法一年之内很少改变，但如有特殊情况需调整改变的可以通过变动单下的"折旧方法调整"功能完成。

6. 变动单管理

变动单管理可对系统的变动单进行综合管理，包括查询、修改、制单、删除等。变动单的删除必须从该资产制作的编号最大的开始依次删除。

7.4.3 计提折旧

计提折旧是固定资产每期都要发生的业务。相应地，自动计提折旧是固定资产系统的主要功能之一。系统每期计提折旧一次，根据录入系统的资料自动计算每项资产的折旧额，并将当期的折旧额自动累加到累计折旧项目中，除了自动生成折旧清单外，同时还生成折旧分配表，系统依据折旧分配表制作记账凭证，将本期的折旧费用自动登账。

计提折旧应注意：

（1）在一个期间内可以多次计提折旧，每次计提折旧后，只是将计提的折旧累加到月初的累计折旧上，不会重复累计。

（2）若上次计提折旧已制单并传递到了总账，则必须删除该凭证才能重新计提折旧。

（3）计提折旧后又对账套进行了影响折旧计算分配的操作，必须重新计提折旧，否则系统不允许记账。

（4）若自定义的折旧方法月折旧率或月折旧额出现负数，系统自动中止计提。

（5）资产的使用部门和资产折旧要汇总的部门可能不同，为了加强资产管理，使用部门必须是明细部门，而折旧分配部门不一定分配到明细部门，不同的单位处理方式可能不同，因此要在计提折旧后，分配折旧费时作出选择。

7.5 固定资产管理子系统的期末处理

固定资产管理系统的期末处理工作主要包括制单与对账和结账工作。

7.5.1 制单与对账

在每月月末，系统根据本月计算的折旧额和事先定义的自动分录来机制凭证，并自动传递到账务处理系统。在账务处理系统中，这些凭证经过汇总和审核后即可记账。

在固定资产初始选项中选择了与总账系统对账，才可进行与总账的对账功能。为了保证固定资产系统的资产价值与总账系统中固定资产科目的数值相等，可随时使用对账功能对两个系统进行审查。系统在执行月末结账时自动对账一次，并给出对账结果。

7.5.2 月末结账

当本月固定资产的变动资料全都输入系统、卡片更新和折旧计算正确后，才能在月末结账。固定资产系统不允许跨月输入凭证（或变动资料），只有本月结账后方可进入下月进行业务处理。

本期不结账，将不能处理下期的数据；结账前一定要进行数据备份，否则数据一旦丢失，将造成无法挽回的后果。

实验八　固定资产管理

【实验目的】

使学生掌握用友软件中有关固定资产管理的相关内容，掌握固定资产系统初始化设置、日常业务处理、月末处理等操作。

【实验内容】

（1）固定资产系统参数设置、原始卡片录入。

（2）日常业务：资产增减、资产变动、生成凭证、账表查询。

（3）月末处理：计提折旧、对账、结账。

【实验准备】

引入实验三账套数据。

【实验资料】

1. 初始设置

（1）控制参数（见表7-1）。

表7-1　控制参数

控制参数	参数设置
约定与说明	我同意
启用月份	2019.12
折旧信息	本账套计提折旧； 折旧方法：平均年限法（一）； 折旧汇总分配周期：1个月； 当（月初已计提月份＝可使用月份-1）时，将剩余折旧全部提足
编码方式	资产类别编码方式：2112； 固定资产编码方式： 按"类别编码+部门编码+序号"自动编码； 卡片序号长度为：3
财务接口	与财务系统进行对账； 对账科目： 固定资产对账科目：1601 固定资产； 累积折旧对账科目：1602 累积折旧； 在对账不平情况下不允许月末结账
补充参数	业务发生后立即制单； 月末结账前一定要完成制单登账业务； 固定资产缺省入账科目：1601，累积折旧缺省入账科目：1602

(2) 资产类别（见表7-2）。

表7-2　　　　　　　　　　资产类别

编码	类别名称	净残值率	计提属性
01	房屋及构筑物	4%	正常计提
011	房屋	4%	正常计提
012	构筑物	4%	正常计提
02	通用设备	4%	正常计提
021	生产用设备	4%	正常计提
022	非生产用设备	4%	正常计提
03	交通运输设备	4%	正常计提
031	生产用运输设备	4%	正常计提
032	非生产用运输设备	4%	正常计提
04	电子设备及其他通信设备	4%	正常计提
041	生产用设备	4%	正常计提
042	非生产用设备	4%	正常计提

(3) 增减方式的对应入账科目（见表7-3）。

表7-3　　　　　　　　　固定资产增减方式信息

增减方式目录	对应入账科目
增加方式	
直接购入	100201，建行存款
投资者投入	4001，实收资本
捐赠	4002，资本公积
盘盈	1901，待处理财产损溢
在建工程转入	1604，在建工程
融资租入	2701，长期应付款
减少方式	
出售	1606，固定资产清理
盘亏	1901，待处理财产损溢
投资转出	1511，长期股权投资
捐赠	6711，营业外支出
报废	1606，固定资产清理
毁损	1606，固定资产清理

（4）部门及对应折旧科目（见表7-4）。

表7-4　　　　　　　　　　　　部门及对应折旧科目

部门	对应折旧科目
综合部	660206，管理费用/折旧费
生产部	510102，制造费用/折旧费
医务室	221102，应付福利费
销售部	6601，销售费用

（5）原始卡片（见表7-5）。

表7-5　　　　　　　　　　　　原始卡片

固定资产名称	类别编号	所在部门	增加方式	可使用年限（月）	开始使用日期	原值	累计折旧	对应折旧科目名称
锅炉	021	一车间	在建工程转入	120	2018-12-1	500000	136000	制造费用/折旧费
立式铣床	021	一车间	直接购入	120	2018-12-1	180000	48960	制造费用/折旧费
钳工平台	021	一车间	直接购入	120	2018-12-1	100000	27200	制造费用/折旧费
小车床	021	一车间	直接购入	120	2018-12-1	10000	2720	制造费用/折旧费
手电钻	021	二车间	直接购入	120	2016-12-1	5000	1360	制造费用/折旧费
原料库	011	库房	在建工程转入	240	2018-12-1	100000	13600	管理费用/折旧费
空调	022	财务科	直接购入	120	2017-5-1	5000	1360	管理费用/折旧费
轿车	032	办公室	直接购入	120	2018-12-1	340000	59840	管理费用/折旧费
复印机	042	办公室	直接购入	60	2018-12-1	20000	7040	管理费用/折旧费
消防设备	022	办公室	直接购入	60	2018-12-1	40000	21760	管理费用/折旧费
合计						1300000	117000	

注：净残值率为4%，使用状况均为"在用"，折旧方法均采用平均年限法（一）。

2. 日常及期末业务处理

（1）12月21日，办公室购买打印机一台，价值1500元，净残值率4%，预计使用年限5年。

（2）12月31日，计提本月折旧费用。

（3）12月31日，二车间毁损手电钻一台。

【操作指导】

1. 启动固定资产管理系统

（1）以01王杰的身份登录企业应用平台，操作日期为：2019-12-31。

（2）执行"基础设置—基本信息—系统启用"命令，打开"系统启用"对话框，选中"固定资产"复选框，弹出"日历"对话框，选择固定资产系统启用日期

"2019-12-01",单击"确定"按钮,系统弹出"确实要启用当期系统吗?",单击"是"返回。

(3) 执行"业务—财务会计—固定资产",弹出"这是第一次打开此账套,还未进行过初始化,是否进行初始化?"信息提示框,单击"是"按钮,打开"固定资产初始化向导"对话框。

2. 初始设置

(1) 设置控制参数(见表7-1)。

初次启动固定资产管理的参数设置:

①在"固定资产初始化向导—约定与说明"对话框中,选择"我同意",单击"下一步"单选按钮。

②打开"固定资产初始化向导—启用月份"对话框。启用月份"2019.12"。

③单击"下一步"按钮,打开"固定资产初始化向导—折旧信息"对话框。

④选中"本账套计提折旧"复选框;选择折旧方法"平均年限法(一)",折旧分配周期"1个月";选中"当月初已计提月份=可使用月份-1时,将剩余折旧全部提足"复选框。

⑤单击"下一步"按钮,打开"固定资产初始化向导—编码方式"对话框。

⑥确定资产类别编码长度"2112";单击"自动编号"单选按钮,选择固定资产编码方式"类别编号+部门编号+序号",选择序号长度"3"。设置界面如图7-5所示。

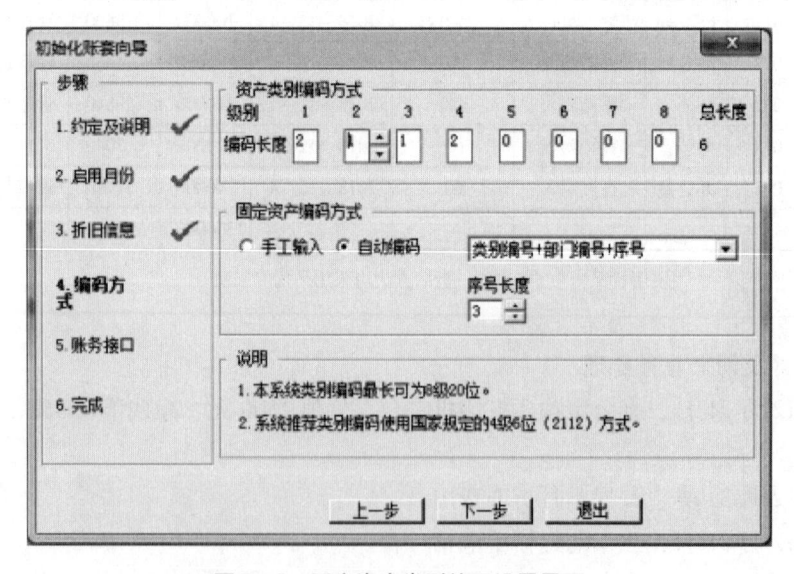

图7-5 固定资产类别编码设置界面

⑦单击"下一步"按钮,打开"固定资产初始化向导—财务接口"对话框。

⑧选中"与账务系统进行对账"复选框;选择固定资产的对账科目"1601 固定资产",累计折旧的对账科目"1602 累计折旧"。

⑨单击"下一步"按钮,打开"固定资产初始化向导—完成"对话框。
⑩单击"完成"按钮,完成本账套的初始化,弹出"是否确定所设置的信息完全正确并保存对新账套的所有设置"提示框。
⑪单击"是"按钮,弹出"已成功初始化本固定资产账套"提示框,单击"确定"按钮。

提示:

- 初始化设置完成后,有些参数不能修改,所以要慎重。
- 如果发现参数有错,必须改正,只能通过固定资产系统"维护"—"重新初始化账套功能"命令实现,该操作将清空您对该账套所做的一切工作。

(2) 补充参数设置。
①执行"设置—选项"命令,进入"选项"窗口。
②选择"与账务系统接口"选项卡,单击"编辑"按钮。
③选中"业务发生后立即制单""月末结账前一定要完成制单登账业务"复选框;选择缺省入账科目为"1601 固定资产""1602 累计折旧",单击"确定"按钮。

(3) 设置资产类别。
①执行"设置—资产类别",进入"分类编码表"窗口。
②单击"增加"按钮,输入类别名称"房屋及建筑物",净残值率"4%":选择计提属性"正常计提",折旧方法"平均年限法(一)",卡片样式"通用样式",单击"保存"按钮。
③同理,完成其他资产类别的设置(见表7-2)。图7-6为资产类别设置界面。

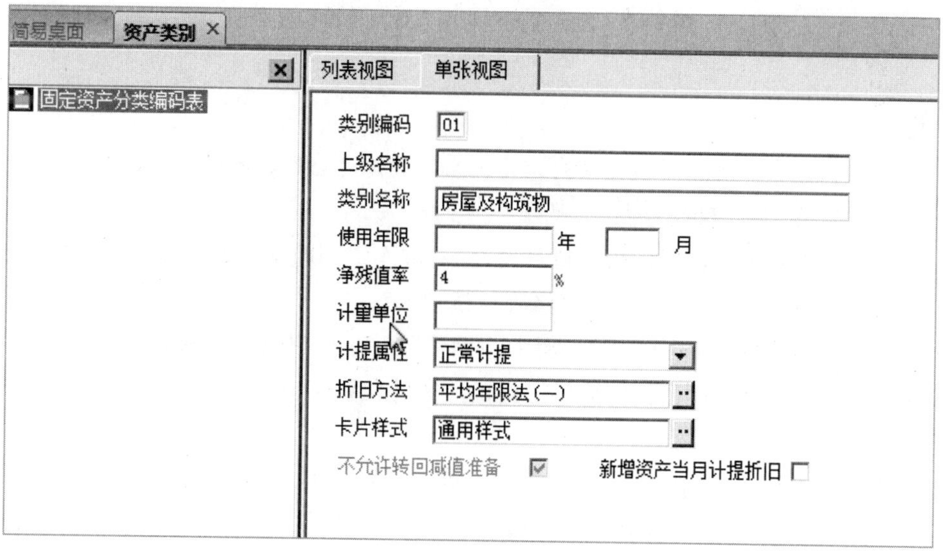

图7-6 资产类别设置界面

提示：
- 资产类别编码不能重复，同一级的类别名称不能相同。
- 类别编码、名称、计提属性、卡片样式不能为空。
- 已使用过的类别不能设置新下级。

（4）设置增减方式的对应科目。

①执行"设置—增减方式"命令，进入增减方式窗口。

②在左边列表框中，单击增加方式"直接购入"，单击"修改"按钮。

③输入对应入账科目"100201 建行存款"，单击"保存"按钮。

④同理，输入其他增加方式和减少方式的对应入账科目，参见表7-3。图7-7为通过增减方式设置固定资产对应科目的界面。

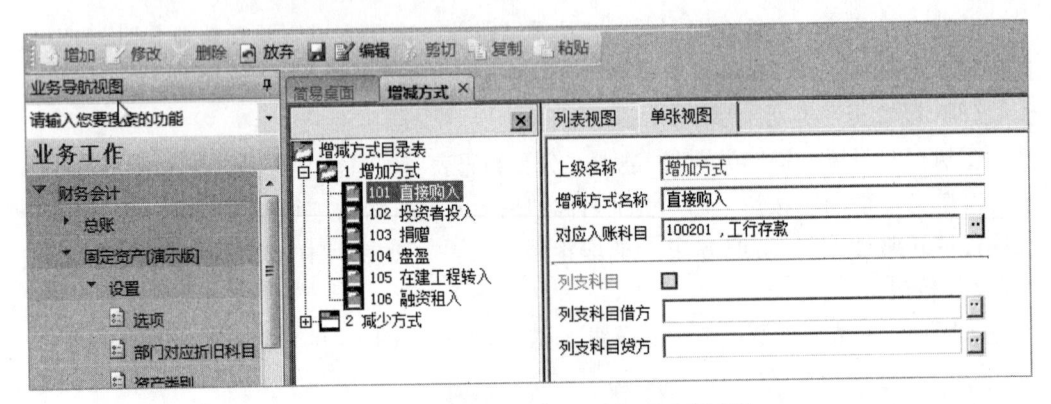

图7-7　固定资产对应的入账科目设置界面

提示：
- 每当固定资产发生增减变动时，系统生成凭证时会默认采用这些科目。

（5）设置部门对应折旧科目。

①执行"设置—部门对应折旧科目设置"，进入"部门编码表"窗口。

②选择部门"综合部"，单击"修改"按钮。

③选择折旧科目"660206 管理费用/折旧费"，单击"保存"按钮。

④同理，完成其他部门折旧科目的设置。参见表7-4。

（6）原始卡片录入。

①执行"卡片—录入原始卡片"命令，进入"资产类别参照"窗口。

②选择固定资产类别"021 生产用设备"，单击"确认"按钮，进入"固定资产卡片录入"窗口。

③输入固定资产名称"锅炉"；双击部门名称弹出"本资产部门使用方式"对话框，选择"单部门使用"选项，单击"确定"按钮，打开"部门参照"对话框，选择

"一车间",双击增加方式选择"在建工程转入",双击使用状况选择"在用";输入开始使用日期"2015-01-01";输入原值500000,累计折旧"136000";输入可使用年限"120月";其他信息自动算出。

④单击"保存"按钮,弹出"数据成功保存"信息提示框,单击"确定"按钮。

⑤同理,完成其他固定资产卡片的输入(见表7-5)。固定资产卡片如图7-8所示。

固定资产卡片

卡片编号	00001		日期	2017-12-31
固定资产编号	021201001	固定资产名称		锅炉
类别编号	021	类别名称		生产用设备
规格型号		使用部门		一车间
增加方式	在建工程转入	存放地点		
使用状况	在用	使用年限(月)	120	折旧方法 平均年限法(一)
开始使用日期	2015-01-01	已计提月份	34	币种 人民币
原值	500000.00	净残值率	4%	净残值 20000.00
累计折旧	136000.00	月折旧率	0.008	本月计提折旧额 4000.00
净值	364000.00	对应折旧科目	510102 折旧费	项目

录入人 王杰 录入日期 2017-12-31

图7-8 固定资产卡片

提示:

● 卡片编号:系统根据初始化时定义的编码方案自动设定,不能修改,如果删除一张卡片,又不是最后一张时,系统将保留空号。

● 已计提月份:系统将根据开始使用日期自动算出,但可以修改,应将使用期间停用不计提折旧的月份扣除。

● 每月折旧率、月折旧额:与计算折旧有关的项目录入后,系统会按照输入的内容自动算出并显示在相应项目内,可与手工计算的值比较,核对是否有错误。

● 若要修改已录入的原始卡片,执行"卡片—卡片管理"命令,进入"卡片管理"窗口,点击要修改的卡片,单击"修改"按钮,修改后单击"保存"按钮退出。

3. 日常处理

(1)资产增加(业务1)。

①执行"卡片—资产增加"命令,进入"资产类别参照"窗口。

②选择资产类别:"042 非生产设备",单击"确认"按钮,进入"固定资产卡片新增"窗口。

③输入固定资产名称"打印机";双击使用部门选择"办公室",双击增加方式选择"直接购入",双击使用状况选择"在用";输入原值"1500",可使用年限"60月",开始使用日期"2019-12-21"。

④单击"保存"按钮，进入"填制凭证"窗口。

⑤选择凭证类型"付款凭证"，修改制单日期，单击"保存"按钮。

提示：

- 固定资产原值一定要输入卡片录入月月初的价值，否则会出现计算错误。
- 新卡片第一个月不提折旧，累计折旧为空或0。
- 卡片输入完后，也可以不立即制单，月末可以批量制单。

（2）折旧处理（业务2）。

①执行"处理—计提本月折旧"命令，弹出"是否要查看折旧清单？"提示框，单击"是"按钮。

②系统弹出"本操作将计提本月折旧，并花费一定时间，是否要继续？"提示框，单击"是"按钮。

③系统计提折旧完成后，进入"折旧清单"窗口，退出。

④进入"折旧分配表"窗口，单击"凭证"按钮，进入"填制凭证"窗口，选择"转账凭证"，单击"保存"按钮。

提示：

- 如果上次计提折旧已通过记账凭证把数据传递到账务系统，则必须删除该凭证才能重新计提折旧。
- 计提折旧后又对账套进行了影响折旧计算或分配的操作，必须重新计提折旧，否则系统不允许结账。

（3）资产减少（业务3）。

①执行"卡片—资产减少"命令，进入"资产减少"窗口。

②选择卡片编号"00005"，单击"增加"按钮。

③选择减少方式"毁损"，单击"确定"按钮，进入"填制凭证"窗口。

④选择"转账凭证"，单击"保存"按钮。

提示：

- 本账套需要进行计提折旧后，才能减少资产。
- 如果要减少的资产较少或没有共同点，则通过输入资产编号或卡片号，单击"增加"按钮，将资产添加到资产减少表中。
- 如果要减少的资产较多并且有共同点，则通过单击"条件"按钮，输入一些查询条件，将符合该条件的资产挑选出来进行批量减少操作。

（4）总账系统处理。

固定资产系统生成的凭证自动传递到总账系统，在总账系统中，对传递过来的凭证进行审核和记账。

提示：

- 以出纳02的身份登录总账系统，进行出纳签字，以03的身份登录总账进行审核和记账。

- 只有总账系统记账完毕，固定资产管理系统期末才能和总账进行对账工作。

（5）账表管理。

①执行"账表—我的账表"命令，进入"固定资产报表"窗口。

②单击"折旧表"，选择"（部门）折旧计提汇总表"。

③单击"打开"按钮，打开"条件"对话框。

④选择期间"2019.12"，汇总部门"1—2"，单击"确认"按钮。

4. 期末处理

（1）对账。

①执行"处理—对账"命令，弹出"与财务对账结果"提示框。

②单击"确定"按钮。

提示：

- 当总账记账完毕，固定资产系统才可以进行对账，对账平衡，开始月末结账。
- 如果在初始设置时，选择了"与账务系统对账"功能，对账的操作不限制执行时间，任何时候都可以进行对账。
- 若在财务接口中选中"在对账不平情况下允许固定资产月末结账"，则可以直接进行月末结账。

（2）结账。

①执行"处理—月末结账"命令，打开"月末结账"对话框。

②单击"开始结账"按钮，弹出"月末结账成功完成！"提示框。

③单击"确定"按钮。

提示：

- 本会计期间做完月末结账工作后，所有数据资料将不能再进行修改。
- 本会计期间不做完月末结账工作，系统将不允许处理下一个会计期间的数据。
- 月末结账前一定要进行数据备份，否则数据一旦丢失，将造成无法挽回的后果。

复 习 题

一、单选题

1. 固定资产管理系统中，每月发生的主要业务是（ ）。
   A. 资产增加　　　B. 部门转移　　　C. 资产原值变动　　D. 计提折旧

2. 固定资产核算系统中，（ ）是制作记账凭证，把计提折旧额分配到有关成本和费用的依据。
   A. 折旧分配表　　B. 折旧清单　　　C. 折旧汇总表　　　D. 累计折旧表

3. 固定资产系统中，折旧费用的分配和（ ）有关。
   A. 资产增加　　　　　　　　　　　B. 增减方式对应科目
   C. 资产变动　　　　　　　　　　　D. 部门对应折旧科目

4. 下列固定资产业务中不生成凭证的是（ ）。
   A. 资产增加　　　B. 计提折旧　　　C. 资产评估　　　　D. 部门转移

5. 下列参数中（ ）是不在固定资产账套初始化过程中设置的。
   A. 主要折旧方法　　　　　　　　　B. 使用年限
   C. 固定资产编码方式　　　　　　　D. 折旧汇总分配周期

二、多选题

1. 建立固定资产账套需要设置的内容主要包括（ ）。
   A. 启用月份　　　B. 折旧信息　　　C. 编码方式　　　　D. 财务接口

2. 固定资产管理系统的作用是（ ）。
   A. 完成企业固定资产日常业务的核算和管理
   B. 反映固定资产的增加、减少、原值变化和其他变动
   C. 生产固定资产卡片
   D. 自动计提折旧

3. 在定义固定资产类别时，下列（ ）不能为空。
   A. 类别编码　　　B. 名称　　　　　C. 计提属性　　　　D. 计提单位

三、判断题

1. 固定资产卡片输入完后，必须立即制单，不能在月末进行批量制单。（ ）
2. 固定资产系统中只有计提折旧业务才能生成记账凭证。（ ）
3. 设置上级部门的折旧科目，下级部门自动继承，不能选择不同的科目。（ ）
4. 本月增加的固定资产，本月可进行部门转移。（ ）
5. 首次使用固定资产管理系统时，应先选择对账套进行初始化。（ ）

四、简答题

1. 固定资产管理系统的主要功能包括哪些？
2. 固定资产管理系统的业务流程是怎样的？
3. 在固定资产管理系统中需要设置哪些基础数据？
4. 固定资产日常业务处理主要包括哪些内容？
5. 计提折旧的注意事项有哪些？

第8章 应收款管理子系统

8.1 应收款管理子系统概述

应收账款是企业为了自身的业务需求,答应客户提供的作用担保通过延期付款的方式而产生的。应收款管理系统主要用于核算和管理客户往来款项,对应核算单位的销售业务。同理,应付款管理系统主要用于核算和管理供应商往来款项,对应核算单位的采购业务。因为应收款的处理与应付款的处理流程极为相似,只不过数据流向正好相反,所以本章重点讲解应收款业务的处理方式,学生可通过应收款业务的处理方式来学习应付款业务的处理。

8.1.1 应收款管理子系统功能介绍

应收款管理系统扩展了总账系统中对往来账款的管理,使企业对往来账款的管理工作更加明细。应收款管理系统以发票、费用单、其他应收单等原始单据为依据,记录销售业务及其他业务所形成的往来款项,处理应收款项的收回、坏账、转账等情况,同时提供票据处理功能。

应收款管理系统的主要功能如下:

1. 系统初始设置

应收款管理系统中需要进行的基础设置包括设置账套参数、设置会计科目、坏账准备、账龄区间、报警级别、存货分类档案、单据类型和设计单据格式等。基础档案信息包括其他公共信息(会计科目、部门档案、职员档案、外币及汇率、结算方式、付款条件、地区分类、客户分类及档案)已在系统管理和总账管理系统初始设置中完成。最后录入应收款系统的期初余额。

2. 日常业务处理

日常业务处理主要完成日常应收和收款业务的录入、核销，应收并账，汇兑损益以及坏账的处理，及时记录应收、收款业务的发生，为查询和分析往来业务提供完整、正确的资料。主要包括应收单据处理、收款单据处理、核销处理、票据管理、转账、坏账处理、制单处理等操作。

应收款管理系统功能如图 8-1 所示。

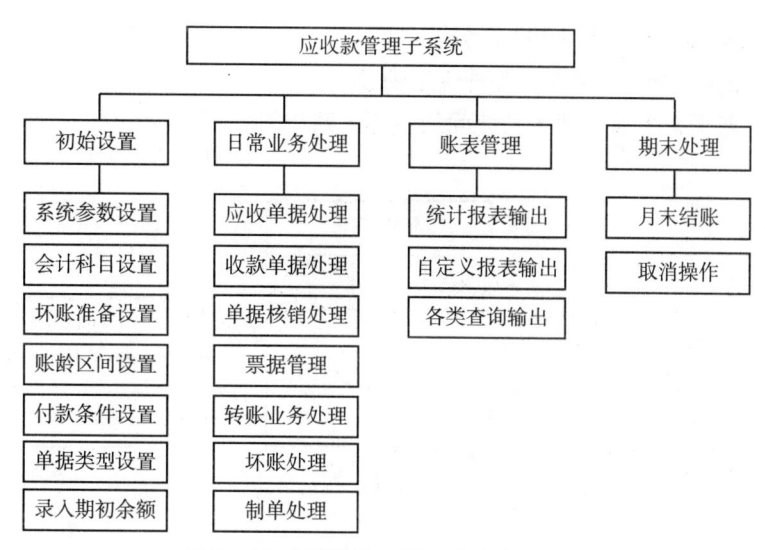

```
                    应收款管理子系统
    ┌──────────────┬──────────────┬──────────────┐
  初始设置      日常业务处理    账表管理       期末处理
    │              │              │              │
 系统参数设置   应收单据处理   统计报表输出    月末结账
    │              │              │              │
 会计科目设置   收款单据处理   自定义报表输出   取消操作
    │              │              │
 坏账准备设置   单据核销处理   各类查询输出
    │              │
 账龄区间设置   票据管理
    │              │
 付款条件设置   转账业务处理
    │              │
 单据类型设置   坏账处理
    │              │
 录入期初余额   制单处理
```

图 8-1 应收款管理子系统功能结构图

3. 账表查询和期末处理

系统提供对应收单、结算单、凭证等的查询。可以进行各类单据、详细核销信息、报警信息、凭证等内容的查询。期末处理主要指应收款管理的月末结账。应收款管理系统与销售管理系统集成使用，应在销售管理系统结账后，才能对应收系统进行结账处理。

8.1.2 应收款管理子系统与其他系统的关系

应收款管理系统主要与总账系统、销售系统、应付系统、UFO 报表、财务分析系统、网上银行等系统都存在数据传递关系。

1. 应收款管理子系统与总账管理子系统

应收款系统所有日常业务处理生成的凭证，均传递到总账系统中，并能够查询其所生成的凭证。同时，还可以将结算方式为票据管理的付款单登记到总账系统的支票登记簿中。

2. 应收款管理子系统与销售管理子系统

应收款系统接收销售系统复核后的发票、销售调拨单以及代垫费用单,并进行审核由此生成凭证,并对发票进行收款核销处理。应收款系统可以查询销售系统中已经出库还款未开票的应收信息,可将本系统的收款信息回传给销售管理系统。

3. 应收款管理子系统与应付款管理子系统

应收系统和应付系统之间可以相互对冲进行转账处理,应收票据背书时可以冲抵应付账款。

4. 应收款管理子系统与 UFO 报表子系统

应收款系统向 UFO 系统提供各种应用函数。

应收款管理子系统与其他子系统间的主要关系如图 8-2 所示。

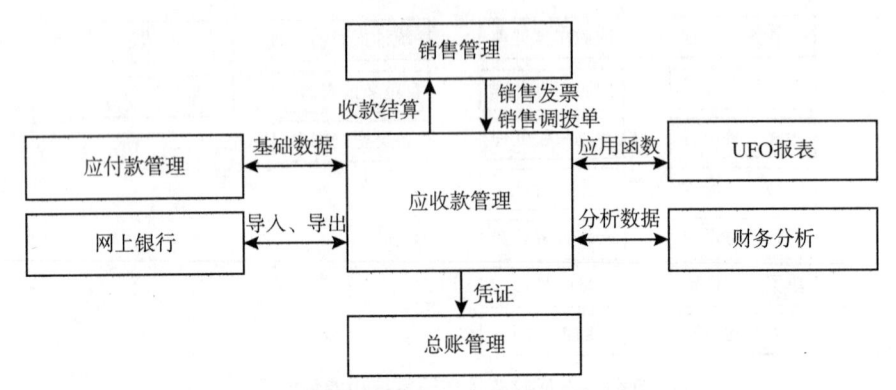

图 8-2 应收款管理子系统与其他系统的主要关系

8.1.3 应收款的总体业务流程

应收款管理系统应用前需做如下准备:

(1) 档案整理:存货档案、计量单位、客户档案、会计科目。

(2) 账套准备:建立企业核算账套、分配操作员权限。

(3) 期初余额整理:系统启用前未处理完的所有客户的应收账款、预收账款、应收票据。

应收款管理系统总体业务流程包括系统初始、日常业务、期末处理三大部分,最终生成账表供查询使用。

应收款管理业务流程如图 8-3 所示。

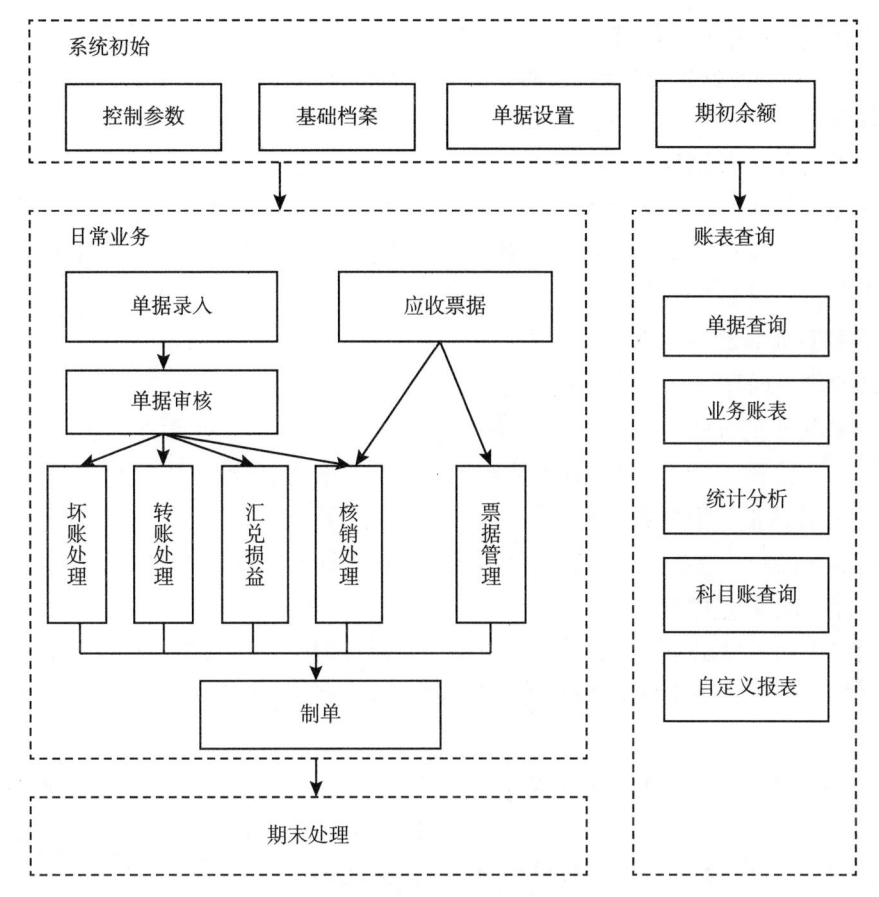

图 8-3 应收款管理子系统总体业务流程图

8.2 应收款管理子系统的初始化设置

8.2.1 系统参数设置

在运行本系统前,应在此设置运行所需要的账套参数。系统参数各项说明如下:

1. 选择应收账款的核销方式

系统提供了三种应收款的核销方式:按余额、按单据、按存货。选择不同的核销方式,将影响到账龄分析的精确性。选择按单据核销或按存货核销能够进行更精确的账龄分析。

2. 选择设置控制科目的依据

控制科目是指本系统中指所有带有客户往来辅助核算的科目,主要指"应收账款"和"预收账款"。系统提供了三种设置控制科目的依据:按客户分类、按客户、按地区分类，可根据选择按不同的分类来设置应收科目和预收科目。此参数控制了"初始设置"中"控制科目设置"的方式，而"科目设置"是制单时，系统自动带入入账科目的选取依据。

3. 选择设置存货销售科目的依据

系统提供了两种设置存货销售科目的依据：按存货、按存货分类。设置销售科目依据是为了在"产品科目设置"中可以针对不同的存货（或存货分类）设置不同的产品销售收入科目、应交增值税科目。

4. 选择预收款的核销方式

系统提供了两种预收款的核销方式：按余额、按单据。

5. 选择制单的方式

系统有三种制单方式可供选择：明细到客户、明细到单据、汇总。

6. 选择计算汇兑损益的方式

系统提供两种汇兑损益的方式：外币余额结清时计算、月末计算。

7. 选择坏账处理方式

系统提供两种坏账处理的方式：备抵法、直接转销法。

在使用过程中，如果当年已经计提过坏账准备，则此参数不可以修改，只能下一年度修改。

8. 选择核算代垫费用的单据类型

根据初始设置中的"交易所类型设置"，当应收单的类型分为多种时，在此选择核算代垫费用单的单据类型。若应收单不分类，则无此选项。

9. 选择是否显示现金折扣

为了鼓励客户在信用期间内提前付款而采用现金折扣政策时，选择显示现金折扣，系统会在"单据结算"中显示"可享受折扣"和"本次折扣"，并计算可享受的折扣。

10. 选择录入发票是否显示提示信息

如果设置显示提示信息，则在录入发票时，系统会显示该客户的信用额度余额，以及最后的交易情况。但这样会降低录入的速度，则可不设置。

11. 选择是否根据信用额度自动报警

信用比率＝信用余额/信用额度，信用余额＝信用额度－应收账款余额。

当选择自动预警时，系统根据设置的预警标准显示满足条件的客户记录。即只要该客户的信用比率小于等于设置的提前比率时就对该客户进行报警处理。若选信用额度＝0的客户也预警，则当该客户的应收账款＞0时即进行预警。若登录的用户没有信用额度报警单查看权限时就算设置了自动报警也不显示该报警单信息。

该参数的作用范围仅限于在本系统中增加发票和应收单时候。信用额度控制值选自客户档案的信用额度

12. 选择是否信用额度控制

如果选择了进行信用控制，则您在应收款管理系统保存录入的发票和应收单时，

当票面金额＋应收借方余额－应收贷方余额＞信用额度，系统会提示本张单据不予保存处理。

该参数的作用范围仅限于在本系统中增加发票和应收单时候。信用额度控制值选自客户档案的信用额度。此选项不影响销售系统，也就是说：应收系统和销售系统可以分别启用或关闭信用控制。

8.2.2 初始档案设置

基础档案信息包括设置科目、设置坏账准备、设置账龄区间、设置报警级别、设置存货分类和档案、设置单据类型和设计单据格式等。其他公共信息（会计科目、部门档案、职员档案、外币及汇率、结算方式、付款条件、地区分类、客户分类及档案）已在系统管理和总账管理系统初始设置中完成。

1. 设置科目

如果企业应收业务类型较固定，生成的凭证类型也固定，则为了简化凭证生成操作，可以在此处将各业务类型凭证中的常用科目预先设置好。

2. 设置坏账准备

应收款管理系统可以根据发生的应收业务情况，提供自动计提坏账准备的功能。计提坏账的处理方式包括应收余额百分比法、销售余额百分比法、账龄分析法。

3. 设置账龄区间

为了对应收账款进行账龄分析，评估客户信誉，并按一定的比例估计坏账损失，应首先在此设置账龄区间。用友 ERP－U8 的应收款账龄设置分为两部分：账期内账龄区间设置、逾期账龄区间设置。

4. 设置报警级别

通过对报警级别的设置，将客户按照客户欠款及其授信额度的比例分为不同的类型，以便于掌握各个客户的信用情况。

5. 设置存货分类和档案

设置好存货分类和档案后，在输入销售发票时，可以参照选择。

6. 设置单据类型

在用友 ERP－U8 系统中，为描述和处理各种现实业务而设置的数据实体和操作对象，如发票、订单、收付款单、出入库单等，称之为单据。不同的单位在不同的业务模块中需要使用各种不同的单据，应收款管理系统提供了发票和应收单两大类型的单据。

如果同时使用销售管理系统，则发票的类型包括增值税专用发票、普通发票、销售调拨单和销售日报。如果单独使用应收款管理系统，则发票的类型不包括后两种。发票的类型不能修改和删除。

应收单是记录销售业务之外的应收款情况。本功能中只能增加应收单，应收单可划分为不同的类型，以区分应收货款之外的其他应收款。例如，应收代垫费用款、应收利息款、应收罚款、其他应收款等。应收单的对应科目由自己定义。

发票的类型是固定的，不能修改删除。而应收单的类型只能增加，就收单中的"其他应收单"为系统默认类型，不能删除、修改，而且不能删除已经使用过的单据类型。

8.2.3 期初余额录入

初次使用系统时，录入期初余额包括未结算完的发票和应收单、预收款单据、未结算完的应收票据以及未结算完毕的合同金额，以便于以后的核销处理。这些期初数据必须是账套启用日期前的数据，当进入第二年度处理时，系统自动将上年度未处理完的单据转为下一年度的期初余额。在下一年度的第一个会计期间里，可以进行期初余额的调整。

期初余额录入后，可与总账系统对账。在日常业务中，可对期初发票、应收单、预收款、票据进行后续的核销、转账处理。在应收业务账表中查询期初数据。若当月已结账，则不允许再进行增加、修改、删除期初数据。

输入应收款管理系统的期初数据时应注意以下问题：

（1）发票和应收单的方向包括正向和负向，类型包括系统预置的各类型以及用户定义的类型。如果是预收款和应收票据，则不用选择方向，系统默认预收款方向为贷方，应收票据方向为借方。

（2）交易所日期必须小于该账套启用期间（第一年使用）或者该年度会计期初（以后年度使用）。如果在初始设置的基本科目设置中，设置了承兑汇票的入账科目，则可以录入该科目下期初应收票据，否则不能输入期初应收票据。单据中的科目栏目，用于输入该笔业务的入账科目，该科目可以为空。建议在输入期初单据时，最好输入科目信息，这样不仅可以执行与总账对账功能，而且可以查询正确的科目明细账和总账。

（3）引入合同金额。在期初余额主界面中点击"引入"按钮，系统会将合同管理系统早于应收系统启用月之前的未结算应收类合同金额转至应收系统作为期初余额。引入的合同结算单包括合同管理系统中的期初结算单与日常结算单。引入合同结算单时，可以对会计分录科目和有关项目加以选择。注意说明的是：有合同管理系统启用月份先于应收系统启用月份时才可使用引入功能；如果应收系统启用月份在先，不必使用引入功能。引入功能只能在应收系统第一个启用月末结账时使用，可以重复使用。引入合同结算单的生效日期在应收系统启用月份之前。

8.3 应收款管理子系统日常业务处理

日常处理主要完成日常应收和收款业务的录入、核销，应收并账，汇兑损益以及坏账的处理，及时记录应收、收款业务的发生，为查询和分析往来业务提供完整、正确的资料。同时加强对往来款项的监督管理，提高工作效率。

日常处理主要包括应收单据处理、收款单据处理、核销处理、票据管理、转账、坏账处理，制单处理等操作。

8.3.1 应收单据处理

应收单据处理指进行单据录入和单据管理的工作。通过单据录入、管理可记录各种应收业务的内容，查阅各种应收业务单据，完成应收业务的日常管理工作。一般操作流程是：录入单据→审核单据→单据制单→单据查询。

1. 应收单据录入

销售发票与应收单是应收款管理日常核算的原始单据。销售发票是指销售业务中的各类普通发票和专用发票。应收单是指销售业务之外的应收单据（如代垫运费等）。

如果同时使用应收款管理系统和销售管理系统，则销售发票和代垫费用产生的应收单据由销售系统录入，自动传递到本系统，在本系统中可以对这些单据进行审核、弃审、查询、核销、制单等操作。此时，在应收款管理系统需要录入的单据仅限于应收单。如果没有使用销售管理系统，则各类发票和应收单均应在本系统录入。应收单表头中的信息相当于凭证中的一条分录，表头科目为核算该客户所欠款项的一个科目。表体中的一条记录也相当于凭证中的一条分录。

2. 应收单据审核

应收单据审核主要供批量审核，系统提供手工审核、自动批审核两种方式。应收单据审核窗口中显示的单据包括全部已审核、未审核的应收单据，也包括从销售管理系统传入的单据。进行过后续处理如核销、制单、转账等处理的单据在应收单据审核中不能显示。若不与销售系统集成，则要录入销售业务中的各类发票，以及销售业务之外的应收单。

8.3.2 收款单据处理

收款单据处理主要是对结算单据（收款单、付款单即红字收款单）进行管理，包括收款单、付款单的录入、审核以及单张结算单的核销。其中收款单用来记录企业所收到的客户款项，款项性质包括应收款、预收款、其他费用等，应收款、预收款性质的收款单将与发票、应收单、付款单进行核销勾兑。付款单用来记录发生销售退货时，企业开具的退付给客户的款项，该付款单可与应收、预收性质的收款单、红字应收单、红字发票进行核销。

8.3.3 核销处理

核销处理指日常进行的收款核销应收款的工作。单据核销的作用是解决收回客商款项核销该客商应收款的处理；建立收款与应收款的核销记录，监督应收款及时核销，加强往来款项的管理。

1. 核销规则

对应收单据和收款单据进行核销时，分为以下几种情况。每种情况又都分为同币种核销和异币种核销。

收款单与原有单据完全核销：如果收款单的数额等于收款单据的数额，则收款单与原有单据完全核销在核销时使用预收款；如果客户事先预付了一部分款，在业务完成后又付清了剩余的款项，并且要求这两笔款项同时结算，则在核销时需要使用预收款；如果预收款的币种与需要核销的应收单的币种不一致，则需要将预收款的金额折算成中间币种后进行核销。

单据仅得到部分核销：如果收到款项小于原有单据的数额，那么单据仅能得到部分核销，未核销的余款留待下次核销。

预收款余款退回：如果预收往来单位款项大于实际结算的货款，可以将余款退付给往来单位。处理方法为：按余款数额输入付款单，与原收款单核销。

2. 手工核销

手工核销指手工确定收款（付款）单与它们对应的应收单的核销工作。通过本功能可以根据查询条件选择需要核销的单据，然后手工核销，加强往来款项核销的灵活性。

3. 自动核销

自动核销指确定收款（付款）单与它们对应的应收（应付）单，然后系统自动进行核销，加强往来款项核销的效率性。

8.3.4 票据管理

如果要进行票据科目的管理，必须将应收票据科目设置为应收受控科目。

本系统提供了强大的票据管理功能，可以在此对银行承兑汇票和商业承兑汇票进行管理，包括：记录票据详细信息；记录票据处理情况；查询应收票据（包括即将到期且未结算完的票据）。

收到银行承兑汇票或商业承兑汇票时，将该汇票录入应收款管理系统的票据管理中，系统保存当前票据，并生成一张收款单，可以在"收款单据录入"中进行查询，并可以与应收单据进行核销，冲减客户应收账款。而在票据管理中，可以对该票据进行计息、贴现、转出、结算、背书等处理。

8.3.5 转账业务

转账处理包括以下四种情况。

1. 应收冲应收

应收冲应收指将一家客户的应收款转到另一家客户中。通过应收冲应收功能将应收账款在客商之间进行转入、转出，实现应收业务的调整，解决应收款业务在不同客商间入错户或合并户问题。

该功能可处理的账款包括货款、其他应收款、预收款和合同结算单。每一笔应收款的转账金额不能大于其金额。每次只能选择一个转入单位。

2. 预收冲应收

预收冲应收用于处理客户的预收款（红字预收款）与该客户应收欠款（红字应收款）之间的转账核销业务。

蓝字预收款冲销蓝字应收款，红字预收款冲销红字应收款，两者只能分开冲销，不能同时进行。要想进行红字预收款冲销红字应收款时，则选择类型为付款单。自动进行预收冲应收后可以即时生成凭证，也可以在制单功能中进行该工作。通过"预收冲应收是否需要生成凭证"参数控制。

3. 应收冲应付

应收冲应付指用某客户的应收账款，冲抵某供应商的应付款项，解决应收债权与应付债务的冲抵。

应收冲应付功能可以进行不等额对冲：如果应收金额大于应付金额，则多余金额作为预付处理，即将多余金额生成一条该供应商的预付款分录；如果应付款金额大于应收款金额，则多余金额作为预收处理，即将多余金额生成一条该客户的预收款分录。

4. 红票对冲

红票对冲可实现将客户的红字应收单据与其蓝字应收单据、收款单与付款单中间进行冲抵的操作。系统提供两种处理方式：自动对冲和手工对冲。

自动对冲：可同时对多个客户依据规则进行红票对冲，提高红票对冲的效率。自动红票对冲提供进度条，并提交自动红冲报告，可随时了解自动对冲的完成情况及失败原因。

手工对冲：对一个客户进行红票对冲，可自行选择红票对冲的单据，提高红票对冲的灵活性。手工红票对冲时采用红蓝上下两个列表形式提供，红票记录全部采用红色显示，蓝票记录全部用黑色显示。

8.3.6 坏账处理

坏账处理指系统提供的计提应收坏账准备处理、坏账发生后的处理、坏账收回后的处理等功能。坏账处理的作用是系统自动计提应收款的坏账准备，当坏账发生时即可进行坏账核销，当被核销坏账又收回时，即可进行相应处理。

系统提供的计提坏账的方法主要有销售收入百分比法、应收账款百分比法和账龄分析法。在进行坏账处理之前，首先在系统选项中选择坏账处理的方法，然后在初始设置中设置有关参数。

1. 计提坏账准备

初次计提时，如果没有进行预先设置，首先应在初始设置中进行设置。设置的内容包括提取比率、坏账准备期初余额。销售总额默认值为本会计年度发票总额，可以根据实际情况进行修改。计提比率不能修改，只能在初始设置中改变计提比率。

2. 坏账发生

坏账发生指确定某些应收款为坏账的工作。通过本功能可选定发生坏账的应收业务单据，确定一定期间内应收款发生的坏账，便于及时用坏账准备进行冲销，避免应收款长期呆滞的现象。

3. 坏账收回

坏账收回指系统提供的对应收款已确定为坏账后又被收回的业务处理功能。通过本功能可以对一定期间发生的应收坏账收回业务进行处理，反映应收账款的真实情况，便于对应收款的管理。

提示：

● 在录入一笔坏账收回的款项时，应该注意不要把该客户的其他的收款业务与该笔坏账收回业务录入到同一张收款单中。例如，×月×日××客户付给了一笔货款，同时还付了一笔以前的坏账款项，这时，应录入两张收款单，分别记录收到的货款和收到的坏账款项。

坏账收回制单不受系统选项中"方向相反分录是否合并"选项控制。

4. 坏账查询

坏账查询指系统提供的对系统内进行坏账处理过程和处理结果的查询功能。通过坏账查询功能查询一定期间内发生的应收坏账业务处理情况及处理结果，加强对坏账的监督。

8.3.7 制单处理

制单即生成凭证，并将凭证传递至总账模块。系统在各个业务处理的过程中都提供了实时制单的功能。

注意：一张原始单据制单后，将不能再次制单。

1. 应收发票制单

对销售发票制单时，系统先判断控制科目依据，根据控制科目依据取"控制科目设置"中对应的科目。然后系统判断销售科目依据，单据销售科目依据取"产品科目设置"中对应的科目。若没有设置，则取"基本科目设置"中设置的应收科目和销售科目，若无，则手工输入。

2. 应收单制单

对应收单制单时，借方取应收单表头科目，贷方取应收单表体科目，若应收单上没有科目，则需要手工输入。受控科目取法同应收发票制单。

3. 合同结算单制单

对合同结算单制单时，借方科目取应收系统的控制科目，贷方科目取合同收入科目，合同收入科目设置时只能选择应收系统的非受控科目，而且必须是末级、本位币科目。

4. 收款单制单

借方科目为表头结算科目。贷方科目款项类型为应收款，为应收科目；款项类型为预收款，则贷方科目为预收科目；款项类型为其他费用，则贷方科目为费用科目。若无科目，则需要手工输入。

5. 核销制单

结算单核销制单受系统初始选项的控制，若选项中选择核销不制单，则即使入账科目不一致也不制单。核销制单需要应收单及收款单已经制单，才可以进行核销制单。当核销双方的入账科目不相同的情况下才需要进行核销制单。

6. 票据处理制单

收到承兑汇票制单，借方则取"基本科目"设置中的应收票据科目，贷方取"产品科目设置"设置中的销售收入科目及税金科目，若无取"基本科目"设置中销售收入科目及税金科目，若都没有设置，则需要手工输入。

8.4 应收款账表查询与期末处理

8.4.1 单据查询

系统提供对应收单、结算单、凭证等的查询。可以进行各类单据、详细核销信息、报警信息、凭证等内容的查询。在查询列表中，系统提供自定义显示栏目、排序等功能，可以通过单据列表操作来制作符合要求的单据的列表。

在单据查询时，若启用客户、部门数据权限控制，则用户在查询单据时只能查询有权限的单据。

8.4.2 账表管理

1. 业务账表查询

应收款明细账查询：进行一定期间内各个客户应收款明细账的查询。
应收款总账查询：进行一定期间内应收款汇总情况的查询。
应收款余额表查询：进行一定期间内应收款余额表的查询。
对账单查询：提供一定期间内客户往来账款明细情况的查询。

2. 统计分析

应收款账龄分析功能：分析客商一定时期内各个账龄区间的应收款情况。

收款账龄分析功能：分析客商一定时期内各个账龄区间的收款情况。

欠款分析：分析截止到某一日期的客户、部门或业务员的欠款金额，以及欠款组成情况。

收款预测：可以在此预测将来的某一段日期范围内，客户、部门或业务员等对象的收款情况。

8.4.3 期末处理

期末处理主要指月末结账，说明事项如下：

（1）应收款管理系统与销售管理系统集成使用，应在销售管理系统结账后，才能对应收系统进行结账处理。

（2）当选项中设置审核日期为单据日期时，本月的单据（发票和应收单）在结账前应该全部审核。

（3）当选项中设置审核日期为业务日期时，截止到本月末还有未审核单据（发票和应收单），照样可以进行月结处理。

（4）如果还有合同结算单未审核，仍然可以进行月结处理。

（5）如果本月的收款单还有未审核的，不能结账。

8.4.4 取消操作

在应收款管理的各个业务环节，都可能由于各种各样的原因造成操作失误，系统提供了取消操作功能，使操作员在对原始单据进行了审核、对收款单进行了核销等操作后，可将其恢复到操作前的状态，以便进行修改。

系统提供了五项取消操作功能：

（1）取消结账。

（2）恢复单据核销前状态。

如果收款单在核销后已经制单，应先删除其对应的凭证，再进行恢复。

（3）恢复坏账处理前状态。

如果坏账处理日期在已经结账的月份内，也不能被恢复。

如果该处理已经制单，应先删除其对应的凭证，再进行恢复。

（4）恢复转账处理前状态、恢复计算汇兑损益前状态。

如果转账处理日期在已经结账的月份内，也不能被恢复。

如果该处理已经制单，应先删除其对应的凭证，再进行恢复。

（5）恢复票据的处理前状态。

如果票据在处理后已经制单，应先删除其对应的凭证，再进行恢复。

票据转出后所生成的应收单如果已经进行了核销等处理，则不能恢复。

票据背书的对象如果是应付账款系统的供应商，且应付账款系统该月份已经结账，则也不能恢复。

票据计息和票据结算后，如果又进行了其他处理，例如票据贴现等，则也不能恢复。

由于应收款管理子系统和应付款管理系统与供应链子系统集成使用，反映销售业务与采购业务的循环，因此本章实验融入供应链章实验练习，不再单独设置实验。

复　习　题

一、单选题

1. 应收款管理子系统在初始化的系统参数设置中，关于应收账款核销的方式设置，下列说法不正确的是（　　）。

　　A. 可以选择按单据核销

　　B. 可以选择按余额核销

　　C. 可以选择按产品核销

　　D. 选择不同的核销方式，将影响到账龄分析的精确性

2. 应收款管理子系统与其他子系统的主要关系，下列说法不正确的是（　　）。

　　A. 应收款管理子系统与企业门户共享基础数据

　　B. 销售管理子系统为应收款管理子系统提供已审核的销售发票、销售调拨单以及代垫费用单，在应收款子系统生成凭证

　　C. 应收款管理子系统向总账子系统传递数据，在总账子系统中生成凭证

　　D. 应收款管理子系统和应付款管理子系统之间可以进行转账处理，如应收冲应付

3. 应收款管理子系统期初余额的录入不包括（　　）。

　　A. 期初销售发票的录入　　　　　　B. 期初应收单的录入

　　C. 期初预付款余额的录入　　　　　D. 期初应收票据的录入

4. 在应收款管理子系统中，单据处理操作流程为（　　）。

　　A. 录入单据—审核单据—录入收款单—单据结算—生成凭证

　　B. 录入单据—审核单据—单据结算—录入收款单—生成凭证

　　C. 录入单据—审核单据—生成凭证—录入收款单—单据结算

　　D. 录入单据—审核单据—录入收款单—生成凭证—单据结算

5. 应付款管理子系统与其他子系统的主要关系，下列说法不正确的是（　　）。

　　A. 应付款管理子系统与企业门户共享基础数据

　　B. 应付款管理子系统接收销售管理子系统提供的各种发票，在此生成凭证，并对发票进行付款结算处理

　　C. 应付款管理子系统向总账子系统传递数据，在应付款管理子系统中生成凭证

　　D. 应付款管理子系统和应收款管理子系统之间可以进行转账处理

6. 应付款管理子系统期初余额的录入不包括（　　）。

　　A. 期初采购发票的录入　　　　　　B. 期初应付单的录入

　　C. 期初预付款余额的录入　　　　　D. 期初应付票据的录入

7. 在应收款管理子系统中，（　　）是指系统将满足条件的未核销发票、应收单按产品列出，选择要结算的产品，根据所选择的记录进行核销。

A. 按单据核销　　B. 按产品核销　　C. 按客户核销　　D. 按供应商核销

二、多选题

1. 应收账款的核销方式有（　　）。

A. 按单据核销　　B. 按产品核销　　C. 按客户核销　　D. 按余额核销

2. 下列对于应收款管理子系统结账的描述，正确的是（　　）。

A. 如果上月没有结账，则本月不能结账

B. 本月的单据（发票和应收单）在结账前应该全部核销

C. 若本月的结算单还有未核销的，不能结账

D. 如果结账期间是本年度最后一个期间，则本年度进行的所有核销、坏账、转账等处理必须制单，否则不能向下一个年度结转

3. 下列对于应付款管理子系统结账的描述，正确的是（　　）。

A. 如果确认本月的各项处理已经结束，可以选择执行月末结账功能

B. 如果上月没有结账，则本月不能结账

C. 当执行了月末结账功能后，该月将不能再进行其他任何处理

D. 采购管理子系统结账后，应付款管理子系统才能结账；若结账后发现有错误，在总账子系统结账后，可取消结账

4. 下列关于应付款核销的处理的说法，正确的是（　　）。

A. 付款单的数额等于原有单据的核销数额，付款单与原有单据完全核销

B. 付款单的金额小于单据金额，对此供应商有预付款，结算时，则单击"使用预付"输入预付金额，在"本次结算"金额栏输入预付金额与付款金额的合计，系统优先使用预付金额

C. 付款单的金额大于单据金额，在"本次结算"金额栏输入单据金额，剩余金额将由系统自动形成预付款

D. 付款单的金额小于单据金额，在"本次结算"金额栏输入付款单金额，剩余单据金额留待下次核销

5. 应付款管理子系统的主要功能包括（　　）。

A. 根据输入的单据记录应付款项的形成

B. 处理应付项目的付款及转账情况

C. 对应付票据进行记录和管理

D. 在应付项目的处理过程中生成凭证，并向总账子系统进行传递。

6. 在应付款管理子系统中进行制单方式的设置包括（　　）方式。

A. 明细到供应商　　B. 明细到单据　　C. 汇总　　D. 自动制单

三、判断题

1. 往来管理系统能够反映应收和应付款项的动态信息。（　　）

2. 自动核销和手工核销在往来管理系统中不能同时存在。（　　）

四、简答题

1. 应收款管理子系统的功能有哪几个方面？
2. 应收款管理子系统初始化的内容包括什么？
3. 单据的处理方法有几种？如何处理？
4. 坏账处理的方法有几种可供选择？各是如何处理坏账的？
5. 转账处理如何进行？
6. 简述月末计算损益及结账处理的过程和方法。
7. 简述应收款管理子系统与其他子系统的主要关系。

第9章 供应链管理系统初始化

9.1 供应链管理系统概述

供应链管理系统是用友 ERP-U8 管理软件的重要组成部分，它突破了前面章节所介绍的单一财务管理模式，而是实现了企业从财务信息化到财务业务一体化的全面管理，实现了物流、资金流、数据流管理的统一。主要包括：采购管理系统、销售管理系统、库存管理系统和存货核算系统。每个子系统可以单独使用，也可以与其他相关子系统（总账子、应收款管理、应付款管理、成本核算子系统等）集成使用。

9.1.1 供应链管理系统功能模块及应用方案

用友 ERP-U8 供应链管理系统是用友 ERP-U8 企业应用套件的重要组成部分，它以企业购销存业务环节中的各项活动为对象，记录各项业务的发生，有效跟踪其发展过程，为财务核算、业务分析、管理决策提供依据，并实现财务业务一体化全面管理，实现物流、资金流、信息流管理的统一。

1. 供应链管理系统功能模块

用友 ERP-U8 供应链管理系统主要包括合同管理、采购管理、委外管理、销售管理、库存管理、存货核算、售前分析、质量管理几个模块。主要功能在于增加预测的准确性，减少库存，提高发货供货能力；减少工作流程周期，提高生产效率，降低供应链成本；减少总体采购成本，缩短生产周期，加快市场响应速度。同时，在这些模块中提供了对采购、销售等业务环节的控制，以及对库存资金占用的控制，完成了对存货出入库成本的核算，使企业的管理模式更符合实际情况，能制订出最佳的企业运营方案，实现管理的高效率、实时性、安全性、科学性。

从上面的介绍可以看出，用友 ERP-U8 软件由众多模块构成，功能强大，应用复杂。为了便于广大学员学习，且从实际应用的角度考虑，本教材将重点介绍供应链的采购管理、销售管理、库存管理、存货核算 4 个模块。各模块主要功能简述如下。

(1) 采购管理。

采购管理帮助企业对采购业务的全部流程进行管理，提供请购、订货、到货、检验、入库、开票、采购结算的完整采购流程，支持普通采购、受托代销、直运等多种类型的采购业务，支持按询价比价方式选择供应商，支持以订单为核心的业务模式。企业还可以根据实际情况进行采购流程的定制，既可选择按规范的标准流程操作，又可选择按最简约的流程来处理实际业务，方便企业构建自己的采购业务管理平台。

(2) 销售管理。

销售管理帮助企业对销售业务的全部流程进行管理，提供报价、订货、发货、开票的完整销售流程，支持普通销售、委托代销、分期收款、直运、零售、销售调拨等多种类型的销售业务，支持以订单为核心的业务模式，并可对销售价格和信用进行实时监控。企业可以根据实际情况进行销售流程的定制，构建自己的销售业务管理平台。

(3) 库存管理。

库存管理主要是从数量的角度管理存货的出入库业务，能够满足采购入库、销售出库、产成品入库、材料出库、其他出入库、盘点管理等业务需要，提供多计量单位使用、仓库货位管理、批次管理、保质期管理、出库跟踪、入库管理、可用量管理等全面的业务应用。通过对存货的收发存业务进行处理，可及时、动态地掌握各种库存存货信息，对库存安全性进行控制，提供各种储备分析，避免库存积压占用资金或材料短缺影响生产。

(4) 存货核算。

存货核算是从资金的角度管理存货的出入库业务，掌握存货耗用情况，及时准确地把各类存货成本归集到各成本项目和成本对象上。存货核算主要用于核算企业的入库成本、出库成本、结余成本。通过存货核算可反映和监督存货的收发、领退和保管情况，反映和监督存货资金的占用情况，动态反映存货资金的增减变动，提供存货资金周转和占用分析，以降低库存、减少资金积压。

2. 供应链管理系统应用方案

供应链管理系统的每个模块既可以单独应用，也可与相关模块（总账管理子、应收款管理、应付款管理、成本核算子系统等）联合应用。

9.1.2 供应链管理系统数据流程

在企业的日常工作中，采购供应部门、仓库、销售部门、财务部门等都涉及购销存业务及其核算的处理，各个部门的管理内容不同，工作间的延续性是通过单据在不同部门间的传递来完成的，那么这些工作在软件中是如何体现的呢？此外，计算机环境下的业务处理流程与手工环境下的业务处理流程肯定存在差异，如果缺乏对供应链管理系统业务流程的了解，那么就无法实现部门间的协调配合，就会影响系统的效率。

供应链管理系统数据流程如图 9-1 所示。

图 9-1 供应链管理系统数据流程

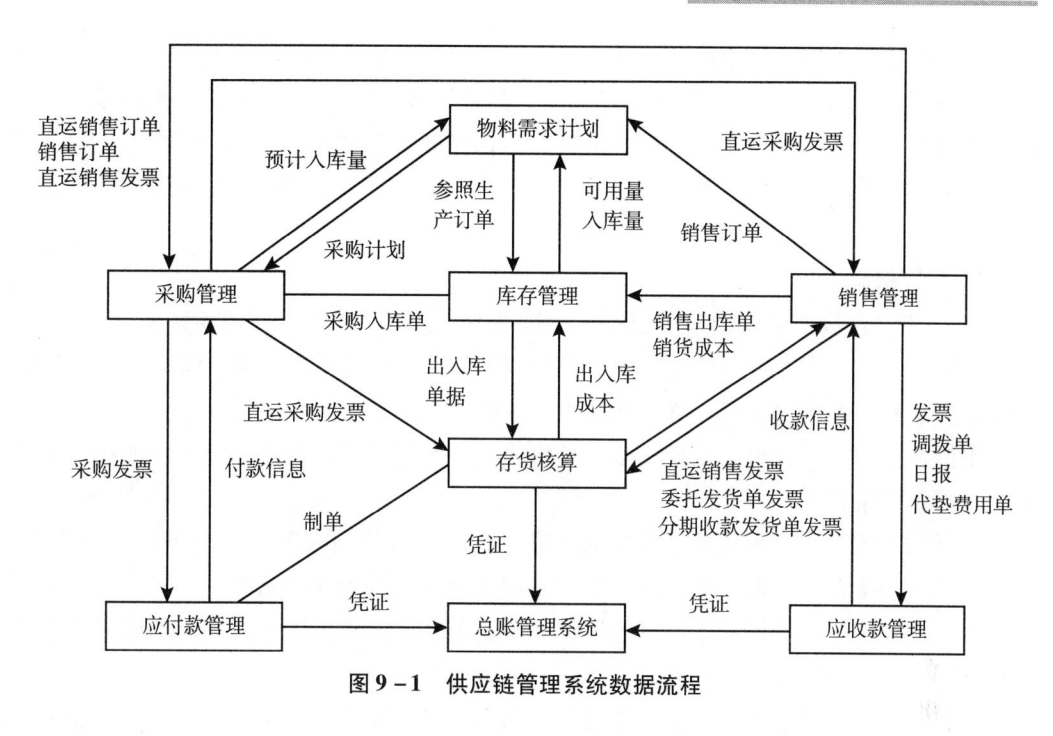

9.2 供应链管理系统基础档案设置

本书之前设计的实验中，都有基础信息的设置，但基本限于与财务相关的信息。除此以外，供应链管理系统还需要增设与业务处理、查询统计、财务连接相关的基础信息。

使用供应链管理系统之前，应做好手工基础数据的准备工作，如对存货合理分类、准备存货的详细档案、进行库存数据的整理及与账面数据的核对等。供应链管理系统需要增设的基础档案信息包括以下几项：

1. 存货分类

如果企业存货较多，则需要按照一定的方式进行分类管理。存货分类是指按照存货固有的特征或属性将存货划分为不同的类别，以便于分类核算与统计。如工业企业可以将存货划分为原材料、产成品、应税劳务；商业企业可以将存货分为商品、应税劳务，等等。

在企业日常购销业务中，经常会发生一些劳务费用，如运输费、装卸费等，这些费用也是构成企业存货成本的一个组成部分，并且它们可以拥有不同于一般存货的税率。为了能够正确反映和核算这些劳务费用，一般我们在存货分类中单独设置一类，如"应税劳务"或"劳务费用"。

2. 计量单位

企业中存货种类繁多，不同的存货有不同的计量单位。有些存货的财务计量单位、库存计量单位、销售发货单位可能是一致的,如自行车的3种计量单位均为"辆"。同一种存货用于不同的业务,其计量单位也可能不同。如对某种药品来说,其核算单位可能是"板",也就是说,财务上按"板"计价;而其库存单位可能按"盒",1盒=20板;对客户发货时可能按"箱",1箱=100盒。因此,在开展企业日常业务之前,需要定义存货的计量单位。

3. 存货档案

(1)在"存货档案"窗口中包括4个选项卡:基本、成本、控制和其他。

(2)在"基本"选项卡中,有6个复选框,用于设置存货属性。设置存货属性的目的是为了在填制单据参照存货时缩小参照范围。

①销售:用于发货单、销售发票、销售出库单等与销售有关的单据参照使用,表示该存货可用于销售。

②外购:用于购货所填制的采购入库单、采购发票等与采购有关的单据参照使用,在采购发票、运费发票上一起开具的采购费用,也应设置为外购属性。

③生产耗用:存货可在生产过程中被领用、消耗。用于生产产品耗用的原材料、辅助材料等在开具材料领料单时参照。

④自制:由企业生产自制的存货,如产成品、半成品等,主要用在开具产成品入库单时参照。

⑤在制:指尚在制造加工中的存货。

⑥应税劳务:指在采购发票上开具的运输费、包装费等采购费用及开具在销售发票或发货单上的应税劳务、非应税劳务等。

(3)在"控制"选项卡中,有3个复选框。

①是否批次管理:对存货是否按批次进行出入库管理。该项必须在库存系统账套参数中选中"有批次管理"后,方可设定。

②是否保质期管理:有保质期管理的存货必须有批次管理。因此该项也必须在库存系统账套参数中选中"有批次管理"后,方可设定。

③是否呆滞积压:存货是否呆滞积压,完全由用户自行决定。

4. 仓库档案

存货一般是存放在仓库中保管的。对存货进行核算管理,就必须建立仓库档案。

5. 收发类别

收发类别用来表示存货的出入库类型,便于对存货的出入库情况进行分类汇总统计。

6. 采购类型/销售类型

定义采购类型和销售类型后,就能够按采购、销售类型对采购、销售业务数据进行统计和分析。采购类型和销售类型均不分级次,根据实际需要设立。

7. 费用项目

销售过程中有很多不同的费用发生,如代垫费用、销售支出等,在系统中将其设为费用项目,以方便记录和统计。

8. 货位档案

用于设置企业各仓库所使用的货位。设置内容一般包括：货位编码、货位名称、所属仓库、最大体积、最大重量、对应条形码、备注等。货位可以分级设置，货位有下级货位时，不可修改，不可删除；非末级货位不可使用。货位一经使用，只能修改货位名、备注等信息，不能删除。在企业中仓库的存放货位一般用数字描述。例如，3212 表示第 3 排第 2 层第 12 个货架。

9. 产品结构

产品结构指产品的组成成分及其数量，又称为物料清单（bill of material，BOM），即企业生产的产品由哪些材料组成。定义了产品结构，才可以通过 MRP 运算得出采购计划、生产计划所需的物料数量。商业企业或没有产品结构的工业企业不需定义产品结构。正确使用与维护 BOM 是系统运行期间十分重要的工作，对 BOM 的准确性要求也很高，企业必须对此引起足够的重视。

有多级结构的产品需要一级一级输入。例如计算机由显示器、主机、键盘、鼠标组成，主机由机箱、软驱、硬盘、主板、中央处理器等组成。假设在存货档案中已经定义好这些物料的编号、名称、规格型号等，输入产品结构时需要先输入计算机的下一层结构，然后输入主机的下一层结构。产品结构定义的内容包括产品结构父项栏目和子项栏目。

10. 成套件

由多个存货组成，但不能拆开单独使用或销售的存货为成套件。成套件不能进行组装、拆卸。定义成套件的组成，便于对成套件及其明细进行统计管理，主要用于库存管理和销售管理。对于没有成套件管理的企业，用户可以不设置。有成套件管理时，既可对成套件中每个单件进行统计，又可对成套件进行统计。

9.3 采购管理子系统初始设置

9.3.1 采购管理子系统主要参数设置

由于供应链业务的复杂性和多样性，供应链各子系统一般都会提供较多的参数设置。在进行系统初始化时一定要理解各系统参数的含义，并结合企业实际情况仔细地设置，它将决定使用供应链系统的业务流程和业务控制。

1. 业务参数

（1）采购业务是否必有订单。以订单为中心的采购管理是规范的采购管理模式，在有订单的采购业务中，订单是整个采购业务的核心，整个业务流程的执行都会将相应信息回写到采购订单，从而利用采购订单跟踪采购业务的执行情况。采购业务是否必须要有采购订单取决于该参数设置。按采购类型不同，又可细分为普通采购业务是否必有订单、直运业务是否必有订单、受托代销业务是否必有订单。

(2) 是否启用受托代销业务。商品流通企业可以从事受托代销业务,一般受托代销业务是在采购管理子系统中处理的。是否启用受托代销业务取决于该参数的设置。

(3) 是否允许超订单到货及入库。该选项决定根据采购订单生成到货单或入库单时,存货数量是否可以超过订单存货数量。

2. 权限控制参数

(1) 是否进行最高进价控制。对采购业务中存货的最高进价进行控制,能够有效地控制采购价格的上限,限制业务员的权限。当需要进行控制时,可在此设置控制口令。将来填制采购单据时,如果货物单价高于最高进价(在存货档案中设置),系统会要求输入控制口令,口令不正确将不能保存采购单据,从而达到控制的目的。

(2) 是否进行数据权限控制。操作员的权限包括功能权限、数据权限、金额权限。在系统管理中为各操作员分配的权限称为功能权限。数据权限是对功能权限的细化,用于设置用户对各业务对象的权限,例如在账务子系统中提到的制单权控制到科目、审核权控制到操作员等就属于数据权限。金额权限主要用于控制用户在填制凭证或签订采购订单时可以使用的最大金额。

采购管理子系统涉及的数据权限包括存货权限、部门权限、操作员权限、供应商权限、业务员权限等。可在此设置是否对这些权限进行控制。以存货权限为例,如果控制的话,查询单据时只能显示有查询权限的存货记录,填制单据时只能录入有录入权限的存货。当然,如果进行数据权限控制的话,需要单独为各用户设置具体的数据权限。

(3) 是否进行金额权限控制。用于设置审核采购订单时是否对用户金额权限进行控制。如果控制的话,需要单独对用户金额权限进行设置,将来填制采购订单时,订单金额合计不能大于其金额权限。

9.3.2 采购管理子系统期初数据

采购管理子系统的期初数据主要包括期初暂估入库存货和期初在途存货,如表 9-1 所示。

表 9-1　　　　　　　　　　采购管理子系统期初数据

系统名称	操作	内容	说明
采购管理	录入	期初暂估入库存货	暂估入库是指货到票未到
		期初在途存货	在途存货是指票到货未到

9.3.3 采购管理子系统期初记账

采购管理子系统期初记账是指将期初暂估入库存货和期初在途存货等数据计入采购

账中。没有期初数据也要执行期初记账，否则不能开始日常业务。期初记账后，期初数据将不能输入，若想重新输入必须取消记账。

9.4 销售管理子系统初始设置

9.4.1 销售管理子系统主要参数设置

1. 业务参数

业务参数主要用于设置企业有无某些特定业务类型，以及各类销售业务是否必须要求有订单管理。

（1）普通销售业务是否必须有订单。如果设置为销售业务必须有订单，则不能手工填制发货单和销售发票，必须根据审核后的销售订单生成。

（2）是否有零售日报业务。由于零售业务发生频繁，可以根据零售业务票据将零售业务数据汇总并以零售日报的方式输入系统中进行销售业务处理。如果有大量零售业务的话，应该选择该选项。

（3）是否有销售调拨业务。销售调拨一般是处理集团企业内部有销售结算关系的销售部门或分公司之间的销售业务。如果有销售调拨业务的话，应该选择该选项。

（4）是否有分期收款业务以及是否必须有订单。如果企业有分期收款发出商品业务的话，可以选中该选项，并可以设置是否必须有销售订单。

（5）是否有直运销售业务以及是否必须有订单。直运业务是指商品不入库而是由供应商直接将商品发给企业的客户，结算时则由购销双方分别与企业结算。如果企业有直运业务，可以选中该选项，并设置是否必须有销售订单。

（6）是否有委托代销业务以及是否必须有订单。委托代销与前一节介绍的受托代销相对应，企业将商品委托给其他企业代为销售时商品所有权仍归本企业所有，委托代销商品销售后，受托方与企业进行结算，企业开具正式销售发票，形成销售收入，同时商品所有权转移。如果有委托代销业务的话，可以选中该选项并可以设置是否必须有销售订单。

（7）是否对超订单量发货进行控制。该参数用于设置在根据订单生成发货单、销售发票时是否可以超过订单数量。如果进行控制的话，在根据销售订单生成发货单、销售发票时，系统会对订单累计发货数、累计开票数与订单数量进行比较，如果超过订单数量的话将不能保存单据。所以，选中该选项可根据销售订单控制销售发货数量，限制业务人员的权限，降低出货回款的风险。企业可根据需要进行设置。

（8）是否自动生成销售出库单。如果设置为自动生成销售出库单，则在审核发货单、销售发票（如果有的话，还可能包括零售日报、销售调拨单等单据时自动生成销售出库单），并传到库存管理子系统，并且在库存管理子系统中不可修改出库数量，即一次销售全部出库；如果不选择自动生成销售出库单的话，销售出库单将只能在库存管理子系统中根据发货单、销售发票等单据生成，并且可以修改出库数量，即可以一次销售多次出库。

（9）单据默认生成方式。如发货单可以设置为是否按订单生成；退货单可以设置为按订单、发货单生成或不参照任何单据；发票可以设置为按订单、发货单生成或不参照任何单据。

2. 权限控制

（1）是否有最低售价控制。进行最低售价控制的话，在保存销售订单、发货单、销售发票、委托代销发货单、委托代销结算单时，如果货物的实际销售价格低于在存货档案中设置的该存货的最低售价，则必须正确输入在此设置的口令才能保存以上单据，从而达到控制的目的。

（2）是否进行数据权限控制。销售管理子系统涉及的数据权限包括存货权限、部门权限、操作员权限、客户权限、业务员权限等，可在此设置是否对这些权限进行控制。例如当对操作员数据权限进行控制时，在查询、修改、删除、审核、关闭单据时，只能对单据制单人有权限的单据进行操作；在弃审单据时，只能对单据审核人有权限的单据进行弃审；在打开单据时，只能对单据关闭人有权限的单据进行打开。如果不进行数据权限控制，系统仅进行功能权限检查和控制。

3. 信用控制

（1）是否对客户信用进行控制。可以设置是否需要对客户信用额度、信用期限两者之一或全部进行控制。客户信用是在客户档案中设置的。

（2）是否对部门信用进行控制。可以设置是否需要对部门信用额度、信用期限两者之一或全部进行控制。部门信用是在部门档案中设置的。

（3）是否对业务员信用进行控制。可以设置是否需要对业务员信用额度、信用期限两者之一或全部进行控制。业务员信用是在职员档案中设置的。

（4）需要信用控制的单据。如果要对以上信用进行控制的话，还可以设置需要信用控制的单据，如销售订单、发货单、销售发票、销售调拨单、零售日报、委托代销单、委托代销结算单等。

（5）信用控制点。如果要对以上信用进行控制的话，还应该选择信用控制点，即是在保存单据时还是在审核单据时进行控制。

（6）实际欠款额度检查公式。如果要对信用额度进行控制，还可以设置参与实际欠款额度计算所包含的单据，一般包括未执行完毕的订单、未执行完毕的发货单、未审核的发票、应收账款余额等。如果"额度检查公式＋当前单据价税合计≤信用额度"则表示通过检查；如果"额度检查公式＋当前单据价税合计＞信用额度"则表示未通过检查。

（7）实际欠款期间检查公式。如果要对信用期限进行控制，还可以设置参与实际欠款期限计算所包含的单据，一般包括未执行完毕的订单、未执行完毕的发货单、未审核的发票、应收账款余额等。当"最早收款未完的单据或应收款日期－当前单据日期≤信用期限"时表示通过检查；当"最早收款未完的单据或应收款日期－当前单据日期＞信用期限"时表示未通过检查。

（8）是否需要信用审批。如果设置为需要信用审批，当超过信用额度或期限时需要信用审批人进行审批，只有在该审批人的权限内，当前单据才可以保存或审核；如果设置为不需要信用审批，则当超过信用额度或期限时系统只是给予提示。

4. 可用量控制

（1）是否允许超可用量发货。可以分别设置是否批次管理的存货和非批次管理的存货超可用量发货。若设置为不允许超可用量发货，系统将对发货量进行严格控制，一般是按"仓库＋存货＋自由项＋批号"进行控制，当超过可用量时，单据不能保存。对于出库跟踪入库的存货，系统会默认为不能超可用量发货。

（2）可用量控制公式。当设置进行可用量控制时，还可以设置可用量控制公式，可用量控制一般是针对发货单或发票的。可用量默认为"现存量＋预计入库－预计出库"，用户可以设置预计入库和预计出库的包含范围，如到货未入库、发货未出库等。

（3）可用量检查公式。系统进行可用量检查时如果发现属于超可用量发货，将会提示用户，但不进行强制控制（是否进行强制控制取决于以上选项）；并且检查时是粗线条的，一般只按存货进行大致检查，不会考虑仓库、自由项和批号。另外，如前所述，出库跟踪入库的存货不可以超可用量发货，但可以进行可用量检查。可用量检查可以针对发货单、发票或销售订单进行。可用量默认为"现存量＋预计入库－预计出库"，用户可以设置预计入库和预计出库的包含范围，如到货未入库、已签未到货订单量、已请购量、发货未出库、已签未发货订单量等。

9.4.2　销售管理子系统期初数据

销售管理子系统的期初数据主要包括期初发货单、期初委托代销发货单和期初分期收款发货单，如表 9-2 所示。

表 9-2　　　　　　　　　　销售管理子系统期初数据

系统名称	操作	内容	说明
销售管理	录入并审核	期初发货单	已发货、出库，但未开票
		期初委托代销发货单	已发货未结算的数量
		期初分期收款发货单	已发货未结算的数量

9.5 库存管理子系统初始设置

9.5.1 库存管理子系统主要参数设置

1. 通用设置

通用设置的内容包括业务参数设置、修改现存量时点控制设置、业务校验设置等。

(1) 业务参数。

①有无组装拆卸业务。组装指将多个散件组装成一个配套件的过程。拆卸指将一个配套件拆卸成多个散件的过程。配套件是由多个存货组成，但又可以拆开或销售的存货。

②有无形态转换业务。某种存货在存储过程中，由于环境或本身原因，使其形态发生变化，由一种形态转化为另一形态，从而引起存货规格和成本的变化，此时在库存管理中需对此进行管理记录。

③有无委托代销业务。其设置同销售管理子系统的该项设置。该项参数一般可以在库存管理子系统中设置，也可以在销售管理子系统中设置，在其中一个子系统中的设置，将同时改变在另一个子系统中的该选项。

④有无受托代销业务。其设置同采购管理子系统的该项设置。该项参数一般可以在库存管理子系统中设置，也可以在采购管理子系统中设置，在其中一个子系统中的设置，将同时改变在另一个子系统中的该选项。

⑤有无成套件管理。由多个存货组成，但不能拆开单独使用或销售的存货为成套件。成套件不能进行组装、拆卸。

⑥有无批次管理。用户通过存货的批号，可以对存货的收发存情况进行批次管理，可统计某一批次所有存货的收发存情况或某一存货所有批次的收发存情况。有批次管理时，可在存货档案中设批次管理存货，可查询批次台账、批次汇总表；否则，不能设置和查询。

⑦有无保质期管理。用户可以对存货的保质期进行管理，设置保质期预警和失效存货报警。只有批次管理时，才能进行保质期管理，即要进行保质期管理必须先要进行批次管理。

(2) 修改现存量时点。

企业根据实际业务的需要，有些单据在单据保存时进行实物出入库，而有些单据在单据审核时才进行实物出入库。为了解决单据和实物出入库的时间差问题，可以根据不同的单据制订不同的现存量更新时点。该选项会影响现存量、可用量、预计入库量、预计出库量。修改现存量的时点有：采购入库审核时、销售出库审核时、材料出库审核时、产成品入库审核时、其他出入库审核时。

(3) 业务校验。

①检查仓库存货对应关系。若选择，系统将检查仓库存货对应关系，当录入仓库存货对照表以外的存货时，系统将给出提示信息；在填制出入库单据时可以参照仓库存货对照表中该仓库的存货，也可手工录入其他存货。若不选择，则不对仓库存货对应关系进行检查，在填制出入库单据时参照存货档案中的存货。

②调拨单只控制出库权限。如选择是，则只控制出库仓库的权限，而不控制入库仓库的权限。否则，出库、入库的仓库权限都要控制。该选项在检查仓库权限设置时有效；如不检查仓库权限，则不控制出入库仓库权限。

③审核时是否检查货位。若选择是，则单据审核时，如果该仓库是货位管理，该单据上的货位信息必须填写完整才能审核，否则不能审核。若选择否，则审核单据时不进行任何检查，货位可以在单据审核后再指定。

④是否库存生成销售出库单。该选项主要影响库存管理子系统与销售管理子系统集成使用的情况。

若选择否，则在销售管理子系统中生成出库单，销售管理子系统的发货单、销售发票、零售日报、销售调拨单在审核/复核时，自动生成销售出库单，并传到库存管理子系统和存货核算子系统，库存管理子系统不可修改出库数量，即一次发货一次全部出库。

若选择是，则在库存管理子系统中生成销售出库单，销售出库单由库存管理子系统参照上述单据生成，不可手工填制。在参照时，可以修改本次出库数量，即可以一次发货多次出库；生成销售出库单后不可修改出库数量。

在由库存管理子系统生单向销售管理子系统生单切换时，如果有已审核/复核的发货单、发票未在库存管理子系统中生成销售出库单的，将无法生成销售出库单，因此应在检查已审/复核的销售单据是否均已全部生成销售出库单后再切换。

⑤出库跟踪入库存货入库单审核后才能出库。若选择此项，则出库跟踪入库时只能参照已审核的入库单。此选项在库存管理子系统、销售管理子系统中共用。

⑥是否显示未审核的产品结构。若选择此项，则未审核的产品结构也可使用；否则不可使用。

(4) 权限控制。

可对当前系统是否进行仓库、存货、货位、部门、操作员等档案的数据权限控制。

(5) 自动指定批号。

用于设置自动指定批号时的分配规则。

①批号先进先出。按批号顺序从小到大进行分配。

②近效期先出。当批次管理存货同时为保质期管理存货时，按失效日期顺序从小到大进行分配，适用于对保质期管理较严格的存货，如食品、医药等；非保质期管理的存货，按批号先进先出进行分配。

(6) 自动出库跟踪入库。

用于设置自动指定入库单号时，系统分配入库单号的规则。

①先进先出。先入库的先出库,按入库日期从小到大进行分配。先入库的先出库,适用于医药、食品等需要对存货的保质期进行管理的企业。

②后进先出。按入库日期从大到小进行分配。适用于存货体积重量比较大的存货,因其搬运不是很方便,先入库的放在里面,后入库的放在外面,这样出库时只能先出库放在外面的存货。

(7) 出库默认换算率。

用于设置浮动换算率中出库默认的换算率,默认值为档案换算率,可随时更改。

①档案换算率:取计量单位档案里的换算率。

②结存换算率:为该存货最新的现存数量和现存件数之间的换算率。

$$结存换算率 = 结存件数/结存数量$$

批次管理的存货取该批次的结存换算率。出库跟踪入库的存货取出库对应入库单记录的结存换算率。

③不带换算率:手工直接输入。

2. 专用设置

专用设置包括业务开关、预警设置、可用量控制和可用量检查等内容。

9.5.2 库存管理子系统期初数据

库存管理子系统的期初数据主要包括期初库存余额和期初不合格品。期初库存余额既可在库存管理系统中直接录入,也可在存货核算系统中录入,然后在库存管理系统中通过取数方式生成。期初数据录入完毕后,必须对每条存货进行审核操作,如表9-3所示。

表9-3　　　　　　　　　　库存管理子系统期初数据

系统名称	操作	内容	说明
库存管理	录入/取数审核	库存期初余额	库存和存货共用期初数据
		期初不合格品	未处理的不合格品结存量

9.6 存货核算子系统初始设置

9.6.1 存货核算子系统主要参数设置

1. 核算方式选项定义

核算方式选项定义包括核算方式、暂估方式、销售成本核算方式选择、委托代销成本核算方式、资金占用规划、零出库成本选择、入库单成本选择、红字出库单成本选择。

(1) 核算方式。

用户可以选择按仓库核算、按部门核算、按存货核算。如果是按仓库核算，则在仓库档案中按仓库设置计价方式，并且每个仓库单独核算出库成本；如果是按部门核算，则在仓库档案中按部门设置计价方式，并且相同所属部门的各仓库统一核算出库成本；如果按存货核算，则按用户在存货档案中设置的计价方式进行核算，而不区分仓库和部门。

(2) 暂估方式。

与采购系统集成使用时，用户可以进行暂估业务，并且在此选择暂估入库存货成本的回冲方式，包括月初回冲、单到回冲、单到补差三种。月初回冲是指月初时系统自动生成红字回冲单，报销处理时，系统自动根据报销金额生成采购报销入库单；单到回冲是指报销处理时，系统自动生成红字回冲单，并生成采购报销入库单；单到补差是指报销处理时，系统自动生成一笔调整单，调整金额为实际金额与暂估金额的差额。

(3) 销售成本核算方式选择。

销售成本核算方式选择是销售出库成本的确认标准。当销售系统启用后，用户可选择用销售发票或销售出库单记账，默认为销售出库单。

(4) 委托代销成本核算方式。

用户可以选择是按发出商品业务类型核算，还是按照普通销售方式核算。如果用户选择按发出商品业务类型核算，则按"发货单+发票"进行记账；若按普通销售方式核算，则按系统选项中的销售成本核算方式中选择的"销售发票"或"销售出库单"进行记账。如果发货单全部生成销售发票或销售出库单，而且对应的销售发票或销售出库全部记账，则可修改选项。如果发货单对应的销售出库单或发票全部未记账，也可修改选项。

(5) 资金占用规划。

资金占用规划的选择是指用户确定本企业按某种方式输入资金占用规划，并按此种方式进行资金占用的分析。资金占用规划分为按仓库、按存货分类、按存货、按仓库+存货分类、按仓库+存货、按存货分类+存货等方式。

(6) 零出库成本选择。

零出库成本选择是指核算出库成本时，如果出现账中为零成本或负成本，造成出库成本不可计算时，出库成本的取值方式可参考上次出库成本、参考成本、结存成本、上次入库成本、手工输入。

(7) 入库单成本选择。

入库单成本选择是指对入库单记明细账时，如果没有填写入库成本即入库成本为空时，入库成本的取值方式可参考上次出库成本、参考成本、结存成本、上次入库成本、手工输入。

(8) 红字出库单成本选择。

红字出库单成本选择是指对以先进先出或后进先出方式核算的红字出库单记明细账时，出库成本的取值方式可参考上次出库成本、参考成本、结存成本、上次入库成本、手工输入。

2. 控制方式选项定义

控制方式选项定义包括有无受托代销业务、有无成套件管理等内容。

3. 最高最低控制选项定义

最高最低控制选项定义包括全月平均/移动平均单价最高最低控制、移动平均计价仓库/部门/存货、全月平均计价仓库/部门/存货、最大最小单价、差异率/差价率最高最低控制、最大最小差异率/差价率、全月平均/移动平均最高最低单价是否自动更新、差异/差价率最高最低是否自动更新、最大最小单价/差异率/差价率等定义。

9.6.2 存货核算子系统科目设置

存货核算子系统是供应链管理系统与财务系统联系的桥梁，各种存货的购进、销售及其他出入库业务，均在存货核算系统中生成凭证，并传递到总账。为了快速、准确地完成制单操作，应事先设置凭证上的相关科目。

1. 设置存货科目

存货科目是指设置生成凭证所需要的各种存货科目和差异科目。存货科目既可以按仓库，也可以按存货分类分别进行设置。

2. 设置对方科目

对方科目是指设置生成凭证所需要的存货对方科目，可以按收发类别设置。

9.6.3 存货核算子系统期初数据

存货核算子系统的期初数据主要包括期初库存余额和期初分期收款发出商品余额。期初库存余额既可在存货核算系统中直接录入，也可在库存管理系统中录入，然后在存货核算中通过取数方式生成。期初数据录入完毕后，需进行记账操作，如表9－4所示。

表9－4　　　　　　　　　　存货核算子系统期初数据

系统名称	操作	内容	说明
存货核算	录入/取数 记账	库存期初余额	库存和存货共用期初数据
		期初分期收款发出商品余额	

实验九　供应链系统初始设置

【实验目的】
（1）使学生掌握用友财务软件中供应链管理系统初始设置的相关内容。
（2）理解供应链系统购销存业务处理流程。
（3）掌握购销存系统基础信息设置、期初余额录入的操作方法。

【实验内容】
（1）启用购销存系统。
（2）供应链系统账套参数设置。
（3）供应链系统基础信息设置。
（4）供应链系统期初数据录入。
（5）单据设计。

【业务流程】
图9-2为供应链系统（采购管理、销售管理、库存管理、存货核算、物料需求计划）和财务链系统（应付款管理、应收款管理、总账）之间的数据传递关系。

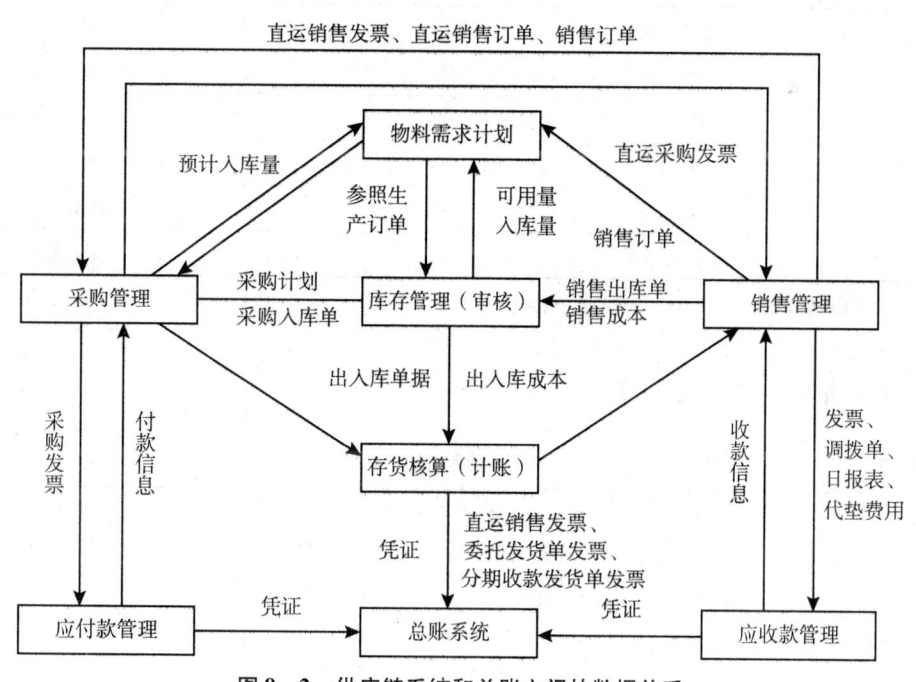

图9-2　供应链系统和总账之间的数据关系

【实验准备】

引入"实验三"账套数据。

【实验资料】

一、基础信息

(1) 存货分类（见表9-5）。

表9-5　　　　　　　　　　　　　　　存货分类

类别编码	类别名称	类别编码	类别名称
1	生产用原材料	4	配套软件
2	产成品	401	ERP软件
201	XJ	5	配套硬件
20101	XX	501	复印机
20102	JJ	502	计算机
3	配套用品	6	应税劳务
301	配套光盘		

(2) 仓库档案（见表9-6）。

表9-6　　　　　　　　　　　　　　　仓库档案

仓库编号	仓库名称	所属部门	负责人	计价方式
1	材料库	供应科		计划价法
2	产品库	销售一科		先进先出法
3	硬件库	销售二科		全月平均法
4	软件库	销售一科		移动平均法
5	配套用品库	销售二科		先进先出法

注：需到系统管理模块中设置操作员的仓库权限。

(3) 计量单位（见表9-7）。

表9-7　　　　　　　　　　　　　　　计量单位

计量单位组别		计量单位编码	计量单位名称	主计量单位标志	换算率
计量单位组别	无换算（01）<无换算>	0101	吨		
		0102	台		
		0103	套		
		0104	元		

续表

计量单位组别		计量单位编码	计量单位名称	主计量单位标志	换算率
计量单位组别	包装（02）<固定>	0201	张	是	1
		0202	盒	否	10
		0203	箱	否	100

（4）存货档案（见表9-8）。

表9-8　　　　　　　　　　　　　　存货档案

存货编码	存货名称	规格型号	计量单位组	存货分类	税率	存货属性	默认仓库	计划价/售价	参考成本	参考售价
1001	XJ5501	1X	无换算（吨）	1	13	销售，外购，生产耗用	1	5000		5700
2001	XJ55	5X	无换算（吨）	20101	13	自制，销售，批次管理	2		120	150
2002	XJ56	6X	无换算（吨）	20102	13	自制，销售，批次管理	2		160	210
3001	财会之窗		包装（张）	301	13	外购，销售	5		80	98
3002	福星高照		包装（张）	301	13	外购，销售	5		50	52
4001	购销存系统	G版	无换算（套）	401	13	外购，销售	4		48600	50000
5001	长城天鹤	P4	无换算（套）	502	13	外购，销售，自制	3		9699	9999
5002	长城天禧	P4	无换算（台）	502	13	外购，销售，自制	3		8599	8999
5003	长城显示器	17英寸	无换算（台）	502	13	外购，销售，自制	3		2200	2500
6001	运输费		元	6	9	外购，销售，应税劳务	5			0

注：参考售价不含税。

(5) 收发类别（见表9-9）。

表9-9　　　　　　　　　　　　　　收发类别

收发类别编码	收发类别名称	收发标志	收发类别编码	收发类别名称	收发标志
1	入库分类	收	2	出库分类	发
101	采购入库	收	201	材料领用	发
102	退料入库	收	202	采购退货	发
103	组装入库	收	203	销售出库	发
104	产成品入库	收	204	调拨出库	发
105	调拨入库	收	205	其他出库	发
106	其他入库	收	206	组装出库	发
107	暂估入库	收	207	盘亏出库	发
108	盘盈入库	收	208	出库调整	发
109	入库调整	收	209	委托代销出库	发

(6) 采购类型（见表9-10）。

表9-10　　　　　　　　　　　　　　采购类型

采购类型编码	采购类型名称	入库类别	是否默认值
1	生产用材料采购	采购入库	是
2	其他材料采购	采购入库	否

(7) 销售类型（见表9-11）。

表9-11　　　　　　　　　　　　　　销售类型

销售类型编码	销售类型名称	出库类别	是否默认值
1	批发	销售出库	否
2	零售	销售出库	是
3	代销	委托代销出库	否

(8) 产品结构（见表9-12）。

表9-12　　　　　　　　　　　　　产品结构

母件编码	母件名称	领料部门	子项编码	子项名称	规格型号	单位	定额数量	存放仓库
5001	长城天鹤	201一车间	5002	长城天禧	P4	台	1	硬件库
			5003	长城显示器	17英寸	台	1	硬件库

(9) 费用项目（见表9-13）。

表9-13　　　　　　　　　　　　　费用项目

费用项目编号	费用项目名称	费用项目分类
01	销售招待费	销售费用
02	广告宣传费	销售费用
03	运输费	销售费用
04	包装费	销售费用
05	保险费	销售费用

(10) 发运方式（见表9-14）。

表9-14　　　　　　　　　　　　　发运方式

发运方式编码	发运方式名称
01	公路
02	铁路
03	空运

(11) 存货科目（见表9-15）。

表9-15　　　　　　　　　　　　　存货科目

仓库	存货科目	差异科目	委托代销商品科目
材料库	生产用原材料（140301）	材料成本差异（1404）	
产品库	库存商品（1405）		委托代销商品（1409）
硬件库	库存商品（1405）		
软件库	库存商品（1405）		
配套用品库	库存商品（1405）		

259

(12) 对方科目 (见表9-16)。

表9-16　　　　　　　　　　　对方科目

收发类别编码	存货分类编码	对方科目（编码）
101	1	生产用物资采购（140101）
101		其他物资采购（140102）
103		其他原材料（140302）
104		生产成本/直接材料（500101）
108		待处理流动资产损溢（190101）
201		生产成本/直接材料（500101）
203		主营业务成本（6401）
206		其他原材料（140302）
207		待处理流动资产损溢（190101）
209		主营业务成本（6401）

(13) 应收款系统。

科目设置：应收科目为1122，预收科目为2203，销售收入科目为6001，应交增值税科目为22210102，其他可暂时不设。

结算方式科目设置：现金结算对应1001，转账支票对应100201，现金支票对应100201。

坏账准备设置：提取比例为0.5%，期初余额800，科目为1231，对方科目660209。

逾期账龄区间设置如表9-17所示。

表9-17　　　　　　　　　　　逾期账龄区间设置

序号	起止天数	总天数
01	1~30	30
02	31~60	60
03	61~90	90
04	91~120	120
05	121以上	

报警级别设置如表 9-18 所示。

表 9-18　　　　　　　　　　　报警级别设置

序号	起止比率	总比率	级别名称
01	0~10%	10	A
02	10%~30%	30	B
03	30%~50%	50	C
04	50%~100%	100	D
05	100%以上		E

（14）应付款系统。

选项设置："权限与预警"选项卡，取消"控制操作员权限"复选框。

科目设置：应付科目为2202，预付科目为112301，采购科目为140101，采购税金科目为22210101，其他可暂时不设。

结算方式科目设置：现金结算对应1001，转账支票对应100201，现金支票对应科目100201。

逾期账龄区间和报警级别参照应收款系统。

应付款系统初始设置完成后，退出应付款系统。

二、期初数据

1. 采购管理系统期初数据

11月24日，供应科，收到北京市华丰电子元器件厂提供的"长城天鹤P4"，计20套，暂估价为9659元，商品已验收入硬件库，12月1日仍未收到发票。

11月28日，供应科，收到沈阳胜利厂开具的普通发票一张，发票号为A00116，商品为，"福星高照"多媒体教学光盘，数量1730张，单价50元，由于天气问题影响运输，光盘12月1日还未到达。

11月30日，供应科，收到沈铝提供的XJ5501，计20吨，暂估价为5050元，商品已验收入材料库，12月1日仍未收到发票。

11月30日，供应科，收到北京海淀文化批发市场开具的专用发票一张，发票号为A208616，商品为V850购销存系统，数量2套，单价48600元，税率13%，由于运输问题，光盘12月1日还未到达。

2. 销售系统期初数据

11月30日，销售一科，从产品库发出"XJ55"，计100箱，每箱售价130元，委托北京宏福代为销售，批号5768，货已发出至12月1日还未结算。

11月30日，销售一科，从产品库发出"XJ56"，计50箱，售价180元，委托天津宝津公司代为销售，批号5903，货已发出至12月1日还未结算（见表9-19）。

表9-19　　　　　　　　　　　销售系统期初数据

销售类型	发货日期	客户简称	销售部门	存货名称	仓库名称	数量（个）	无税单价	批号
代销	2019-11-30	宏福	销售一科	XJ55	产品库	100	130	5768
代销	2019-11-30	宝津	销售一科	XJ56	产品库	50	180	5903

3. 库存和存货系统期初数据

11月30日，对各个仓库进行盘点（见表9-20）。

表9-20　　　　　　　　　　库存和存货系统期初数据

仓库名称	存货编码	存货名称	批次	数量（个）	单价（元）
材料库	1001	XJ5501		30	5000
产品库	2001	XJ55	5768	2520	120
	2002	XJ56	5903	1510	160
硬件库	5001	长城天鹤		25	9699
	5002	长城天禧		67	8599
	5003	长城显示器		58	2200
软件库	4001	购销存系统		5	48600
配套用品库	3001	财会之窗		1000	80
	3002	福星高照		1000	50
材料库	1001	XJ5501		期初材料成本差异：1000	

【操作指导】

一、启动［企业门户］

以01王杰的身份登录企业应用平台，操作日期为：2019-12-31。执行"基础设置—基本信息—系统启用"命令，打开"系统启用"对话框，分别选中"采购管理、库存管理、存货核算、销售管理"复选框，弹出"日历"对话框，选择系统启用日期"2019-12-01"，单击"确定"按钮，系统弹出"确实要启用当期系统吗?"，单击"是"返回。

二、基础信息设置

1. 存货分类

（1）执行"设置—基础档案—存货—存货分类"，打开"存货分类"窗口。

（2）输入存货类别编码及存货类别，见表9-5。

2. 仓库档案

（1）执行"设置—基础档案—业务—仓库档案"，打开"仓库档案"窗口。

（2）点击工具栏"增加"按钮，录入仓库档案，参见表9-6。

（3）执行"系统服务—权限—数据权限分配"，打开"权限浏览"窗口，点击"业务对象"下拉单，选择"仓库"，在"用户及角色"窗口中，单击"刘梦"，点击工具栏中"授权"命令，单击"＞＞"按钮，使所有仓库移到可用栏，单击"保存"，退出。

3. 计量单位

（1）执行"设置—基础档案—存货—计量单位"。

（2）点击菜单栏中"分组"命令，弹出"计量单位分组"对话框，输入计量单位组编码：01；计量单位组名称：无换算；计量单位类别：无换算；同理，输入（02）包装计量单位组。参见表9-7。退出"计量单位组"对话框后，单击窗口左侧的"无换算计量组"，再单击菜单栏的"单位"，弹出"计量单位"对话框，参考表9-3输入计量单位编码、名称等。同理，输入"包装计量组"的信息。

4. 存货档案

（1）执行"业务—供应链—库存管理—初始设置—选项"，选择"有无批次管理"。

（2）执行"设置—基础档案—存货—存货档案"，打开"存货档案"窗口。

（3）点击"生产用原材料"，单击工具栏"增加"按钮，录入存货，参见表9-8。

提示：

关于批次管理的设置请点击"控制"标签，选中"是否批次管理"复选框。

5. 收发类别

（1）执行"设置—基础档案—业务—收发类别"，打开"收发类别"窗口。

（2）点击"增加"按钮，录入收发类别，参见表9-9。

6. 采购类型/销售类型

（1）执行"设置—基础档案—业务—采购类型/销售类型"，分别打开"采购类型/销售类型"窗口。

（2）点击"增加"按钮，分别录入采购类型/销售类型，参见表9-10、表9-11。

7. 产品结构

（1）执行"设置—基础档案—业务—产品结构"，打开"产品结构"窗口。

（2）单击"增加"命令，弹出"增加产品结构"窗口。

（3）录入内容参见表9-12。

8. 费用项目

（1）依次执行"基础设置—基础档案—业务—费用项目分类"与"基础档案—业务—费用项目"。

（2）录入内容参见表9-13。

9. 发运方式

（1）执行"设置—基础档案—业务—发运方式"。

（2）录入内容参见表9-14。

10. 单据设置

（1）执行"设置—单据设置—单据格式设置"命令，点击"销售模块—委托代销发货单—显示—委托代销发货单显示模板",在"委托代销发货单"中右击,选择"表体项目"命令,选中"批号"复选框,单击"确定"按钮。同理设置"销售发货单"和"库存调拨单""产成品入库单""其他出库单""库存期初""销售专用发票""销售普通发票"。

(2) 执行"设置—单据设置—单据编码设置"命令,单击"编号设置"标签,选择"采购—采购专业发票",单击"修改"按钮,选中"手工改动,重号时自动重取"复选框,点击"保存"按钮;同理设置"采购普通发票""采购运费发票"。同样设置"销售—销售普通发票""销售专用发票"。

三、启用采购管理系统

(1) 执行"业务—供应链—采购管理"。

(2) 执行"业务—供应链—采购管理—设置—采购选项",单击"其他业务控制"标签,输入预警天数:10。其余采用系统默认值。

四、启用销售管理系统

(1) 执行"业务—供应链—销售管理"。

(2) 执行"业务—供应链—销售管理—设置—销售选项",单击"可用量控制"标签,选中"是否允许非批次存货超可用量发货"复选框。其余采用系统默认值。

五、启用库存管理系统

(1) 执行"业务—供应链—库存管理"。

(2) 执行"业务—供应链—库存管理—初始设置—选项",取消"报价含税"复选框;单击"通用设置"标签,选中"有无批次管理""有无保质期管理""有无组装拆卸业务""有无形态转换业务"复选框;然后,单击"专用设置"标签,在预警设置栏内选中"最高最低库存控制"复选框。单击"专用设置"标签,选中所有"自动带出单价的单据"的选项;出库单成本选择"参考成本"。

六、启用存货核算系统

(1) 执行"业务—供应链—存货核算"。

(2) 执行"业务—供应链—存货核算—初始设置—选项—选项录入",单击"核算方式"标签,在"零出库成本出库选择"中选中"手工输入"单选框,在"委托代销成本核算方式"中选中"按发出商品核算",单击"确认"按钮退出。

(3) 执行"基础设置—基础档案—财务—会计科目",打开会计科目窗口,增加会计科目"1409 委托代销商品",执行"存货核算—初始设置—科目设置—存货科目"命令,进入"存货科目"窗口,参见表9-11设置存货科目。

(4) 执行"基础设置—基础档案—财务—会计科目",打开会计科目窗口,增加会计科目"190101 待处理流动资产损溢",执行"存货核算—初始设置—科目设置—对方科目"命令,进入"对方科目"窗口,参见表9-16设置对方科目。

七、启用应收款系统

(1) 执行"业务—财务会计—应收款管理—设置—选项",进入"账套参数设置"

窗口，在常规标签页中的"坏账处理方式"设置为"销售收入百分比法"。

（2）执行"业务—财务会计—应收款管理—设置—初始设置"，进入"基本科目设置"窗口。

①输入基本科目设置：应收科目为1122，预收科目为2203，销售收入科目为6001，税金科目为22210102，其他可暂时不设。

②结算方式科目设置：现金结算对应1001，转账支票对应100201，现金支票对应100201。

③坏账准备设置，见实验资料。

④账龄区间设置，参见表9-17。报警级别设置，参见表9-18。

八、启动应付款系统

（1）执行"业务—财务会计—应付款管理—设置—初始设置"，进入"基本科目设置"窗口。

（2）输入基本科目设置：选择应付科目为2202，预付科目为112301，采购科目为140101，采购税金科目为22210101，其他可暂时不设。

结算方式科目设置：现金结算对应1001，转账支票对应100201，现金支票对应100201。

（3）逾期账龄区间设置，参见表9-17。报警级别设置，参见表9-18。

（4）进入"业务—财务会计—应付款管理—设置—选项"，选择"权限与预警"选项卡，取消复选框"控制操作员权限"勾选，此功能使李红可在应付款管理系统中审核发票。

九、录入期初数据

1. 采购系统期初数据

采购系统共有4笔期初数据，第1笔和第3笔属于货到票未到业务类型，应调用期初采购入库单录入；第2笔和第4笔属于票到货未到业务类型，应调用期初采购发票功能录入。

（1）货到票未到业务的处理。

①执行"业务—供应链—采购管理—业务—入库—入库单"，进入"期初采购入库单"窗口。

②点击"增加"按钮，录入下表所示数据。

提示：

● 期初数据的入库类别均为"采购入库"，部门均为"供应科"。

（2）票到货未到业务处理。

①执行"业务—供应链—采购管理—业务—发票—普通采购发票"。

②点击"增加"按钮，录入业务2所示数据。税率为0。

③执行"业务—供应链—采购管理—业务—发票—专用采购发票"。

④点击"增加"按钮，录入业务4所示数据。

(3) 采购系统期初记账（见表9-21）。

表9-21　　　　　　　　　　采购系统期初记账

业务序号	单据类型	开票日期	供货单位	采购类型	存货编码	数量	单价	原币金额
2	A00116 普通发票	2017-11-28	沈阳胜利	其他材料采购	3002	1730	50	86500
4	A208616 专用发票	2017-11-30	海淀批发	其他材料采购	4001	2	48600	97200

①执行"业务—供应链—采购管理—设置—采购期初记账"命令，弹出"期初记账"提示框。

②单击"记账"按钮。

提示：

● 采购管理系统如果不执行期初记账，无法开始日常业务处理，因此，如果没有期初数据，也要执行期初记账。

● 采购管理系统如果不执行期初记账，库存管理系统和存货核算系统不能记账。

2. 销售系统期初数据

（1）执行"业务工作—供应链—销售管理—设置—销售选项"，打开"销售选项"窗口，选中"有委托代销业务"，单击"确定"按钮。

（2）执行"业务—供应链—销售管理—设置—期初录入—期初委托发货单"，进入"期初委托代销发货单"窗口。

（3）单击"增加"按钮，进入"期初委托代销发货单"窗口。

（4）请参见表9-19，录入数据。

（5）单击"审核"按钮，系统签上"审核人"，单击"退出"按钮。

3. 存货期初数据

（1）录入库存和存货期初数据。

①执行"业务—供应链—库存管理—初始设置—期初数据—期初结存"命令，进入"期初结存"窗口。

②选择仓库"材料库"，单击"修改"按钮，输入存货编码"1001"，数量"30"。单击"批审"。

③选择仓库"产品库"，单击"修改"按钮，输入存货编码"2001"，数量"2520"，单价"120"，批号"5768"。单击"批审"。

④录入其他存货，请参见表9-20。

⑤点击"批审"按钮。

⑥执行"业务—供应链—存货核算—初始设置—期初数据—期初余额"命令，进入"期初余额"窗口。

⑦选择仓库"材料库",单击工具栏"取数"按钮。

⑧重复第⑦步,把产品库、硬件库、软件库、配套用品库的期初余额数据分别作"取数"处理。

(2)录入存货期初差异。

如果某仓库选择了计划价核算,需要将启用日期前发生的存货差异录入系统。

①执行"业务—供应链—存货核算—初始设置—期初数据—期初差异"命令,进入"期初差异"窗口。

②选择仓库为"材料库",出现材料库存货列表。

③定位存货编码为"1001"的存货,单击"差异"一栏输入"1000",双击"差异科目"一栏,选择"1404 材料成本差异"科目。

④单击"退出"按钮。单击"保存"

(3)录入期初委托代销发出商品。

①执行"业务—存货核算—初始设置—期初数据—期初委托代销发出商品"命令,打开"委托代销发出商品期初"窗口。

②点击工具栏"查询"按钮。

③双击单价栏,XJ55 单价为"130",XJ56 单价为"160"。

(4)存货期初记账。

①执行"业务—存货核算—初始设置—期初数据—期初余额"命令,打开"期初余额"窗口。

②不需选择具体仓库,单击"记账"按钮,系统对所有仓库进行记账,片刻之后,系统提示"期初记账成功!"。

③单击"确定"按钮,单击"退出"按钮。

复 习 题

一、单选题

1. 当所填制的采购入库单、采购发票等与采购有关的单据能够被参照使用时，需要在存货档案中的"存货属性"设置（　　）参数。

  A. 内销、外销　　B. 外购　　C. 生产耗用　　D. 自制

2. 以下对于计量单位描述错误的有（　　）。

  A. 不同的存货存在不同的计量单位

  B. 同一种存货用于不同目的的业务，其计量单位也可能不同

  C. 存货的财务计量单位、库存计量单位、销售发货单位必须保持一致

  D. 有换算关系的计量单位组必须设置一个主计量单位

3. 存货发出的计价方法像"移动平均法"在（　　）基础档案中设置。

  A. 存货档案　　B. 存货分类　　C. 仓库档案　　D. 收发类别

4. 各种存货的购进、销售及其他出入库业务，均在（　　）系统中生成凭证，并传递到总账系统。

  A. 采购管理　　B. 销售管理　　C. 库存管理　　D. 存货核算

5. 存货的对方科目可以按照（　　）基础档案来设置。

  A. 存货档案　　B. 存货分类　　C. 仓库档案　　D. 收发类别

二、多选题

1. 下列关于供应链期初建账参数的设置，正确的是（　　）。

  A. 零出库是指存货的出库量大于存货的结存数量时仍然出库，即超现存量发货

  B. 存货科目是设置生成凭证所需要的各种存货科目和差异科目

  C. 最高最低库存报警设置，是指单据录入时，如果存货的当前现存量小于最低库存量或大于最高库存量，是否需要系统报警提示

  D. 批次管理是指对存货的收发存进行批次跟踪，可以统计某一批次所有存货的收发存情况或某一存货所有批次的收发存情况

2. 在供应链管理系统中期初余额的录入包括（　　）。

  A. 采购管理子系统录入暂估入库期初余额和在途存货期初余额

  B. 在库存管理或存货核算子系统录入存货期初余额及差异

  C. 在销售管理子系统录入委托代销期初余额

  D. 在销售管理子系统录入分期收款发出商品期初余额

3. 下列哪些属于供应链系统的基础档案设置？（　　）

A. 存货分类　　　B. 计量单位　　　C. 存货档案　　　D. 仓库档案
E. 产品结构　　　F. 收发类别

4. 费用发票上的存货名称"运输费"在存货档案中应设置（　　）存货属性。
A. 内销、外销　　B. 外购　　　　　C. 生产耗用　　　D. 应税劳务

5. 存货科目的设置，可以按照（　　）分类设置。
A. 仓库　　　　　B. 存货分类　　　C. 收发类别　　　D. 采购或销售类型

三、判断题

1. 设置存货属性的目的是在填制单据时可以缩小范围参照存货。（　　）
2. 费用发票上的存货名称"运输费"必须具有"应税劳务"属性。（　　）
3. 设置计量单位时，先设置不同的计量单位，再设置计量单位组。（　　）

四、简答题

1. 论述购销存业务子系统的业务处理流程。
2. 简述购销存业务子系统各模块之间的数据传递关系。

第 10 章 采购管理子系统

10.1 采购管理子系统概述

采购环节不论对工业企业还是商业企业都是企业价值实现的开始，采购成本的大小对企业最终的利润有直接的影响，同时由采购业务引起的应付账或预付账款的管理对企业来说也是至关重要的。因此，采购环节的管理和核算都是企业会计信息系统的重要组成部分。

采购与应付的管理包括如下几个方面控制：

(1) 采购量的控制：企业为了增强市场竞争力，减少经营风险，把库存降到最低，以减少占用的资金和库存存储成本。因此，对采购的量一定要加以控制，要根据市场需求的情况进行生产，根据生产和库存的情况进行采购，决不能盲目地进行采购。

(2) 采购成本的控制：采购成本的控制对企业也是重要的。一些大型的工业企业采用按计划成本的核算方法对采购环节的成本加以控制。目前，有一些大型的企业利用电子商务作为工具在网上进行统一的采购，由于采购的量大，可以降低采购的价格，从而降低采购成本；同时，又避免了下级单位的暗箱操作。不同的企业对采购成本的控制有不同的方法。

(3) 资金流的控制：在采购完成时，必然要与供应商进行结算。第一，结算方式、结算时间的选择，便于争取到供应商对所售商品折扣，以降低采购成本。第二，正确确定结算的金额。如果企业是按订单进行采购的，结算金额应该与采购订单上的金额一致。第三，注意应付账款和预付账款的管理，定期与供应商对账。

(4) 物流的控制：入库材料的品种、数量等应该与订单相一致。

10.1.1 功能结构简介

采购管理子系统通常与应付款管理子系统集成使用，本章重点介绍在订单产生以后，企业是如何对采购活动进行管理和核算的，企业又如何通过现付、预付和应付的方式对资金进行结算。采购管理子系统的主要功能有以下几种。

1. 系统初始设置

采购系统初始设置内容有：采购选项参数设置、供应商存货对照表、存货档案、仓库档案、仓库存货对照表、收发类别、计量单位、采购类型、发运方式、非合理损耗类型、采购期初记账。其他的公共信息（部门档案、职员档案、外币及汇率、结算方式、付款条件、地区分类、客户分类及档案）已在系统管理和总账管理系统初始设置中完成，读者可参阅本书第 3 章设置。

2. 采购业务处理

采购业务处理主要包括请购、订货、到货、入库、采购发票、采购结算等采购业务全过程的管理，可以处理普通采购业务、受托代销业务、直运业务等业务类型。企业可根据实际业务情况，对采购业务处理流程进行可选配置。系统需要输入的原始单据有：采购订单、采购入库单、采购发票、付款单和退货单等，采购系统对各业务单据之间设计了一定的传递关系，正是这种关系将采购系统各业务环节联系在一起。

3. 采购账簿及采购分析

采购系统可以提供各种报表，包括对采购情况、入库情况、结算情况、货到票未到情况、票到货未到情况、采购费用发生情况、增值税抵扣情况、与供应商的往来账和账龄分析情况等提供输出和查询。同时，系统提供了采购成本分析、供应商价格对比分析、采购类型结构分析、采购资金比重分析、采购费用分析、采购货龄综合分析功能。

采购管理子系统的功能结构如图 10 - 1 所示。

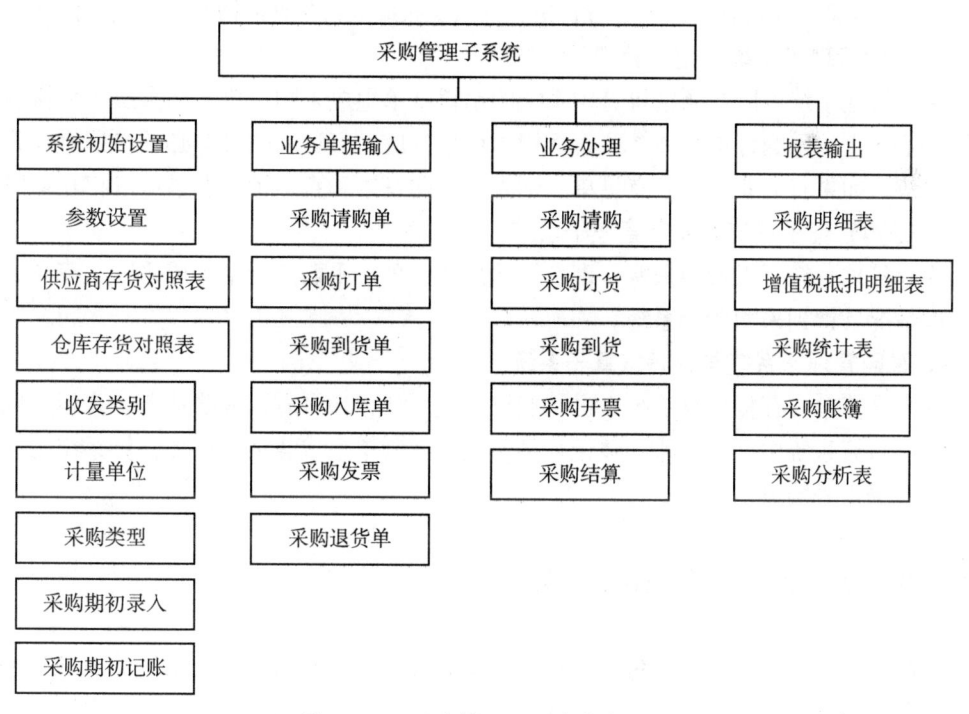

图 10 - 1 采购管理子系统功能结构

10.1.2 采购管理子系统与其他系统的关系

采购管理系统既可以单独使用，也可以与其他系统如库存管理、存货核算、销售管理、应付款管理系统集成使用。采购管理子系统与其他子系统的主要关系如图10-2所示。

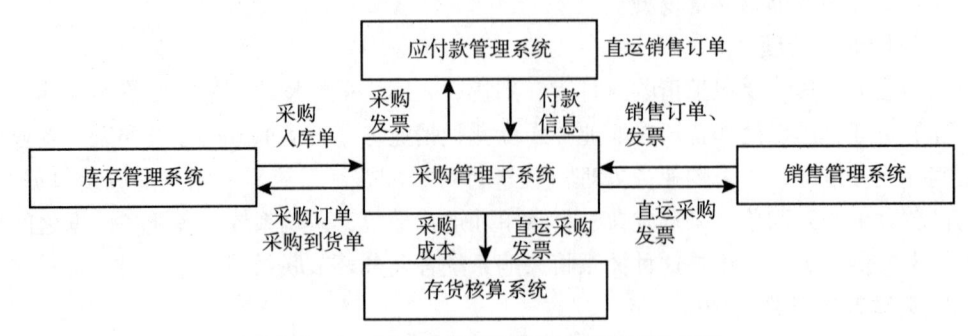

图10-2 采购管理子系统与其他系统的关系

采购管理系统主要与应付款管理、销售管理、库存管理、存货核算等系统都存在数据传递关系。

1. 采购管理子系统与应付款管理子系统

采购发票在采购管理系统中录入后，在应付款管理系统中审核登记应付款明细账，进行制单生成凭证，应付款管理系统进行付款并核销相应应付单据后回写付款核销信息。

2. 采购管理子系统与销售管理子系统

采购管理系统可以参照销售管理系统的销售订单生成采购订单。在直运业务必有订单模式下，直运采购订单必须参照直运销售订单生成，直运采购发票必须参照直运采购订单生成；如果直运业务非必有订单，则直运采购发票和直运销售发票可以相互参照。

3. 采购管理子系统与库存管理子系统

库存管理系统可以参照采购管理系统的采购订单、采购到货单生成采购入库单，并将入库情况反馈到采购管理系统。

4. 采购管理子系统与存货核算子系统

采购结算单在存货核算系统中进行制单生成凭证，如是直运采购业务，直运采购发票在存货核算系统中进行记账，登记存货明细表并制单生成凭证。存货核算系统为采购管理系统提供采购成本。

10.1.3 采购管理子系统业务流程

采购管理子系统通常与应付款管理系统集成使用，因此采购管理系统的业务流程须结合应付款管理系统统一说明。二者共同反映物流和资金流两条主线，如何保证这两条主线相联系，是这个系统的关键。

采购管理系统与应付款管理系统业务流程主要处理四个环节（见图10-3）。

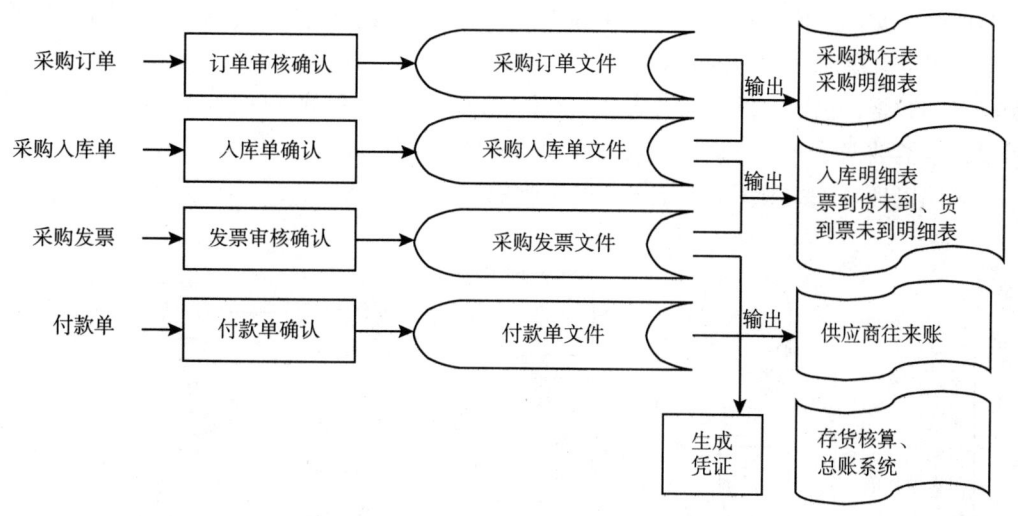

图 10-3 采购管理子系统总体业务流程

（1）采购订货。输入采购订单，根据采购订单对采购订货业务作各种分析；

（2）采购入库。输入采购入库单，通过采购订单与采购入库单的比较来反映采购订货的实际执行情况，从而把第一业务环节与第二业务环节联系在一起。同时依据采购入库单，对采购入库业务作各种统计分析。如果两者之间有采购到货环节，则通过采购订单、采购到货单、采购入库单两两比较来分析实际订货与实际入库情况。

（3）对采购发票的处理。输入采购发票，通过采购入库单与采购发票的比较，从而把第二业务环节与第三业务环节联系在一起，也把物流与资金流联系在一起，既能反映票到货未到或者货到票未到的明细情况，也能依据采购发票对采购业务进行统计分析、形成供应商往来账，并生成记账凭证传递到总账系统。

（4）对付款业务的处理。输入付款单，通过采购发票与付款单的核销，更新与供应商的往来账，同时把第三业务环节与第四业务环节联系在一起，生成记账凭证传递到总账系统。

不同企业在管理模式和业务流程上有所差别：有些是货先到票后到，有些是票先到货后到，有些是款现结，有些款先付或款后付。在此我们仅介绍较普遍的一种情形。

10.2 采购管理子系统内部结构分析

10.2.1 采购管理子系统的数据流程

采购管理系统与其他子系统一样，接受的输入数据有两类：第一类是反映各种业务

273

发生的业务数据，包括：采购订单、采购入库单、采购发票、付款单等。采购订单输入后，直接存入"采购订单"文件；采购入库单、采购发票和付款单输入后，首先存入各自的临时文件，待审核确认后，在分别存入各自正式的文件中，目的以保证业务数据的安全可靠。临时文件中的采购发票与付款单数据经审核确认后更新应付款文件。第二类是基础数据，包括：供应商、人员、部门、结算方式、付款条件、存货、税率等基础信息，这类数据输入后，直接存入各种基础信息文件。

采购管理系统的数据流程如图10-4所示。

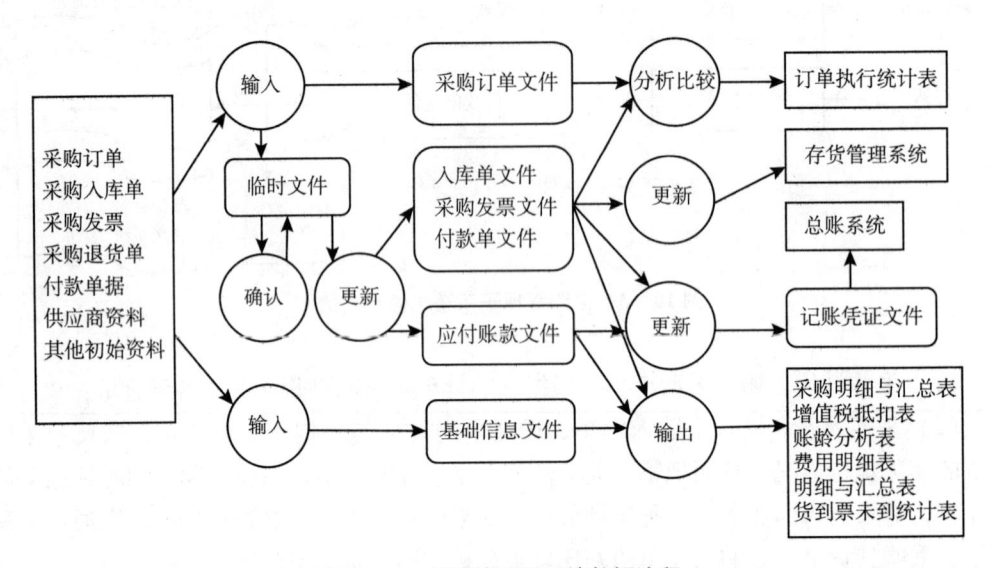

图10-4 采购管理子系统数据流程

待数据输入后，采购管理系统会对各种文件进行相应的数据处理（在此，我们依然结合应付款管理系统统一说明）。

第一，采购系统对采购订单、采购入库单、采购发票、付款单和应付账款文件中的数据进行各种比较和统计分析处理后，输出满足用户需要的各种统计报表。

第二，采购入库文件和采购发票文件的数据要传递到存货管理子系统。

第三，采购系统依据采购入库单、采购发票和付款单的文件中数据生成记账凭证文件，然后传递到总账系统。

10.2.2 采购管理子系统的数据文件

此处采购系统仍以集成应付款管理系统的情形来统一说明，采购管理系统主要存放的数据文件有三类。第一类是存放订货、采购、付款和入库业务及其结果的数据，包括采购订单文件、采购入库单文件、采购发票文件、付款单文件、记账凭证文件等。第二类是存放各种基础数据，如供应商、人员、部门、结算方式、付款条件、存货、税率等基础信息的各种文件。第三类是存放数据处理方式等数据，如以何种方式生成记账凭证的数据，需设计生成凭证的科目设置文件。本书主要指前两类文件的作用和结构。

1. 主数据库文件

采购入库单文件、采购发票文件、付款单文件、应付账款文件是采购系统与应付系统的几个最基础的数据库文件。

（1）采购入库单文件。入库单文件用来存放每一笔入库业务的详细数据，反映了存货的动态变化，有关存货收发情况的统计分析数据一般均可由这个文件中的数据加工生成。通常包括如下内容：入库单号、入库日期、入库类型、供应商编码、采购部门、采购业务员、仓库编码、仓库管理员、存货编码、入库数量、单价、金额、批号、失效日期。

（2）采购发票文件。该文件用来存放每一张采购发票上的详细信息，企业据此与供应商进行采购结算。大致包括如下内容：发票类型、原始发票号、供应商编码、税率、税额、采购部门、采购业务员、付款条件、费用、存货编码、数量、未含税单价、未含税金额。

（3）应付账款和付款单文件。应付款文件用来存放与每一供应商结算的金额，可能是应付账款，也可能是预付账款，大致包括如下内容：供应商编码、金额、余额、方向。

付款单文件用来存放每一张付款单上的详细信息，大致包括如下内容：原始付款单号、供应商编码、结算方式、经办人、金额、结算科目、银行账号、币种等。

2. 辅助数据库文件

辅助数据库文件主要用来存放采购业务管理和分析统计所需要的辅助信息，是对主数据库中存放数据的一种说明。采购系统的辅助数据库文件主要有供应商档案文件、部门档案文件、人员档案文件、存货档案文件、仓库档案文件等。为了用户管理的需要，此数据库还需给用户预留一些灵活设置的空间。

3. 记账凭证文件

此文件用来存放依据采购发票生成的记账凭证，此数据库文件的内容与总账系统的文件内容要保持一致。

4. 其他数据库文件

采购管理系统还存在一些其他的数据库文件，如生成凭证的科目设置文件。

10.3 采购管理子系统初始化

采购管理系统初始化是指在系统使用前，需要进行系统参数设置、输入有关企业基础资料和有关分类数据，构建一个适合本单位实际采购业务情况的软件运行环境。采购管理系统初始化包括设置采购管理系统业务处理所需要的采购参数、基础信息及采购期初数据。

相关内容在第9章基于供应链系统公共信息与各子系统特有信息曾做大致讲述。本节为体现采购管理子系统的完整性和初始设置资料与采购业务的前后连贯性，进一步做详细介绍。

10.3.1 采购参数设置

系统参数也称业务处理控制参数，是指在企业业务处理过程中所使用的各种控制参数，系统参数的设置将决定用户系统的业务流程、业务模式和数据流向。用户在进行参数设置之前，一定要详细了解参数的选项开关对业务处理流程的影响，并结合企业的实际业务需要进行设置。由于有些参数选项在日常业务开始后不能随意更改，用户最好在业务开始前进行全盘考虑，尤其一些对其他系统有影响的参数选项设置更要考虑清楚。该参数设置将对采购管理的所有操作员和客户端的操作生效，故要慎重设定或修改。

采购管理的系统参数在该系统"选项"中设置，分为"业务及权限设置"和"公共及参照控制"两个部分。本章对其中主要参数作如下介绍。

1. 业务及权限控制

(1) 普通业务和有订单、直运业务必有订单和受托代销业务必有订单：勾选表示该业务必有订单。以订单为中心的采购管理是标准、规范的采购管理模式，订单是整个采购业务的核心，整个业务流程的执行都回写到采购订单，通过采购订单可以跟踪采购的整个业务流程。这种模式既要求所有的业务都参照订单而生成，又建立起采购订单与后期业务（如到货、入库、开票）之间的链接，便于跟踪整个业务流程，查询分析采购订单的执行情况。

直运业务说明请参阅销售管理系统"销售参数设置"。

(2) 是否超订单到货及入库：勾选此项表示允许超订单数量，但不能超过订单数量入库上限即订单数量×(1+入库上限)，入库上限在"存货档案"设置。否则不可超订单数量，则对于一次订货多次到货、入库的业务，每次到货、入库之后，系统会自动递减可以到货、入库的数量。

(3) 入库单是否自动带入单价：勾选表示由系统自动带入单价，然后再取价方式。系统提供了三种方式。

手工录入：用户直接录入；

参考成本：取存货档案中的参考成本，可修改；

最新成本：取存货档案中的参考成本，可修改。

(4) 订单、到货单和发票单价录入方式：系统提供三种方式。

手工录入：用户直接录入。

取自供应商存货对照表：代入无税单价、含税单价和税率，可修改；

最新价格：系统自动取最新的订单、到货单或发票上的价格，包括无税单价和含税单价和税率，可修改。

（5）权限控制：对采购管理是否进行存货、部门操作员、供应商、业务员和金额审核的数据权限控制进行设置。本设置需与"权限设置"配合使用才能发挥效用。

（6）最高进价控制口令：系统默认"system"，可修改或为空。不设口令表示在填制采购单据时，如果存货无税单价高于最高进价（存货档案），系统会进行提示，不需输口令即可保存。否则必须输入正确口令才允许保存。

2. 公共及参照控制

（1）系统启用：启用日期在启用采购系统时自动代入，不可修改。

（2）公共选项：供应商分类与存货分类设置在建立账套时设定，不可修改。远程应用设置见"销售参数设置。"

（3）参照控制：选择不同的模糊参照方式，可以在录入查询单据时快速地过滤出想要的供应商和存货等档案资料。"单据录入中参照存货时选择多条存货"选中，则可以在参照存货档案时选择多条存货档案。

10.3.2 初始档案设置

使用采购管理系统之前，应做好手工基础数据的准备工作，如对存货合理分类、准备存货的详细档案、进行库存数据的整理与账面数据的核对等。在前面总账模块基础档案的基础上，采购管理系统还需要对上述内容增设。

1. 存货分类

如果企业存货较多，需要按照一定的方式进行分类管理。存货分类是按照存货固有的特征或属性划分为不同的类别。如工业企业可以将存货划分为原材料、产成品、应税劳务；商业企业可以将存货划分为商品、应税劳务等。

在企业日常购销业务中，经常会发生一些劳务费用，如运输费、装卸费等，这些费用也是构成企业存货成本的一个组成部分，并且它们可以拥有不同于一般存货的税率。为了能够正确和核算这些劳务费用，一般在存货分类中单独设置一类叫"应税劳务"或"劳务费用"。

2. 计量单位

企业中不同的存货有不同的计量单位，甚至同一种存货在业务中会使用多种计量单位。计量单位分组管理，即几个计量单位可按类别设为一个计量单位组，属性无换算关系表示这几个计量单位之间无任何换算关系；属性换算关系表示这几个计量单位之间要设置一定的换算率，如药品，对客户按"箱"计算，企业库存管理按"盒"计算，财务核算按"板"计价，则"箱""盒""板"可设置为一个有换算关系的计量单位组，并设置其中一个为主计量单位，其他单位则为辅计量单位，需要录入与主计量单位的换算率。

3. 存货档案

存货档案有四个选项卡：基本、成本、控制和其他，这里重点讲解存货属性。存货属性的目的是在采购系统或者销售系统中填制单据时缩小存货参照的范围。

此处将销售管理系统中需要设置的存货属性也顺便提及。

销售：用于发货单、销售发票、销售出库单等与销售有关的单据参照使用，表示该存货可用于销售。

外购：用于购货所填制的采购入库单、采购发票等与采购有关的单据参照使用，在采购发票、运费发票上一起开具的采购费用，也设置为外购属性。

生产耗用：存货可在生产过程中被领用、消耗。生产产品耗用的原材料、辅助材料等在开具材料领用单时参照。

自制：由企业生产自制的存货，如产成品、半成品等，主要用在开具产成品入库单时参照。

应税劳务：指在采购发票上开具的运输费、包装费等采购费用及开具在销售发票或发货单上的应税劳务、非应税劳务等。

4. 仓库档案

存货一般存放在仓库保管，因此有必要建立仓库档案。一方面可以根据仓库设置存货的发出计价方式，另一方面存货核算系统可以根据仓库设置存货科目（也可按照存货分类设置）。

5. 收发类别

收发类别用来表示存货的出入库类型，收与采购入库业务对应设置，发与销售出库业务相对应设置，以便于对存货的出入库情况进行分类汇总统计。同时，在存货核算系统，也可根据收发类别设置存货对方科目。

6. 采购类型/销售类型

采购销售类型的定义便于按采购、销售类型对业务数据进行统计和分析。

7. 产品结构

产品结构用来定义产品的组成，包括组成部分和数量关系，以便用于配比出库、组装拆卸、消耗定额、产品材料成本、采购计划、成本核算等引用。产品结构中引用的存货物料必须首先在存货档案中预先定义。

10.3.3　录入采购期初数据

期初数据是启用该系统之前尚未处理完成的数据，录入期数据是为保证数据的连贯性。初次使用采购管理系统时，须先录入采购管理的期初数据，如果系统中已有上年数据，在使用结转上年数据后，上年度采购数据会自动结转本年。

采购期初数据包括期初暂估入库和期初在途存货。如为商业企业，还有期初受托供销商品，此处略。

（1）期初暂估入库：该情形为货到票未到，即企业已经收到货物验收入库，填制采购入库单，但仍没有取得供货单位采购发票的情形，因此在月末需对存货暂估入账。

录入期初暂估数据,就是在采购系统录入期初暂估入库单。下月,根据所选的回冲方式,待实际取得发票后再进行采购结算及后期正常的业务处理。该数据通过录入期初采购入库单来完成。

(2)期初在途存货:该情形为票到货未到,即企业已经收到供货单位开具的采购发票,但货物仍在途中还未到达企业的情形。录入期初在途存货,就是在采购系统录入期初采购发票。下月,待货物入库后填制采购入库单,再进行采购结算及后期正常的业务处理。该数据通过录入期初采购发票来完成。

10.3.4 采购期初记账

期初采购记账是将采购的期初数据记入到有关采购账簿中。采购期初记账前,录入的采购入库单、采购发票的票头会自动显示为"期初"字样;采购期初记账后,再录入的单据(如入库单和发票)日期都在启用日期起之后,方可进行后期的日常业务操作。

采购期初记账需要注意以下几方面问题:

(1)没有采购期初数据,也要进行采购期初记账。记账后的期初数据不能增加或修改,只有取消采购期初记账后方可。

(2)采购期初记账后,存货核算系统才能进行存货的期初余额记账。

(3)如果采购管理系统已进行采购结算,或存货核算系统已进行期初记账,则不能取消采购期初记账。

10.4 采购管理子系统日常业务处理

采购业务分为普通采购、直运业务、采购退货、受托代销四种业务类型。

10.4.1 普通采购业务全流程介绍

普通采购业务适合于大多数企业的日常采购业务,提供对采购请购、采购订货、采购入库、采购发票、采购成本核算、采购付款全过程管理。

1. 采购请购

采购请购是指企业内部各部门向采购部门提出采购申请,或采购部门汇总企业内部采购需求列出采购清单。请购是采购业务的起点,可以依据审核后的采购请购单生成采购订单。在采购业务流程中,请购环节是可省略的。

2. 采购订货

采购订货是指企业与供应商签订采购合同或采购协议,确定要货需求。供应商根据采购订单组织货源，企业依据采购订单进行验收。在采购业务流程中，订货环节也是可选的。

3. 采购到货

采购到货是采购订货和采购入库的中间环节，一般由采购业务员根据供方通知或送货单填写，确定对方所送货物、数量、价格等信息，以到货单的形式传递到仓库作为保管员收货的依据。在采购业务流程中，到货处理可选可不选。

4. 采购入库

采购入库是指将供应商提供的物料检验（也可以免检）确定合格后，放入指定仓库的业务。当采购管理系统与库存管理系统集成使用时，入库业务在库存管理系统中进行处理。当采购管理系统不与库存管理系统集成使用时，入库业务在采购管理系统中进行处理。在采购业务流程中，入库处理是必须的。

采购入库单是仓库管理员根据采购到货签收的实收数量填制的入库单据。采购入库单既可以直接填制，也可以拷贝采购订单或采购到货单生成。

5. 采购开票

采购发票是供应商开出的销售货物的凭证，系统根据采购发票确定采购成本，并据以登记应付账款。采购发票按业务性质分为蓝字发票和红字发票；按发票类型分为增值税专用发票、普通发票和运费发票。

采购发票既可以直接填制，也可以从"采购订单""采购入库单"或其他的"采购发票"拷贝生成。

6. 采购结算

采购结算也称采购报账，在手工业务中，采购业务员拿着经主管领导审批过的采购发票和仓库确定的入库单到财务部门，由财务人员确定采购成本。在本系统中采购结算是针对采购入库单，根据发票确定其采购成本。采购结算的结果是生成采购结算单，它是记载采购入库单与采购发票对应关系的结算对照表。采购结算分为自动结算和手工结算两种方式。

"自动结算"是由计算机系统自动将相同供货单位的，存货相同且数量相等采购入库单和采购发票进行结算。

"手工结算"功能更为灵活，无法自动结算则采用手工结算，可以进行正数入库单与负数入库单结算、正数发票与负数发票结算、正数入库单与正数发票结算，费用发票单独结算。手工结算时可以结算入库单中部分货物，未结算的货物可以在今后取得发票后再结算。可以同时对多张入库单和多张发票进行报账结算。手工结算还支持到下级单位采购，付款给其上级主管单位的结算，支持三角债结算，即支持甲单位的发票可以结算乙单位的货物。

如果费用发票在货物发票已经结算后才收到，为了将该笔费用计入对应存货的采购成本，则费用发票需单独进行采购结算。

普通采购的业务流程如图10-5所示，图中虚线部分为其他系统单据。

图 10-5　普通采购业务的完整流程图

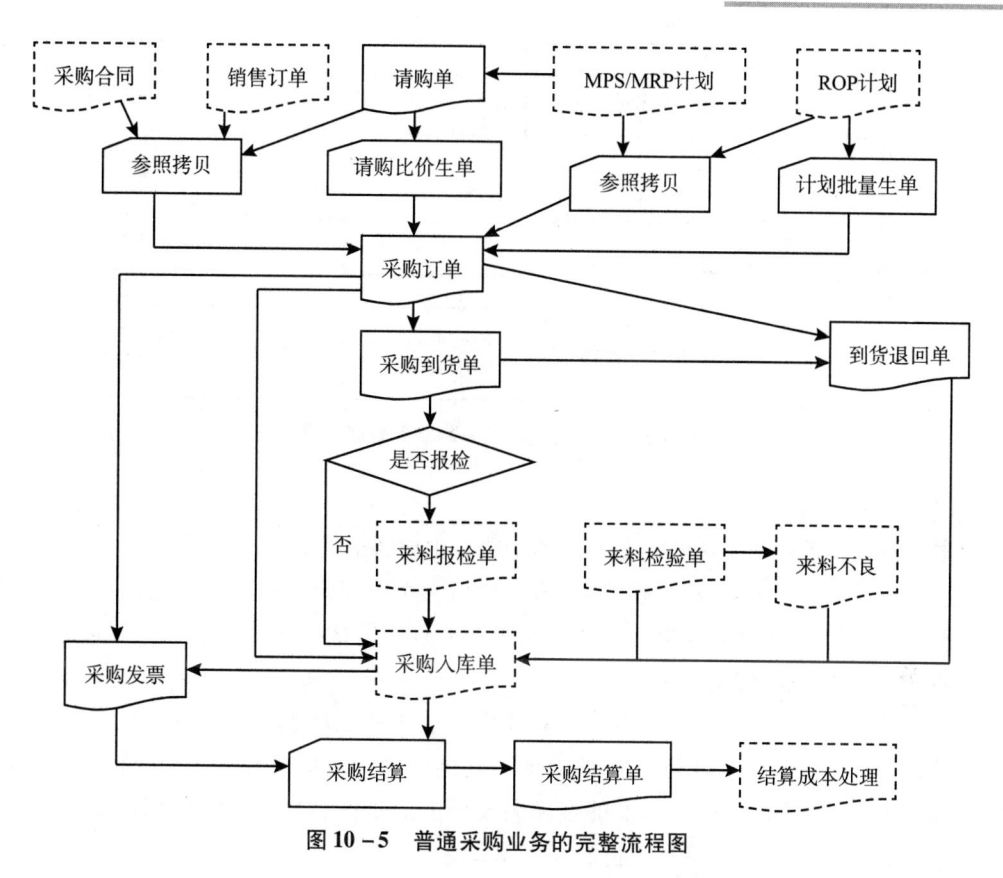

图 10-5 的业务流程中，采购请购、订货、到货为可选流程。若无订单的业务流程，则参照到货单填制入库单，参照入库单填制发票。若无到货单的业务流程，则参照订单填制入库单，参照订单或入库单填制发票。若订单和到货单两者都没有的业务流程，则直接录入采购入库单，参照采购入库单生成采购发票。

10.4.2　普通采购业务处理

按货物和发票到达的先后，将采购入库业务划分为单货同行、货到票未到（暂估入库）、票到货未到（在途存货）三种类型，不同的业务类型相应的处理方式有所不同。

1. 单货同行的采购业务

当采购管理、库存管理、存货核算、应付款管理、总账集成使用时，单货同行的采购业务处理流程如图 10-6 所示，此处省略了采购请购、订货、到货可选流程。

2. 货到票未到（暂估入库）的采购业务

暂估是指本月存货已经入库，但采购发票尚未收到，不能确定存货的入库成本，月底时为了正确核算企业的库存成本，需要将这部分存货暂估入账，形成暂估凭证。对暂估业务，系统提供了三种不同的处理方法。即月初回冲、单到回冲和单到补差。

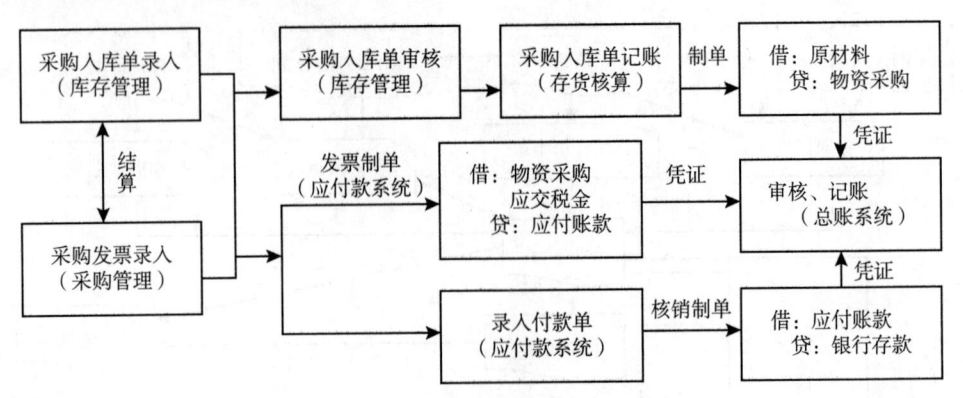

图10-6 单货同行的采购业务处理流程

(1) 月初回冲。

本月月底，填写暂估单价，记存货明细账，生成暂估凭证。

进入下月后，存货核算系统自动生成与暂估入库单完全相同的"红字回冲单"，同时登录相应的存货明细账，冲回存货明细账中上月的暂估入库。对"红字回冲单"制单，冲回上月的暂估凭证。

收到采购发票后，录入采购发票，对采购入库单和采购发票作采购结算。结算完毕后，进入存货核算系统，执行"暂估处理"功能，进行暂估处理后，系统根据发票自动生成一张"蓝字回冲单"，其上的金额为发票上的报销金额。同时登记存货明细账，使库存增加。对"蓝字回冲单"制单，生成采购入库凭证。

(2) 单到回冲。

下月初不做账务处理，采购发票收到后，在采购管理系统中录入并进行采购结算。进入存货核算系统，进行"暂估处理"，系统会自动生成红字回冲单和蓝字回冲单，同时据以登记存货明细账。红字回冲单的入库金额为上月暂估金额，蓝字回冲单的入库金额为发票上报销金额，分别制单生成凭证，传递到总账。

单到回冲的业务处理流程如图10-7所示。

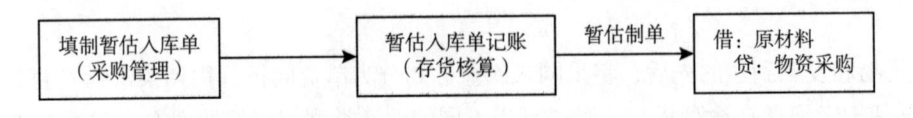

下月，发票到：采购结算并暂估处理。

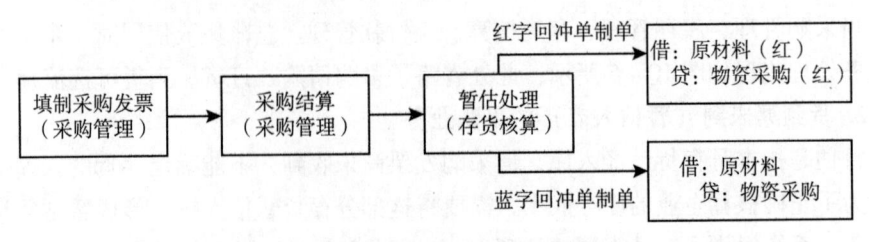

图10-7 暂估入库业务的采购处理流程

（3）单到补差。

下月初不做账务处理，待采购发票收到后，在采购管理中录入采购发票，并进行采购结算；进入存货核算系统，进行"暂估处理"，如果报销金额与暂估金额的差额不为零，则产生调整单，一张采购入库单生成一张调整单，用户确定后，自动记入存货明细账，对"调整单"制单，生成凭证，传递到总账；如果差额为零，则不生成调整单。

当月，货到票未到：录入暂估单价，暂估记账。

3. 票到货未到（在途存货）业务

如果先收到了供货单位的发票，而没有收到供货单位的货物，可以对发票进行压单处理，待货物到达后，再一并输入计算机作报账结算处理。但如果需要实时统计在途货物的情况，就必须将发票输入计算机，待货物到达后，再填制入库单并作采购结算。

10.4.3 直运采购业务处理

直运采购业务是指产品无须入库即可完成的购销业务，由供应商直接将商品发给企业的客户，没有实务的入库处理，财务结算由供销双方通过直运销售发票和直运采购发票分别与企业结算。因此，销售管理系统中的直运业务选项影响采购管理系统中的直运业务。直运业务适用于大型电器、汽车和设备等产品的购销。

直运采购业务类型有两种：普通直运业务（也称非必有订单直运业务）和必有订单直运业务。在订单非必有模式下，可分为两种情况：直运销售订单，则必须按照"订单为中心直运业务"的单据流程进行操作；没有销售订单，直运采购发票和直运销售发票可互相参照。

直运采购业务流程如图10-8所示。

直运销售订单 → 直运采购订单 → 直运采购发票

图10-8 直运采购业务的处理流程

10.4.4 采购退货业务处理

由于材料质量不合格、企业转产等原因，企业可能发生退货业务。

在采购活动中，如发生退货，针对退货时点，可分为以下情况进行处理：

（1）货虽收到，但尚未录入采购入库单。

此时，只要把货退还给供应商即可，软件中不用做任何处理。

（2）已录入"采购入库单"，未录入"采购发票"。

如果是全部退货，可删除"采购入库单"；如果是部分退货，可直接修改"采购入库单"。

(3) 已录入"采购入库单",已录入"采购发票",但未结算。

如果是全部退货,可删除"采购入库单"和"采购发票";如果是部分退货,可直接修改"采购入库单"和"采购发票"。

(4) 已录入"采购入库单",已录入"采购发票",并执行了采购结算。

若结算后的发票没有付款,此时可取消采购结算,再删除或修改"采购入库单"和"采购发票",若结算后的发票已付款,则必须录入退货单。

(5) 入库单已记账。

无论是否录入"采购发票","采购发票"是否结算,结算后的"采购发票"是否付款,都需要录入退货单。

采购退货业务处理流程如图10-9所示。

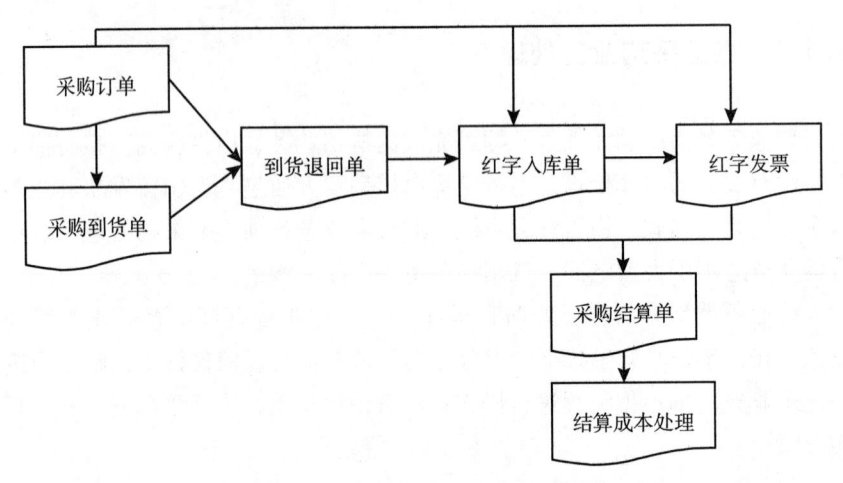

图10-9 采购退货业务的处理流程

采购退货的结算可以分为三种情况:

(1) 结算前全额退货:即已录入采购入库单,但未进行采购结算,并且全额退货。

业务流程:

①填制一张全额数量的红字采购入库单;

②把这张红字采购入库单与原入库单进行结算,冲抵原入库单数据。

采购结算前全额退货处理流程如图10-10所示。

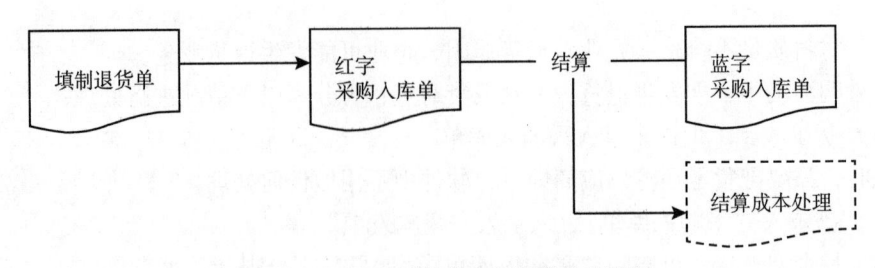

图10-10 采购结算前全额退货处理流程

（2）结算前部分退货：即已录采购入库单但未进行采购结算，并且部分退货。业务流程：

①填制一张部分数量的红字采购入库单。
②填制一张对应的采购发票，其中发票上的数量＝原入库单数量－红字入库单数量。
③把这张红字入库单与原入库单、采购发票进行结算，冲抵原入库单数据。

采购结算前部分退货处理流程如图10-11所示。

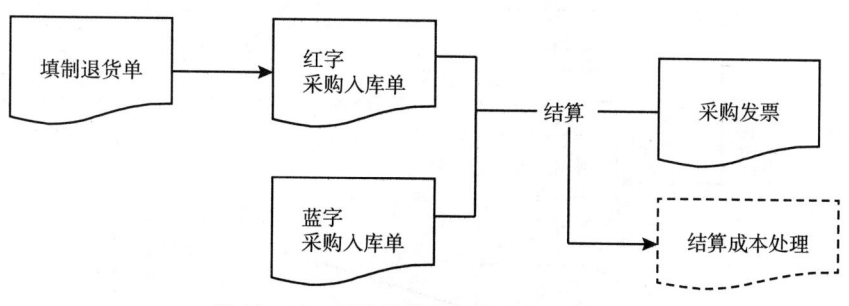

图10-11 采购结算前部分退货处理流程

（3）结算后退货：即已录入采购入库单、采购发票，并且已进行了采购结算。业务流程：

①填制一张红字采购入库单，再填制一张红字发票。
②把这张退货单与红字发票进行结算，冲抵原入库单数据。

采购结算后退货处理流程如图10-12所示。

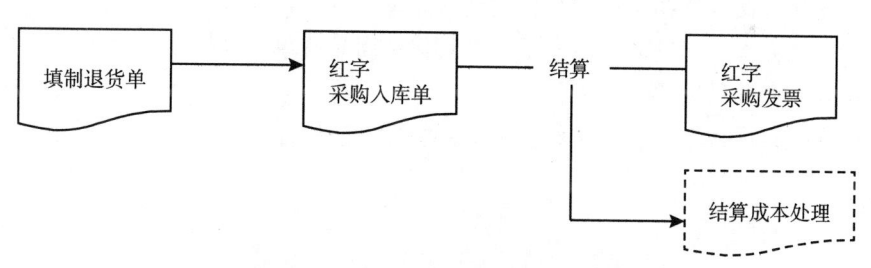

图10-12 采购结算后退货处理流程

10.4.5 受托代销业务处理

受托代销业务是一种先销售后结算的采购模式。指商业企业接受其他企业的委托，为其代销商品，代销商品售出后，本企业与委托方进行结算，开具正式的销售发票，商品的所有权实现转移。

只有在建账时选择企业类型为"商业"，才能处理受托代销业务。对于受托代销商品，必须在存货档案中将"是否受托代销"复选框选中，并且把存货属性设置为"外购""销售"。受托代销业务流程如图 10-13 所示。

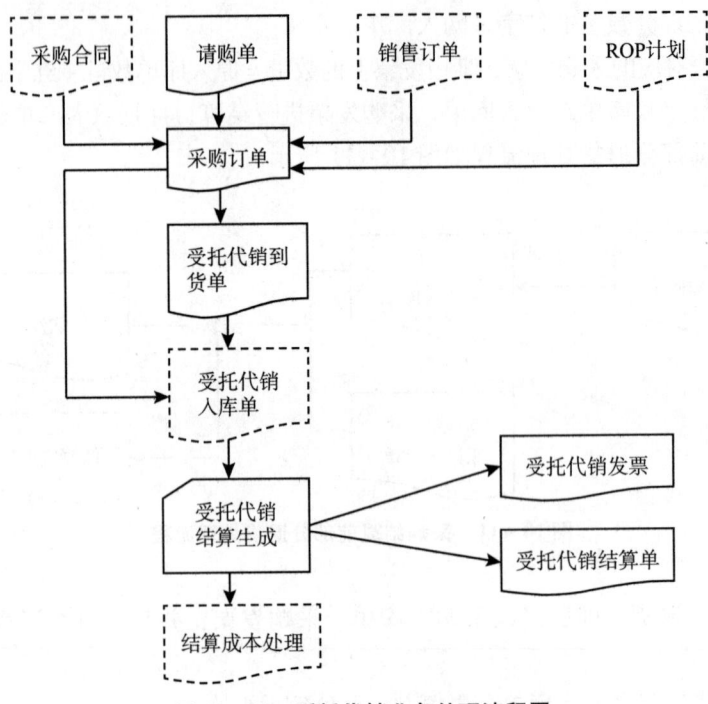

图 10-13 受托代销业务处理流程图

根据业务流程图，委托代销业务主要有以下几个环节：
（1）受托方接收货物，填制受托代销入库单。
（2）受托方售出代销商品后，手工开具代销商品清单交委托方。
（3）委托方开具发票。
（4）受托方进行"委托代销结算"，计算机自动生成"受托代销发票"和"受托代销结算单"。

10.5 采购账表查询

此功能可以查询我的账表、统计表、采购账簿和采购分析。

1. 统计表

采购业务相关的统计表具体包括：到货明细表、采购明细表、入库明细表、结算单列表、未完成业务明细表、受托结算单列表、费用明细表、增值税抵扣明细表、采购综合统计表、采购计划综合统计表等。

2. 采购账簿

采购账簿包括在途货物余额表、暂估入库余额表、代销商品余额表等。

3. 采购分析

采购分析表包括采购成本分析、供应商价格对比分析、采购类型结构分析、采购资金比重分析、采购费用分析、采购货龄综合分析等。

10.6 月末结账

月末结账是将当月的单据数据封存，结账后不允许再对该会计期间的采购单据进行增加、修改和删除处理，即不能再做当前会计月的业务，只能做下个会计月的日常业务。

与其他系统集成使用时，月末结账存在一定顺序性。根据数据传递关系，只有对采购管理系统进行月末结账后，才能进行库存管理、存货核算和应收款管理的月末处理。

实验十　采购管理

【实验目的】
(1) 掌握用友财务软件中有关采购管理系统的功能结构相关内容。
(2) 掌握企业日常采购业务处理的方法。
(3) 理解采购管理与其他系统之间的数据传递关系。

【实验内容】
(1) 普通采购业务。
(2) 采购现结业务。
(3) 采购运费处理。
(4) 采购退货业务。
(5) 月底暂估业务。
(6) 采购账表查询。
(7) 月末结账。

【业务流程】

1. 普通采购业务流程

单货同行采购业务流程如图 10-14 所示。

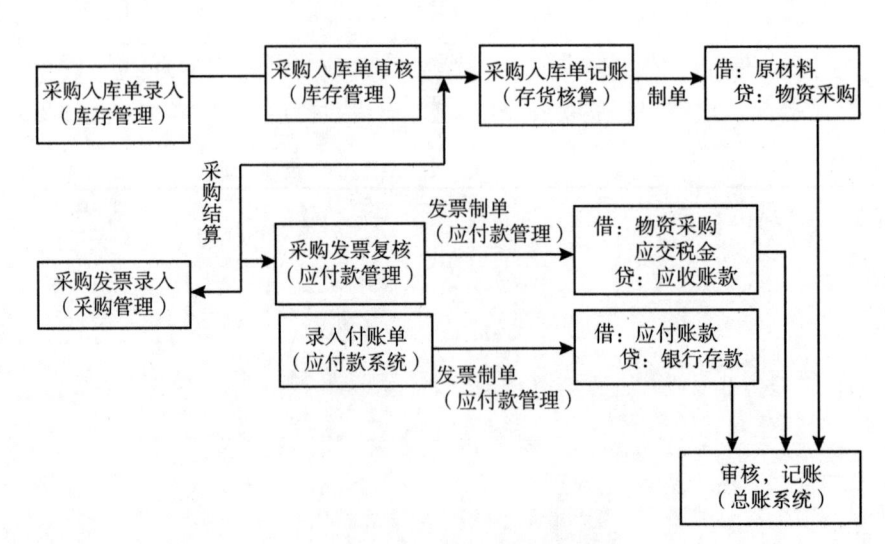

图 10-14　单货同行采购业务流程

2. 暂估业务处理流程

暂估业务处理流程如图 10 – 15 所示。

当月，货到票未到：

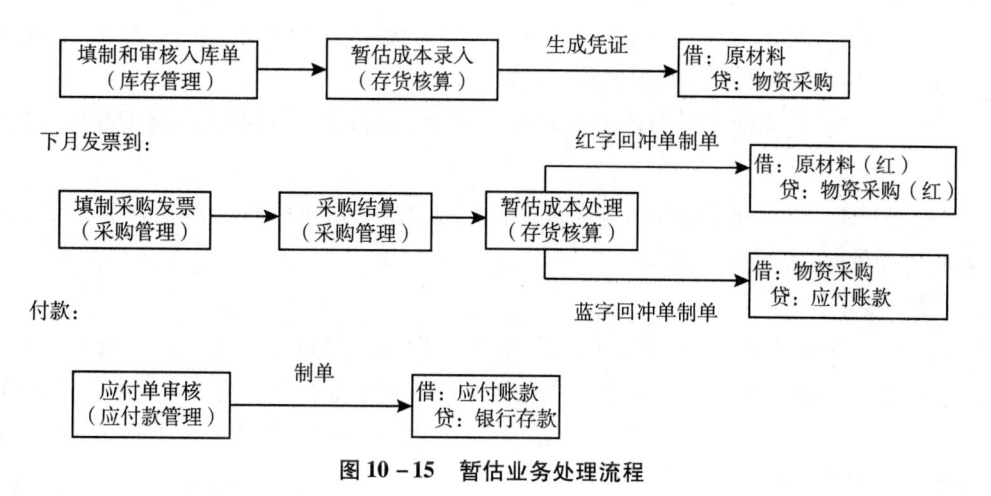

填制和审核入库单（库存管理）→ 暂估成本录入（存货核算）→ 生成凭证 → 借：原材料　贷：物资采购

下月发票到：

填制采购发票（采购管理）→ 采购结算（采购管理）→ 暂估成本处理（存货核算）

红字回冲单制单 → 借：原材料（红）　贷：物资采购（红）

蓝字回冲单制单 → 借：物资采购　贷：应付账款

付款：

应付单审核（应付款管理）→ 制单 → 借：应付账款　贷：银行存款

图 10 – 15　暂估业务处理流程

3. 采购现结业务流程

采购现结业务流程如图 10 – 16 所示。

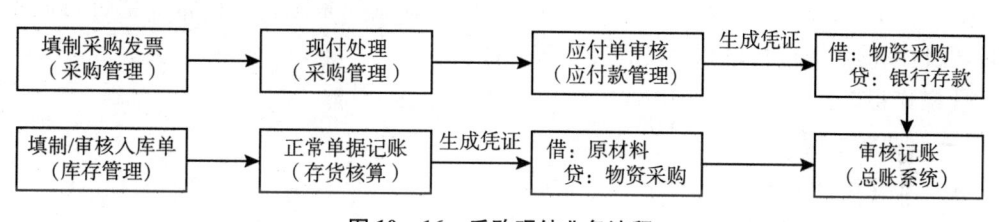

填制采购发票（采购管理）→ 现付处理（采购管理）→ 应付单审核（应付款管理）→ 生成凭证 → 借：物资采购　贷：银行存款

填制/审核入库单（库存管理）→ 正常单据记账（存货核算）→ 生成凭证 → 借：原材料　贷：物资采购 → 审核记账（总账系统）

图 10 – 16　采购现结业务流程

【实验准备】

引入"实验九"账套数据。

【实验资料】

2019 年 12 月份采购业务如下：

（1）5 日，向北京市华丰电子元器件厂订货一批，货物为长城天鹤套装，数量为 50 套，单价为 9659 元，预计到货日期为本月 8 日。

（2）8 日，收到北京市华丰电子元器件厂提供的长城 17 英寸显示器，计 30 台，商品已验收入硬件库，并收到增值税专用发票一张，票号为 AS8751，单价 2200 元，总金额 77220 元，已用转账支票（支票号：2356）支付，银行账号：8316587962。

（3）10 日，收到沈铝提供的上月已验收入库的 XJ5501 的专用采购发票，票号为 48210，发票单价为 5060 元；同时收到运费发票一张，票号为 8201，金额为 5000 元，

289

税率为9%，货款均未付（注：运费需分摊至采购成本中）。

（4）12日收到向北京工具厂所订的财会之窗光盘，入库数量为100张，已验收入配套用品库。同时，收到专用发票一张，票号为AS8806，单价80元。立即用转账支票（票号为1803）付款，银行账号为8316587962。

（5）20日，将23日收到的北京工具厂提供的财会之窗光盘20张退货，单价80元，红字发票号为H2521，结算金额为1872元。

（6）22日，收到沈阳胜利提供的1730张福星高照光盘，验收入配套用品库，发票上月已到。

（7）31日，收到北京市华丰电子元器件厂提供的长城天禧P4，数量为20台，商品已验收入硬件库，未收到发票。

【实验要求】

对每一笔采购业务，都严格按照该类型业务操作流程进行操作，基本顺序如下：

（1）以"刘梦"的身份、业务日期进入采购管理系统，对该笔采购业务进行处理。

（2）以"刘梦"的身份、业务日期进入库存管理系统，对该笔采购业务所生成的入库单进行审核。

（3）以"刘梦"的身份、业务日期进入存货核算系统，对该笔采购业务所生成的入库单进行记账，对上月收到的货物当月进行采购结算的入库单进行暂估处理：生成入库凭证。

（4）以"李红"的身份、业务日期进入应付款管理系统，对销售发票进行制单，对涉及付款的业务进行付款处理，并生成凭证。

【操作指导】

一、业务处理

（一）采购业务1

业务类型：采购订货业务。

在采购管理系统中填制并审核采购订单。

（1）执行"业务—供应链—采购管理—业务—订货—采购订单"命令，进入"采购订单"窗口。

（2）单击"增加"按钮，输入日期"2019-12-05"，选择采购类型"其他材料采购"，供货单位"北京华丰"。税率13%。

（3）选择存货编号为"5001 长城天鹤"，输入数量为"50"套、原币单价"9659"、计划到货日期"2019-12-08"。

（4）单击"保存"按钮。弹出"将按表头税率统一表体税率"的对话框，单击"是"，单击"审核"按钮，订单底部显示审核人名字。

（5）单击"退出"按钮，退出"采购订单"窗口。

提示：

● 在填制采购订单时，单击鼠标右键可查看存货现存量。

- 如果在存货档案中设置了最高进价，那么当采购订单中货物的进价高于最高进价时，系统会自动报警。
- 系统自动生成"订单编号"，可以手工修改，订单编号不能重复。
- 如果企业要按部门或业务员进行考核，必须输入相关"部门"和"业务员"信息。
- 采购订单保存后，可在"采购订单列表"中查询。
- 采购订单审核后，可在"订单执行统计表"中查询。
- 若要取消采购订单审核，单击"采购订单"，找到需要取消审核的订单，单击"弃审"按钮。

（二）采购业务 2

业务类型：普通采购业务。

业务特征：单货同行业务，资金结算赊购。

1. 在库存管理系统中录入采购入库单

（1）执行"业务—供应链—库存管理—日常业务—入库—采购入库单"命令，进入"采购入库单"窗口。

（2）单击"增加"按钮，输入日期"2019-12-08"，选择仓库为"硬件库"，采购类型为"其他材料采购"，供货单位为"北京华丰"，入库类别"采购入库"。

（3）选择存货编码为"5003 长城显示器"，输入数量"30"、单价"2200"。

（4）单击"保存"按钮后点击"审核"按钮。

2. 在采购管理系统中根据采购入库单生成采购发票

（1）执行"业务—供应链—采购管理—业务—发票—专用采购发票"命令，打开"专用采购发票"窗口。

（2）单击"增加"按钮，输入发票号为"AS8751"，输入开票日期为"2019-12-08"。

（3）右击选择"拷贝采购入库单"，单击"过滤"，在"生单选单列表"中找到对应的入库单0000000003，双击"选择"栏，出现"√"标志，单击工具栏"确定"按钮。

（4）单击"保存"按钮，退出。

3. 在采购管理系统中进行采购结算

（1）执行"业务—供应链—采购管理—业务—采购结算—自动结算"命令，打开"自动结算"对话框。

（2）输入结算范围（默认），单击"确认"按钮。

（3）系统显示自动结算进度，并显示"结算成功"。

提示：

- 结算结果可以在"结算单列表"中查询。
- 结算完成后，在"手工结算"窗口，将看不到已结算的入库单和发票。

- 由于某种原因需要修改或删除入库单、采购发票时，需先取消采购结算。
- 由于结算日期自动选择注册日期，且不可修改。结算日期最好与发票日期一致。

4. 在存货管理系统对采购入库单记账并生成凭证

（1）执行"存货核算—业务核算—正常单据记账"，单击"确认"按钮后，进入正常单据记账窗口，点击工具栏"全选"按钮，点击"记账"按钮。

（2）执行"存货核算—财务核算—生成凭证"命令，单击工具栏"选择"按钮，弹出"查询条件"对话框，选中"采购入库单"复选框，单击"确认"按钮，进入"未生成凭证单据一览表"窗口。

（3）单击工具栏的"全选"按钮，单击工具栏中的"确定"按钮，再单击"生成"按钮。

（4）修改确认对方科目。

5. 应付单据审核

（1）以"李红"的身份重新注册企业门户。

（2）执行"业务—财务会计—应付款管理—日常处理—应付单据处理—应付单据审核"命令，弹出"单据过滤条件"对话框，单击"确认"，进入"应付单据列表"窗口。

（3）单击"全选"按钮，然后点击工具栏"审核"按钮，产生本次审核成功信息。单击工具栏"退出"按钮。

6. 在应付款管理系统中对采购发票进行制单

（1）执行"业务—财务会计—应付款管理—日常处理—制单处理"命令，弹出"制单查询"对话框。

（2）选中"发票制单"复选框，单击"确认"按钮，进入"采购发票制单"窗口。

（3）单击"全选"按钮后，再点击"制单"按钮，屏幕上出现根据发票生成的记账凭证，修改制单日期，单击"保存"按钮。

7. 在应付款管理系统中进行付款结算处理和审核，并生成凭证

（1）执行"业务—财务会计—应付款管理—日常处理—付款单据处理—付款单据录入"命令，进入"付款单"窗口。

（2）单击"增加"按钮。

（3）输入日期"2019-12-08"，选择供应商为"北京华丰电子"，选择结算方式为"转账支票"，输入金额"77220"，银行账号"12336936"，票号"2356"。

（4）单击"保存"按钮。

（5）单击"审核"按钮，系统自动签上审核人的姓名。

（6）系统提示"是否立即制单"，单击"是"按钮，生成记账凭证。

（7）确认制单日期，输入现金流量项目，单击"保存"按钮，凭证左上角打上"已生成"标志，表示已传递到总账。

(三）采购业务 3

业务类型：采购运费业务。

业务特征：产品与运费增值税税率不同，两张发票与一张入库单采购结算。

1. 在采购管理系统中根据采购入库单生成采购专用发票

参照业务 2 第 2 步，根据采购入库单（0000000002）生成采购发票（发票号"48210"；单价"5060"）。税率13%。

2. 在采购管理系统中输入运费发票

（1）执行"业务—供应链—采购管理—业务—发票—运费发票"，进入"采购运费发票"窗口。

（2）单击"增加"按钮，输入发票号"8201"，开票日期"2019-12-10"，选择供货单位"沈铝"。

（3）选择存货编码"6001 运输费"，原币金额"5000"，税率"9%"，单击"保存"按钮。

提示：

● 费用发票上的存货必须具有"应税劳务"属性。

3. 在采购管理系统中进行采购结算

本例采用手工结算方式。

（1）执行"业务—供应链—采购管理—业务—采购结算—手工结算"命令，进入"手工结算"窗口。

（2）单击"选单"按钮，打开"结算选单"对话框，单击"查询"按钮，进入"条件输入"窗口，修改过滤日期"2019-11-01～2019-12-31"，单击"确定"按钮。

（3）点击工具栏"刷入"按钮，在"选择"栏处单击，单击"XJ5501"对应栏，出现"Y"标志。

（4）单击"刷票"按钮，单击"XJ5501 和运输费"选择栏，出现"Y"标志，单击"确认"按钮返回。

（5）单击"分摊"按钮，按金额分摊。

（6）单击"结算"按钮，系统提示："完成结算！"。

提示：

● 不管采购入库单上有无单价，采购结算后，其单价都被自动修改为发票上的存货单价。

4. 在存货核算系统中进行暂估处理

采购业务 3 属于上月暂估业务，本月发票已到，需要在存货核算系统中进行暂估处理。

（1）执行"存货核算—业务核算—结算成本处理"命令，打开"暂估结算表"对话框。

（2）单击"材料库"按钮，单击"确认"按钮，进入"暂估结算表"窗口。

（3）单击需要暂估的单据前的"选择"栏，出现"√"标记。

(4) 单击"暂估"按钮,退出。

5. 在存货核算系统中生成回冲凭证及报销凭证

参见采购业务 2 第 4 步中的第 2 项,在存货核算系统中选择"蓝字回冲单(报销)"制单。

6. 应付单据审核

参见采购业务 2 第 5 步。

7. 在应付款管理系统中对采购发票进行制单

参见业务 2 第 6 步,点击工具栏"合并"按钮,点击"制单"按钮,单击"保存"按钮。

(四)采购业务 4

业务类型:采购现结业务。

业务特征:单货同行业务,资金结算立即付款。

1. 在库存管理系统中录入采购入库单

参见采购业务 2 第 1 步。

2. 在采购管理系统中根据采购入库单生成采购发票

参见采购业务 2 第 2 步。

3. 在采购管理系统中进行现付处理

(1) 输入发票保存后,单击工具栏中的"现付"按钮,打开"采购现付"对话框。

(2) 选择结算方式为"转账支票",输入结算金额为"9040(即 8000×1.13)",票据号为"1803"、银行账号为"8316587962"。

(3) 单击"确认"按钮,专用发票左上角打上"已现付"红色标记。

(4) 单击"结算"按钮,显示"已结算"红色标记。

4. 在存货管理系统对采购入库单记账并生成凭证

参见采购业务 2 第 4 步。

5. 应付单据审核

参见采购业务 2 第 5 步,选中"包含已现结发票"复选框。

6. 在应付款管理系统中进行现结制单

参见采购业务 2 第 6 步。弹出"制单查询"对话框时,选中"现结制单"。

(五)采购业务 5

业务类型:采购退货业务。

业务状态:已录入入库单、发票且已结算已付款。

(1) 在库存管理系统中录入红字入库单。

①执行"业务—供应链—库存管理—日常业务—入库—采购入库单"命令,进入"采购入库单"窗口。

②单击"增加"按钮,选择"红字"单选框。

③输入日期"2019-12-30",选择仓库"配套用品库"、供货单位"北京工具"。

采购类型"其他材料采购",入库类别"采购入库"。

④选择存货"财会之窗",输入数量"-20"、单价"80"。

⑤单击"保存"按钮,"审核"退出。

(2) 在采购管理系统中录入红字发票。

①执行"业务—供应链—采购管理—业务—发票—红字专用采购发票"命令,打开"采购专用发票"窗口。

②单击"增加"按钮,输入发票号"H2521"、日期"2019-12-30",选择供货单位"北京工具"。税率13%。

③在菜单栏选择"生单—入库单"来拷贝入库单的信息。选择财会之窗入库单。

④单击"保存"按钮,单击"结算",退出。

(3) 在存货核算系统中对采购入库单进行记账,生成凭证。

(4) 应付单据审核。

(5) 应付款系统中对采购红字发票进行制单。

(6) 在应付款系统中进行收款结算

①执行"应付款管理—日常处理—付款单据处理—付款单据录入"。

②点工具栏"切换"按钮,再单击"增加"按钮。

③输入日期"2019-12-30",结算方式"转账支票",金额"1808",单击工具栏"保存"按钮。

④单击工具栏"审核"按钮。弹出"是否立即制单"窗口,单击"是",现金流量项目为"购买商品、提供劳务支付的现金"。

提示:

● 如选项中参数设置业务发生时立即制单,则系统会弹出如上对话框自动制单。如未设置,则需以下操作手动制单。

(1) 执行"应付款管理—日常处理—制单处理"命令,在制单查询对话框中选择"收付款单制单",单击"确认"按钮。

(2) 单击"全选"后再单击"制单",选择现金流量项目"购买商品、提供劳务支付的现金"。

(六) 采购业务6

业务类型:期初在途业务,货物已到。

1. 在库存管理系统中根据采购发票生成采购入库单

参见采购业务2第1步。单价为50元,保存后单击"审核"按钮。

2. 在采购管理系统中进行采购结算

参见采购业务3第3步。选择"福星高照"入库单和发票。修改起始日期为2019-11-01。

3. 在存货核算系统中对采购入库单记账、生成凭证

参见业务2第4步。

（七）采购业务7

业务类型：暂估入库业务（货到票未到）。

1. 在采购管理系统中填制暂估入库单

（1）执行"业务—供应链—库存管理—日常业务—入库—采购入库单"命令，进入"采购入库单"窗口。

（2）单击"增加"按钮，输入日期"2019-12-31"，选择仓库为"硬件库"，供货单位为"北京华丰"，采购类型为"其他材料采购"，入库类型"采购入库"。

（3）选择存货编码为"5002　长城天禧"，输入数量为"20"。

（4）单击"保存"按钮。

（5）单击工具栏"审核"按钮，系统自动签上审核人的姓名。

2. 在存货核算系统中输入采购入库单的暂估单价

如果月末，该笔业务的发票仍然未到，需要在存货核算系统中暂估入库成本，以便记入材料明细账。

（1）执行"存货核算—业务核算—暂估成本录入"命令，在此界面上选择"包括已有暂估金额的单据"复选框，点击"确认"，进入"采购入库成本成批录入"对话框，单击"单价"栏，输入存货的暂估单价"9599"。

（2）单击"保存"按钮。

3. 在存货核算系统中对采购入库单进行记账

（1）执行"存货核算—业务核算—正常单据记账"命令，打开"正常单据记账"对话框，单击"确认"按钮。

（2）选择所要记账的单据，出现"√"标记，单击工具栏中的"记账"按钮。

（3）系统开始进行单据记账，记账完成后，单据不再显示。

4. 在存货核算系统中生成入库凭证

（1）执行"存货核算—财务核算—生成凭证"命令，打开"请选择要查询的单据类型"对话框。

（2）单击工具栏"选择"按钮，弹出"查询条件"对话框，选中"采购入库单（暂估记账）"和"红字回冲单"复选框，单击"确认"按钮，进入"未生成凭证单据一览表"窗口。

（3）单击工具栏的"全选"按钮，单击工具栏中的"确定"按钮，再单击"生成"按钮。

（4）修改确认对方科目（参见表9-16）。

（5）修改制单日期，单击工具栏中的"保存"按钮，凭证左上角显示"已生成"红字标记，表示已将凭证传递到总账系统。

提示：

● 本例采用的是月初回冲方式，月初，系统自动生成"红字回冲单"，自动记入存货明细账，回冲上月的暂估业务。

二、数据查询

数据查询包括单据查询和账表管理。

三、月末结账

结账处理：

(1) 执行"采购管理—业务—月末结账"命令，打开"月末处理"对话框。

(2) 单击"选择标记"栏，出现"Y"标记。

(3) 单击"下一步"按钮，单击"确定"按钮。

(4) 单击"退出"按钮。

提示：

● 若应付款系统或库存管理系统或存货核算系统结账，采购系统不能取消结账。

● 如单击"结账"，弹出"请确认本年度是否有业务已经全部完成但还未关闭的订单"，单击"是"，关闭订单之后，返回结账窗口，单击"结账"（见图10-17）。

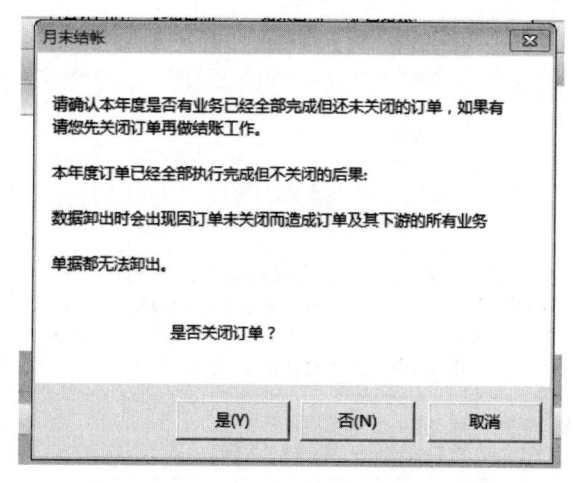

图10-17 采购月末结账有未关闭订单界面

四、实验参考答案

采购日常业务处理生成凭证如表10-1所示。

表10-1　　　　　　　　采购日常业务处理生成凭证一览　　　　　　　　单位：元

业务号	日期	摘要	会计科目	借方金额	贷方金额	来源
期初	12-01	红字回冲单	原材料——其他原材料 材料采购——其他材料采购	193180	193180	存货核算
	12-01	红字回冲单	原材料——生产用原材料 材料成本差异 材料采购——生产用材料采购	100000 1000	101000	存货核算

续表

业务号	日期	摘要	会计科目	借方金额	贷方金额	来源
1	12-05	不生成凭证				
2	12-08	采购入库单	原材料——其他原材料 材料采购——其他材料采购	66000	66000	存货核算
	12-08	专用发票	材料采购——其他材料采购 应交税金——应交增值税——进项税额 应付账款	66000 8580	74580	应付款
	12-08	核销	应付账款 银行存款——建行存款	74580	74580	应付款
3	12-10	蓝字回冲单	原材料——生产用原材料 材料成本差异 材料采购——生产用材料采购	100000 5850	105850	存货核算
	12-10	运费发票	材料采购——生产用材料采购 应交税金——应交增值说——进项税额 应付账款	105850 13506	119356	应付款
4	12-12	采购入库单	原材料——其他原材料 材料采购——其他材料采购	8000	8000	存货核算
	12-12	采购现付	材料采购——其他材料采购 应交税金——应交增值说——进项税额 银行存款——建行存款	8000 1040	9040	应付款
5	12-20	采购入库单（红字）	原材料——其他原材料 材料采购——其他材料采购	1600	1600	存货核算
	12-20	专用发票（红字）	材料采购——其他材料采购 应交税金——应交增值说——进项税额 应付账款	1600 208	1808	应付款
	12-20	收款单（红字）	应付账款 银行存款——建行存款	1808	1808	应付款
6	12-22	采购入库单	原材料——其他原材料 材料采购——其他材料采购	86500	86500	存货核算
7	12-31	采购入库单	原材料——其他原材料 应付账款	191980	191980	存货核算

复 习 题

一、单选题

1. 与采购管理有关系的业务系统为（   ）。
   A. 销售管理系统   B. 工资管理系统
   C. 固定资产管理系统   D. 应付款管理系统

2. 采购入库单的录入直接通过（   ）系统中进行。
   A. 采购管理   B. 销售管理   C. 库存管理   D. 存货核算

3. 采购管理子系统与其他子系统的关系，下列说法不正确的是（   ）。
   A. 采购管理中录入的采购入库单，可以在库存管理中审核确认，以证明入库单上的货物已经入库
   B. 采购管理中录入的采购入库单，需要在"库存管理"中记账，以确认存货的入库成本，并生成入库凭证
   C. 采购管理中录入的采购发票，在进行采购结算处理后，自动传递到应付款管理，以记载应付款明细账
   D. 在应付款管理子系统完成付款处理和编制记账凭证的同时，回写采购发票有关付款制单的信息

4. 采购管理系统录入期初余额后需要执行（   ）操作，否则无法开始日常业务处理。
   A. 采购期初记账   B. 采购入库单审核
   C. 库存期初结存审核   D. 存货期初记账

5. 采购管理系统期初数据中货到票未到的暂估入库业务，需要调用（   ）单据进行录入。
   A. 期初采购入库单   B. 期初采购发票
   C. 期初发货单   D. 采购入库单

6. 采购管理系统期初数据中票到货未到的在途业务，需要调用（   ）单据进行录入。
   A. 期初采购入库单   B. 期初采购发票
   C. 期初发货单   D. 采购入库单

7. （   ）就是手工业务中，采购业务员拿着经主管领导审批过的采购发票和仓库确认的入库单到财务部门，由财务人员确定采购成本。信息系统下是针对采购入库单，根据发票确定采购成本。

A. 采购请购　　　B. 采购订货　　　C. 采购入库　　　D. 采购结算

二、多选题

1. 在采购管理日常采购入库业务的处理中，对于货到票未到（暂估入库）业务，系统提供的处理方法有（　　）。

　　A. 月初回冲　　　B. 单到回冲　　　C. 单到补差　　　D. 月初补差

2. 根据对供应商往来款项核算和管理的程度不同，对供应商往来款项的核算，系统提供了（　　）应用方案。

　　A. 在总账子系统中核算并管理供应商往来款项

　　B. 在应付款管理子系统中核算并管理供应商往来款项

　　C. 在应收款管理子系统中核算并管理供应商往来款项

　　D. 在采购管理子系统中核算并管理供应商往来款项

3. 采购管理系统录入的期初数据包括（　　）。

　　A. 期初货到票未到的暂估入库存货　　B. 期初票到货未到的在途存货

　　C. 期初已发出未结算的委托代销存货　　D. 期初已发出未开票的存货

4. 在采购管理子系统日常业务处理中，对于采购入库业务的处理，如果是单货同行业务，在采购管理子系统中，需要做的工作有以下哪几步（注意顺序）？（　　）

　　A. 录入采购入库单　　　　　　　B. 录入采购发票

　　C. 进行采购结算　　　　　　　　D. 审核采购入库单

5. 采购与应付系统输入的主要单据有（　　）。

　　A. 收款单　　　B. 采购发票　　　C. 付款单　　　D. 产品入库单

6. 在采购与应付子系统中，以下说法正确的有（　　）。

　　A. 采购入库单可以由采购订单复制生成

　　B. 采购发票可以由采购订单复制生成

　　C. 采购发票也可以由采购入库单复制生成

　　D. 采购订单也可以由采购发票生成

三、判断题

1. 采购入库单可以由采购发票或采购订单生成。（　　）

2. 采购入库单、销售出库单只能在存货管理系统中录入。（　　）

3. 审核后的往来票据可以直接修改。（　　）

4. 采购管理系统如果没有期初数据，可以不执行采购期初记账。（　　）

5. 采购管理系统如果不执行期初记账，库存管理系统和存货核算系统不能记账。（　　）

6. 取消采购结算的操作就是在采购结算单列表中删除该笔结算单。（　　）

7. 采购发票和采购入库单只有进行采购结算后才能分别在应付款管理系统和存货核算系统中进行账务处理。（　　）

8. 不管采购入库单上有无单价，采购结算后，其单价都被自动修改为发票上的存

货单价。（   ）

四、简答题

1. 简要叙述采购入库单货同行业务处理流程。
2. 简要叙述采购系统中货到票未到（暂估入库）业务月末三种不同的处理方法。
3. 请简述采购退货业务处理流程。
4. 采购业务和采购存货管理业务的记账凭证是如何自动生成的？

第 11 章 销售管理子系统

销售是生产者向客户提供商品及劳务并实现其价值的过程，销售环节是企业会计信息系统的重要构成部分。本章从分析销售管理的业务流程入手，阐述了销售管理系统与其他系统的关系、销售管理系统内部的结构以及销售管理中业务的处理流程、账务处理等相关的内容。

11.1 销售管理子系统概述

销售是组织实现发展和盈利的关键过程之一，也是企业生产经营活动的最后一个重要环节，企业通过出售产品、商品或提供劳务获得生产经营成果、实现企业的价值。销售一般包括三方面内容：一方面是销售商品和服务；另一方面还要按照相应的价格收取商品和服务的款项；第三方面是顾客的退货或退款。企业通过取得产品销售收入主要来实现以下目标：(1) 取得的收入在弥补成本的同时能增加利润。(2) 利用各种销售手段吸引客户，以增加销售额或加速货款的回笼。(3) 帮助客户选择能满足其需要的商品和服务。(4) 准确、恰当地确定产品的价格并保证质量。因此销售管理是企业会计工作的重要内容，同时，在市场经济条件下，企业只有以销售为龙头灵活组织生产才能有强大的生命力。因此通过对企业销售数据的科学分析，为企业经营管理者提供可靠、合理的决策依据也是企业管理的重要方面。

销售业绩的好坏直接关系到企业的发展和存亡。销售业务的处理实时性要求很高，在市场经济条件下，建立一个销售业务处理、核算一体的，能够完成事前、事中、事后管理，集销售业务处理、计划、核算、监督、分析功能于一身的系统，以完成销售业务的处理和管理十分必要。销售管理系统就是以此为目的而建立的一个会计信息子系统。

针对不同类型企业的特点，完成销售管理目的的系统有不同的构成方式。对于商业企业，由于商品的采购、保管和销售是一个联系紧密的有机整体。为了业务处理和核算的方便，通常将购销存业务处理、核算和管理功能集成在一个子系统中，形成商业购销存子系统。由于在商业企业中，商品的采购和销售都普遍采用延期付款或分期付款的方式进行结算，所以由此产生的应付和应收账款的处理也在这个系统中完成。对于工业企业，由于企业的经济活动中存在着生产环节，对于产成品需要进行复杂的成本核算工作。工业企业的购销存之间无论是业务处理还是数据的联系都比较松散，购销存业务一般需要相对独立地进行处理。因此，对于工业企业，往往将每一环节作为一个独立的子系统进行设计。各子系统可以独立运行也可以集成运行，使系统的组合更加灵活。本章将主要针对工业企业的销售管理系统作为研究对象进行分析。

11.1.1 功能结构简介

不同类型的企业销售活动不完全相同，对应的会计核算也有差异。比较典型的两类企业是工业企业和商业企业，本章主要以工业企业销售内容为主，对商业企业的不同之处将给予简单介绍。销售管理子系统的主要功能有：

1. 系统初始设置

销售系统的初始设置主要包括设置销售管理系统业务处理所需要的各种业务选项、基础档案信息及销售期初数据。除了收发类别销售类型、费用项目、信用审批人、期初数据发货单录入和期初委托供销发货单录入在本章介绍外，其他基础信息设置内容分别见本书第 3 章和第 8 章。

2. 销售业务处理

销售业务处理主要处理销售报价、销售订货、销售发货、销售开票、销售调拨、销售退回、发货折扣、委托代销、零售业务等，并根据审核后的发票或发货单自动生成销售出库单，处理随同货物销售所发生的各种代垫费用，以及在货物销售过程中发生的各种销售支出。

3. 销售账簿及销售分析

销售管理系统可以提供各种销售明细账、销售明细表及各种统计表。销售管理系统还提供各种销售分析及综合查询统计分析。

销售管理系统的功能结构如图 11–1 所示。

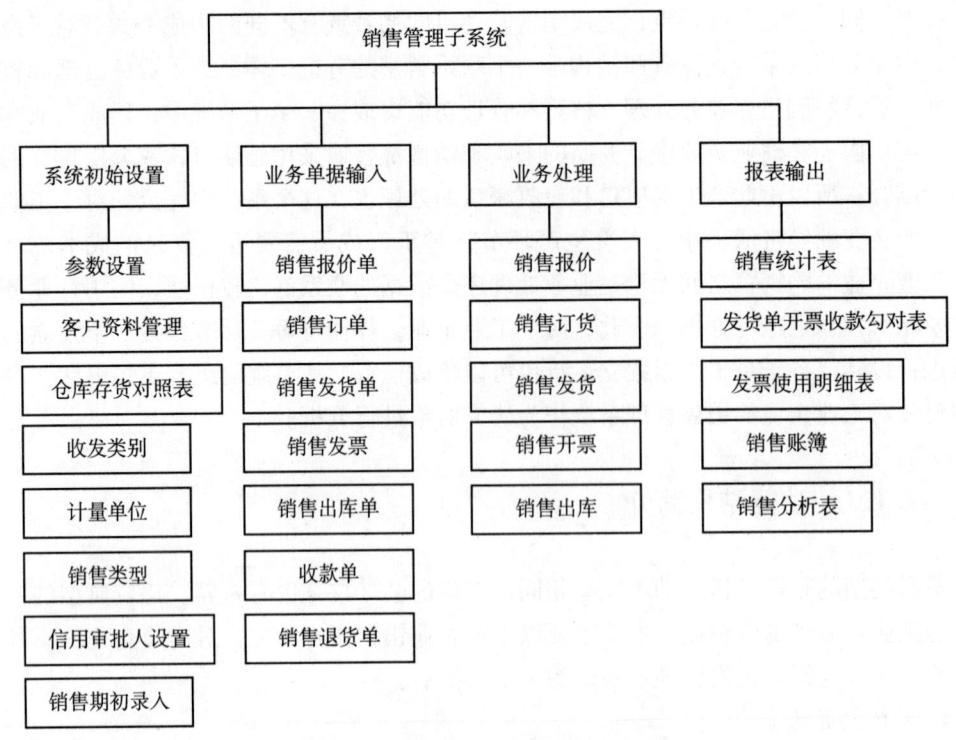

图 11-1 销售管理子系统功能结构

11.1.2 销售管理子系统与其他系统的关系

销售管理系统既可以单独使用，也可以与其他系统如库存管理、存货核算、采购管理、应收款管理系统集成使用。销售管理系统与其他子系统的主要关系如图 11-2 所示。

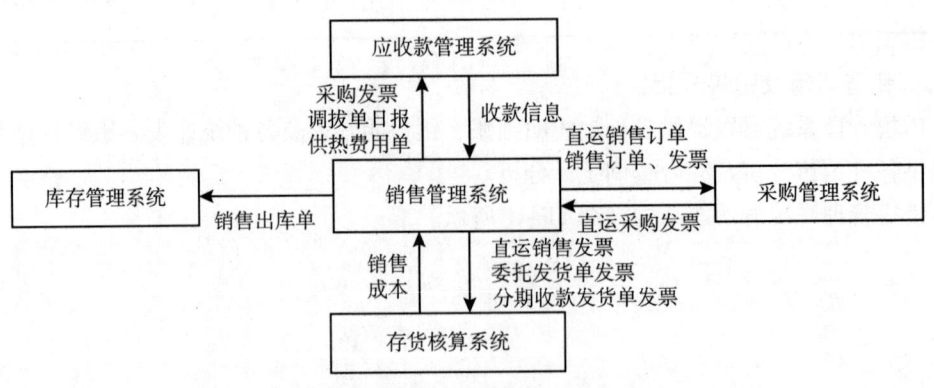

图 11-2 销售管理子系统与其他子系统的关系

销售管理子系统主要与应收款管理、采购管理、库存管理、存货核算等系统存在数据传递关系。

1. 销售管理子系统与应收款管理子系统

销售发票、销售调拨单、零售日报、代垫费用单在销售管理系统中录入后，在应收款管理系统中审核登记应收款明细账，进行制单生成凭证，应收款管理系统进行收款并核销相应应收单据后回写收款核销信息。

2. 销售管理子系统与采购管理子系统

采购管理系统可以参照销售管理系统的销售订单生成采购订单。在直运业务必有订单模式下，直运采购订单必须参照直运销售订单生成，直运采购发票必须参照直运采购订单生成；如果直运业务非必有订单，则直运采购发票和直运销售发票可以相互参照。

3. 销售管理子系统与库存管理子系统

根据选项"销售生成销售出库单"设置，销售出库单既可以在销售管理系统中生成并传递到库存管理系统审核，也可以在库存管理系统中参照销售管理系统的单据生成销售出库单。库存管理系统为销售管理系统提供可用于销售的存货可用量。

4. 销售管理子系统与存货核算子系统

直运销售发票、委托代销发货单发票、分期收款发货单发票在存货核算系统中登记存货明细账，并进行制单生成凭证。存货核算系统为采购管理系统提供销售成本。

11.1.3 销售管理子系统业务流程

销售管理系统通常与应收款管理系统集成使用，因此销售管理系统的业务流程须结合应收款管理系统统一说明。二者共同反映物流和资金流两条主线，如何保证这两条主线相联系，是这个系统的关键。

企业的销售活动一般是从与客户签订合同开始的。合同签订后根据合同收取定金或预收款然后由计划部门安排生产，待规定交货期按合同结算并开出提货单供客户提货；或者按合同金额收款并开出收款凭证和提货单。如果是采用延期付款方式进行的销售则需用户开具商业票据或记录客户的有关信息及合同付款期以备日后进行结算。在进行业务处理的同时根据有关单据登记产品销售收入、销售成本、销售费用、销售税金及附加和应收账款等明细账。必要时根据销售记录编制销售收入汇总表、销售费用汇总表、销售税金及附加汇总表和应收账款账龄分析表等。销售管理系统的业务流程如图 11-3 所示。

图 11-3 销售管理子系统业务处理流程

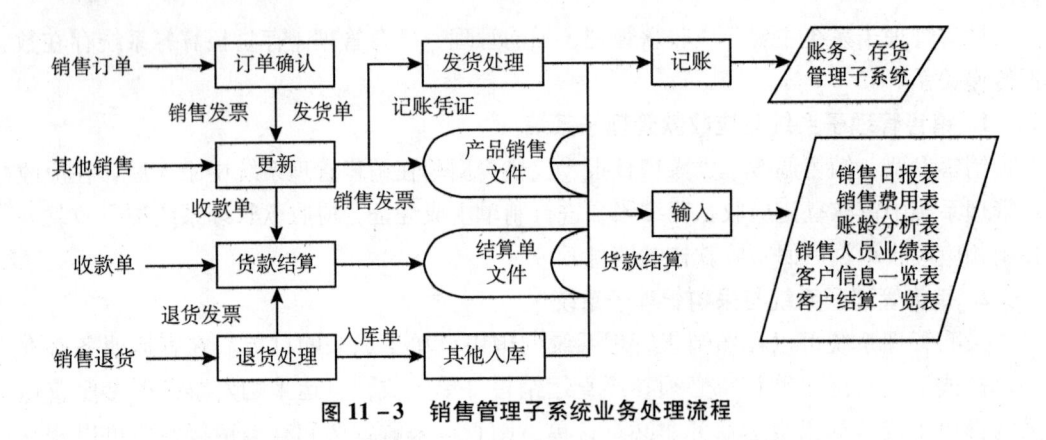

11.2 销售管理子系统内部结构分析

11.2.1 销售管理子系统的数据流程

销售管理系统与其他子系统一样，接受的输入数据有两类：

第一类是反映各种业务发生的业务数据，包括：销售订单、销售出库单、销售发票、收款单等。销售订单输入后，直接存入"销售订单"文件；销售出库单、销售发票和收款单输入后，首先存入各自的临时文件，待审核确认后，在分别存入各自正式的文件中，目的是保证业务数据的安全可靠。临时文件中的销售发票与收款单数据经审核确认后更新应收款文件。

第二类是基础数据，包括：客户、人员、部门、结算方式、存货、税率等基础信息，这类数据输入后，直接存入各种基础信息文件。

待数据输入后，销售管理系统会对各种文件进行相应的数据处理，此处结合应收款管理系统统一说明）：

第一，销售系统对销售订单、销售出库单、销售发票、收款单和应收账款文件中的数据进行各种比较和统计分析处理后，输出满足用户需要的各种统计报表。

第二，销售出库文件和销售发票文件的数据要传递到存货管理子系统。

第三，销售系统依据销售库单、销售发票和收款单的文件中数据生成记账凭证文件，然后传递到总账系统。

销售管理子系统的数据流程如图 11-4 所示。

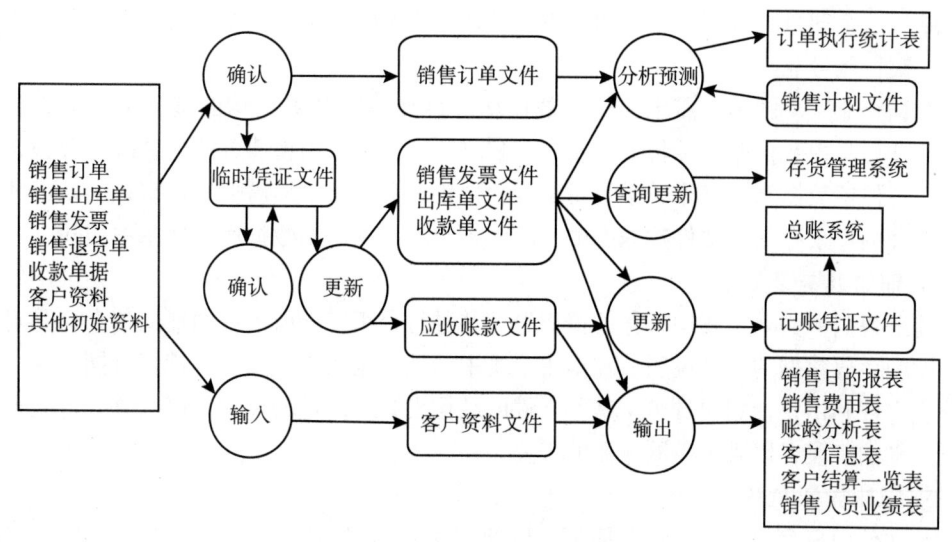

图 11-4 销售管理子系统数据流程

11.2.2 销售管理子系统的数据文件

此处销售系统仍以集成应收款管理系统的情形来统一说明，销售管理系统主要存放的数据文件有三类。它们是：存放销售及结算业务数据的销售文件和应收账款主文件；存放管理和分析辅助信息的销售合同文件、客户资料文件和销售计划文件；存放解决核算需要的记账凭证文件。除此之外，还有一些存放价格政策、结算方式、交易方式、付款条件和税率等基础设置的数据文件。这些数据文件的作用和结构可分析说明如下：

1. 主数据库文件

销售出库单文件、销售发票文件、收款单文件、应收账款文件是销售系统与应收系统的几个最基础的数据库文件。

（1）销售出库单文件。通常包括以下内容：出库单号、出库日期、出库类型、客户编码、销售部门、销售业务员、仓库编码、仓库管理员、存货编码、出库数量、单价、金额、批号、失效日期。

（2）销售发票文件。该文件用来存放每一笔销售业务的详细数据，有关销售的统计分析数据一般均可由这个文件中的数据加工而成。这个数据文件通常包括如下内容：产品代码、销售日期、合同号、发票号、客户单位代码、销售部门、销售人员、销售方式、结算方式、销售单价、销售数量、总金额、销售费用、税率、应税金额、代垫费用、付款条件。

（3）应收账款和收款单文件。应收账款文件用来存放与每一客户结算的金额数据，可能是应收账款，也可能是预收账款，通常包括如下内容：客户单位代码、金额、余额、方向。

收款单文件用来存放每一次与客户进行结算的详细情况，该文件通常包括如下内容：

客户单位、合同号、合同收款日期、收款日期、原始收款单号、结算科目、币种、实收金额、银行账号。

根据企业用户的不同需求,这些数据库文件允许在基本结构的基础上增加必要字段。另外,与主数据库文件相关的有一个临时凭证文件。销售业务的处理既涉及钱也涉及物,为保证数据真实可靠,系统对发生的销售业务有关单据需要经过审核确认后才能作为正式的记录存入主文件数据库中,因此,它的结构与主数据库文件基本相同。

2. 辅助数据库文件

辅助数据库文件主要用来存放销售管理和进行分析统计所需要的辅助信息,是对主数据库中存放数据的一种说明。在销售系统中辅助数据库文件主要有销售合同文件、客户资料文件和销售计划文件等。这些文件的结构设置可以比较灵活,可设置允许企业用户自定义的字段,以满足不同企业的需要。

3. 记账凭证文件

此文件用来存放生成的记账凭证,以便传送到总账系统进行相应的账务处理使用。该数据库文件与总账系统的文件内容要保持结构相同。记账凭证文件是由销售系统根据销售业务处理有关单据自动生成的,对这些文件记录只能读取而不能修改。

4. 其他数据文件

该文件主要存放价格政策、结算方式、销售方式、付款条件和税率等基础设置的数据文件。这些数据文件存放的内容与数据处理的设计密切相关,因此这些数据文件从结构到数据库记录都是预先设计好的,供企业用户可以在初始设置时选择。为了使销售系统更具通用性和灵活性,这些数据文件中的某些内容如税率可以允许用企业户进行修改。

11.3 销售管理子系统初始化

销售管理系统初始化是指,在系统处理本企业的销售业务前准备一个适宜的运行环境,需要进行系统参数设置、输入有关企业基础资料和有关分类数据。并且,在企业的经济业务处理发生变化时,能够对已有的这些设置进行修改调整以适应这种变化。销售管理系统初始化包括设置销售管理系统业务处理所需要的销售选项、基础档案信息及销售期初数据。

相关内容在第 9 章基于供应链系统的公共信息与各子系统特有信息曾做大致讲述。本节为体现销售管理子系统的完整性和初始设置资料与销售业务的前后连贯性进一步做详细介绍。

11.3.1 销售参数设置

系统参数也称业务处理控制参数,是指在企业业务处理过程中所使用的各种控制参数，系统参数的设置将决定用户系统的业务流程、业务模式和数据流向。用户在进行参数设置之前，一定要详细了解参数的选项开关对业务处理流程的影响，并结合企业的实际业务需要进行设置。由于有些参数选项在日常业务开始后不能随意更改，用户最好在业务开始前进行全盘考虑，尤其是一些对其他系统有影响的参数选项设置更要考虑清楚。该参数设置将对销售管理的所有操作员和客户端的操作生效，故要慎重设定或修改。

销售管理的系统参数在该系统"销售选项"中设置，包括"业务控制""其他控制""信用控制""可用量控制"选项卡。本章对其中常用的主要参数做如下介绍。

1. 业务控制

（1）是否有零售日的业务、是否有销售调拨业务、是否有委托代销业务、是否有分期收款业务、是否有直运销售业务：勾选这些选项，表示销售系统将增加对应的菜单项和相关的报表查询功能。

（2）远程应用：该选项为库存管理系统、采购管理系统和销售管理系统共同，即在一个系统中改变设置，在其他两个系统中也同时更改。有远程应用时，可设置远程标识号，执行远程应用功能。

（3）是否有超订量发货控制：勾选该项表示进行控制，即在参照订单生成销售发货单和销售发票时，不能超过订单的数量进行发货，不允许保存数据。

（4）是否销售生成出库单：勾选该项则销售管理系统的销售发货单、销售发票、零售日报和销售调拨单在审核或复核时，自动生成销售出库单，并传递到库存管理系统和存货核算系统，库存管理系统不可修改出库数量，即只能一次发货全部出库。不勾选此项，则库存管理系统的销售出库单须参照上述单据生成，可修改出库数量，即可以一次发货多次出库。

（5）报价是否含税：勾选此项表示单据中的报价栏目中的价格含税，货物的最低售价、委托代销结算单价和委托调整单金额是否含税也取决于这个选项。

（6）普通销售必有订单、委托代销必有订单、分期收款必有订单和直运销售必有计单：如勾选这些选项，则表示这些业务的单据必须参照销售订单生。对于严格控制业务流程的企业，建议勾选，则所有业务都以销售订单为业务起点，没有订单就不能执行后期的业务操作。

2. 其他控制

（1）自动匹配入库单：表示出库跟踪入库的存货发货时，设置发货参照入库单的排列规则、自动指定入库单的排列规则。

（2）新增发货单默认、新增退货单默认、新增发票默认：指新增这些单据时，系统是否自动弹出参照的单据过滤界面。有三种情形，勾选不参照单据，则新增单据时直接手工输入；勾选参照订单生成，则新增单据时弹出订单的过滤界面；勾选参照发货单生成：则新增单据时弹出发货单的过滤界面。

3. 信用控制

信用控制，是进行客户、部门和业务员的信用控制范围的设置，即在处理销售业务时，如果应收账款超出所设置的信用度，则系统会提供报警，信用审批人必须输入密码才可以处理。这里只介绍一个参数。

是否需要信用审批：如选择，则超信用时需要信用审批人进行审批，在审批人权限内，可保存或审核当前单据。

4. 可用量控制

可用量控制包括可用量检查公式、可能量控制公式和超可用量控制，即在处理销售业务时，如果超出可用量则系统会提供报警。这里只介绍一个参数。

是否允许非批次存货超可用量发货：勾选此项，则零（或负）出库控制，允许大于可用量发货。不允许则单据不可保存。

11.3.2 初始档案设置

销售管理系统与前面总账模块和采购管理模块存在共享信息，因此在前两者的基础档案和初始设置信息基础上，销售管理系统还需要补充一些增设的内容。

1. 收发类别

收发类别用来表示存货的出入库类型，收与采购入库业务对应设置，发与销售出库业务相对应设置，以便于对存货的出入库情况进行分类汇总统计。同时，在存货核算系统，也可根据收发类别设置存货对方科目。

2. 采购类型/销售类型

采购销售类型的定义便于按采购、销售类型对业务数据进行统计和分析。

3. 费用项目

销售过程中有很多不同的费用发生，如代垫费用、销售支出等，在系统中将其设置为费用项目后便于记录和统计。

4. 信用审批人设置

当客户、部门和业务员的应收账款超出信用额度时，可输入信用审批人的姓名和密码，在该审批人的权限之内，批准当前的超信用单据。当前单据可保存或审核，并在单据上记录信用审批人姓名。客户、部门、业务员的信息额度和信用期限设置分别在客户档案、部门档案和职员档案中预先设置。该设置在"销售管理系统/设置/其他设置"菜单中。

11.3.3 录入销售期初数据

期初数据是启用该系统之前尚未处理完成的数据，录入期数据以保证数据的连贯性。初次使用销售管理系统时，须先录入销售业务的期初数据，如果系统中已有上年数据，在使用结转上年数据后，上年度销售数据会自动结转本年。

销售期初数据包括期初普通销售已经发货、出库但未开票的业务，分期收款和委托代销已经发货尚未结算的业务。

（1）普通销售期初：指普通销售业务中已发货、出库但尚未开票的业务，该数据通过录入期初销售发货单来完成。

（2）分期收款期初：指分期收款销售业务中已发货、未结算的业务，该数据通过录入期初分期收款发货单来完成。

（3）委托代销期初：指委托代销业务中已发货、未结算的业务，该数据通过录入期初委托代销发货单来完成。

11.4 销售管理子系统日常业务处理

销售业务分为普通销售、委托代销、直运销售、分期收款销售、销售调拨、零售以及销售退货业务等。

11.4.1 普通销售业务全流程介绍

普通销售业务模式适用于大多数企业的日常销售业务，与其他系统一起，提供对销售报价、销售订货、销售发货、销售出库、销售开票、销售收款结算、结转销售成本全过程处理。企业也可以根据自身的实际业务，结合本系统对销售流程进行灵活配置。

1. 销售报价

销售报价是企业向客户提供货品、规格、价格、结算方式等信息，双方达成协议后，销售报价单可以转为有效力的销售合同或销售订单。企业可以针对不同客户、不同存货、不同批量提出不同的报价、扣率。在销售业务流程中，销售报价环节可省略。

2. 销售订货

销售订货是指企业与客户签订销售合同，在系统中体现为销售订单。若客户经常采购某产品，或客户是我们的经销商，则销售部门无须经过报价环节即可输入销售订单。如果前面已有对客户的报价，也可以参照报价单生成销售订单。在销售业务流程中，销售订货环节也可省略。

销售订单可参照销售报价单生成，并且已审核的销售订单可以参照生成销售发货单或销售发票。

3. 销售发货

销售发货是企业执行与客户签订的销售合同或销售订单，将货物发往客户的行为，是销售业务的执行阶段。除了根据销售订单发货外，销售管理系统也有直接发货的功能，即无须事先录入销售订单随时可以将产品发给客户。在销售业务流程中，销售发货环节是必须处理的环节。

普通销售支持两种业务模式：第一种，先发货后开票模式。该模式中发货单由销售部门根据销售订单填制或手工输入，客户通过发货单取得货物所有权。发货单审核后，可以生成销售发票和销售出库单。第二种，开票直接发货模式。该模式中发货单由销售发票自动生成，发货单只做浏览，不能进行修改、删除、弃审等操作，但可以关闭、打开；销售出库单根据自动生成的发货单生成。

销售发货单可参照销售订单生成，需要说明的是，实务工作中有很多灵活处理方法。参照订单发货时，一张订单可以多次发货，多张订单也可以合并参照一次发货。如果允许"超订量发货控制"，还可以超销售订单的数量进行发货。

4. 销售开票

销售开票是在销售过程中企业给客户开具销售发票及其所附清单的过程，它是销售收入确定、销售成本计算、应交销售税金确定和应收账款确定的依据，是销售业务的必要环节。

销售发票既可以直接填制，也可以参照销售订单或销售发货单生成。参照发货单开票时，多张发货单可以汇总开票，一张发货单也可拆单生成多张销售发票。

5. 销售出库

销售出库是销售业务处理的必要环节。在库存管理系统用于存货出库数量核算，在存货核算系统用于存货出库成本核算（如果存货核算销售成本的核算选择依据销售出库单）。

根据参数设置的不同，销售出库单可在销售系统生成；也可以在库存系统生成。如果由销售管理系统生成出库单，只能一次销售全部出库；而由库存管理系统生成销售出库单，可实现一次销售分次出库。

6. 出库成本确定

销售出库（开票）之后，要进行出库成本的确定。对于先进先出、后进先出、移动平均、个别计价这四种计价方式的存货在存货核算系统进行单据记账时进行出库成本核算；而全月平均、计划价/售价法计价的存货在期末处理时进行出库成本核算。

7. 应收账款确定及收款处理

及时进行应收账款确定及收款处理是财务核算工作的基本要求，由应收款管理系统完成。应收款管理系统主要完成对经营业务转入的应收款项的处理，提供各项应收款项的相关信息，以明确应收账款款项来源，有效掌握收款核销情况，提供适时的催款依据，提高资金周转率。

11.4.2 普通销售业务处理

普通销售支持两种业务模式，即先发货后开票业务模式和开票直接发货业务模式。不同的业务类型相应的处理方式有所不同。

1. 先发货后开票模式

先发货后开票模式下，先填制或生成销售发货单，则销售发票可参照销售发货单生成。当销售管理、库存管理、存货核算、应收款管理、总账集成使用时，该销售业务处理流程如图 11-5 所示，此处省略了销售报价可选流程。

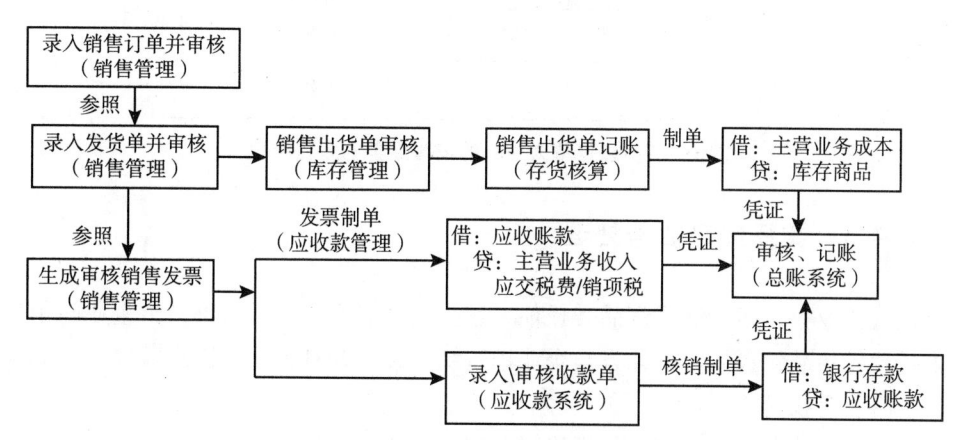

图 11-5 先发货后开票模式的销售业务流程图

2. 开票直接发货模式

开票直接发货模式下，先填制或生成销售发票，则系统会根据销售发票自动生成销售发货单。该销售业务处理流程如图 11-6 所示，此处省略了销售报价、销售订货可选流程。

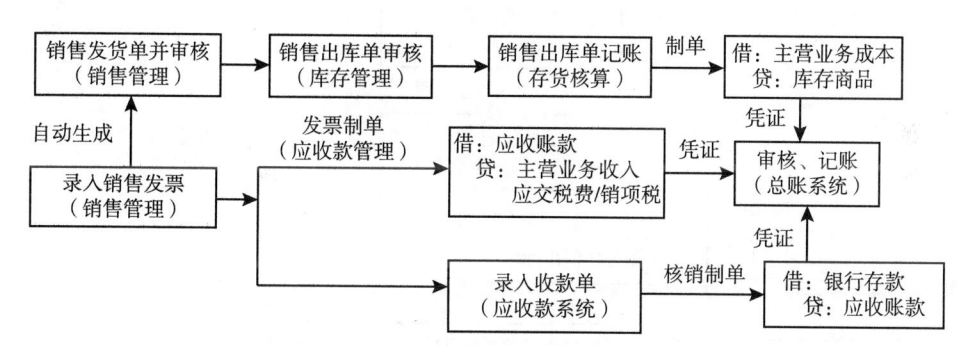

图 11-6 开票直接发货模式的销售业务流程

3. 以订单为中心的销售业务

销售订单是反映由购销双方确定的客户购货需求的单据，它可以是企业销售合同中关于货物的明细内容，也可以是一种订货的口头协议。以订单为中心的销售业务是标准、规范的销售管理模式，订单是整个销售业务的核心。整个业务流程的执行都回写到销售订单，通过销售订单可以跟踪销售的整个业务流程。如图 11-7 所示，该图只保留了参照生成单据部分，其他流程部分同前两种模式。

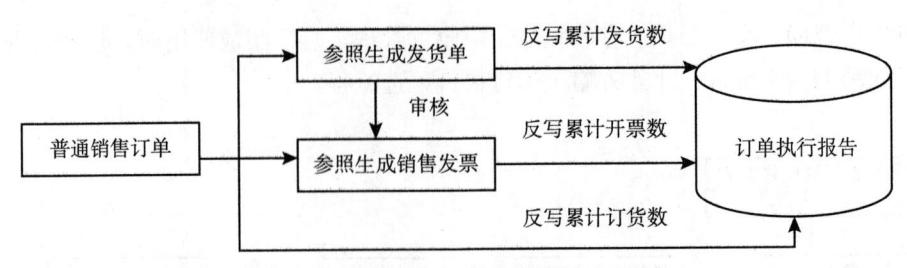

图11-7 以订单为中心的销售业务的处理流程

11.4.3 委托代销业务处理

委托代销业务,指企业将商品委托他人进行销售但商品所有权仍归本企业的销售方式,委托代销商品销售后,受托方与企业进行结算,并开具正式的销售发票,形成销售收入,商品所有权转移。

委托代销的业务处理及单据处理流程如图11-8所示。

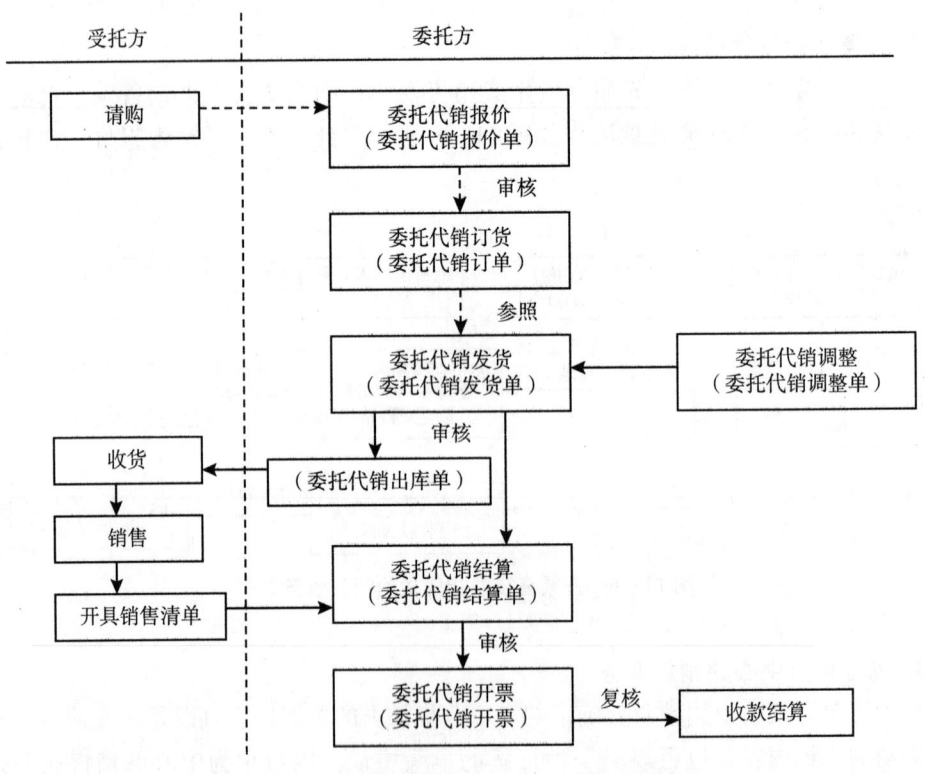

图11-8 委托代销的业务处理及单据处理流程

如果企业存在委托代销业务,需要分别在销售管理系统和库存管理系统中进行参数设置。勾选中委托代销业务参数后,才能显示委托代销业务菜单以及委托代销业务类型,才能在账表查询中增加委托代销账表,方能处理相关委托代销业务。除此之外,存货核算系统的存货科目还需设置相应的委托代销相关科目，则委托代销业务类型生成凭证时才会自动带出委托代销科目。

11.4.4 直运销售业务处理

直运业务是指产品无须入库即可完成的购销业务，由供应商直接将商品发给企业的客户；结算时，由购销双方分别与企业结算，企业赚取购销间差价。直运业务示意如图 11-9 所示。

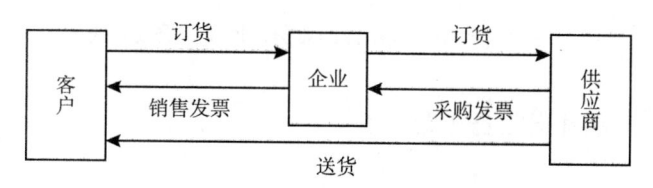

图 11-9 直运业务参与方示意图

直运业务包括直运销售业务和直运采购业务。直运业务没有实物的出入库，货物流向是直接从供应商到客户，财务结算通过直运销售发票、直运采购发票解决。直运业务适用于大型电器、汽车、设备等产品的销售。

直运销售业务分为两种模式：一种是只开发票不开订单模式，称为普通直运销售业务（非必有订单直运销售）；另一种是先有订单再开发票模式，称为必有订单直运销售。其数据处理流程如图 11-10 所示。该图中只保留了订单与发票的参照生成部门，其他同普通销售业务流程。

无论采用哪种模式，在销售管理系统中都需设置直运业务参数，即勾选直运业务选项。

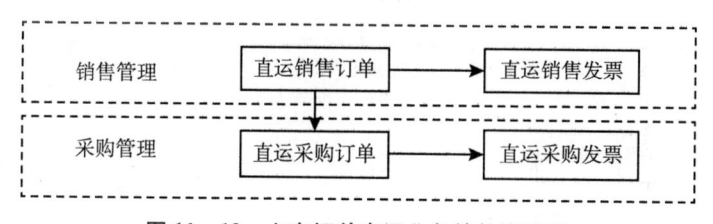

图 11-10 必有订单直运业务的数据流程

11.4.5 分期收款销售业务处理

分期收款销售业务类似于委托代销业务，货物提前发给客户，分期收回货款，收入与成本按照收款情况分期确定。分期收款销售的特点是：一次发货，当时不确定收入，分次确定收入，在确定收入的同时配比性地转成本。

同理，在销售管理系统中进行分期收款销售业务的选项设置，在存货核算系统的存货科目设置分期收款销售业务的核算科目。其业务处理流程及单据处理流程如图 11 – 11 所示。

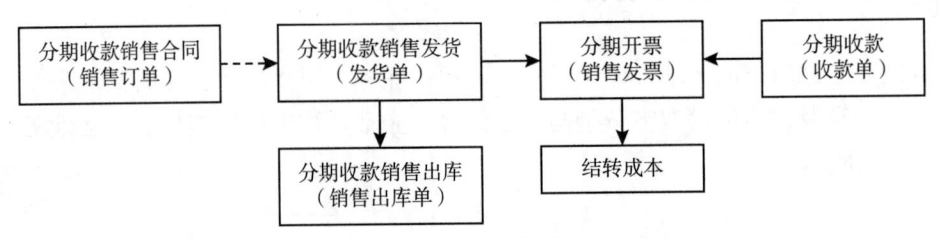

图 11 – 11　分期收款销售的业务处理及单据处理流程

11.4.6　销售调拨业务处理

销售调拨一般是处理集团企业内部有销售结算关系的销售部门或分公司之间的销售业务。销售调拨单是给有销售结算关系的客户（客户实际上是销售部门或分公司）开具的原始销售票据，客户通过销售调拨单取得货物的实物所有权。与销售开票相比，销售调拨业务只记销售收入并不涉及销售税金。调拨业务必须在当地税务机关许可的前提下方可使用，否则处理内部销售调拨业务必须开具发票。销售调拨业务的业务处理流程如图 11 – 12 所示。

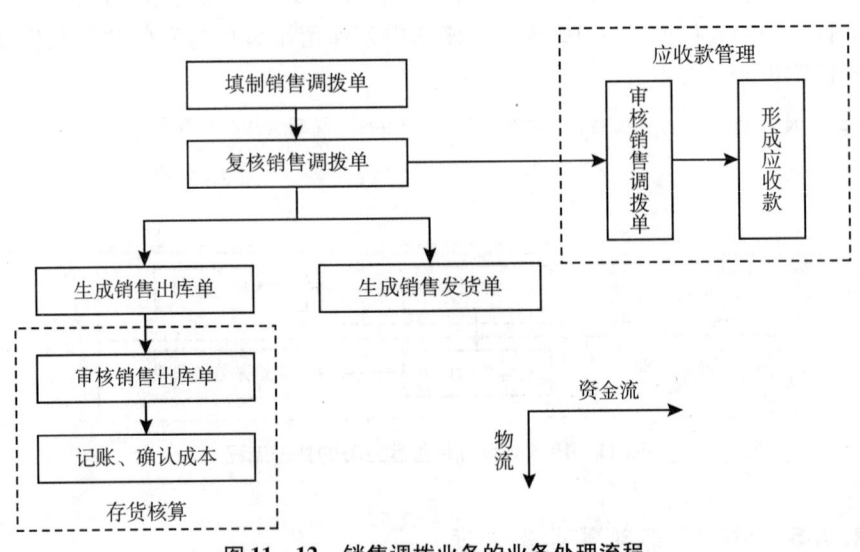

图 11 – 12　销售调拨业务的业务处理流程

11.4.7　零售业务处理

零售业务是处理商业企业将商品销售给零售客户的销售业务，如果用户有零售业务，相应的销售票据是按日汇总数据，然后通过零售日报进行处理。这种业务常见于商场、超市及企业的各零售店。零售业务的业务处理流程如图11-13所示。

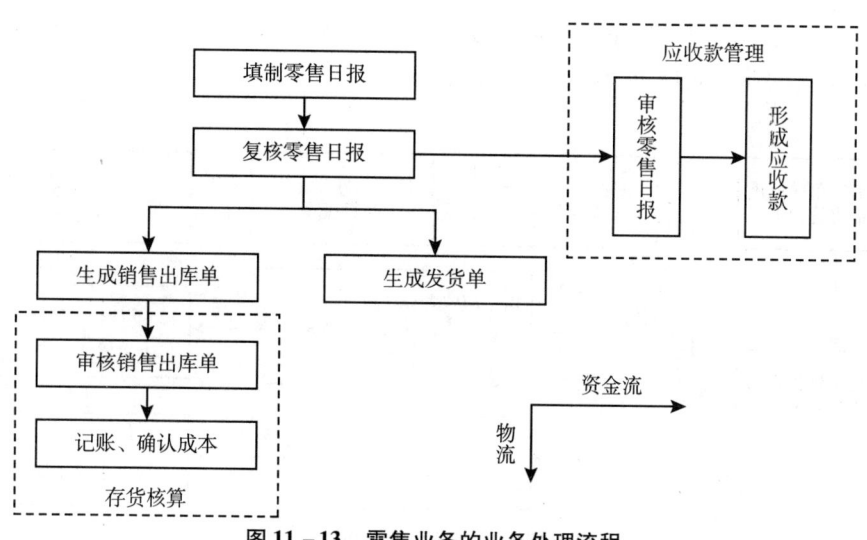

图11-13 零售业务的业务处理流程

11.4.8 代垫费用的处理

代垫费用是指在销售业务中，随货物销售所发生的，如运杂费、保险费等暂时代垫，将来需向对方单位收取的费用项目。代垫费用实际上形成了用户对客户的应收款，代垫费用的收款核销由应收款管理系统来处理，本系统仅对代垫费用的发生情况进行登记。代垫费用的业务处理流程如图11-14所示。

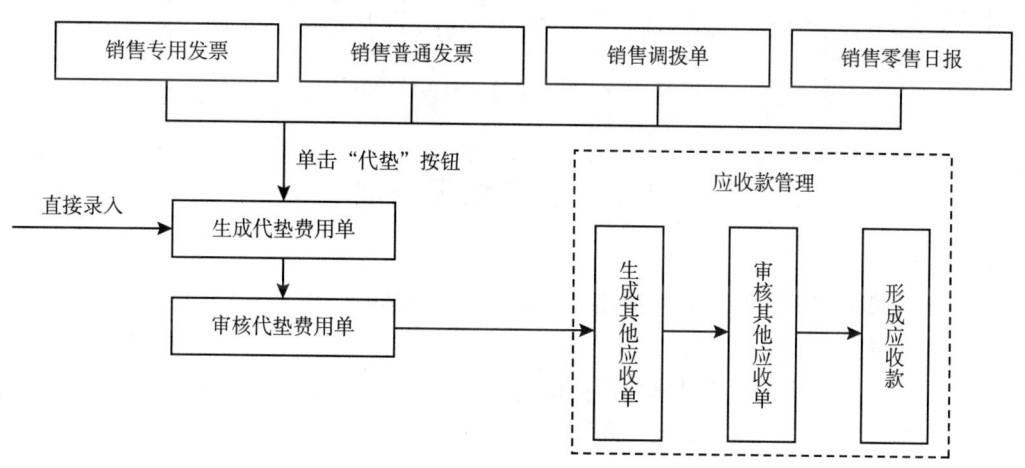

图11-14 代垫费用的业务处理流程

11.4.9 销售退货的处理

销售退货是指客户因质量、品种、数量不符合规定要求而将已购货物退回。

销售退货的业务处理流程如图 11-15 所示。

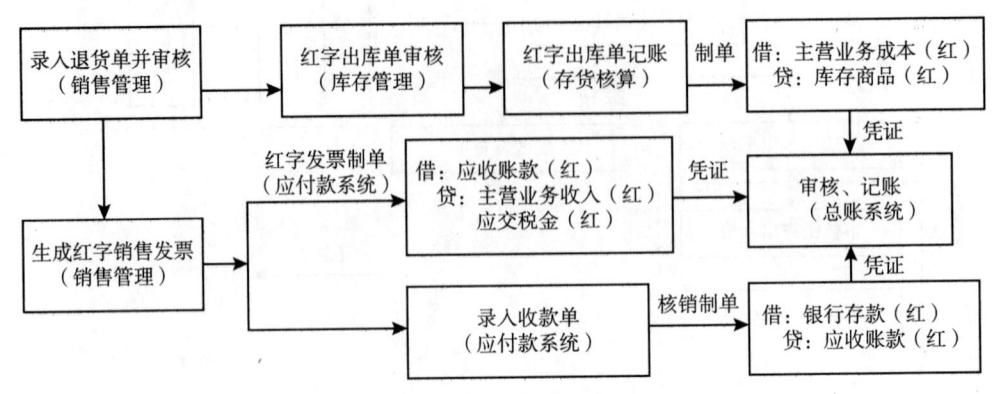

图 11-15 销售退货的业务处理流程

11.4.10 现收业务

现收业务是指在销售货物的同时向客户收取货币资金的行为。在销售发票、销售调拨单和零售日报等销售结算单据中可以直接处理现收业务并结算。现收业务的业务流程如图 11-16 所示。该图只保留了资金流结算部分。

图 11-16 现收业务的业务处理流程

11.5 销售账表查询

此功能可以查询我的账表、统计表、销售账簿和销售分析。

1. 统计表

销售业务相关的统计表具体包括：销售统计表、发货统计表、发货单开票收款勾兑表、销售综合统计表、发票日报、发票使用明细表、进销存统计表等。

2. 销售账簿

销售账簿包括销售收入明细账、销售成本明细账、发货明细表、销售明细表、销售明细账、发货结算勾兑表、委托代销明细账等。

3. 销售分析

销售分析表包括销售增长分析、货物流向分析、销售结构分析、销售毛利分析、市场分析、货龄分析等。

11.6 月末结账

月末结账是将当月的单据数据封存，结账后不允许再对当月的采购单据进行增加、修改和删除处理，即不能再做当前会计月的业务，只能做下个会计月的日常业务。

与其他系统集成使用时，月末结账存在一定顺序性。根据数据传递关系，只有对销售管理系统进行月末结账后，才能进行库存管理、存货核算和应收款管理的月末处理。

实验十一 销售管理

【实验目的】

(1) 掌握用友财务软件中有关销售管理系统的相关内容。

(2) 掌握企业日常销售业务处理方法。

(3) 理解销售管理系统与其他系统之间的数据传递关系。

【实验内容】

(1) 普通销售业务处理。

(2) 商业折扣处理。

(3) 委托代销业务。

(4) 现收业务。

(5) 销售退货业务。

(6) 其他销售业务。

(7) 销售账表查询。

(8) 月末处理。

【业务流程】

1. 普通销售业务流程

销售管理业务流程如图 11-17 所示。

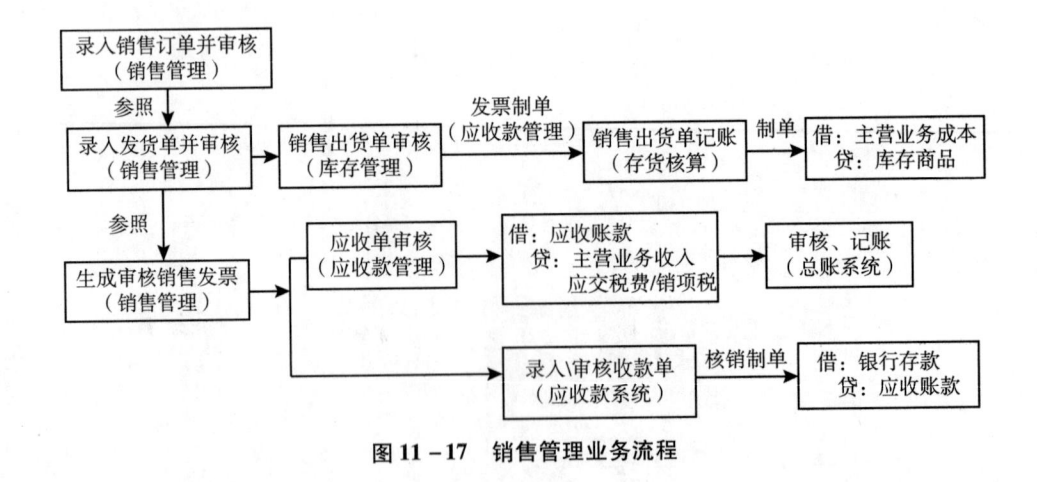

图 11-17 销售管理业务流程

2. 销售退货业务流程

销售退货业务如图 11-18 所示。

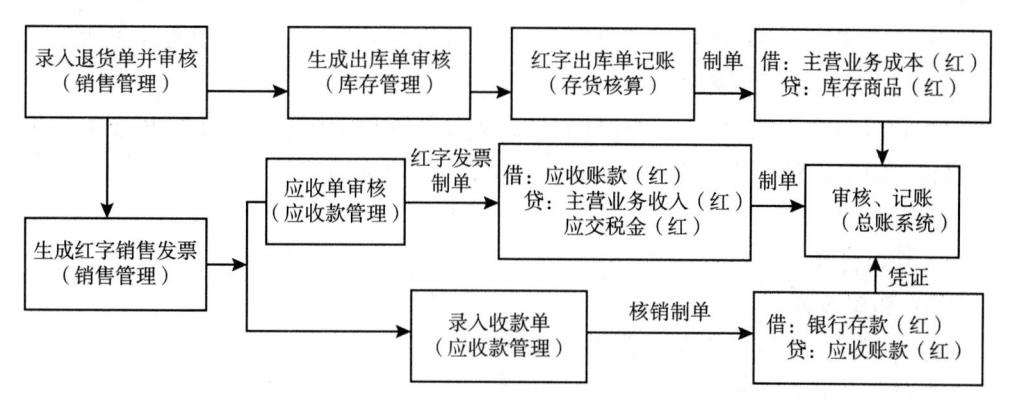

图 11-18 先发货后开票销售业务模式下的退货处理流程

【实验准备】

引入"实验十"账套数据。

【实验资料】

2019 年 12 月份销售日常业务如下：

（1）10 日，销售二科，向北京宏福出售财会之窗光盘，计 1000 张，单位售价为 98 元。由配套用品库发货。给予九折的折扣。同时开具销售普通发票一张，票号为 48701，款未收。

（2）12 日，销售一科，向武汉钢窗厂出售 XJ56，计 100 吨（批次 5903），按参考售价 210 元出售。同时开具销售专用发票一张，票号为 48702。收到 23730（23000 × 1.3）元的转账支票一张，票号 25792，做现结处理。

（3）18 日，销售二科，收到武汉钢窗厂订单一张，订购长城天鹤套装，计 50 套，订购单价 11499 元，预计本月 28 日发货。

（4）18 日，销售二科，从硬件库发出长城天鹤 P4，计 20 套，售价为 9959 元，委托深圳电器批发总公司代为销售，货已发出还未结算。

（5）28 日，销售二科，从硬件库发出长城天鹤套装，计 50 套，售价 11499 元，立即开出专用发票给武汉长江钢窗厂，票号 76504，款未收。代垫运费 3000 元，以转账支票支付，票号 796。

（6）28 日，销售二科，武汉钢窗公司退回长城天鹤套装 1 套，无税单价 11499 元，入硬件库。

（7）29 日，销售二科，从硬件库发出长城显示器，计 20 台，按参考售价出售，委托深圳电器公司代为销售，货已发出还未结算，在销售过程中发生销售包装费 500 元。

【实验要求】

对每一笔销售业务，都严格按照该类型业务操作流程进行操作，基本顺序如下：

（1）以"刘梦"的身份、业务日期进入销售管理系统，对该笔销售业务进行处理。

（2）以"刘梦"的身份、业务日期进入库存管理系统，对该笔销售业务所生成的出库单进行审核。

（3）以"刘梦"的身份、业务日期进入存货核算系统，对该笔销售业务所生成的出库单进行记账，并生成凭证。

（4）以"李红"的身份、业务日期进入应收款管理系统，对该笔销售业务所生成的发票进行制单，对有结算要求的业务进行结算，并生成凭证。

【操作指导】

一、业务处理

（一）销售业务1

业务类型：普通销售业务（商业折扣）。

业务特征：有商业折扣。

1. 在销售管理系统中填制并审核发货单

（1）执行"供应链—销售管理—业务—发货—发货单"命令，进入"发货单"窗口。

（2）单击"增加"按钮，弹出提示"选择订单"窗口，单击"取消"按钮。

（3）输入销售类型"批发"，发货日期"2019-12-10"，客户简称"宏福"，销售部门"销售二科"。

（4）双击存货名称栏，选择"财会之窗"，输入数量"1000"、报价"98"，扣率"90"。

（5）单击"保存"按钮，保存发货单，单击"审核"按钮。

2. 在销售管理系统中根据发货单生成销售发票并复核

（1）执行"供应链—销售管理—业务—开票—销售普通发票"命令，进入"销售普通发票"窗口。

（2）单击"增加"按钮，出现"选择订单"窗口，单击"取消"按钮。进入"销售普通发票"窗口。

（3）点击工具栏"生单—参照发货单"按钮，弹出"选择发货单"窗口。

（4）在客户栏内选择"宏福"，再单击"显示"按钮，点中发货单号为0000000001栏，最后选中存货编码为3001栏，单击"确认"。

（5）修改开票日期"2019-12-10"，发票号为"48701"，单击"保存"按钮。

（6）单击"复核"按钮，单击"退出"按钮。

3. 在库存管理中审核销售出库单

执行"库存—日常业务—出库—销售出库单"，单击"审核"按钮。

4. 存货核算系统中对销售出库单记账并生成凭证

（1）执行"业务核算—正常单据记账"命令，打开"正常单据记账"窗口。

（2）点击"全选"按钮，出现"√"标记，然后单击工具栏中的"记账"按钮，单据不在窗口中显示。退出。

（3）执行"供应链—存货管理—财务核算—生成凭证"命令，打开"查询的条件"窗口。

（4）选择"销售出库单"，单击"确认"按钮，进入"未生成凭证单据一览表"窗口。

（5）单击"全选"，单击"确定"。

（6）单击"生成"按钮，系统显示生成的转账凭证。

（7）修改确认无误后，单击工具栏中的"保存"按钮，凭证左上角显示"已生成"红字标记，表示已将凭证传递到总账系统。

5. 在应收款系统中进行发票审核和制单

（1）执行"应收款管理—日常处理—应收单据处理—应收单据审核"命令，打开"单据过滤条件"窗口。单击"确认"按钮。

（2）进入"应收单据列表"窗口，单击"全选"按钮，再点击"审核"，退出。

（3）执行"应收款管理—日常处理—制单处理"，选择"发票制单"复选框，点击"确认"按钮，进入"发票制单"窗口，单击工具栏中的"全选"按钮，再单击"制单"按钮，屏幕上出现根据发票生成的转账凭证。

（4）修改制单日期，单击"保存"按钮，凭证左上角显示"已生成"红字标记，表示已将凭证传递到总账系统。

（二）销售业务2

业务类型：现结销售业务。

1. 在销售管理系统中填制并审核发货单

操作步骤参见业务1。

2. 在销售管理系统中根据发货单生成销售专用发票并进行现结、复核处理

（1）生成专用发票，操作步骤参见销售业务1。

（2）单击"现结"按钮，弹出"销售现结"窗口，选择结算方式"202"，结算金额"24570"，票据号"25792"，银行账号"710233511415054"。销售专用发票窗口出现"现结"字样。

（3）单击"复核"按钮，退出。

3. 在库存管理中审核销售出库单。

操作步骤参见销售业务1。

提示：

- 应在销售发票审核前进行现结处理；
- "现结"结算时，必须全额结算；
- 销售发票审核后才能在应收款系统中进行"现结"制单；
- 销售发票审核后，其对应的现收单不允许直接修改或删除。

4. 在存货核算系统中对销售出库单记账并生成凭证

操作步骤参见销售业务1。

5. 在应收款管理系统中审核发票并进行现结制单

（1）执行"应收款管理—日常处理—应收单据处理—应收单据审核"命令，打开

"单据过滤条件"窗口，选中"包含已现结发票"复选框。单击"确认"按钮。

（2）进入"应收单据列表"窗口，单击"全选"按钮，再单击"审核"，退出。显示"成功"信息。

（3）执行"应收款管理—日常处理—制单处理"，选择"现结制单"复选框，单击"确认"按钮，进入"现结制单"窗口，单击工具栏中的"全选"按钮，再单击"制单"按钮，屏幕上出现根据发票生成的转账凭证。

（三）销售业务3

业务类型：销售订货业务。

在销售管理系统填制销售订单。

（1）执行"供应链—销售管理—业务—销售订货—销售订单"命令，进入"销售订单"窗口。

（2）单击"增加"按钮，输入日期"2019-12-18"，选择销售类型"批发"，客户名称"武汉钢窗"，销售部门"销售二科"。

（3）选择货物名称为"5001长城天鹤"，输入数量"20"、报价"11499"，输入预计发货日期为"2019-12-28"。

（4）单击"保存"按钮，单击"审核"按钮。

（四）销售业务4

业务类型：委托代销业务。

（1）在销售管理系统填制、审核委托代销发货单。

①执行"供应链—销售管理—业务—委托代销—委托代销发货单"命令，进入"委托代销发货单"窗口。

②单击"增加"按钮，打开"选择订单"对话框，单击"取消"按钮。

③单击"增加"按钮，输入发货日期"2001-12-18"，选择销售类型"代销"，客户名称"深电"，销售部门"销售二科"。

④选择仓库"硬件库"，货物名称"长城天鹤"，输入数量"20"，报价"9959"，单击"保存"按钮，并单击"审核"按钮。

（2）在库存管理中审核销售出库单。

（3）在存货核算系统进行"发出商品核算"，记账处理。执行"存货核算—业务核算—发出商品记账"。

（4）在存货核算中生成凭证。

（五）销售业务5

业务类型：普通销售业务（超存货量发货、代垫运费）。

业务特征：超现存量发货、代垫运费。

执行"销售管理—设置—销售选项"，在销售选项窗口，打开"可用量控制"，选中"允许批次存货超可用量发货"，单击"确定"。

执行"库存管理—初始设置—选项"，在库存选项设置窗口中，打开"预计可用量控制"标签页，选中"允许超预计可用量出库"，单击"确定"。

(1) 在销售管理系统中根据销售订单生成发货单并审核修改数量为"50"，单击"保存"，弹出"存货可用量不足"对话框，单击"确定"。

(2) 在销售管理系统中生成销售专用发票并复核，并进行"代垫"处理。

①操作步骤参见业务1生成销售专用发票。

②点击工具栏"代垫"按钮，进入"代垫费用单"窗口，输入费用项目"运输费"，代垫金额"3000"，存货名称"长城天鹤"，点击"保存"和"审核"按钮。

(3) 在库存管理系统中审核销售出库单。

操作步骤参见销售业务1第3步。

(4) 在存货核算系统中对销售出库单记账并生成凭证。

操作步骤参见销售业务1第4步。

(5) 在应收款管理系统中进行发票审核和制单。

①操作步骤参见销售业务1第5步。选择"发票制单"和"应收单制单"复选框。

②全选后，点击"合并"，然后点击"制单"按钮。出现转账凭证。

③在科目设置中的银行存款科目，现金流量项目为经营活动支付现金中的其他。

（六）销售业务6

业务类型：销售退货业务。

业务状态：先发货后开票。

1. 在销售管理系统中填制并审核退货单

(1) 执行"供应链—销售管理—业务—发货—退货单"命令，进入"退货单"窗口。

(2) 单击"增加"按钮，弹出"选择订货单"对话框。

(3) 单击"请选择客户"参照按钮，选择下拉列表中的"武汉钢窗"选项，窗口上半部显示武汉钢窗已审核发货单列表，在选中的发货单前的空白栏单击，出现"√"标记，同时窗口下半部显示发货单上的所有存货列表，单击"确认"按钮，出现根据所选发货单生成的退货单。

(4) 输入数量"-1"。

(5) 单击"保存"按钮，单击"审核"按钮。

2. 在销售管理系统中增加并复核红字专用发票

(1) 执行"供应链—销售管理—业务—开票—红字专用销售发票"命令，进入"销售专用发票"窗口。

(2) 单击"增加"按钮，弹出"选择订单"对话框，单击取消，再单击"选择发货单"。

(3) 单击"请选择客户"参照按钮，选择下拉列表中的"武汉钢窗"选项，窗口上半部显示武汉钢窗已审核发货单列表，在选中的发货单前的空白栏单击，出现"√"标记，同时窗口下半部显示发货单上的所有存货列表，单击"确认"按钮，出现根据所选发货单生成的退货单。

（4）单击"保存"按钮，单击"复核"按钮。

3. 在库存管理系统中审核销售出库单

操作步骤参见销售业务 1 第 3 步。

4. 在存货核算系统中对销售出库单记账

操作步骤参见销售业务 1 第 4 步。

5. 在应收款系统中进行发票制单

操作步骤参见销售业务 1 第 5 步。录入科目名称"主营业务收入 5501"。

（七）销售业务 7

业务类型：委托代销发货业务。

业务特征：发生销售费用。

1. 在销售管理系统填制、审核委托代销发货单

参考售价 2500 元。

2. 增加销售支出单

（1）执行"供应链—销售管理—费用支出—销售费用支出单"命令，弹出"销售支出单"对话框。

（2）单击"增加"按钮，输入支出日期"2019 - 12 - 29"，选择客户"深电"，销售部门"销售二科"，费用项目"包装费"，支出金额，计 500 元，货物名称"长城显示器"。

（3）单击"保存"按钮。

提示：

● 销售支出单可以单独录入，也可以在销售发票中录入，以便确定销售支出是随同那张发票发生的。

● 若想修改支出单，不能修改他人所填制的销售支出单。

二、账表查询

在销售日常业务处理完毕后，进行销售账表查询。

三、月末结账

1. 结账处理

（1）执行"销售管理—业务—销售月末结账"命令，打开"月末处理"对话框。

（2）单击"月末结账"按钮。

（3）单击"退出"按钮。

2. 取消结账

执行"销售管理—业务—取消结账"命令。

提示：

● 若应收款系统或库存管理系统或存货核算系统已结账，销售系统不能取消结账。

四、实验参考答案

销售日常业务生成凭证如表 11-1 所示。

表 11-1　　　　　　　　　销售日常业务生成凭证一览表

序号	日期	摘要	会计科目	借方金额	贷方金额	来源
1	12-10	销售出库单	主营业务成本 库存商品	80000	80000	存货核算
	12-10	应收账款 普通发票 普通发票	应收账款 主营业务收入 应交税费/增值税/销项税	99666	88200 11466 (即 88200 * 0.13)	应收款
2	12-12	销售出库单	主营业务成本 库存商品	16000	16000	存货核算
	12-12	现结	银行存款/建行存款 主营业务收入 应交税费/应交增值税/销项税额	23730	21000 2730	应收款
3	12-18		不生成凭证			
4	12-18	销售出库单	委托代销商品 原材料/其他原材料	193980	193980	存货核算
5	12-28	销售出库单	主营业务成本 库存商品	484950	484950	存货核算
	12-28	应收账款 专用发票 专用发票	应收账款 主营业务收入 应交税费/增值税/销项税额			应收款
6	12-28	销售出库单	借：主营业务成本 　贷：库存商品	9699（红）	9699（红）	存货核算
	12-28	销售发票	借：应收账款 　贷：主营业务收入 　　　应交税金/增值税/销项税	13453.83	11499 1954.83	应收款
7	12-28	销售出库单	借：主营业务成本 　贷：库存商品	44000	44000	存货核算

复 习 题

一、单选题

1. 与销售管理有关系的业务系统为（　　）。
   A. 采购管理系统　　　　　　　　B. 工资管理系统
   C. 应收款管理系统　　　　　　　D. 应付款管理系统

2. 销售管理系统的期初数据录入不包括（　　）。
   A. 期初已发货出库但未开具销售发票的存货，录入期初发货单
   B. 期初委托代销发货单
   C. 期初分期收款发货单
   D. 期初销售发票

3. 销售管理系统的选项参数如勾选"销售生成出库单"，则销售出库单在（　　）系统中生成。
   A. 采购管理　　　B. 销售管理　　　C. 库存管理　　　D. 存货核算

4. 若想一次销售实现分次出库，则销售出库单需在（　　）系统中生成。
   A. 采购管理　　　B. 销售管理　　　C. 库存管理　　　D. 存货核算

5. 销售发货单在（　　）系统中审核后才视为有效单据。
   A. 采购管理　　　B. 销售管理　　　C. 库存管理　　　D. 存货核算

6. 销售出库单在（　　）系统中审核才成在存货核算系统记账。
   A. 采购管理　　　B. 销售管理　　　C. 库存管理　　　D. 存货核算

二、多选题

1. 普通销售业务模式的销售流程是（　　）。（按顺序）
   A. 销售订货　　B. 销售报价　　C. 销售发货　　D. 销售出库
   E. 销售开票　　F. 销售收款

2. 根据参数设置的不同，销售出库单可以在（　　）系统中生成。
   A. 采购管理　　B. 销售管理　　C. 库存管理　　D. 存货核算

3. 供应链系统中销售业务涉及使用的单据有（　　）。
   A. 销售订单　　B. 销售发货单　　C. 销售出库单　　D. 销售发票
   E. 收款单

4. 在应收款管理系统中，以（　　）等原始单据为依据，记录销售业务及其他业务所形成的往来款项，实现企业与客户业务往来账款的核算与管理。
   A. 销售发票　　B. 采购发票　　C. 费用单　　D. 其他应收单

5. （　　）系统可以自动生成记账凭证。
   A. 采购管理　　　　B. 销售管理　　　　C. 库存管理　　　　D. 存货核算
   F. 应收款管理　　　G. 应付款管理
6. 如果企业存在委托代销业务，需要分别在（　　）系统中进行参数设置，才能处理委托代销业务，查询相应账表。
   A. 采购管理　　　　B. 销售管理　　　　C. 库存管理　　　　D. 存货核算
7. 委托供销结算单审核后，以下正确的是（　　）。
   A. 系统自动生成销售普通发票或销售专用发票
   B. 系统自动生成相应的销售出库单，并传递到库存管理系统
   C. 存货核算系统，执行"发出商品记账"才能对委托代销销售专用发票记账
   D. 存货核算系统，执行"发出商品记账"才能对委托代销销售专用发票记账

三、判断题

1. 对于销售时即已钱货两清的销售业务必须输入收款单，否则将会出现错误。（　　）
2. 销售部门和销售人员的编码一旦设定并使用，应该既不允许删除也不允许修改。（　　）
3. 销售管理系统生成销售出库单，只能一次销售全部出库。（　　）
4. 库存管理系统生成销售出库单，可以实现一次销售分次出库。（　　）
5. 销售发票复核后才能在应收款管理系统中进行"现结"制单。（　　）
6. 直运业务中，直运销售发票参照直运采购发票生成。（　　）

四、简答题

1. 请简述销售退货业务处理流程。
2. 画出销售与应收子系统的数据流程图。
3. 销售业务和销售存货管理业务的记账凭证是如何自动生成的？

第 12 章　库存管理子系统

12.1　库存管理子系统概述

库存管理是供应链管理中的重要环节，与存货管理、采购管理和销售管理构成一个完整的物流供应链条。相较于存货系统，库存管理系统侧重于从数量上管理存货的出库、入库和结存情况。库存系统可以单独应用，也可以与采购模块、销售模块和存货模块集成应用，以便实现更强大的管理效益。

12.1.1　功能结构简介

会计信息系统对于存货管理有两个方面：一方面是从资金流角度上的管理，以货币计量核算存货所占用企业的资金额，如采购增加多少存货价值、销售减少多少存货价值、库存结余多少价值。这部分内容的管理主要由财务部门在存货模块进行核算。另一方面是从物流角度上的管理，以实物单位计量，反映存货的采购数量、销售数量和结存数量。这部分内容主要由仓储部门应用库存管理模块相关功能进行管理。简言之，库存模块侧重于从数量上对存货进行管理，存货模块侧重于从入库、出库及结存成本等方面对存货进行核算。

库存管理子系统的主要功能模块包括以下内容。

1. 系统初始化设置

库存管理系统的初始设置主要内容包括选项参数设置、基础信息设置以及期初数据录入。其中系统应用单位根据不同的管理需要进行不同的参数进行设置；基础信息设置主要包括在供应链初始化部分设置的有关存货的相关内容；库存模块的期初数据录入由于涉及与总账系统进行对账，一般在存货模块录入，库存模块通过"取数"的方式输入期初数据。

2. 日常收发业务处理

库存管理系统的主要功能是对采购管理系统、销售管理系统及库存管理系统填制的各种出入库单据进行审核，并对存货的出入库数量进行管理。除管理采购业务、销售业务形成的入库和出库业务外，还可以处理仓库间的调拨业务、盘点业务、组装拆卸业务、形态转换业务等。

3. 库存控制

库存管理系统支持批次跟踪、保质期管理、委托代销商品管理、不合格品管理、现存量（可用量）管理、安全库存管理，对超储、短缺、呆滞积压、超额领料等情况进行报警。

4. 库存账簿及统计分析

库存管理系统可以提供出入库流水账、库存台账、出入库汇总表、受托代销商品备查簿、委托代销商品备查簿、呆滞积压存货备查簿等供用户查询，同时提供各种统计汇总表。

库存管理子系统功能结构如图 12-1 所示。

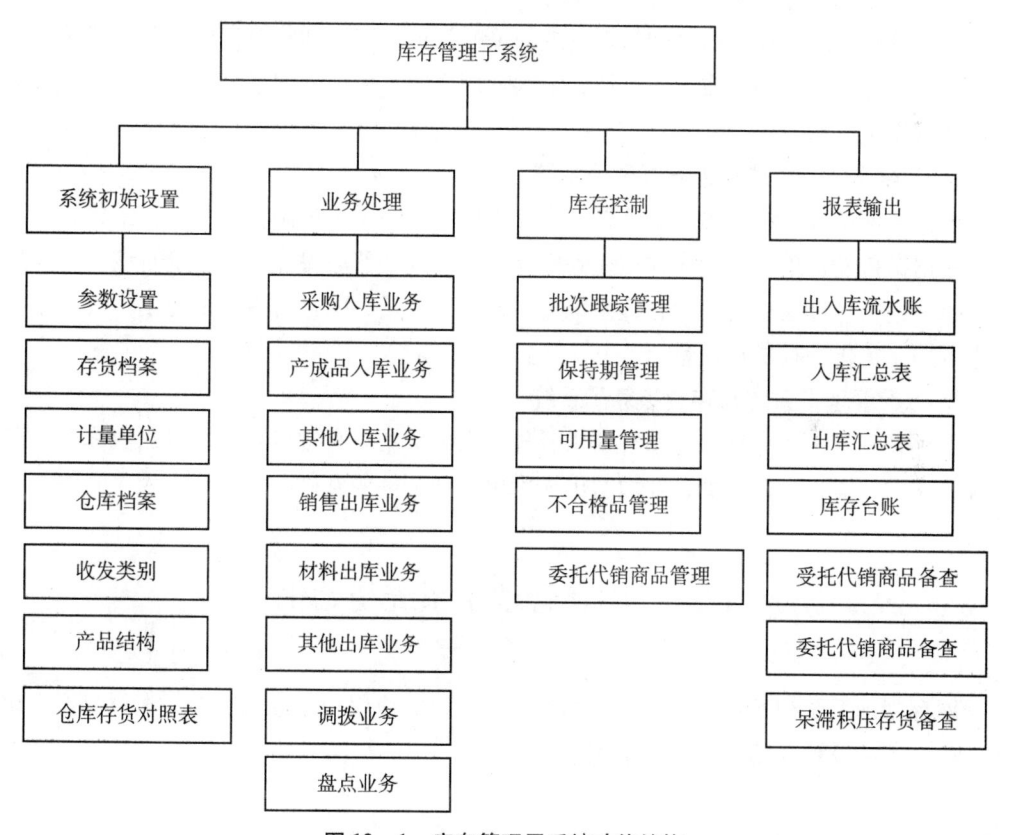

图 12-1 库存管理子系统功能结构

12.1.2 库存管理子系统与其他系统的关系

如前所述，库存管理系统可以单独使用，也可以与销售系统、采购系统和存货系统集成使用。库存系统与其他子系统的主要关系如图 12-2 所示。

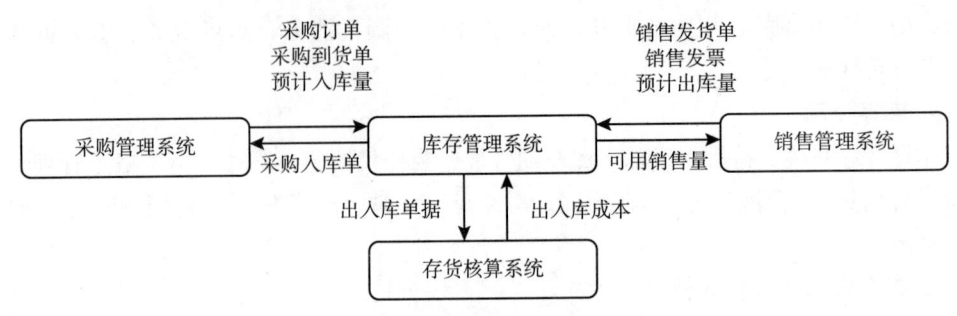

```
                采购订单              销售发货单
                采购到货单            销售发票
                预计入库量            预计出库量

    ┌──────────┐  采购入库单  ┌──────────┐  可用销售量  ┌──────────┐
    │ 采购管理系统 │───────────│ 库存管理系统 │───────────│ 销售管理系统 │
    └──────────┘             └──────────┘             └──────────┘
                     出入库单据  ↓↑  出入库成本
                            ┌──────────┐
                            │ 存货核算系统 │
                            └──────────┘
```

图 12-2　库存管理子系统与其他系统的关系

采购管理系统和销售管理系统的出入库等业务都会引起存货数量的增减变化，这种变化都会在库存管理系统进行体现。其成本的增减变化又会在存货管理模块进行核算。

1. 库存管理子系统与采购管理子系统

库存管理系统可以参照采购管理系统的采购订单、采购到货单生成采购入库单，并将入库情况通过系统的集成应用反馈到采购管理系统。采购管理系统向库存管理系统提供预计入库量信息。

2. 库存管理子系统与销售管理子系统

根据选项设置，销售出库单可以在库存管理系统中手工填制，也可以在销售管理系统中根据销售发货单自动生成并传递到库存管理系统，然后库存管理系统对该出库单进行审核。销售管理系统为库存管理系统提供预计出库量，库存管理系统为销售管理系统提供可用于销售的存货可用量。

3. 库存管理子系统与存货核算子系统

库存管理系统为存货核算系统提供各种出入库单据。存货核算系统根据由库存管理系统传递的各类出入库单据，在填写出入库单价和金额的基础上，核算出入库的成本。

12.2　库存管理子系统初始化

库存管理系统初始化直接关系到库存管理系统的使用和业务点控制，本章只详细讲述库存的选项设置和期初数据的录入。

12.2.1　库存参数设置

系统参数指在企业业务处理过程中所使用的各种控制参数，系统参数的设置将决定用户系统的业务流程、业务模式和数据流向。因此，良好的适合企业管理需要的系统参数的设置，既要求系统使用者对系统各个参数功能的理解，又要求对企业的业务流程和管理需要有深入了解。

库存管理的系统参数在该系统"选项"中设置。具体包括"通用设置""专用设置""可用量控制"和"可用量检查"四个部分。本章对其中主要参数做如下介绍。

1. 通用设置

（1）业务设置。在此设置企业仓库管理中是否有的业务类型，如有勾选具体项目的复选框。

（2）修改现存量时点。企业根据实际业务的需要，有些单据在保存时进行实物出入库，而有些单据在单据审核时才进行实物出入库。为解决单据和实物出入库的时间差问题，企业可设置根据不同单据制定现存量更新时点。该选项会影响现存量、可用量、预计入库量和预计出库量，对企业库存管理至关重要。在此勾选，则采购和销售业务处理时会随时联查存货的现存量。

2. 专用设置

（1）业务开关。允许货位零出库，即该货位出库后结存可出现负库存；允许超发货单出库，即出库数量没有超过发货单数量的超额上限，则可以出库。

（2）自动带出单价的单据。可以设置某些单据自动带出单价，并设置入库单成本和出库单成本的来源。

12.2.2　录入库存期初数据

初次使用库存管理系统，都要进行期初数据的录入。库存模块期初数据录入的内容根据企业对存货管理的不同，内容也不同。如进行批次管理、出库入库跟踪和保质期管理的企业，需要录入各类存货期初的详细数据，如批号、入库单号和生产日期及失效日期等。库存模块期初数据既可以在库存模块录入，也可以在存货管理模块录入，两个系统公用期初数据。由于涉及与总账系统对账，在两系统集成应用的前提下，一般库存期初数据在存货管理模块录入，库存管理模块通过取数的方式自存货系统提取期初数据。在期初数据录入的基础上，两系统要通过"对账"的方式来检验期初数据是否录入完整。期初数据录入完整及正确是后续业务处理的基础。

12.3　库存管理子系统日常业务处理

库存管理的日常业务主要有涉及存货数量变化的入库业务、出库业务和其他业务的处理。

12.3.1　入库业务处理

库存管理系统中的入库业务主要是对各种入库业务进行单据的填制和审核，这里的审核既是一般意义上的内容完整性和正确性的审核，也是代表对各类入库实物是否入库的一种确认行为。如采购入库单的审核，相当于仓库保管员对采购的实际到货情况进行质量、数量的检验和签收。

入库业务的单据主要包括以下三个方面：

（1）采购入库单。采购入库单是仓库保管员根据采购到货的实际数量填制的单据。对于工业企业来讲，一般是指采购原材料验收时填制的单据。采购入库单按照进出仓库分为蓝字采购入库单和红字采购入库单（如用于退货时填制的单据）；按照业务类型填制的普通采购入库单，及适用于商业企业的委托代销入库单。在库存管理系统和采购管理系统集成应用的前提下，入库单可以在库存模块参照到货单或采购发票录入。在库存管理系统单独使用时，采购入库单在该系统直接根据相关信息录入。采购入库单录入完毕要进行审核操作。

（2）产成品入库单。该单据是管理工业企业的产成品入库、退回业务的单据。只有工业企业才有产成品入库单，工业企业对原材料及半成品进行一系列加工后，形成可销售商品，然后验收入库。产成品一般在入库时无法确定产品的总成本和单位成本，因此，在填制产成品入库单时，一般只有数量没有单价和金额。产成品入库单录入完毕要进行审核操作。

（3）其他入库单。除了一般的采购入库和产成品入库外，工业企业在日常的经营业务中还涉及存货的其他入库业务。其他入库业务包括调拨入库、盘盈入库、组装拆卸入库、形态转换入库等业务形成的入库单。调拨入库、盘盈入库、组装拆卸入库、形态转换入库业务可以自动生成相应的其他入库单，除此之外的其他入库单需手工填制。

12.3.2 出库业务处理

出库单业务包括销售出库单、材料出库单和其他出库单的填制和审核。

1. 销售出库单

销售出库单一般是产成品销售时所填制的单据。销售出库单是销售出库业务的主要依据，在库存管理系统中用于存货出库数量核算，在存货核算系统中用于存货出库成本核算（前提是选择存货核算销售成本依据销售出库单）。销售出库单按照进出仓库方向分为蓝字销售出库单和红字销售出库单（如退货情况下填制的红字单据）；按照业务类型又可分为普通销售出库单、委托代销出库单和分期收款出库单。系统使用者，根据业务的不同情况，选择填制相应的出库单。

如果销售管理系统未启用，在库存管理模块可直接手工填制销售出库单。

如果与销售管理系统集成使用，根据销售管理系统中的选项设置，销售出库单可以在库存管理系统中手工填制，也可在销售管理系统中参照生单后传递到库存管理系统，由库存管理系统进行审核。

2. 材料出库单

材料出库单是工业企业领用材料进行生产时所填制的出库单据，当从仓库中领用材料用于生产时，就需要填制材料出库单。材料出库单可以手工填制，也可以配比出库。配比出库单是一种特殊的材料出库单。企业如生产或组装某一父项产品，系统可以将其按照产品结构展开到子项材料，并计算生产或组装父项产品需要领用的子项材料数量，如组装生产 100 台电脑，系统会自动计算出所需要领用的各项原材料组装件数量。对具有产品结构的存货，配比出库可以增加领料出库的速度和准确性，适用于生产车间按照销售订单生产的领料出库。对于正常材料出库单，在库存管理系统中填制并审核，在存货管理模块进行成本的核算。对于不需用的退库材料在库存管理模块和存货管理模块填制相应的红字材料出库单和成本的核算单。

3. 其他出库单

其他出库单是销售出库和材料出库之外的其他出库业务所使用的单据，如调拨出库、盘亏出库、组装拆卸出库、形态转换出库和不合格品记录等业务形成的出库单。其他出库单一般根据填制审核后其他业务单据自动生成，也可手工填制。

12.3.3　其他业务处理

1. 库存调拨

调拨单是用于处理仓库之间或部门之间的存货调拨业务所填制的单据。同一张调拨单上，如果转出部门和转入部门不同，则表示部门之间的调拨业务；如果转出与转入部门相同，但转出仓库和转入仓库不同，则表示仓库之间的转库业务。用户要在库存管理系统填制并审核调拨单，在审核基础上生成其他出入库单据。

调拨业务也常在企业各办事处之间调货使用，办事处之间出库与入库有时间差（即货物在途），一般情况下设置一个虚拟仓库（如在途仓库），出库时，做调拨入在途仓库处理，入库时从在途仓库调入到目的仓库，这样也便于查询调拨在途的货物。

2. 盘点业务

各类存货的定期或不定期的盘点，是工业企业日常经营管理中的一项重要工作。盘点的目的为了确保企业各类存货资产的安全和完整，做到账实相符。通过盘点，查明存货盘盈、盘亏、毁损的数量以及造成的原因，并据以编制存货盘点报告表，按规定程序，报有关部门审批。在有关部门批准的基础上，进行相应的账务处理，调整存货账的实存数，使存货的账面记录与库存实物核对相符。

根据盘点目的的不同，用户可以选择系统提供的不同的盘点方式，如可以按照不同批次存货进行盘点，按照仓库进行盘点，按照存货类别进行局部盘点等，也可以进行全面盘点。

盘点单是用来定期对仓库存货的实物数量和账面数量进行核对的单据，企业通过系统打印空盘点表，将盘点结果输入空盘点单进行实盘，然后将实盘数量录入系统，与账面数量进行比较。存货盘点报告表是证明企业存货盘盈、盘亏和毁损，据以调整存货实存数的书面凭证，经企业领导批准后可作为原始凭证入账。盘盈或盘亏的结果经过审核后自动生成其他出入库单。

3. 组装与拆卸业务

企业中的某些商品既可单独出售,又可与其他商品组装在一起销售。如计算机销售公司既可以将显示器、主机和键盘等单独出售,又可以按客户要求将它们组装成计算机整机销售,于是形成组装业务。另外,企业库存中有只剩计算机整机而客户需要显示器的情况,此时企业可将计算机整机拆卸把显示器部件卖给客户,于是形成拆卸业务。

组装是将多个散件组装成一个配套件的过程,拆卸是指将一个配套件拆卸成多个散件的过程。配套件和散件之间的对应关系需在产品结构中预先设置,企业在组装或拆卸之前应先进行产品结构的定义,否则无法进行。与成套件相区别,配套件可以进行组装或拆卸,而成套件不能。

系统提供了组装拆卸业务相对应的单据是组装单和拆卸单。组装单相当于两种单据,一种是散件出库单,一种是配套件入库单。拆卸单相当于两种单据,一种是配套件出库单,一种是散件入库单。进行业务处理时需先在库存参数设置中勾选"是否有组装拆卸业务"选项。组装单和拆卸单均在库存管理系统填制并审核,生成其他出入库单,在此基础上,在存货管理系统进行单据的记账和制单。

4. 形态转换业务

形态转换是指某种存货在存储过程中,由于环境或本身原因,使其形态发生变化,由一种形态转化为另一种形态,从而引起存货规格和成本的变化,如煤块由于长久风吹雨淋变成煤渣、活鱼由于缺氧变成了死鱼等,在库存管理中需对此进行管理记录。

仓库管理员需根据存货的实际状况填制形态转换单,报请主管部门批准后进行调账处理。形态转换单需要在库存管理系统进行填制并审核,在此基础上,生成其他出入库单。一张形态转换单只能填制一种转换前存货和一种转换后存货。

12.3.4 对账

库存管理系统提供对账功能,是要保证库存管理系统与存货核算系统、库存账和货位账的一致。

(1)库存管理系统与存货核算系统对账。对账内容为某月份各仓库各存货的收发存数量。

(2)库存账与货位账对账。对账内容是库存台账与货位卡片进行核对。

12.4 库存账表查询

用户可以通过此功能查询库存账、批次账、货位账、统计表、储备分析等。

1. 库存账

库存账内容包括现存量、出入库流水账、库存台账、代管账、委托供销备查簿、不合格品备查簿、呆滞积压备查簿、供应商库存和入库跟踪表等。通过不同的库存账内容了解较全面库存信息，针对不同管理需求进行相应业务调整。

2. 批次账和货位账

批次账包括批次台账、批次汇总表和保质期预警等信息。货位账包括货位卡片和货位汇总表等。

3. 统计表

统计表包括库存展望、收发存汇总表、存货分布表、业务类型汇总表、限额领料汇总表、形态转换汇总表以及组装拆卸汇总表等。

4. 储备分析报表

储备分析包括安全库存预警、超储存货查询、短缺存货查询、呆滞积压分析、库龄分析和缺料表等。

12.5 月末结账

月末结账是将每月的出入库单据逐月封存，并将当月的出入库数据记入有关账表中。结账每月进行一次，结账后本月不能再填制单据，即不能再做结账月份的业务。

在系统集成应用的情况下，要提示结账的顺序。在库存管理系统与采购管理和销售管理系统集成使用的情况下，只有在采购管理和销售管理系统结账后，库存管理系统才能结账；与存货核算集成使用，库存管理系统先结账，存货核算系统方能结账。

实验十二 库存管理

【实验目的】

掌握用友财务软件中有关库存管理的相关内容，掌握企业库存日常业务处理方法，理解库存管理与其他系统之间的数据传递关系。

【实验内容】

（1）入库业务处理。

（2）出库业务处理。

（3）其他业务处理。

（4）库存账簿查询。

（5）月末结账。

【实验准备】

引入"实验十一"账套。

【实验资料】

2019年12月份库存业务如下：

1. 材料出库业务

12月3日，一车间从材料库领用20吨XJ5501用于生产XJ55。

2. 调拨业务

12月5日，销售一科，从一车间调拨XJ55（批号5768）和XJ56（批号5903）各500吨。

3. 其他入库业务

12月9日，销售二科，收到赠品——长城17英寸显示器一台，单价4400元。

4. 产成品入库业务

12月12日，收到二车间XJ55（批次6001），计100吨，验收入产品库。

5. 其他出库业务

12月15日，销售一科，领取样品XJ55（批号6001）和XJ56（批号5903）各1吨。

6. 组装业务

12月24日，销售二科，组装了1套长城天鹤套装。

7. 盘点业务

12月31日，库房管理人员对配套用品库进行盘点，"财会之窗"实际库存998张，福星高照实际库存1100张。

【实验要求】

操作顺序如下：

（1）以"刘梦"的身份、业务日期进入库存管理系统，填制各种出入库单据并进行审核。

（2）以"刘梦"的身份、业务日期进入存货核算系统，对各种出入库单进行记账，生成出入库凭证。

【操作指导】

一、业务处理

（一）库存业务1

业务类型：材料出库业务。

1. 在库存管理系统中录入材料出库单并审核

（1）执行"库存管理—日常业务—出库—材料出库单"命令，进入"材料出库单"窗口。

（2）单击"增加"按钮，选择仓库"材料库"，输入出库日期"2019 - 12 - 03"，仓库"材料库"，选择出库类别"材料领用"，部门"一车间"。

（3）选择材料编码"1001XJ5501"，输入数量"20"，单价"5000"。

（4）单击"保存"按钮。

（5）单击"审核"按钮。

2. 在存货核算系统中对材料出库单记账并生成凭证

（1）材料出库单记账。

①执行"存货核算—业务核算—正常单据记账"命令，打开"正常单据记账条件"对话框。

②单击"确认"按钮。进入"正常单据记账"窗口。

③单击单据行前的"选择"栏，出现选中标记"√"，单击工具栏中的"记账"按钮。

④单据记账完成，单击工具栏中的"退出"按钮。

（2）出库单生成凭证。

在存货核算系统中生成凭证执行"财务核算 - 生成凭证"命令，选择材料出库单生成凭证。（项目核算为 XJ55 产品）

借：生产成本——直接材料　　　　　　　　　　　　　　100000

　　贷：原材料——生产用原材料　　　　　　　　　　　　100000

（二）库存业务2

业务类型：库存调拨—部门调拨。

1. 在库存管理系统中填制调拨单并审核

（1）执行"库存管理—调拨业务—调拨单"命令，打开"调拨单"窗口。

（2）单击"增加"按钮，输入调拨日期"2019 - 12 - 05"；选择转出部门"一车间",转入部门"销售一科",转出仓库"产品库",转入仓库"产品库",出库类别"调拨出库",入库类别"其他入库"。

(3) 选择存货编码"2001",批号"5768",数量"500";选择存货编码"2002",批号"5903",数量"500"。

(4) 单击"保存"按钮,单击"审核"按钮。

提示:

● 调拨单保存后,系统自动生成其他入库单和其他出库单,且由调拨单生成的其他入库单和其他出库单不得修改和删除。

● 转出仓库的计价方式是移动平均、先进先出、后进先出时,调拨单的单价可以为空,系统根据计价方式自动计算填入。

2. 在库存管理系统中对调拨单生成的其他出入库单进行审核

(1) 执行"库存管理—入库业务—其他入库单"命令,进入"其他入库单"窗口,查找根据调拨单生成的其他入库单,单击"审核"按钮。

(2) 同样方法,完成对其他出库单的审核。

3. 在存货核算系统中对其他出入库单记账

(1) 执行"业务核算—特殊单据记账"命令,打开"特殊单据记账条件"对话框。

(2) 选择单据类型为"调拨单",点击"确定"按钮,进入"特殊单据记账"窗口。选择要记账的调拨单,单击"记账"按钮。

提示:

● 在"库存商品"科目不分明细的情况下,库存调拨业务不会涉及账务处理,因此,对库存调拨业务生成的其他出入库单暂不进行制单。

(三) 库存业务3

业务类型:其他入库——赠品入库。

1. 在库存管理系统中录入其他入库单并审核

(1) 执行"库存管理—入库业务—其他入库单"命令,进入"其他入库单"窗口。

(2) 单击"增加"按钮,输入入库日期"2019-12-09",选择仓库"硬件库",入库类别"其他入库",部门"销售二科"。

(3) 选择存货编码"5003 长城显示器",输入数量"1",单价"2200"。

(4) 单击"保存"按钮。

(5) 单击"审核"按钮。

2. 在存货核算系统中对其他入库单记账并生成凭证

参见库存业务2操作。

(1) 输入调拨入库的对方科目"1405",其他入库的对方科目"4002",点击"生成"按钮。

(2) 修改"制单日期",单击"保存"按钮。

借:原材料　　　　　　　　　　　　　　　　　　　　　　2200

贷：营业外收入   2200

提示：

● 库存业务 2 生成的其他入库单和其他出库单借贷方均为"库存商品"科目，不能生成凭证，并且从账务处理的角度也不提倡产生凭证。为了使生成凭证窗口中不再出现这两行单据，可以与库存业务 3 的其他入库单合并生成凭证。

（四）库存业务 4

业务类型：产成品入库。

1. 在库存管理系统中录入产成品入库单并审核

（1）执行"库存管理—日常业务—入库—产成品入库单"命令，"产成品入库单"窗口。

（2）单击"增加"按钮，输入入库日期"2019 - 12 - 12"，选择仓库"产品库"，部门"二车间"，入库类别"产成品入库"。

（3）选择产品编码"2001"，输入批号"6001"，输入数量"100"。

（4）单击"保存"按钮，单击"审核"按钮。

提示：

● 在产成品入库单上无须输入单价，此部分可以在存货系统通过修改的方式输入也可以根据业务待产成品成本分配后自动写入。

2. 在存货核算系统中录入生产总成本

（1）执行"存货管理—日常业务—产成品入库单"命令，进入"产成品入库单"窗口。

（2）单击"修改"按钮，在单据行中输入存货"XJ55"的单价为"1200"。

（3）单击"保存"按钮，退出。

3. 在存货核算系统中对产成品入库单记账并生成凭证（项目：XJ55）

借：库存商品   120000
　　贷：生产成本——直接材料   120000

参照库存业务 1 业务操作。

（五）库存业务 5

业务类型：其他出库——样品出库。

1. 在库存管理系统中录入其他出库单并审核

（1）执行"库存管理—出库业务—其他出库单"命令，进入"其他出库单"窗口。

（2）单击"增加"按钮，输入出库日期"2019 - 12 - 15"，选择仓库"产品库"，出库类别"其他出库"，部门"销售一科"。

（3）选择存货编码"2001XJ55"，输入批号"6001"，输入数量"1"；选择存货编码"2002XJ56"，输入批号"5903"、输入数量"1"。

（4）单击"保存"按钮。单击"审核"按钮。

2. 在存货核算系统中对其他出库单记账并生成凭证（入对方科目：**6601 销售费用**）

（六）库存业务6

业务类型：组装业务。

（1）在库存管理系统进行功能选项设置，执行"初始设置—选项"命令，打开"库存选项设置"窗口。在"通用设置"选项下选择"有无组装拆卸业务"，单击"确定"按钮返回，库存管理模块出现"组装拆卸"功能菜单。

（2）定义产品结构（参见供应链初始设置部分）。

（3）在库存管理系统中录入组装单。

①执行"库存管理—组装拆卸—组装单"命令，进入"组装单"窗口。

②单击"增加"按钮，输入日期"2019-12-24"，选择配套件"长城天鹤"套装，单击菜单栏的"展开"，弹出"是否展到末级"对话模式，选择"是"，系统将产品结构信息带入组装单。入库类别"组装入库"，出库类别"组装出库"，部门"销售二科"。

③在单据体第一行，选择仓库"产品库"，输入数量1。

④单击"保存"按钮。单击"审核"按钮，退出。

提示：

● 组装单审核后，系统自动生成相应的其他入库单和其他出库单；

● 组装单审核后生成的其他出库单和其他入库单无单价，一般需要在存货核算系统中通过修改单据功能输入单价。

（4）在库存管理系统中对组装单生成的其他入库单、其他出库单进行审核。

（5）在存货核算系统中修改其他入库单单价修改其他入库单"长城天鹤"套装的单价为"10799"元。

①执行"存货管理—日常业务—其他入库单"命令，进入"其他入库单"窗口。

②单击"修改"按钮，在单据行中输入存货"长城天鹤"的单价为"10799"。

③单击"保存"按钮，退出。

（6）在存货核算系统中对其他入库单、其他出库单记账。

提示：

● 在"其他原材料"科目不分明细的情况下，组装拆卸业务不会涉及账务处理，因此，对组装拆卸业务生成的其他出入库单暂不进行制单。

（七）库存业务7

业务类型：盘点业务。

（1）在库存管理系统中增加盘点单

①执行"库存管理—盘点业务"命令，进入"盘点单"窗口。

②单击"增加"按钮，输入盘点日期"2019-12-31"，选择盘点仓库"配套用品库"，出库类别"盘亏出库"，入库类别"盘盈入库"，部门"库房"。

③单击"盘库"按钮，屏幕提示"盘库将删除未保存的所有记录，是否继续？"单击"是"按钮。弹出"盘点处理"对话框，选择"按仓库盘点"单选框。单击

"确认"。

④输入存货"3001"的盘点数量"998"和存货"3002"的盘点数量"1100"。

⑤单击"保存"按钮。单击"审核"按钮。

提示：

● 盘点单保存后，系统自动生成相应的其他入库单和其他出库单。

● 单击"盘库"按钮，表示选择盘点仓库中所有的存货进行盘点；单击"选择"按钮，表示按存货分类批量选择存货进行盘点。

● 盘点单中输入的盘点数量是实际库存盘点的结果。

（2）在库存管理系统中对盘点单生成的其他入库单、其他出库单进行审核。

（3）在存货核算系统中输入其他出库单存货"福星高照"的入库单价"49"。

（4）在存货核算系统中对其他入库单、其他出库单进行记账。

（5）在存货核算系统中生成凭证。

二、账表查询

在库存日常业务处理完毕后，进行库存账表查询。

三、月末处理

1. 对账

执行"库存管理—业务处理—对账—库存与存货对账"，弹出"对账报告"窗口。

2. 月末结账

（1）执行"业务处理—月末结账"命令，打开"结账处理"对话框。

（2）单击"结账"按钮，弹出系统提示"因为采购系统尚未结账，所以不能结账！""因为销售系统尚未结账，所以不能结账！"，单击"确定"按钮返回。

四、实验参考答案

库存管理日常业务生成凭证如表 12 - 1 所示。

表 12 - 1　　　　　　库存管理日常业务生成凭证一览表

业务号	日期	摘要	会计科目	借方金额	贷方金额	来源
1	12 - 03	材料出库单	生产成本——直接材料 原材料——生产用原材料	100000	100000	存货核算
2			不生成凭证			
3	12 - 09	其他入库单	原材料——其他原材料 营业外收入	2200	2200	存货核算
4	12 - 12	产成品入库单	库存商品 生产成本——直接材料	120000	120000	存货核算
5	12 - 15	其他出库单	销售费用 库存商品	280	280	存货核算

343

续表

业务号	日期	摘要	会计科目	借方金额	贷方金额	来源
6			不生成凭证			
7	12-31	其他入库单	原材料——其他原材料 待处理财产损溢——待处理流动资产损益	73440	73440	存货核算
8	12-31	其他出库单	待处理财产损溢——待处理流动资产损益 原材料——其他原材料	79870	79870	存货核算

复 习 题

一、单选题

1. 一般不与库存系统集成应用的系统是（　　）。
   A. 存货系统　　　B. 采购系统　　　C. 固定资产系统　　　D. 销售系统
2. 其他出库业务一般不包括（　　）。
   A. 产成品出库　　B. 盘亏出库　　　C. 调拨出库　　　　　D. 组装拆卸出库

二、多选题

1. 库存管理系统的初始设置主要内容包括（　　）。
   A. 选项参数设置　B. 基础信息设置　C. 期初数据录入　　　D. 与总账进行对账
2. 库存系统设置的盘点方式主要有（　　）。
   A. 按批次盘点　　B. 按类别盘点　　C. 按日期盘点　　　　D. 按仓库进行盘点
3. 库存管理的日常业务主要有涉及库存存货数量变化的（　　）业务。
   A. 入库业务　　　B. 出库业务　　　C. 其他业务　　　　　D. 期末结账业务

三、判断题

1. 在库存管理系统填制产成品入库单时，一般只有数量，没有单价和金额。（　　）
2. 库存管理系统的审核具有多重含义，既有通常意义的单据完整性和正确性审核，也可用单据是否审核说明实物的出入库业务的确认。（　　）
3. 调拨单保存后，系统自动生成其他入库单和其他出库单，且由此生成的其他入库单和其他出库单不能修改和删除。（　　）

四、简答题

1. 请简述样品出库、组装业务及盘点业务的处理流程。
2. 请简述在库存系统与供应链其他系统集成应用的情况下，库存系统与其他系统的关系。

第 13 章 存货核算子系统

13.1 存货核算子系统概述

用友 ERP – U8 系统中,存货核算子系统是供应链管理系统的一个重要子系统,该系统主要从资金角度对存货进行记录和核算,并及时准确地将不同存货的成本归集到成本对象中,是采购管理子系统和销售管理子系统的一个中间环节。采购活动的入库业务使企业存货增加,销售活动的出库业务使企业存货减少。同样,采购入库和销售出库业务也要考虑存货的多少。本节重点介绍存货核算子系统各主要功能、与其他系统的关系以及日常业务处理。

13.1.1 存货核算子系统主要功能模块

具体来讲,存货核算子系统的主要功能包括:

各种入库业务的核算(采购入库、产成品入库和其他入库等);各种出库业务的核算(包括销售出库、材料出库和其他出库业务的核算);各种出入库调整的核算。存货系统的出入库管理能够及时准确地反映和记录各种不同存货的出入库成本情况,同时正确计算期末存货的结存数量、单价和金额,及时提供存货资金占用情况,既保证生产的需要又减少资金积压。存货跌价准备的处理、提供存货跌价准备参数设置、期初跌价准备余额录入、计提跌价准备、查询跌价准备列表及余额表等,从全方位反映存货的实际价值。各种存货流水账、明细账及各种出入库汇总表的查询功能以及存货的入库成本分析、存货周转率分析等功能。

存货核算子系统的主要功能模块如图 13 – 1 所示,主要包括存货系统的初始设置模块、处理日常出入库业务及调整业务的日常业务模块、执行记账任务及期末处理的日常核算模块、生成财务凭证的财务核算模块、处理存货跌价准备的跌价准备模块以及提供查询和分析的账表模块。

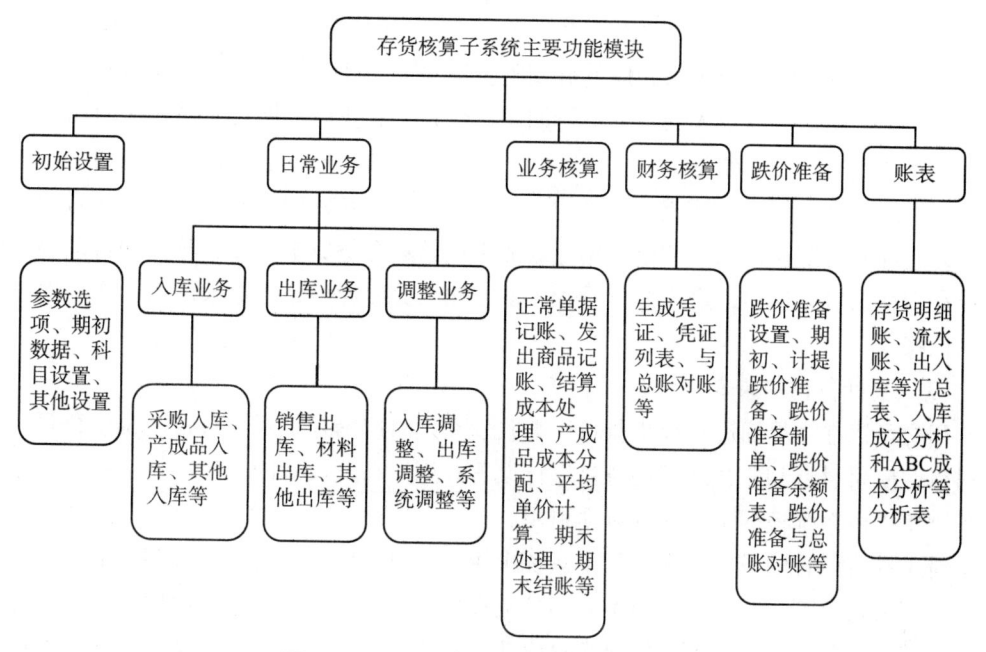

```
                    存货核算子系统主要功能模块
                              │
    ┌──────────┬──────────────┼──────────┬──────────┐
  初始设置    日常业务      业务核算    财务核算    跌价准备    账表
    │      ┌───┼───┐          │          │          │          │
    │    入库  出库  调整      │          │          │          │
    │    业务  业务  业务      │          │          │          │
```

图 13-1 存货核算子系统主要功能模块

- 初始设置：参数选项、期初数据、科目设置、其他设置
- 入库业务：采购入库、产成品入库、其他入库等
- 出库业务：销售出库、材料出库、其他出库等
- 调整业务：入库调整、出库调整、系统调整等
- 业务核算：正常单据记账、发出商品记账、结算成本处理、产成品成本分配、平均单价计算、期末处理、期末结账等
- 财务核算：生成凭证、凭证列表、与总账对账等
- 跌价准备：跌价准备设置、期初、计提跌价准备、跌价准备制单、跌价准备余额表、跌价准备与总账对账等
- 账表：存货明细账、流水账、出入库等汇总表、入库成本分析和ABC成本分析等分析表

1. 初始设置模块

存货系统初始化设置主要包括两部分：一部分在企业门户—基础档案界面进行，包括存货分类、存货计量单位、存货档案、仓库档案和收发类别的设置（这部分内容在前几章以及供应链系统初始化设置中已经有相关内容，这里不再赘述）；另一部分在企业门户—供应链—存货核算—初始设置界面进行，包括参数选项设置、期初数据录入、会计科目设置。

（1）参数录入。

对于本系统任何模块的参数设置都是主要内容之一，应用单位都要根据企业的业务情况和管理需要，合理进行业务参数的选择。存货模块的参数录入主要涉及三部分：核算方式、控制方式和最高点及最低点控制设置。核算方式部分应用单位可以按照仓库、按照部门和按照存货进行核算，对暂估方式在月初回冲、单到回冲和单到补差等三选项中进行选择，以及对销售成本核算方式设置等；控制方式部门包含控制科目是否分类、产品科目是否分类等多项选项；最高最低点控制部分，应用单位可以对全月平均/移动平均单价最高最低控制选项、差异率（/差价率）最高最低控制选项等作出选择。

（2）期初数据的录入。

存货系统期初余额录入是用户在使用该系统前将各存货的期初结存情况录入该系统。用户根据业务需要在该系统期初数据录入主要包括使用实际成本法核算的存货的期初余额、计划成本法下核算的期初差异、期初分期收款发出商品余额和期初委托代销发出商品余额。

只有销售系统启用且销售系统参数选项中选择分期收款业务以及委托代销按发出商品核算时，存货系统才能录入相应的分期收款发出商品和委托代销发出商品期初数据。

存货系统期初数据录入后，要进行期初记账，只有执行了期初记账才能使用本系统进行存货业务核算。即使是不需要进行期初数据录入的用户，也必须进行期初记账的操作。如果用户没有使用计划成本核算的存货，就不需要录入期初差异，在此输入期初余额后，立即进行期初记账；如果采用计划成本法核算存货成本就需要输入期初差异，则应保存期初余额并退出，进入差异录入界面，输入完差异后，再进入期初余额界面进行期初记账。

（3）会计科目的录入。

用户可以在本界面进行存货科目、与收发类别对应的存货对方科目、税金科目、结算科目、应付科目和非合理损耗科目进行设置。用户在此设置的会计科目，将会在存货业务制单中由系统根据不同业务自动引用。

对于存货科目的设置，在存货子系统中用户可以按照仓库类别或者存货的分类进行设置。一般情况下，存货是按照不同的分类存储在不同的仓库中。因此用户大多按照仓库进行存货科目的设置。如原材料库对应的存货科目是原材料，产成品库对应的是库存商品会计科目。

对于存货对应科目的设置要针对不同的收发类别，如对于采购入库的存货可设置为材料采购，对于盘亏出库的存货可以设置为"待处理财产损溢——流动资产损溢"等科目。

对于税金科目的设置，主要针对的是存货的采购和销售业务，相应地用户可设置为增值税的销项税和进项税等。

对于结算科目的设置，用户可根据实际情况设置为现金结算、支票结算或者票据结算等。

在启动应付系统的情况下，应付科目的设置在该系统进行，并且只有在总账系统选项设置中取消选择"可以使用应付受控科目"的情况下，才能在应付系统进行应付科目的设置。

对于非合理损耗科目，要根据实际情况设置，如果是由于运输单位造成的非合理损耗，可设置为其他应收款科目，如果由于供应单位造成的非合理损耗可设置为应付账款科目等。

用户可以根据自己的需要，在符合相关法规的情况下对存货系统进行简单或详细的初始设置，以达到不同的管理和核算需要。

2. 日常业务模块

该模块是进行日常存货核算业务数据录入和处理的主要功能模块。主要以出入库单和各种调整单为载体，进行存货成本的核算。入库单主要包括：采购入库单、产成品入库单和其他入库单。出库单主要包括：销售出库单、材料出库单和其他出库单。调整单主要包括：入库调整单、出库调整单及计划价/售价调整单。在与采购、销售、库存等系统集成使用时，本模块主要完成从其他系统传递过来的各种存货的出入库单据的增加、修改、查询及出入库单据的调整、成本计算等。在该系统单独使用时，在本模块完成有关存货的入库、出库及调整业务。

3. 业务核算模块

业务核算模块的主要功能主要是对单据进行出入库成本的计算、结算成本的处理、产成品成本的分配、期末处理等。其主要功能有：单据记账功能，主要是将用户输入系统的各种单据计入存货明细账、差异明细账/差价明细账、受托代销商品明细账、受托代销商品差价账等；也可以对已经记账的业务恢复到未记账前状态，即恢复记账；存货暂估功能，财务人员可在此处理货到票未到情况下的暂估业务；产成品成本分配功能，主要用于对已入库未记明细账的产成品进行成本分配；期末处理功能，在日常业务处理完成后，用户在此可进行按全月平均方式核算存货的全月平均单价及其本会计月出库成本的计算，按计划价/售价方式核算存货的差异率/差价率及其本会计月的分摊差异/差价的计算等期末业务处理。与采购和销售系统集成使用时，只有上述两系统执行完结账处理后才能在此进行期末处理。在总账系统未结账的情况下，可恢复到期末处理前状态；在此模块完成结账业务后，用户不能在本系统再进行本会计期间的存货业务。

4. 财务核算模块

在完成出入库业务核算后，财务凭证的生成、修改、查询操作在财务核算模块完成。在此模块生成的凭证会自动传递到总账系统，并可实现总账系统与存货系统存货核算业务的对账。

5. 跌价准备模块

按照会计准则的规定，一般情况下，在会计期末企业应该按照存货账面价值与可变现净值孰低法进行存货跌价准备的计提，因此存货跌价准备的计提是存货核算的一个重要内容。在此功能模块，用户可按照具体存货或存货种类进行存货跌价准备的设置，包括存货可变现价格的设置、计提跌价准备科目的设置及对应的存货跌价准备费用科目等；输入存货跌价准备的期初余额；在对存货进行清查的基础上计提存货跌价准备；存货跌价准备制单以及跌价准备与总账进行对账等。

6. 账表

在此功能模块，用户可进行各种有关存货流水账、明细账和总账、出入库汇总表以及收发存汇总表的查询，用户也可进行有关存货成本的分析，如 ABC 成本、出入库成本分析等。

13.1.2 存货核算子系统与其他系统的关系

存货核算系统既可单独使用，又可与采购系统、销售系统及库存系统集成使用，本节将以该系统与其他子系统集成使用为前提，对存货子系统流程进行分析，如图 13-2 所示。

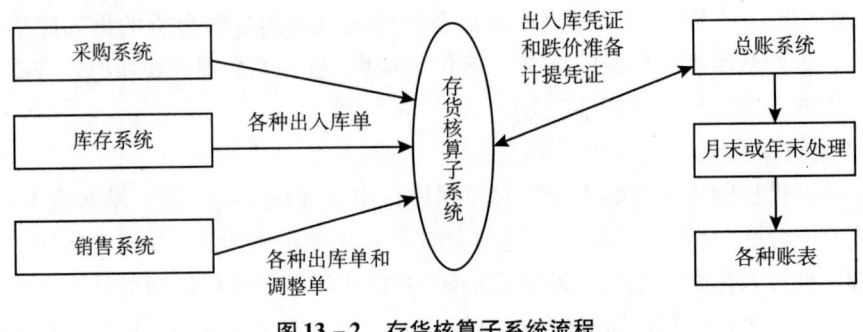

图 13-2 存货核算子系统流程

在库存管理子系统与采购和销售系统集成使用的情况下，各种入库单和出库单业务的录入工作在库存系统进行，否则在相应的采购、销售系统中进行。存货系统可以对来自采购系统、库存系统或者销售系统的出入库单据进行记账，计入有关的存货明细账或差异账等，只有在执行记账的情况下，才能在各种明细账中查询到相应的存货出入库和结存信息。存货业务记账完毕后，根据不同的出入库业务或调整业务，在存货系统制作相关会计凭证，并传入总账系统。在进行月末或年末处理的情况下，用户可以查询各种有关存货的账表数据。

13.2 存货核算子系统日常业务处理

13.2.1 各种入库业务

存货子系统的入库业务主要包括采购入库、产成品入库和其他入库。

与库存系统集成应用的情况下，采购入库单在库存系统录入，在存货系统可进行单据的查询并可修改入库单上的入库金额，对于采购入库单数量的修改只能在该单据填制的系统进行；如果存货子系统仅与采购系统集成应用，则采购入库单在采购系统进行录入，在存货子系统进行成本核算；如果存货子系统单独应用，则采购入库单由存货子系统进行录入。

产成品入库单在填制时一般只填写数量，单价与金额既可以通过修改产成品入库单直接填入，也可以由成本分配功能自动计算填入。与库存系统集成应用的情况下，产成品入库单由库存系统录入，在存货系统可以修改产成品入库单的单价和金额。在库存系统填制的产成品入库单，只能由库存系统修改数量或者删除处理。

其他入库单指除采购入库、产成品入库形式以外的存货入库所填制的入库单，如盘盈入库等。在与库存管理系统集成使用的情况下，存货子系统接受从库存系统生成的入库单。若库存系统没有启用，则其他入库单由存货子系统进行手工录入。

13.2.2 各种出库业务

存货子系统的出库业务主要包括销售出库、材料出库和其他出库。

在与库存系统和销售系统集成使用的情况下，销售出库单在库存系统中进行录入，存货子系统可以对销售出库单进行单价、金额的修改，对数量的修改只能在该单据填制的系统进行。在存货子系统依据该系统初始参数设置中选择的成本核算方法（销售出库单或销售发票），对销售成本进行核算和记账。若库存没有启用，销售系统启用，则销售出库单在销售系统录入，在存货核算系统进行查询。

材料出库单是指工业企业领用材料时所填制的出库单据。在与库存系统集成使用的情况下，存货子系统可对传递过来的材料出库单进行成本核算。单独使用存货子系统的情况下，用户可在该系统录入材料出库单。

其他出库单是指除销售出库、材料出库等形式以外的其他出库形式所填制的出库单据，如盘亏出库等。与库存管理系统集成应用情况下，其他出库单在库存管理系统输入，存货子系统只能修改单据的单价和金额。单独使用存货子系统的情况下，用户可在该系统录入其他出库单，对其进行审核确认。

13.2.3 单据调整业务

单据调整业务主要包括入库调整和出库调整。

出入库调整单是在单据记账后对存货的出入库成本进行调整的单据，它只调整存货的金额，不调整存货的数量；它用来调整当月的出入库金额，并相应调整存货的结存金额；可针对单据进行调整，也可针对存货进行调整。已生成凭证的单据不允许进行调整，应先删除所生成的凭证，才能进行调整。

13.2.4 存货暂估处理业务

存货暂估业务是外购存货在货到票未到的情况下，在不知道具体单价时，财务人员期末暂时按估计价格入账，下月用红字予以冲回的业务。对于暂估结算业务，系统提供月初回冲、单到回冲和单到补差三种处理方式，由用户在"暂估方式"选项中进行选择。

13.2.5 单据记账业务

单据记账，主要是将用户输入系统的各种单据计入存货明细账、差异明细账/差价明细账、受托代销商品明细账、受托代销商品差价账等；也可以对已经记账的业务恢复到未记账前状态，即恢复记账。系统对于没有单价的入库单据不能记账，只有对单价进行确认或修改后才能进行记账业务。

13.2.6　存货跌价准备计提业务

会计期末企业按照存货跌价准备的初始设置并按照存货账面成本与可变现净值孰低的原则，对存货进行存货跌价准备的计提。在存货子系统可进行存货跌价准备的计提、制单和查询等操作。

13.2.7　凭证生成业务

系统在进行出入库核算后，就要生成财务会计凭证。在存货子系统可以进行凭证的生成、修改、查询。存货子系统生成的财务会计凭证会自动传递到总账系统，实现财务和业务的一体化操作。

13.3　存货核算子系统期末处理

月末处理业务主要包括期末处理、月末结账和与总账进行对账。

在存货子系统与采购和销售系统集成使用的情况下，只有在其他系统进行结账处理，并且存货子系统日常业务处理完毕后，才能在存货子系统执行期末处理业务。进行期末处理，系统自动计算全月平均单价及本会计月出库成本，自动计算差异率及本会计月的分摊差异/差价，并对已经完成日常业务的仓库做处理标志。

月末结账是结束本期对存货的业务处理，计算存货余额并结转到下一期。在存货子系统与采购系统、销售系统和库存系统集成应用的情况下，必须在其他三个系统结账的情况下，存货核算子系统才能结账。

在存货子系统结账的基础上，为了确保存货业务与财务数据的一致性，月末需要进行与总账系统的对账。主要核对存货子系统与总账系统存货科目和差异科目在各会计月份借方、贷方发生金额、数量以及期末结存的金额、数量信息。白色显示记录表示对账结果相平，蓝色显示记录表示对账结果不平。

13.4　存货核算子系统账表查询

在存货核算子系统完成日常业务处理和期末结账及对账的基础上，系统生成了各种账表和分析表，用户可以在存货子系统查询各种存货明细账、总账、出入库流水账、出入库汇总表等，并可就 ABC 成本和库存资金占用情况等进行分析。

实验十三　存　货　核　算

【实验目的】
（1）掌握用友网络财务软件有关存货核算的相关内容。
（2）掌握企业存货日常业务处理方法。
（3）理解存货核算系统与其他系统之间的数据传递关系。

【实验内容】
（1）单据处理。
（2）暂估业务处理。
（3）生成凭证。
（4）存货账簿查询。
（5）月末处理。

【实验准备】
引入"实验十二"账套。

【实验要求】
以"刘梦"的身份、业务日期进入存货管理系统进行操作。

【实验资料】
2019年12月存货业务如下：

（1）12月20日，将12月8日发生的采购长城显示器的入库成本增加1000元。

（2）12月20日，调整12月10日出售给北京宏福的财会之窗光盘的出库成本500元。

（3）12月21日，销售一科向深圳电器公司销售长城天鹤计算机3台，报价为每台10000元，货物从产品库发出。

（4）31日，销售一科，收到天津宝津公司的委托代销结算单一张，结算XJ56，计30吨，报价为210元。立即开具销售专用发票给天津宝津公司，款未收。

【操作指导】
一、业务处理
（一）存货业务1
1. 在存货核算系统中录入调整单据
（1）执行"存货—日常业务—入库调整单"命令，进入"入库调整单"窗口。
（2）单击"增加"按钮，选择"硬件库"，输入日期"2019-12-20"，选择收发类别"采购入库"，部门"销售二科"，供应商"北京华丰"。
（3）选择存货编码"5003""长城显示器"，金额1000元。

(4) 单击"保存"按钮,单击"记账"按钮,退出。

提示:

● 调整单的日期应大于等于存货明细账中的最大记账日期。

● 入库调整单是对存货的入库成本进行调整的单据,可针对单据进行调整,也可针对存货进行调整。

2. 在存货核算系统中生成入库调整凭证

(1) 执行"存货核算—财务核算—生成凭证"命令,进入"生成凭证"窗口,单击"选择"按钮,打开"查询的条件"窗口。

(2) 选中"入库调整单"复选框,单击"确认"按钮,进入"生成凭证"窗口。

(3) 单击单据行前的"选择"栏,出现选中标记"1",单击"确定",出现凭证列表。

(4) 选择凭证类别为"转账凭证",单击"生成"按钮,系统显示生成的转账凭证,保存凭证。

借:原材料   1000
　　贷:物资采购   1000

(二) 存货业务 2

1. 在存货核算系统中录入出库调整单据

(1) 执行"存货核算—日常业务—出库调整单"命令,进入"出库调整单"窗口。

(2) 单击"增加"按钮,选择"配套用品库",输入日期"2019 – 12 – 30",选择收发类别"销售出库",部门"销售二科",客户"北京宏福"。

(3) 选择存货编码"3001 财会之窗",金额 500 元。

(4) 单击"保存"按钮,单击"记账"按钮,单击"退出"按钮。

提示:

● 调整单的日期应大于等于存货明细账中的最大记账日期。

● 出库调整单是对存货的出库成本进行调整的单据,只能针对存货进行调整。

2. 在存货核算系统中生成出库调整凭证

借:主营业务成本   500
　　贷:原材料   500

操作步骤参见存货业务 1。

(三) 存货业务 3

业务类型:销售出库

(1) 在存货核算系统进行"初始设置—选项"命令,设置"销售成本核算方式"为"销售出库单"。

(2) 在销售管理系统中输入销售发货单并审核。

①执行"销售管理—销售发货—发货单",进入"发货单"窗口。

②单击"增加"按钮,进入"查询条件选择窗口",单击"取消"按钮,返回"发

货单"输入窗口,输入日期"2019-12-21",选择输入客户名称深圳电器公司,选择"产品库",选择输入存货编码5001,存货名称以及报价信息。

③单击"保存"并审核。

(3) 在库存管理系统审核销售出库单。

执行"库存管理—出库业务—销售出库单"命令,进入"销售出库单窗口",单击菜单栏的最后一个选项,系统自动带出第二步中录入的销售出库单信息,单击"审核""确定"并退出。

(4) 在存货核算系统中记账并生成凭证。

①执行"存货系统—业务核算—正常单据记账"命令,进入"查询条件选择"窗口,单击"确定",进入正常单据记账列表。

②选择需要记账的销售出库业务,单击"记账"并"确定"退出。

③执行"存货核算—财务核算—生成凭证"命令,进入"查询条件"对话框,查询条件默认,单击"确定"按钮,进入"未生成凭证单据一览表",选择要制单的业务,单击"确定"按钮。

④选择凭证类别为转账凭证,单击"生成",生成财务凭证,并保存。

借:主营业务成本　　　　　　　　　　　　　　　　30000
　　贷:库存商品　　　　　　　　　　　　　　　　　　　　30000

(四) 存货业务4

业务类型:委托代销结算。

业务特征:结算部分货物。

(1) 在销售管理系统中参照委托代销发货单生成委托代销结算单,修改结算数量为30,并审核,选择"专用发票"。

(2) 在销售管理系统复核销售专用发票。

(3) 在应收款系统中进行发票审核和制单。

(4) 在库存管理中执行"发出商品记账"(包括存货业务3一起记账)。

(5) 在存货核算中执行生成凭证。

二、账表查询

在存货日常业务处理完毕后,进行存货账表查询。

三、月末处理

1. 期末处理

(1) 执行"存货管理—业务核算—月末处理"命令,打开"月末处理"对话框。

(2) 单击"全选"按钮,单击"确定"。

提示:

● 存货核算期末处理需要在采购管理、销售管理、库存管理系统结账后进行。

● 期末处理之前应检查需要记账的单据是否已全部记账。

2. 月末结账

（1）执行"处理—月末结账"命令，打开"月末结账"对话框。

（2）单击"确认"按钮。

3. 与总账系统对账

（1）执行"处理—与总账系统对账"命令，打开"与总账对账表"窗口。

（2）单击"退出"按钮返回。

四、实验参考答案

存货管理日常业务生成凭证如表 13-1 所示。

表 13-1　　　　　　　存货管理日常业务生成凭证一览表

业务号	日期	摘要	会计科目	借方金额（元）	贷方金额（元）	来源
1	12-20	入库调整单	借：原材料——其他原材料 贷：材料采购——其他材料采购	1000	1000	存货核算
2	12-30	出库调整单	借：主营业务成本 贷：原材料——其他原材料	500	500	存货核算
3	12-15	发货单	借：主营业务成本 贷：委托代销商品	13000	13000	存货核算
4	12-15	应收账款 普通发票 普通发票	借：应收账款 贷：主营业务收入 　　应交税费——增值税——销项税	14690	13000 1690	应收款
5	12-21	发货单	借：主营业务成本 贷：委托代销商品	4800	4800	存货核算
6	12-21	应收账款 专用发票 专用发票	借：应收账款 贷：主营业务收入 　　应交税费——增值税——销项税	7119	6300 819	应收款

复 习 题

一、单选题

1. 存货核算子系统中的其他入库业务不包括（　　）、调拨入库、盘盈入库、组装拆卸入库、形态转换入库等业务形成的入库单。

　　A. 调拨入库　　　　B. 盘盈入库　　　C. 组装拆卸入库　　D. 采购入库

2. 月末处理业务不包括（　　）。

　　A. 期末处理　　　　　　　　　　　B. 月末结账

　　C. 与总账进行对账　　　　　　　　D. 进行下个会计期间业务处理

二、多选题

1. 存货核算子系统主要以出入库单和各种调整单为载体，进行存货成本的核算。入库单主要包括（　　）。

　　A. 采购入库单　　B. 产成品入库单　　C. 其他入库单　　D. 特殊入库单

2. 在存货核算子系统暂估业务处理中，系统提供了哪几种处理方式，用户可以在"暂估方式"选项中进行选择。（　　）

　　A. 月初回冲　　　B. 单到回冲　　　C. 单到补差　　　D. 月末回冲

3. 存货核算子系统中调整业务单据包括（　　）。

　　A. 出库调整单　　　　　　　　　　B. 入库调整单

　　C. 计划价/售价调整单　　　　　　　D. 系统调整单

三、判断题

1. 已生成凭证的单据不允许进行调整，应先删除所生成的凭证，才能进行调整。（　　）

2. 存货系统期初数据录入后，要进行期初记账，只有执行了期初记账才能使用本系统进行存货业务核算。（　　）

3. 系统对于没有单价的入库单据也能记账，按照"零"单价进行记账处理。（　　）

四、简答题

1. 简述存货管理子系统的主要功能。

2. 简述在供应链系统集成应用的情况下，存货管理子系统与其他系统的关系。

3. 举例说明在存货核算管理子系统和库存系统集成应用的情况下，从存货核算管理子系统采购入库单的填制，到存货核算管理子系统凭证的生成，其业务流程的构成。